国家社会科学基金重大项目结项成果（15ZDB092）

·俄罗斯文学与文化研究丛书·

张杰　主编

保守主义、东正教与俄罗斯国家形象建构

朱建刚　著

中国华侨出版社

·北京·

图书在版编目（CIP）数据

保守主义、东正教与俄罗斯国家形象建构 / 朱建刚
著. -- 北京：中国华侨出版社，2023. 8
（俄罗斯文学与文化研究丛书 / 张杰主编）
ISBN 978-7-5113-8732-5

Ⅰ.①保… Ⅱ.①朱… Ⅲ.①东正教—研究—俄罗斯
②俄罗斯文学—文学研究 Ⅳ.①B976.2②I512. 06

中国版本图书馆 CIP 数据核字（2021）第 273372 号

保守主义、东正教与俄罗斯国家形象建构

著　　者：朱建刚
丛书主编：张　杰
出 版 人：杨伯勋
责任编辑：高文喆　桑梦娟
封面设计：毛　增
经　　销：新华书店
开　　本：710毫米×1000毫米　1/16 开　　印张：24. 25　　字数：297 千字
印　　刷：北京天正元印务有限公司
版　　次：2023 年 8 月第 1 版
印　　次：2023 年 8 月第 1 次印刷
书　　号：ISBN 978-7-5113-8732-5
定　　价：125. 00元

中国华侨出版社　　北京市朝阳区西坝河东里77号楼底商5号　　邮编：100028
编 辑 部：（010）64443056-8013　　传　真：（010）64439708
网　　址：www.oveaschin.com　　E-mail：oveaschin@sina.com

如发现印装质量问题，影响阅读，请与印刷厂联系调换。

民族精神的铸造：东正教与俄罗斯文学

　　文学以其独特的艺术审美形式承载着厚重的历史文化积淀和深邃的民族精神，经典的文学创作和批评为国家构型，为民族铸魂。俄罗斯文学，特别是19世纪俄罗斯文学，在东正教的深刻影响下，在俄罗斯的国家和民族形象构建过程中，使得西方知识界对俄罗斯的认知发生了转变，由怀疑到叹服，由鄙视到欣赏。俄罗斯不仅以地大物博跻身于世界大国之列，更是以其灿烂的文化，尤其是文学艺术，让世界为之惊叹。

　　沿着俄罗斯东正教文化批评理论家和俄罗斯经典作家的探索轨迹，我们不难发现他们均经历了由实在生活走向虚幻精神的殊途同归。只不过前者是由研究自然科学、经济学、法学等实在科学向宗教、神学的转向，后者则是把对现实生活的体验转化为虚构的文学作品。而恰恰是以"救赎"和"博爱"为本质特征的东正教精神将他们连接在一起，共同构筑俄罗斯民族的精神大厦。

　　在20世纪的两头，即19世纪末至20世纪初和20世纪末至21世纪初，当俄罗斯社会发生剧烈动荡和社会变革的转折时期，俄罗斯的东正教文化均处于极其活跃的时期。探索民族的出路，重构民族的价值观，已经成为思想家和作家的共同追求。

"俄罗斯文学与文化研究丛书"是国家社会科学基金重大项目（15ZDB092）研究的最终成果，于 2021 年 5 月 24 日通过国家哲学社会科学工作办公室组织的评审（证书号：2021&J078），等级为良好。该丛书由五部专著组成，每个子项目为一部分，独立成书，具体如下：《"万物统一"的美学探索：东正教与俄罗斯文论》《保守主义、东正教与俄罗斯国家形象构建》《"聚和性"与俄罗斯文学经典》《东正教与俄罗斯民族语言研究》《陀思妥耶夫斯基主义引论——东正教与陀思妥耶夫斯基创作研究》。

本丛书重点探究，19 世纪以来，在东正教的积极影响下，俄罗斯文学中的民族精神的建构问题以及这一构建所导致的俄罗斯文学艺术形式的变化，同时揭示俄罗斯文学如何以独特的艺术形象对东正教的"弥赛亚"意识、"聚和性"意识等核心思想的丰富，以期为当今我们崇尚个性发展，注重个体自身价值的社会，特别是我国的文艺创作和批评，提供值得借鉴的参考。

一、国外与国内：研究现状的回溯

俄罗斯研究现状

在俄罗斯，东正教与俄罗斯文学的研究热潮，复苏于 20 世纪末苏联解体前，这显然与当时苏联意识形态环境的剧变和庆祝罗斯受洗（公元 988 年）一千年密切相关，后来热潮有所降温。许多研究成果不只是见诸大学学报、科学院刊物和文学杂志，而且更多发表在解体后蓬勃发展的教会刊物中。1992 年，在俄罗斯科学院高尔基世界文学研究所举办了"普希金与基督教文化"的学术研讨会，这是苏联解体以后首次举办的此类研讨会。1994 年，论文集《论普希金传统阅读资料》出版。该文集将普希金（Пушкин А.С.）的创作还原到东正教的文化背景中来研究，带动了普希金和其他俄国诗人、作家的东正教思想研究。1993 年，彼得罗扎沃茨克大学主办了"18—20 世纪俄国文学中的福音书文本"国际学术研讨会。此后，该研讨会每三年举行一次，而且会议的时间被特意定在了 6 月份的宗教节日——圣灵节期间。从第八届研讨会（2014 年 6 月）起，会议更名为"俄国文学中的福音书文本"全俄学术研讨会，第九届研讨会于2017 年 6 月举办。不少与会者认为，俄国传统文化的灵魂根基是东正教，俄国文学文本的创作中心之一是福音书。因此，他们依托普希金、莱蒙托夫（Лермонтов М.Ю.）、果戈理（Гоголь Н.В.）、陀思妥耶夫斯基、布宁（Бунин И.А.）、勃洛克（Блок А.А.）、布尔加科夫（Булгаков М.А.）、帕斯捷尔纳克（Пастернак Б.Л.）、普拉东诺夫（Платонов А.П.）等人的创作文本，从宗教文化的传统与习俗、文学对宗教文本的直接引用及间接联想、艺术题材、情节、体裁等角度入手，就俄罗斯艺术创作的宗教特征、俄国文艺文本与基督教的相互关系等命题展开了深入的研讨。每一届大会都收到了众多高质量的论文，比如扎哈罗夫（Захаров В.Н.）的《俄罗斯文学中的基督教现实主义》、叶萨乌洛夫（Есаулов И.А.）的《基督教传统与艺术创作》与《勃洛克后期的神秘主义与苏联文学的开端》、多罗菲耶娃（Дорофеева Л.Г.）的《〈伊戈尔远征记〉与普希金的〈上尉的女儿〉中的救赎思想》、嘉里切娃（Гаричева Е.А.）的《陀思妥耶夫斯基的〈卡拉马佐夫兄弟〉中的福音书词汇和古罗斯文学传统》、沃罗巴耶夫（Воропаев В.А.）的《"没有另外一扇门"——果戈理生命中的福音书》、斯皮里多诺娃（Спиридонова И.А.）的《普拉东诺夫战争小说中的圣像画》等。会后，这些论文都被收录在相关论文集中，主编由首届研讨会的组织者扎哈罗夫教授担任。目前，该论文集丛刊已经出版至第 13 期（2017 年）。本应于 2020 年 6 月圣灵节举行的第十届研讨会，因新冠肺炎疫情被推迟至 9 月，此届研讨会依然以俄罗斯经典作家创作与陀思妥耶夫斯基文学遗产为讨论主题。

此外，俄罗斯近年还举办过一系列其他具有影响力的相关研讨会。2014 年 5 月，高尔基世界文学研究所与《东正教的莫斯科》（Православная Москва）报社共同举办了"俄罗斯文学中的福音形象"研讨会，莫斯科大学等众多俄罗斯高校学者共聚一堂，讨论俄罗斯经典作品中的基督思想和文学创作中的道德标准。2003—2019 年间，在下诺夫哥罗德大学阿尔扎玛分校已举办过六届"东正教与俄罗斯文学：大学和中学的研究"国际研讨会，并出版了一系列权威学术成果。

当今，最为突出的成果是莫斯科神学院教师杜纳耶夫（Дунаев М.М.）所著的六卷本《东正教与俄罗斯文学》（1996—1999）。该书不再仅仅从社会学、历史学的批评视角，而是主要从东正教视角来考察整个俄罗斯文学，并且深入分析了具体的作家创作，把俄罗斯文学的根本属性归结为"宗教性"。杜纳耶夫认为，很多研究者在过去研究俄罗斯文学时，没有抓住俄罗斯文学的宗教本质特征，因此对俄罗斯文学的研究是片面的、浅层次的。"俄罗斯文学反映现实的一个极其重要的特征，是她对现实世界的宗教的、东正教的理解。""伟大的俄罗斯文学的重要特征，首先这是东正教文学。""俄罗斯文学在其最高表现形式中成为不仅仅是语言的艺术，而是形象中的神学。"尽管杜纳耶夫的观点难免有所偏激，但是其研究成果的价值是毋庸置疑的。杜纳耶夫在完成了六卷本的《东正教与俄罗斯文学》之后，又在深入思考近几个世纪以来东正教与俄罗斯文学之间关系形成的缘由，他认为，俄罗斯民族在东正教信仰方面所经受的历史磨难，即从信仰—迷茫—缺失—诋毁—信仰，这一过程在近几个世纪俄罗斯文学创作中得到了充分的反映。杜纳耶夫在2003年发表的另一部学术专著《信仰在迷茫的磨砺中：17—20世纪的东正教与俄罗斯文学》就是这一思索的结果。

　　叶萨乌洛夫的专著《俄罗斯文学中的聚和性范畴》(1995)是一本很有影响力的专题研究著作，该书主要是以东正教的核心范畴"聚和性"为中心，揭示其在部分俄罗斯文学经典创作中的作用。叶萨乌洛夫不仅把古罗斯文学文本《法与神赐说》和《伊戈尔远征记》置于东正教语境来解析，而且论述了普希金的小说《上尉的女儿》中的"聚和性"因素、果戈理的长篇小说《死魂灵》和中篇小说集《密尔格拉得》中的两种典型塑造、托尔斯泰(Толстой Л.Н.)长篇小说《战争与和平》中的"聚和性"思想、陀思妥耶夫斯基的《卡拉马佐夫兄弟》中"神赐和权力"思想、谢德林(Щедрин Р.К.)的《戈洛夫廖夫老爷们》中的基督中心主义和"聚和性"以及契诃夫创作中的东正教传统与艺术空间构造等。叶萨乌洛夫还探讨了苏联文学中的宗教因素，重点研究了巴别尔(Бабель И.Э.)诗学中的民族和审美观、阿斯塔菲耶夫(Астафьев В.П.)的小说《被诅咒和被杀害的》等，也把侨民作家什梅廖夫(Шмелёв И.С.)和纳博科夫(Набоков В.В.)的诗学特征纳入了自己的研究视野。这部专著深刻地揭示了俄罗斯文学中的东正教精神特征，为当今的俄罗斯文学史研究提供了非常有价值的参考。

　　在学界影响力较大的专题研究著作还主要有戈里切娃(Горичева

T.M.）的专著《东正教与后现代主义》（1991）、莫丘利斯基（Мочульский К.В.）的专著《果戈理，索洛维约夫，陀思妥耶夫斯基》（1995）、盖坚科（Гайденко П.П.）的专著《弗拉基米尔·索洛维约夫与白银时代哲学》（2001）等。第一部著作主要揭示了东正教文化对当今后现代主义文艺思潮的影响；第二部著作则把东正教神学思想家索洛维约夫（Соловьев В.С.）与19世纪俄罗斯经典作家果戈理、陀思妥耶夫斯基的创作放在一起研究，从而深入展示东正教与俄罗斯文学之间的密切关系；第三部著作似乎是研究哲学问题的，却对研究"东正教与俄罗斯文学"问题有着十分重要的关系，该书深入探析了索洛维约夫与陀思妥耶夫斯基创作中的"千禧年说"主题，揭示了索洛维约夫与白银时代俄罗斯文学批评家之间的关系。

塔尔图–莫斯科符号学派的宗教文化批评理论家托波罗夫（Топоров В.Н.）的两卷集学术专著《俄罗斯精神文化中的神性与圣徒》（1995—1998）（第1卷《基督教在罗斯的最初岁月》和第2卷《基督教在罗斯的三个世纪（12—14世纪）》），是研究基督教在俄罗斯最初传播状况的分量最重的研究著作。这两卷近1700页（大32开）的论著在一开始就深入发掘了古希腊语中关于宇宙结构表述的词的内在含义，并指出了其对古罗斯的影响，从历史的源头探讨了基督教，特别是东正教在俄罗斯精神文化中的神圣作用，为研究东正教与俄罗斯文学之间的历史关系，尤其是古罗斯文学，提供了不少宝贵的、极有价值的参考资料。

莫斯科大学教授库列绍夫（Кулешов В.И.）主编的《19世纪俄罗斯文学与基督教》（1997）是一部学术影响非常广泛的论文集。该文集所收录的论文主要源于1994年在莫斯科大学召开的"19世纪俄罗斯文学与基督教"国际学术研讨会。论文集的作者队伍非常宏大，不但包括俄罗斯各高校及科研院所的研究人员，也有世界其他国家的斯拉夫学研究者。他们研究了基督教对 19 世纪俄罗斯文学发展的影响，具体分析了作家创作中所表现出的基督教意识，揭示了俄罗斯文学创作对基督教艺术方法的借鉴。不过，库列绍夫为代表的一批学者与杜纳耶夫、叶萨乌洛夫等不同，并没有将俄罗斯文学完全基督教化。该书内容主要包含三个方面：其一，对 19 世纪俄罗斯文学与基督教之间关系的总体研究，如马尔其扬诺娃的《俄罗斯古典作品的人物和基督教人类学》、利班的《俄罗斯文学和俄国生活中的基督教危机》、阿尔辛其耶娃的《俄罗斯文学里的基督教道德理想和空想意识的问题》等；其二，对作家创作与基督教关系的专题研究，如米涅耶娃的《论卡拉姆津对使徒传文献资料的使用》、帕乌特金的《茹科夫斯基与基里列夫斯基通信里表现的基督教思想和情绪》、库列绍夫的《普希金与基督教》、塔马尔琴柯的《俄国小说里的神正论和传统的情节结构》、谢米勃拉托娃的《作家的遗嘱是其尘世生活的一种总结：果戈理与奥多耶夫斯基公爵》、卡达耶夫的《契诃夫世界里的演变和奇迹》等；其三，外国学者对"19 世纪俄罗斯文学与基督教"问题的研究，如意大利学者维多利奥·斯特拉达的《19 世纪俄罗斯文学和文化里的世俗化问题》、日本学者横田和村上的《列·托尔斯泰对性问题的宗教看法》、德国学者米罗拉多维奇的《丘特切夫诗歌里的多神教和基督教的要素》、美国学者叶费莫娃的《在陀思妥耶夫斯基的小说〈卡拉马佐夫兄弟〉的主人公们的神界意境里的旧约全书》等。

在 20 世纪末至 21 世纪，俄罗斯学界还编辑和出版了一些与"东正教与俄罗斯文学"问题密切相关的系列丛书，如"俄罗斯思想丛书"（1994—1995）、"20 世纪思想家丛书"（1994）、"杰出人物评传丛书"（1990—2015）等以及索洛维约夫等一批思想家的文集；编撰了《俄罗斯东正教圣徒和苦行者：历史百科全书》（2010）等工具书。由于在俄罗斯不少东正教思想家本身就是作家和批评家，这些丛书就具有十分重要的参考价值，如其中的丛书收入了20世纪俄罗斯著名文论家和文学史学家、批评家洛谢夫（Лосев А.Ф.）的重要论文集《哲学、神话与文化》（1991）和关于他的传记（1997）；同时洛谢夫本人又作为作者，执笔撰写了关于索洛维约夫的传记（1990）。

近年来，关于东正教与俄罗斯文学研究的新作屡有出现。亚历山德罗娃－奥索金娜（Александрова-Осокина О.Н.）在2015年出版的专著《1800—1860年朝圣散文诗：圣所、历史和人》（2015）中，首次对鲜有关注的朝圣散文进行了系统研究，揭示了俄罗斯文学中的东正教精神与民族文化的统一；乌柳宾（Урюпин И.С.）于2020年出版专著《时代民族文化背景下的布尔加科夫创作》，探讨了俄罗斯独特的哲学和宗教文化对布尔加科夫创作的影响。除了学术专著，近年俄罗斯还相继出版了一些供语文学、历史学、宗教学、艺术学等专业学生使用的俄罗斯宗教与文学相关的大学教材，如杰姆琴科夫（Демченков С.А.）编写的《古罗斯文学与文化中的基督教》（2016）、乌米诺娃（Уминова Н.В.）主编的《基督教与文学》（2019）等。无疑，"东正教与俄罗斯文学"在俄罗斯学界越来越成为一个学科跨度广、研究者逐增的热门研究课题。

当前，俄罗斯学界研究"东正教与俄罗斯文学"这一问题的核心重镇之一是位于圣彼得堡的俄罗斯科学院俄国文学研究所（普希金之家）。该所自1994年起开始出版《基督教与俄罗斯文学》系列论文集，由科杰里尼科夫（Котельников В.А.）等人主编，圣彼得堡科学出版社出版，从1994年至2017年，总共已出版了八本，文章内容可以在普希金之家的官网上浏览下载。论文集的作者主要是俄罗斯科学院俄国文学研究所（普希金之家）及圣彼得堡俄罗斯国立师范大学的学者们，还有来自俄国及国外其他科研中心、高校的研究者们。普希金之家是苏联意识形态解禁之后的首批着力于基督教与文化研究的科研机构之一。在 1994 年至 2003 年这十年之间，这里每年都会举行名为"东正教与俄罗斯文化"的研讨会。有众多知名学者如科杰里尼科夫、叶萨乌洛夫、布哈尔金（Бухаркин П.Е.）、柳勃穆德罗夫（Любомудров А.М.）等参加会议。学者们重新开始了基督教与俄罗斯文学相互关系这一重要主题的探索，其研究核心为基督教的本体论、认识论、道德论等与新时期俄罗斯文学的关系。研究所涉及的问题范围非常广泛，比如俄国文学的东正教特性，东正教的历史特征和俄国宗教性的一般特质，这些特点如何在不同作家如茹科夫斯基（Жуковский В.А.）、霍米亚科夫（Хомяков А.С.）、陀思妥耶夫斯基、果戈理等人不同时期的创作中通过文学表达出来，不同的基督教主题和联想如何在具体艺术文本中加以体现，等等。这些系列文集中收录了很多从宗教视角阐释文学作品的优质论文，比如科杰里尼科夫的《布宁的旧约》、布哈尔金的《新时期的东正教教会和世俗文学》、柳勃穆德罗夫的《作为文化准则的教会性》、摩多林（Моторин А.В.）的《俄国浪漫主义的耶路撒冷形象》、弗拉斯金（Власкин А.П.）的《陀思妥耶夫斯基创作中的民族宗教文化》等。这显然是我们需要加以关注的一个重要研究窗口。

欧美研究现状

在欧美，东正教与俄罗斯文学的关系研究也一直是学界关注的重要问题之一。1995 年由英国格拉斯哥大学文学与神学研究中心专门主办了题为"罪、罚与基督：从宗教的角度阅读陀思妥耶夫斯基"的学术研讨会，会议重点探讨了俄罗斯经典作家陀思妥耶夫斯基创作与东正教之间的关系问题，不少学者从东正教文化的视角解读了长篇小说《卡拉马佐夫兄弟》和《罪与罚》等，这些研究为文学经典的宗教解读提供了极有价值的路径。

由美国斯拉夫和东欧语言教师联合会出版的《斯拉夫和东欧杂志》是欧美学界研究斯拉夫文化的前沿阵地。进入 21 世纪以来，俄罗斯文学与基督教尤其是东正教的关系越来越受到欧美学者的关注，比如该刊在 2002 年发表的维克多·泰拉斯（Victor Terras）的《俄罗斯文学评论的基督教革命》就是其中极具代表性的研究成果。在荷兰发行的 A&HCI 索引期刊《俄罗斯文学》中，也常有欧洲学者关注到俄罗斯文学中的宗教问题，如聂达·安德瑞克（Neda Andrić）2016 年发表的《德米特里·梅列日科夫斯基的小说〈达芬奇的浪漫〉的宗教哲学方面》，戈德伯格（S.Goldberg）2008 年发表的《丘特切夫〈佩萨斯特·埃斯特和莫尔斯基奇·沃尔纳赫〉中的基督教和浪漫主义》等。此外，由英国牛津大学出版社出版的《文学与神学》杂志长期以来一直密切关注着俄罗斯文学与东正教问题的研究，在 2015 年 6 月的 29（2）期上（第 183—198 页）就刊登了约瑟芬·冯·齐特赛威兹（Josephine von Zitzewitz）的论文《奥尔加·谢达科娃的旅行诗：形式的神性》，揭示了诗歌形式的东正教性。

欧美学界相关的英文研究成果主要有约瑟夫·弗兰克（Joseph Frank）的《宗教与理性之间：俄罗斯文学与文化随笔》（2010），乔治·帕提森、戴安·汤普森（George Pattison & Diane Thompson）的《陀思妥耶夫斯基与基督教传统》（2008），伊芙蕾姆·斯切尔（Efraim Sicher）的《十月革命后俄国文学中的犹太人：在希望与背教之间的作家与艺术家》（2006），露丝·寇茨（Ruth Coates）的《巴赫金身上的基督教：上帝与被流放的作家》（2005），戴维·M. 贝特亚（David M. Bethea）的《现代俄国小说中的末世之形》（1989），斯图尔特·R. 苏特兰（Stewart R.

Sutherland）的《无神论与拒绝上帝：当代哲学与〈卡拉马佐夫兄弟〉》（1977），赞科夫斯基（Serge A. Zenkovsky）的《中世纪俄国的史诗、历代记与故事》（1974），考克斯（Roger L. Cox）的《地与天之间：莎士比亚、陀思妥耶夫斯基与基督教悲剧的意义》（1973），等等。

2010 年，东正教文学专家马太·拉斐尔·约翰逊（Matthew Raphael Johnson）的专著《俄罗斯文学中的东正教古老传统》出版，作者旨在激发西方读者关注俄国宗教文化，认为文学翻译与批评必须重视俄国文学的历史及宗教内涵。这部学术著作可以说是最近欧美学者研究东正教与俄罗斯文学关系最为重要的学术成果之一。

我国研究现状

在我国俄罗斯文学研究界，任光宣、金亚娜、王志耕、梁坤、刘锟教授等均对此问题进行过较为深入的研究。任光宣等的《俄罗斯文学的神性传统：20 世纪俄罗斯文学与基督教》（2009）和《俄国文学与宗教：基辅罗斯——十九世纪俄国文学》（1995）、金亚娜等的《充盈的虚无：俄罗斯文学中的宗教意识》（2003）、王志耕的《圣愚之维：俄罗斯文学经典的一种文化阐释》（2013）和《宗教文化语境下的陀思妥耶夫斯基诗学》（2003）、梁坤的《末世与救赎：20 世纪俄罗斯文学主题的宗教文化阐释》（2007）、刘锟的《东正教精神与俄罗斯文学》（2009）以及他们和林精华的系列论文等多是这一方面研究的标志性成果。

任光宣教授在专著《俄国文学与宗教：基辅罗斯——十九世纪俄国文学》和《当前俄罗斯对俄罗斯文学与宗教关系研究一瞥》《俄国后现代主义文学，宗教新热潮及其它》等论文中，较为全面地概括了当前俄罗斯学界对"俄罗斯文学与东正教"问题的研究现状，从文化史的视角，探讨了东正教对俄罗斯文学创作的影响以及俄罗斯文学创作所反映出的东正教特征。在专著中，任光宣教授沿着基辅罗斯一直到19世纪俄罗斯社会的发展轨迹，揭示了19世纪俄罗斯文学中蕴含的东正教精神。这是在我国学界较早的一部关于"俄罗斯文学与东正教"问题研究的学术成果，具有非常重要的开拓性的奠基作用，很有参考价值。

金亚娜教授等著的《充盈的虚无：俄罗斯文学中的宗教意识》一书，以探究俄罗斯宗教文化的本质特征及其对民族文化心理的深层影响为目的，从宗教文化的视角重新解读了部分俄罗斯经典作家的创作，如果戈理的神秘宗教世界，陀思妥耶夫斯基与无辜受难者的灵魂磨砺，梅列日科夫斯基（Мережковский Д.С.）的《基督与反基督》的宗教思想，高尔基（Горький М.А.）作品中的民众宗教意识和人类中心宗教宇宙观、象征主义诗歌与宗教，布尔加科夫的《大师与玛格丽特》中的宗教神话主题，帕斯捷尔纳克的《日瓦戈医生》的宗教情结，顺季克（Шутько Н.А.）的《白萨满》中的萨满教观念，艾特玛托夫（Айтматов Ч.Т.）的《断头台》中的现代基督观，等等。这一成果把我国的俄罗斯文学创作的宗教解读引向了深入。

王志耕教授的专著《圣愚之维：俄罗斯文学经典的一种文化阐释》也许是最近几年来对此问题研究的分量最重、较为深入的一部专著。作者认为，要理解俄罗斯经典文学的独特性，必须对其做文化诗学的考察，也就是将其还原至它赖以生成的历史文化语境，通过对制约其存在的文化结构进行模型重构与解读，然后寻找它对文学文本的结构性渗透，从而最终说明俄罗斯文学特性的生成机制，因此，考察俄罗斯"圣愚"文化与俄罗斯文学经典之间的这种结构关系，便成了这部书的主要任务。全书共分四编，主要把"圣愚"作为一种文化，深入探讨"圣愚"与俄罗斯文学的精神品格、形式品格和生命品格之间的关系。该书对俄罗斯文学经典文本的文化解读，确实有许多精妙之处。

梁坤教授的专著《末世与救赎：20世纪俄罗斯文学主题的宗教文化阐释》（2007），从宗教文化视角研究20世纪俄罗斯文学的基督、索菲亚、恶魔、生态等几个重要主题，通过对欧洲与俄罗斯文化传统的溯源和对文学文本的分析，探讨其中共同蕴含的末世与救赎的精神结构，在宗教、哲学与文学的关联处发现俄罗斯民族自我意识的特征，考察其民族性格与文化心理，探讨了俄罗斯文学作品中主人公形象与东正教的关系。

刘锟教授的著作《东正教精神与俄罗斯文学》，从东正教文化的视点出发，从具体的文学经典文本分析入手，从俄罗斯文学中的东正教观念、圣徒传统、魔鬼观念几个方面阐述俄罗斯文学的总体特征，努力从宗教文化的视角揭示俄罗斯文学思想内涵的本质和它独特的文化价值。从整体上看，此书在研究方法上与金亚娜等著的《充盈的虚无：俄罗斯文学中的宗教意识》一书有点相似，其实刘锟本人也参与了金亚娜教授负责之作的撰写。

上述研究确实已经为我们的研究奠定了坚实的基础并且已经取得较为丰硕的研究成果。然而，任何研究又是可以进一步推进的。总体来说，以上研究多数是从东正教或其他宗教的视角来解读俄罗斯文学创作，需要深入推进东正教与俄罗斯文学之间的互动关系的研究，进一步揭示俄罗斯文学对东正教文化的形象阐释和空间拓展，在具体探究东正教如何对俄罗斯文学经典体裁结构和审美形式的影响方面，还有大量的工作需要去做。同时，需要特别说明的是，对某些关键性的学术术语翻译，学界还存在着不同的译法。如王志耕教授发表的论文《"聚合性"与陀思妥耶夫斯基的复调艺术》、学术专著《圣愚之维：俄罗斯文学经典的一种文化阐释》和金亚娜教授的专著《充盈的虚无：俄罗斯文学中的宗教意识》中，均把

"соборность"翻译成"聚合性",任光宣教授则译成"集结性",也有学者译为"团契"。我们采用张百春教授的译法,即"聚和性",因为该词的核心意义包含了"和而不同"的意思。

其实,从东正教文化与俄罗斯文学的相互关系来看,它们之间的影响应该是双向的。一方面,东正教精神影响着俄罗斯文学的形成和发展,对文学的主题、形式以及作家的思维方式和精神探索起着重要作用;另一方面,俄罗斯作家和大量的文学作品为东正教哲学提供了具有一定深度和广度的阐释可能性,以其艺术创作丰富和发展了宗教道德思想体系,深化和拓展了东正教的精神价值,体现了独特的宗教道德理想。而目前我国学界的研究更多探讨的是前一种影响,即东正教对俄罗斯文学的影响,而对俄罗斯文学对东正教文化的丰富与拓展的研究,则尚欠深入。此外,我国从事此方面研究的学者大都来自俄罗斯文学研究界,往往囿于文学的范围内来探索,结合具体的作家创作,从俄罗斯文学中的东正教观念、"圣愚"传统、魔鬼观念、"聚和性"、圣徒传等方面入手,揭示俄罗斯文学的特征。实际上,俄罗斯文学的使命始终与国家和民族的命运息息相关,宗教特征也是与此紧密相连的。俄罗斯知识分子以宗教的态度对待自己的创作,认为它负有一种救赎的使命,具有超越个人本身的精神价值。

如果走出与文学的关系来看东正教,张百春先生的专著《当代东正教神学思想》(国家社会科学基金"九五"规划重大项目)是值得特别关注的学术研究成果。虽然此书不是专门研究"东正教与俄罗斯文学"问题的,但是对于了解当代东正教神学思想具有十分重要的意义,更何况不少当代东正教神学思想家,如梅列日科夫斯基、舍斯托夫(Шестов Л.И.)、伊凡诺夫(Иванов В.И.)、洛斯基(Лосский Н.О.)、布尔加科夫、别尔嘉耶夫(Бердяев Н.А.)等,就是文学批评家和理论家。该书对当代东正教神学思想的奠基人索洛维约夫、"聚和性"概念的提出者霍米亚科夫等均进行了一定的论述，有助于我们对当代东正教神学思想与俄罗斯文学及其批评理论之间关系的研究。

二、意义与方法：研究内容的设计

研究的价值与意义

俄罗斯诗人叶夫图申科（Евтушенко Е.А.）曾写过这样一句诗："诗人在俄国大于诗人。"换句话说，"文学在俄国大于文学"。本项目研究东正教与俄罗斯文学的关系，已不再局限于纯文学问题，将探讨这种关系对俄罗斯国家形象构建和民族精神塑造等问题的作用。其实，俄罗斯国家和民族精神的形象，不只是凭借国外政治家、经济学家和旅行家等的"他者化"解读，而更主要取决于俄罗斯人的自我塑造，其中很重要的部分就是俄罗斯文学的创作。一个伟大的民族必然能造就伟大的文学，伟大的文学又能构建伟大的国家和民族之形象，而这一切在俄罗斯又是与东正教有着天然的内在联系的。文学的艺术追求只有融入在民族、国家的发展洪流中，才具有不朽的生命力。本丛书的学术价值和社会意义之一就是重点研究"东正教与俄罗斯文学中的国家形象构建"，以期为我国文艺创作和理论探索在国家形象的构建上，提供有价值的参考。

在东正教与俄罗斯文学的相互影响研究中，本丛书注重影响的双向性，一是侧重研究东正教的精神价值与俄罗斯文学创作和批评之间的相互作用、相互拓展，进行双向性的阐释；二是探究"东正教与俄罗斯民族语言"之间的双向影响，一方面探讨作为文学载体的俄罗斯民族语言与东正教之间的渊源关系，另一方面也努力揭示俄罗斯民族语言的发展对于东正教文化的反作用。这些研究可以弥补我国学界在此方面的某些不足，也是本丛书研究的又一学术价值和社会意义。如果将语言研究成果运用于我国的俄语教学，也会具有较大的应用价值和推广意义。

在具体的作家创作和文本分析中，本项目不仅深入考察东正教文化在创作主题和思想内容方面的影响，揭示作品的深刻内涵，而且进一步分析文学文本在文学体裁、诗学结构、创作形式、语言表述等方面与东正教文化的渊源关系。例如，巴赫金（Бахтин М.М.）在分析陀思妥耶夫斯基小说创作的诗学构造时，敏锐地揭示了该作家小说创作中的复调结构，然而他并没有深入发掘这一结构与东正教文化之间的关系，其实这与东正教的核心概念"聚和性"关系密切。这也是本丛书中《"聚和性"与俄罗斯文学经典》《陀思妥耶夫斯基主义引论——东正教与陀思妥耶夫斯基创作研究》等的学术价值和意义之所在，努力为我国文学批评和理论的建设，提供值得借鉴的参考。

"东正教与俄罗斯文论"的关系研究显然是具有引领意义的，该研究在理论阐释的基础上，将尝试对受东正教影响的各种文学批评理论及其方法的实际运用，也就是努力运用各种批评方法来分析具体的俄罗斯文学作品，以力求为我国的文学批评开辟新的途径。这无疑具有重要的学术价值和应用价值。

研究对象和主要内容

本丛书努力通过对"东正教与俄罗斯文学"之间双向互动关系的研究，探究东正教对俄罗斯文学的创作思想、艺术形式和批评理论的积极影响，同时也深入研究俄罗斯文学创作与批评对东正教文化的拓展与丰富，从而探索超越个体的精神价值，即民族精神和国家形象的文学塑造，揭示俄罗斯文学对国家形象的构建和民族精神的铸造过程。主要研究涉及三个方面，即"东正教""俄罗斯文学"以及两者之间的关系。其中，两者之间的关系是最为重要的，我们将深入探究反映这种关系的"与"字，选择东正教对俄罗斯文学产生积极影响的部分进行研究，同时也把受东正教影响较有代表性的俄罗斯文学的经典作家、批评家及其创作和理论，作为研究的主要对象。具体研究的主要内容如下：

在"俄罗斯文学"研究方面，将选择那些与东正教关系极为密切的作家和批评家的创作，作为研究对象，并主要从文学创作和批评两个方面展开研究。在作家创作方面，侧重研究以果戈理、陀思妥耶夫斯基、托尔斯泰等为代表的经典作家的创作；在文学批评方面，重点研究以卡特科夫（Катков М.Н.）、波别多诺斯采夫（Победоносцев К.П.）等为代表的文学批评家及其思想，重点揭示俄罗斯文学经典创作、批评与东正教的互动影响，特别是俄罗斯文学对东正教文化阐释空间的拓展和对东正教思想的发展。我们以"东正教与陀思妥耶夫斯基创作"为个案，立足于作家创作文本，重在分析传统的东正教意识与陀思妥耶夫斯基创作之间的互动。

在"东正教"神学研究方面，将侧重把与俄罗斯文学发展产生互动影响最为积极的"聚和性"和"弥赛亚意识"，作为主要研究对象，深入研究它们对俄罗斯文学的民族精神铸造和艺术形式构建的积极影响。"聚和性"是霍米亚科夫提出的一个概念，与"собор（大教堂，大礼拜堂）"同根同源。它作为俄罗斯民族东正教文化的本质特征之一，具有独特的含义。在霍米亚科夫看来，天主教会的统一没有自由，新教的自由缺少统一，"聚和性"则是自由与统一的融合。"聚"是指靠着信仰为了一个焦点而结合的意思，"和"是"和而不同"的"和"。①"弥赛亚意识"源自宗教词汇"弥赛亚"（Messiah），意指某个群体或民族认为自己负有拯救世界的使命。俄罗斯民族长期信奉东正教，"弥赛亚意识"非常强烈，并且俄罗斯的"弥赛亚意识"融合了俄罗斯民族的传统文化与东正教文明，又经过俄罗斯学者数百年的补充和完善，衍生出一整套的理论和观念，早已经超出了宗教范畴而融入了俄罗斯民族的灵魂，成为俄罗斯民族的核心价值观之一。

在这两者的融合关系上，重点研究白银时代的俄罗斯宗教文化批评的思想家及其理论，揭示他们与俄罗斯文学批评理论之间的关系，如索洛维约夫的"完整知识体系"与宗教文学批评基础、特鲁别茨科伊（Трубецкий С.Н.）的"聚和性意识"与对话批评、梅列日科夫斯基的"新宗教意识"与象征主义、舍斯托夫的"悲剧哲学"与存在主义、伊凡诺夫的"合唱原则"与现实主义的象征主义、洛斯基的"直觉主义"与具体的理想现实主义、布尔加科夫的"宗教唯物主义"与"三位一体"文学批评、别尔嘉耶夫的"东正教人本主义"与救世的宗教文化批评等。这些理论家既是东正教神学思想的继承和发展者，也是俄罗斯宗教文学批评理论的拓展者。

其实，无论是东正教，还是俄罗斯文学，均是通过俄罗斯民族语言的表征而存在起来的。俄罗斯民族语言在承载着东正教和俄罗斯文学的同时，也成为它们之间联系的纽带。因此，研究东正教与俄罗斯民族语言形成与发展中的双向共变关系，揭示以东正教为主导特征的俄罗斯精神文化影响下的俄语语言世界图景，也成了本丛书研究的主要内容之一。

---

① 张百春：《当代东正教神学思想：俄罗斯东正教神学》，上海：上海三联书店，2000年，第55页。

总体框架与逻辑关系

本丛书的总体研究框架是，努力对"东正教与俄罗斯文学"问题进行系统性、互动性研究，侧重探讨两者双向互动的关系，从而揭示俄罗斯文学对国家形象和民族精神的铸造以及东正教所起到的作用。参见下图：

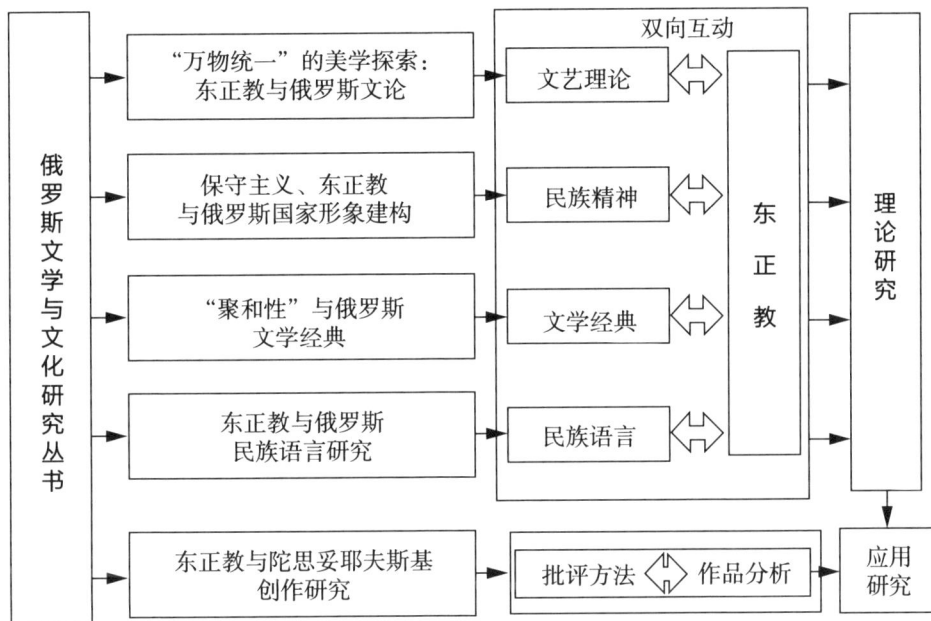

在研究的系统性上，本丛书注重创作与理论、思想与形式、群体与个案、整体与专题、内容与载体之间的系统研究，即在研究东正教对俄罗斯文学的影响方面，既重视对文学创作，特别是文学经典作品的分析，也深入对文学批评及其理论的探讨；既关注其对文学创作思想内容的影响，更努力发掘其与文学艺术形式的渊源关系；既有对经典作家和批评家的群体研究，也有对陀思妥耶夫斯基创作的个案分析；既注重其对俄罗斯文学整体影响的考察，也专门就俄罗斯国家形象构建的专题展开研究。本项目甚

至还对东正教与俄罗斯文学之间的纽带和载体——俄罗斯民族语言，列出专门的子项目研究。

在研究的互动性上，本丛书主要从纵、横两个维度上展开互动探索。首先，从历时的纵向关系来看，本丛书在深入探讨东正教对俄罗斯文学、俄罗斯民族语言的历史渊源影响时，也竭力考察俄罗斯文学、俄罗斯民族语言对东正教发展的反作用，特别重视研究双向互动的影响。从共时的横向关系来看，为了达到双向互动的研究目的，本丛书的各部论著之间也是互动甚至相互渗透的，比如，对俄罗斯国家形象构建的研究就不仅是《保守主义、东正教与俄罗斯国家形象构建》的任务，同时也渗透在其他四部论著之中；有关陀思妥耶夫斯基的创作除了《陀思妥耶夫斯基主义引论——东正教与陀思妥耶夫斯基创作研究》进行专题的深入研究之外，在《"聚和性"与俄罗斯文学经典》等论著中也会有所涉及等。

这种系统性与互动性的研究方式就是试图使得整个研究成为一个有机、互动的整体，而贯穿这一整体的精神就是在东正教的文化语境中俄罗斯文学对国家形象和民族精神的塑造。

在本丛书中，《"万物统一"的美学探索：东正教与俄罗斯文论》是一个引领性的理论专题研究，揭示东正教与俄罗斯文学批评理论之间的关系，这正好与《"聚和性"与俄罗斯文学经典》一起，构成研究"东正教与俄罗斯文学"的主体。本丛书力图通过此项研究表明，宗教思想与科学理论之间并非迥然对立，同样可以是"你"中有"我"，"我"中有"你"，均是探索真理的途径。

《保守主义、东正教与俄罗斯国家形象构建》是一部重点揭示俄罗斯国家形象构建的论著，主要探讨 19 世纪俄罗斯文学中国家形象的建构以及保守主义、东正教在此所起到的重要作用，其目的除了问题本身的研究以外，就在于努力进一步表明本丛书研究的核心问题是俄罗斯国家形象的构建和民族精神的铸造问题，这就使得本丛书的意义超越了研究本身。

《"聚和性"与俄罗斯文学经典》是一个以创作影响为主体的研究，主要通过历史渊源研究和具体文学经典文本分析，深入探讨东正教的"聚和性"与俄罗斯文学经典之间的相互关系，这是研究"东正教与俄罗斯文学"必不可少的一个核心问题。

《东正教与俄罗斯民族语言研究》以载体与纽带的研究为主要任务。俄罗斯民族语言既是文学和宗教的载体，又是它们的内涵表述的拓展者，这一研究其实既在语言文学的范围之内，又超越了这一界限，有利于我们更清晰、更深入地认识东正教与俄罗斯文学的关系。

《陀思妥耶夫斯基主义引论——东正教与陀思妥耶夫斯基创作研究》是一个个案研究，专门针对东正教与陀思妥耶夫斯基创作之间的关系，进行深入细致的剖析，这样有利于较为深入具体地揭示东正教与具体经典作家创作之间的相互影响。该论著对以往研究的突破在于，既考察宗教因素在推动陀思妥耶夫斯基思想观念形成过程中所起的影响，又探求陀思妥耶夫斯基及其创作如何提升民族认同感、发扬光大东正教文化的机制。

本丛书由批评理论和思想引领、民族精神和国家形象构建贯穿、东正教与文学经典互动考察、作为文学载体的俄罗斯民族语言研究、重点作家个案分析五个部分组成。

总体思路与研究方法

从总体思路上来说，本丛书认为，"东正教与俄罗斯文学"的研究并不等于"东正教＋俄罗斯文学"，也就是说，并非"1＋1＝2"，而是"1＋1＞2"。本丛书关注两者之间的关系研究，将研究提升至民族精神铸

造和国家形象构建的高度，使之产生"1+1>2"的研究效果。本研究采用
"二元"或"多元"融合、重点与一般兼顾、静态与动态结合、创作与批
评交叉的研究思路。从总体上来说，着眼于东正教与俄罗斯文学的相互融
合，这里不仅把东正教文化作为研究的背景，而且重点分析作为载体的俄
罗斯民族语言、作为形象艺术的俄罗斯文学对东正教文化的丰富。在我
们看来，在东正教与俄罗斯文学中，往往是"你"中有"我"，"我"中
有"你"，而这就是本丛书关注的主要部分。在重点与一般的兼顾上，本
丛书在解析陀思妥耶夫斯基的创作的同时，也兼顾到俄罗斯文学史上的一
批经典作家，在重点探讨东正教文化精神如何影响俄罗斯文学对国家形象
和民族精神的铸造的同时，也兼及一般文学创作、批评及其理论与东正教
互动中产生的其他问题。在静态与动态的结合中，本丛书既对"弥赛亚意
识""聚和性"等代表东正教本质特征的范畴，作为相对确定的意义进行
研究，同时也注意它们的时代特征，在历史的变化中，在作家创作的动态
阐释过程中来考察。在创作与批评交叉的研究中，我们既注重分析作家的
创作文本，也研究卡特科夫、波别多诺斯采夫等的文学批评思想。

就研究视角和研究路径而言，本丛书采取多维度的视角、正反双向的
研究路径。在研究视角上，既有宏观考察的整体把握，也有微观的具体文
本分析和个案研究；既有思想内涵和民族精神的深入挖掘，也有创作体
裁、文学形式以及语言表述的艺术分析；既有就"聚和性"对创作的影响
探究，也有文学创作对"聚和性"形象阐释的评析。在研究路径上，既追
溯东正教对俄罗斯文学发展的正向渊源影响，也探讨俄罗斯文学对东正教
文化的反向阐释拓展与形象构建，既揭示俄罗斯民族语言作为载体和表现
手段，对以东正教精神与传统为核心的俄语语言意识形象体系的构建，也
反向探索在俄语的语言世界图景中东正教文化、俄罗斯文学的积极作用，

从而更深刻地认识"东正教与俄罗斯文学"的关系。

从学理角度，如果把巫术和民间口头创作分别看作是宗教活动和文学创作的起源，那么在俄罗斯，其宗教与文学几乎是一对孪生姐妹，它们之间存在着天然的内在联系。东正教与俄罗斯文学的关系也不例外，彼此往往交融在一起，有时甚至很难分辨。例如，梅列日科夫斯基、舍斯托夫、伊凡诺夫、洛斯基、布尔加科夫、别尔嘉耶夫等就既是宗教哲学家，又是文学批评及理论家；陀思妥耶夫斯基的创作是文学经典，也是对东正教精神的形象阐释与丰富；"聚和性"既是导致陀思妥耶夫斯基小说复调结构的文化根源，其内涵又在该作家创作中得到了新的丰富和拓展。因此，本丛书在学理上，针对这一特点，主要从关系着手，进行双向互动与多维的考察研究。

在研究方法上，本丛书采用文本细读、考证和跨学科相结合的研究方法，一方面深入研究"东正教与俄罗斯文学"的问题本身，细读各类文本，包括东正教基本文献资料和文学经典文本，立足文本分析，对东正教与民族语言、作家创作之间的关系等问题进行考证式研究，努力做到言之有据；另一方面做到文史哲结合，综合运用文艺学、宗教和思想史的研究方法，立足于一手材料，除了第一手的俄文（含古俄语材料）、中文资料以外，还尽可能运用第一手的英文等资料，来考察西方学者的观点，尽力发掘俄罗斯文学史、东正教文化史中被忽略的一面，争取能够走出问题看问题，从跨学科的视野来考察问题，深化问题的研究。

三、使命与救赎：民族精神的铸造

文学是历史的文化记忆与艺术重构，俄罗斯文学显然是俄罗斯社会发展的艺术构建。也许正因为如此，我国俄罗斯文学研究界常常把文学创作与社会现实生活密切地联系在一起，特别是在探讨 19 世纪以来的俄罗斯文学发展时，总是习惯于把这一进程与民族解放斗争和历史变革相关联，甚至以十二月党人起义、农奴制废除和十月革命等重大历史事件为依据来划分文学发展阶段。其实，文学的历史重构也许更主要是超越历史事件的精神重构、国家形象的塑造和民族灵魂的铸造。就俄罗斯文学而言，这里自然离不开东正教思想的影响。东正教之所以能够被俄罗斯民族所接受，主要因为东正教的思想与俄罗斯民族自身的宗教虔诚性是相吻合的，因此，俄罗斯宗教文化批评理论家别尔嘉耶夫曾经明确指出："俄罗斯人的灵魂是由东正教会铸成的，它具有纯粹的宗教结构。"①

回眸 19 世纪欧洲文学史，以批判现实主义为代表的文学主潮，往往通过对典型环境中的典型人物悲剧性命运的描写，来达到对社会现实的揭露与批判，这也是批判现实主义的力量之所在。然而，19 世纪的俄罗斯文学则又呈现出自己的独特性。别尔嘉耶夫在提及俄罗斯文学的特征时这样写道："从果戈理开始的俄国文学成为一种训诫的文学。它探索真理，并教示实现真理。俄罗斯文学不是产生于个人和人民的痛苦和多灾多难的命运，而是产生于对拯救全人类的探索。这就意味着，俄国文学的基本主题是宗教的。"②

在我国和苏联的俄罗斯文学研究中，凡是提及 19 世纪俄罗斯文学中的奥涅金、毕巧林、罗亭、奥勃洛莫夫等"多余人"（лишний человек）和巴施马奇金、杰武什金等"小人物"（маленький человек）系列形象

---

① ［俄］尼·亚·别尔嘉耶夫：《俄罗斯共产主义的起源与意义》，莫斯科：科学出版社，1990 年，第 8 页。

② 同上，第 63 页。

时，往往把这些优秀个性和"小人物"的毁灭归结于19世纪俄罗斯社会的恶劣环境。其实，俄罗斯作家笔下的"多余人"和"小人物"与同时期欧洲文学中的同类人物相比较，有着迥然不同的性格特征。虽然他们都处于恶劣的社会环境中，无法摆脱自己悲剧性的命运。然而，俄罗斯文学中的"多余人"更具有使命感、救赎意识，也就是他们在不断探索拯救自己和他人的出路。俄罗斯文学中的"小人物"也更多地在为自我的尊严而抗争，甚至自我救赎。显然，在"多余人"和"小人物"身上，体现着俄罗斯民族的"救赎"精神，而这一精神无疑来自东正教的"弥赛亚意识"。

19世纪初的俄罗斯与西欧先进国家相比较，显得十分落后，仍然处于农奴制之中。随着1812年抗击拿破仑的入侵，俄军一度远征西欧。不少优秀的贵族军官亲身感受到了俄国的腐败落后，改革和救赎的使命感与日俱增。俄罗斯学者马斯林（Маслин М.А.）就曾经指出："毋庸置疑，从中世纪开始，宗教救世主学说正是俄罗斯自我意识的特征。"俄罗斯的思想界体现着"对俄罗斯民族乃至整个正教世界的整体的宗教和历史的救赎意志"。[1] 十二月党人诗人雷列耶夫（Рылеев К.Ф.）、丘赫尔别克尔（Кюхельбекер В.К.）、奥多耶夫斯基（Одоевский В.Ф.）、拉耶夫斯基（Раевский В.Ф.）等，在自己的创作中就表现出鲜明的民族救赎意识，表达了追求自由、积极向上的浪漫主义精神。俄罗斯诗人普希金更是在《致西伯利亚的囚徒》等诗歌中激励为民族救赎而献身的十二月党人，甚至预言俄罗斯民族将从睡梦中醒来。在现实主义的文学创作中，著名作家果戈理在《钦差大臣》《死魂灵》等创作中，出色地塑造了形形色色的小官吏、地主、骗子等形象，竭力探索宗教的自我救赎之路。寓言家克雷

---

[1]　马斯林：《对俄罗斯的非常无知》，载《哲学译丛》1997年第2期，第23页。

洛夫（Крылов И.А.）的创作在形象地反映社会现实的同时，不仅批判了统治阶级的种种丑恶本性，而且弘扬了强烈的爱国主义精神。无论是屠格涅夫（Тургенев И.С.）的长篇小说、涅克拉索夫（Некрасов Н.А.）的诗歌、奥斯特洛夫斯基（Островский А.Н.）和契诃夫（Чехов А.П.）的戏剧，还是陀思妥耶夫斯基和托尔斯泰的小说等，均是通过不同的艺术表现途径，探索着自我救赎。在俄罗斯文学史上的"多余人"系列形象塑造中，如果说在普希金笔下的奥涅金还主要体现的是自我救赎，那么到了莱蒙托夫那里，毕巧林已经开始试图拯救他人，而屠格涅夫同名小说中罗亭则死于巴黎革命的巷战中。当然，冈察洛夫（Гончаров И.А.）的奥勃洛莫夫又表现出"救赎"的无奈，只寻求自我心灵的纯洁。

在东正教中，"上帝"是存在于"自我"之中的，也就是说，"我"就是"上帝"。因此，俄罗斯民族的"救赎"并不依赖于外部世界，而是根植于自身的。在俄罗斯文学中，我们不难发现，各种不同类型人物的"救赎"探索。果戈理的短篇小说《外套》是继普希金的《驿站长》之后又一部描写小人物的杰作。然而，小公务员巴施马奇金不仅是黑暗社会的牺牲品，更是一个维护自我尊严、追求"自我救赎"、反对弱肉强食社会的抗争者。在《外套》里，作家创作了一个荒诞的结尾，巴施马奇金死后一反生前的怯懦，抓住那个曾骂过他的大人物，剥下他的外套，为自己报了仇。陀思妥耶夫斯基的小说《穷人》中的主人公、年老公务员杰武什金和几乎沦落为妓女的陀勃罗谢洛娃，虽然生活艰难，地位卑微，但是他们依然在执着于精神和道德上的平等。

在优秀贵族人物性格的塑造上，托尔斯泰的创作无疑是最具有代表性的。在长篇小说《战争与和平》中，安德烈·包尔康斯基、彼恰·罗斯托夫、彼埃尔·别祖霍夫等身上蕴藏着的爱国主义激情，维护民族自尊的决心，均令人赞叹。他们与民众的坚强意志显示出俄罗斯民族精神的强大与不可战胜。《安娜·卡列尼娜》中的主人公安娜是一位追求爱情幸福的新女性，不过托尔斯泰的描写是很具有俄罗斯特色的。尼·亚·别尔嘉耶夫就曾经指出，爱情本身在俄罗斯与西欧的存在方式与内涵是迥然不同的，在俄罗斯，"爱情不是一种自我价值，没有自己的形象，它仅仅是人的悲剧道路的展示，仅仅是对人的自由的考验"。① 因此，当安娜深感渥伦斯基不再爱自己以后，就只有以生命为代价完成了"自我救赎"的心理历程。《复活》中的主人公聂赫留朵夫则更是在"救赎"他人的过程中实现了"自我"和"他人"的精神"复活"。

当然，在别尔嘉耶夫看来，俄罗斯救世的宗教文学主要始于果戈理，但是果戈理创作的悲剧在于，他揭示的仅仅是人的"魔性"，而无法描绘出人的"神性"，无法表现神人合一的创作形象。在极度矛盾和痛苦中，果戈理烧毁了《死魂灵》的第二部手稿。只有到了陀思妥耶夫斯基，他的创作才深刻地揭示了俄罗斯民族的"神性"，同时也极大地丰富了对俄罗斯东正教救世精神的阐释和形象展现。他的创作主要围绕着人与人的命运展开，并由此产生善与恶、爱与恨、罪与罚等一系列问题。他较西方更早触及到人的双重性格、意识与无意识、磨难与自由。陀思妥耶夫斯基发现了俄罗斯人的独特精神建构并以自己的创作反映了俄罗斯民族的宗教精神。别尔嘉耶夫明确表明"我们是陀思妥耶夫斯基的精神之子"②。

东正教与俄罗斯文学在相互影响中，不仅重构了俄罗斯民族的精神世

---

① ［俄］尼·亚·别尔嘉耶夫：《陀思妥耶夫斯基的世界观》，载《创作·文化·艺术哲学》，莫斯科：艺术出版社，1994年，第2卷，第74页。
② ［俄］尼·亚·别尔嘉耶夫：《悲剧与寻常》，载《创作·文化·艺术哲学》，莫斯科：艺术出版社，1994年，第2卷，第144页。

界，也拓展了俄罗斯文学的艺术表现形式。同时，俄罗斯文学又以其独特的艺术形象和审美形式，展示和丰富着东正教精神，传承了东正教文明。

四、重构与聚和：审美形式的拓展

翻开19世纪俄罗斯文学史，批评界在关注东正教与俄罗斯文学的相互影响时，往往更加侧重东正教思想对俄罗斯文学创作的精神注入，从而揭示前者对后者的积极影响。其实，俄罗斯文学经典作品的独特艺术表现魅力也渊源于东正教，并且推动着东正教精神在更广范围内的形象化接受。

俄罗斯著名思想家、文学批评家巴赫金曾经在《陀思妥耶夫斯基诗学问题》一书中，明确揭示了陀思妥耶夫斯基小说创作形式的复调结构，强调了在陀氏创作中"作者与主人公平等对话"的艺术特征。然而，巴赫金却有意回避了"复调结构"和"对话"产生的思想根源，他写道："我们在分析中将撇开陀思妥耶夫斯基所表现的思想的内容方面，此处我们看重的是它们在作品中的艺术功能。"[①] 显然，巴赫金回避了一个不应该回避的问题。

陀思妥耶夫斯基是一位虔诚的东正教徒，其小说创作的"复调结构"和"对话"特征，是东正教文化又一本质特征"聚和性"意识的艺术表现。

在陀思妥耶夫斯基的小说创作中，这种"聚和性"意识的"复调结构"特征非常明显地展现在读者面前。这种不同观点和思想的"复调"或曰"多声部"，在长篇小说《罪与罚》中，表现为大学生拉斯柯尔尼科夫

---

① ［俄］巴赫金：《陀思妥耶夫斯基诗学问题》，莫斯科：苏维埃俄罗斯出版社，1979年，第89页。

与妓女索尼娅之间的"对话"，前者坚持要以暴力抗恶，杀死了放高利贷的老太婆，后者则以善对恶，反对暴力，犯罪就要忏悔和接受惩罚，以达到自我救赎、净化心灵的目的。到了长篇小说《卡拉马佐夫兄弟》，这种"复调"已经不再是两种声音，而是真正的"多声部"。卡拉马佐夫一家父子之间、兄弟之间，他们不仅思想感情上迥然对立，甚至相互敌视，以至弑父。小说中，恶毒与善良、无神与有神、虚伪与真诚、软弱与暴力等各种话语和行为交织在一起，形成了一部独特的"交响曲"。

在陀思妥耶夫斯基的小说中，"和而不同"所产生的"复调"，又不仅仅是同一空间上不同声音的"聚和"，而且也是不同空间层面的"对话"和"多声部"。小说《白痴》是由作家有意识独特设计的双重层次结构所构成，把世俗的日常生活与崇高的情感悲剧相交织，主人公梅什金、罗戈任、纳斯塔西娅·菲利波芙娜、阿格拉娅、伊波利特均生活其中，作家并没有让小说中的任何一种声音成为主旋律，而是不同的声部并存。这种不同层面的空间交织对话，形成了"黑暗"与"光明"、"平凡"与"崇高"之间对峙的"复调"结构，呈现出"现实"与"浪漫"、"理智"与"情感"相结合的独特艺术形式。

可以说，陀思妥耶夫斯基很少直接客观地描述社会生活场景和刻画人物性格，而主要是描绘人物的意识，让人物直抒自己对社会的不满和对人生的看法。《穷人》中的男女主人公用书信来直抒自己对现实的抱怨，《死屋手记》和《地下室手记》中的主人公们明显地表现出自己心灵的扭曲、变态和卑劣。《卡拉马佐夫兄弟》中的父与子们针锋相对的思想交锋，《白痴》主人公梅什金的基督式的"普遍的爱"，《罪与罚》中主人公关于善恶的不同认识等，均是心灵的碰撞和思想的表露。

陀思妥耶夫斯基是一位善于洞察和揭示人物意识的艺术大师。东正教的"聚和性"在他的创作中显现为是一种"意识"的"聚和",而这种"聚和"又是三种意识主体的"聚和"。从表层上来看,各个人物的主体意识是具有个性意识的,而部分群体的主体意识是代表集体的,但是从深层着眼,只有代表反映人类普遍意识的主体才能够代表人类整体。可以说,正是普遍的人性、博爱精神才是"聚和"的根本。

特鲁别茨科伊在《论人类意识的本质》中,就把意识的主体分为局部与整体两类。局部的意识主体又分为:个性意识与集体意识,这类意识主体是不可能代表整体的,因此不具备普遍性。其实,意识主体的本质特征是它的普遍性,也就是能够反映整个人类特性的普遍意识。特鲁别茨科伊虽然强调个性意识、集体意识与普遍意识的"三位一体",但是他把普遍意识称为"聚和性"意识。他指出:"意识既不可能是无个性的,也不可能是单独的、个性化的,因为意识要比个性宽广得多,它是聚和性的。真善美可以客观地被认识,能够渐渐地被实现,就是因为人类的这种活生生的聚和性意识。"[1]

东正教的"聚和性"成为了陀思妥耶夫斯基创作的内在文化基因,同时陀氏的创作又不断丰富和形象地阐释了东正教的本质特征"聚和性"。在霍米亚科夫那里,不同思想和观点是"聚和"共存的,而在陀思妥耶夫斯基的创作中,这种"和而不同"又是相互"融合"的,即各种不同思想和观点是相互渗透的。这显然更加形象,艺术地拓展了东正教的思想,例如《卡拉马佐夫兄弟》中的阿辽沙是代表"善"和"博爱"思想的理想人物,但是在小说现实中的形象又是软弱无力的。"宗教大法官"的传说是长篇小说《卡拉马佐夫兄弟》中的伊万对其弟阿辽沙讲述的一个很长的故

---

[1] 俄罗斯科学院哲学研究所编:《谢·尼·特鲁别茨科伊选集》,莫斯科:思想出版社,1994年,第44页。

事。陀思妥耶夫斯基匠心独具地让这位反基督的宗教大法官恰恰以维护宗教的绝对权威的面貌出现，甚至还揭示出宗教大法官的某些思想与19世纪俄罗斯的虚无主义、激进主义思潮之间的联系，从而使得这一形象具有多重意义的内涵。陀思妥耶夫斯基有意识地将不同的思想融合在同一个人物身上，这不是简单的人物思想复杂性导致的，而是作家独特的艺术构建，是对"聚和性"有意识的"内在"呈现，为了达到读者心灵自我对话的独特效应。

俄罗斯著名宗教文化批评理论家罗赞诺夫（Розанов В.В.）指出："陀思妥耶夫斯基的本质在于其无限的隐蔽性。……陀思妥耶夫斯基是一位最隐秘、最内在的作家，因此阅读他，仿佛并不是在阅读别人，而像是在倾听自己的灵魂，不过比通常的倾听更深入……"因此，就读者而言，"陀思妥耶夫斯基并不是'他'，像列夫·托尔斯泰和其他所有作家那样；陀思妥耶夫斯基是'我'，是罪过的、愚笨的、懦弱的、堕落的和正在崛起的'我'"。[①]陀思妥耶夫斯基以"自我"为中心的创作，恰恰艺术地折射出东正教的"上帝在我心中"的思想。

陀思妥耶夫斯基的文学创作深刻地揭示了不少宗教哲学的辩证思想：堕落与复兴、生与死等互相依存、互为前提的关系。《卡拉马佐夫兄弟》一书的卷首引用了《约翰福音》中的一段话："我实实在在地告诉你们：若一粒麦子落在地里上，不死，仍旧是一粒；若是死了，就会结出许多子粒来。"陀思妥耶夫斯基以这部长篇小说表明了一个深刻的宗教思想：生与死是不可分离的，只有死的必然，才使得生变得可能。罗赞诺夫把陀思妥耶夫斯基称为"辩证法的天才，在他那里几乎所有正题都转化为反

---

① ［俄］瓦·瓦·罗赞诺夫：《为什么陀思妥耶夫斯基对于我们是珍贵的？》，载《论作家与写作》，莫斯科：共和国出版社，1995年，第533，535—536页。

题"。① 其实，陀思妥耶夫斯基创作中蕴含着的深刻矛盾性、辩证性是"聚和性"意识的使然。罗赞诺夫曾指出，陀思妥耶夫斯基的文学创作遗产是"表层略有些被毁损的思想、形象、猜想和期盼的矿场，但俄罗斯社会却还不得不依赖它，或者至少，一切真正的俄罗斯灵魂都将先后向那里回归"。② 这里说的俄罗斯灵魂的回归自然是东正教的，陀思妥耶夫斯基对东正教本质特征的艺术显现和形象拓展是显而易见的。

其实，在 19 世纪俄罗斯经典作家的文学创作中，这种与东正教之间互动影响的艺术创作的"形式因"可谓比比皆是。莱蒙托夫代表作《当代英雄》中的宿命论思想，体现在宗教意识与小说创作形式的相互影响之间。该小说五个短篇连接的艺术结构不按时间秩序，而是不断指向内心和宿命，便是这一影响的产物。果戈理创作《死魂灵》第二部的过程，反映出作家在艺术创作与宗教思想探索中的苦恼和艰辛。俄罗斯民族戏剧的奠基人奥斯特洛夫斯基在自己的代表作《大雷雨》中，也将创作形式中融入了浓厚的宗教意识，以艺术形象从正反两个方向展示着东正教的自我救赎思想。列夫·托尔斯泰的长篇小说《复活》的书名就直接来源于宗教，整部小说中均贯穿着救赎和自我完善的宗教思想，也极大地形象阐释和丰富了相关的教义。即便是被誉为现实主义经典作家的高尔基，在其创作中也充满着造神论的思想③，其小说《忏悔》是一部集中体现作家造神论思想的文学作品。高尔基在这部小说中，通过人物、情节以及丰富多彩的生活现象，形象地展示了造神论思想的全貌。当然，高尔基强调的主要是

---

① 转引自阿·尼科留金：《俄罗斯灵魂的画家》，载［俄］瓦·瓦·罗赞诺夫：《在艺术家中间》，莫斯科：共和国出版社，1994 年，第 12 页。

② 同上，第 12 页。

③ 张羽：《高尔基的造神论观点研究》，载《张羽文集》，南京：河海大学出版社，2014 年，第 155—212 页。

宗教感情，他坚持："宗教感情……应该存在、发展，并且有助于人的完善。""宗教感情是由于意识到把人与宇宙结合在一起的各种纠结的和谐性而产生的那种欢乐与自豪感情。"① 高尔基在这里的论述，显然有着明显的东正教"聚和性"意识的烙印，他的小说《忏悔》也在很大程度上艺术地反映出这一点。

五、现实与精神：意义再生的机制

长期以来，我国文学批评界已经习惯于把文学创作视为通过语言文字对现实生活的形象反映。然而，任何一个民族的文学创作在反映社会现实的同时，更是民族精神的弘扬，这一精神自然与该民族的宗教信仰是息息相关的。宗教与艺术是人类两种不同的文化现象和社会意识，它们几乎同时产生，既相互依存，又相互矛盾。艺术主要是以情感形式表现人的生活的丰富性，让人获得现实生活的实在感。不过，艺术时空表现的实在感与宗教的虚幻的处世态度无疑是相互对立的，更何况宗教的禁欲主义压抑着艺术对美的追求，尤其是在长达一千年的中世纪。因此，在 20 世纪初，几乎所有的文学史家都认为，中世纪的教会势力和教规严重地制约了人类文化艺术的发展，后来的文艺复兴运动才促使以表现人为中心的文化艺术摆脱宗教的羁绊，重新蓬勃发展起来。

其实，如果从"表现""创造"的美学理想出发，中世纪的人类艺术成就不仅可以被重新认识，而且宗教对人类文学艺术发展的贡献是显而易见的，至少在艺术表现的假定性手段等方面，为文学艺术的内在表现机制

---

① 张羽：《高尔基的造神论观点研究》，载《张羽文集》，南京：河海大学出版社，2014 年，第 170 页。

提供了更多的可能。文学创作对社会生活的反映是积极的，它就如同一个意义发生器，拥有一个能够不断再生意义的机制。因此，不同时代的读者或者同一时代的不同读者，均可以从任何文学文本中解读出不同的意义。爱沙尼亚塔尔图大学的已故著名符号学家洛特曼（Лотман Ю.М.）就曾指出，"文本具备三个功能：信息传递功能、信息生成功能、信息记忆功能"。① 文学文本的核心构造其实就是意义的再生机制，它可以传递新的信息，创造新的意义。

洛特曼就曾经强调："文本作为意义的发生器是一种思维机制。要使这个机制发生作用，需要一个谈话者。在这里深刻地反映出意识的对话性质。要使机制积极运行，意识需要意识，文本需要文本，文化需要文化。"② 在19世纪，与俄罗斯社会现实对话的谈话者，主要是东正教的思想，而俄罗斯文学所承载的正是这两种意识、文本、文化之间的对话。在陀思妥耶夫斯基的创作中，无论是《穷人》中的杰武什金与陀勃罗谢洛娃，还是《罪与罚》中的拉斯柯尔尼科夫与索尼娅，或者是《卡拉马佐夫兄弟》中的伊万与阿辽沙之间，都是以不同人物对话的方式，来展现残酷现实与东正教思想之间的互文。在托尔斯泰的创作中，《安娜·卡列尼娜》的两对主人公安娜、渥伦斯基与列文、吉蒂之间的互文对照，虽然存在于现实之间，但他们之间的迥异是思想和精神层面的。《复活》主人公聂赫留朵夫代表的"自我完善"等宗教思想，以个人与社会之间的对应方式，均不同地艺术呈现了这一交锋。在果戈理的《死魂灵》（第一部）中，反映作者强烈主观精神和东正教思想的抒情插话与社会人性堕落和丑陋现实

---

① 康澄：《文化及其生存与发展的空间——洛特曼文化符号学理论研究》，南京：河海大学出版社，2006年，第25页。
② 同上，第114页。

之间，实现了精神与现实的互动对话。在莱蒙托夫的《当代英雄》中，主人公毕巧林完成了现实的抗争与宿命的无奈之间的心理历程，最终走向了宗教信仰的归宿。在亚·尼·奥斯特洛夫斯基的《大雷雨》中，女主人公卡捷琳娜的理想王国与现实的黑暗王国之间的对峙，以及主人公的悲剧结局，无疑是对观众产生了极大的情感影响，留下了无限的思考空间。

列夫·舍斯托夫把契诃夫的创作视为是这种宿命论的集大成者。他以为，契诃夫一生都在把人类的悲剧性命运与上帝的存在相互文。他写道："契诃夫是绝望的歌唱家，契诃夫在自己差不多二十五年的文学生涯当中百折不挠、乏味单调地仅仅做了一件事：那就是不惜用任何方式去扼杀人类的希望。"[①] 契诃夫是在用自己的创作给人们以启示。也就是，人类只有用自身的磨难、绝望、诅咒，甚至死亡来抗争理性、必然性和规律性，只有当人身陷悲剧的深渊，充满恐惧，陷入绝境，才能感觉到那个用理性无法证明的上帝，向他发出旷野的呼告，重新找回对上帝的信仰。这既是舍斯托夫对契诃夫创作的宗教—文化意义的阐释，更是他对陀思妥耶夫斯基、果戈理、托尔斯泰等俄罗斯伟大作家创作的内在价值的肯定。

显然，宗教的精神是永存不变的，而社会现实则是变化无常的，正是这种"不变"与"变"之间的对话，为读者提供了无限广泛的可阐释空间，文学文本作为艺术的载体才不断创造出新的意义。文学创作的主要作用，也许就在于表现或反映人类的无意识和意识生活以及与此相伴的社会现实。然而，文学又必然会表现出超越这一切现实层面的精神，即人类超越理性之上的无意识层面，也就是文学素养或曰文学教养，并以此影响读者，实现自身的价值。

---

① ［俄］列夫·舍斯托夫：《开端与终结》，方珊译，昆明：云南人民出版社，1998年，第8页。

　　文学的本体无疑是文学文本，文学文本创造的意义自然既源于生活，又高于生活，是现实与精神的融合。文学文本是社会现实与民族精神交融的传承，文学批评的任务既要发掘文学文本对现实生活的形象反映，更要揭示深层的宗教信仰和民族精神。俄罗斯文学显然是东正教与俄罗斯社会现实相互对话的产物。"弥赛亚"和"聚和性"等意识，作为俄罗斯民族东正教文化的本质特征，一方面提升了俄罗斯文学经典的思想内涵，另一方面又影响着俄罗斯文学的艺术形式，特别是诗歌、小说等的诗学结构。同时，俄罗斯文学经典的创作，也在很大程度上，以"弥赛亚""聚和性"等为基础，不断丰富着东正教的内涵和表现形式，拓展了东正教文化的阐释空间。文学批评应该努力从这两者的对话与交融之中，去揭示文学文本和艺术形象的意义再生机制，拓展文本的可阐释空间。

　　19 世纪以来的俄罗斯文学，对本民族精神的铸造，为我国的文学创作和批评，为我们探索超越个体价值的民族精神，无疑具有十分重要的意义和启示。

国家社科基金重大项目

"东正教与俄罗斯文学研究"首席专家

南京师范大学外国语学院教授

张　杰

2021 年 2 月 14 日于南京随园

目录

绪　言

作为一个世界性的大国，俄罗斯的形象历来复杂多变：它是欧洲落后的野蛮人，也是打败拿破仑、希特勒的强国；它是四处镇压革命的欧洲宪兵，也是撒播革命火种的第一个无产阶级专政国家。正如果戈理在《死魂灵》中将俄罗斯比喻成"一辆神奇的三套马车"，并追问："俄罗斯啊，你到底要飞向何处去？"①本研究也试图通过分析18、19世纪俄国文学家、思想家的诸多文本，解答揭示俄罗斯国家形象的真面目。研究将围绕"国家形象"的建构展开论述，揭示俄罗斯从西方的仿效者到民族文化的捍卫者这一发展历程，进而揭示国家形象的基础之一——东正教在其中发挥的作用。

第一节　概念及研究对象的界定

工欲善其事，必先利其器。在讨论俄罗斯国家形象之前，我们必须先界定一下何为"形象"，以及何为"国家形象"（образ государства 或者

---

① 沈念驹主编:《果戈理全集》（第四卷）《死魂灵》，郑海凌译，石家庄：河北教育出版社，2002年，第301页。

1

имидж государства）①。应该说，这一工作之前已有不少人做过，本研究也不过是在前人的基础上更有针对性地予以归纳与总结，以便更为准确地界定本研究的对象，申明本研究的目的及意义之所在。

从语言学的角度来说，作为名词的"形象"有两层含义，一是"能引起人的思想或感情活动的具体形状或姿态"，如绘画等；二是"文艺作品中创造出来的生动具体的、激发人们思想感情的生活图景，通常指文学作品中人物的神情面貌和性格特征"。②仅仅从本研究题目而言，我们面对的主要将是第二种，即"文学作品中人物的神情面貌和性格特征"。需要指出的是，文学作品本身就具有虚构性，形象自然也不例外。正如英国文化批评大家雷蒙·威廉斯（Raymond Williams，1909—2001）在《关键词：文化与社会的词汇》里所指出的："image 这个词蕴含了一种极为明显的张力——在'模仿'（copying）的概念与'想象、虚构'（imagination and the imaginative）的概念两者之间。"③我们从人的虚构和思辨中去把握一个国家、一个民族的"神情面貌和性格特征"，这就必然使我们的研究有别于国际关系、新闻传播、政治学等实用性较强的学科，具有某种形而上的意义。但是，文学毕竟是来源于生活，不同于哲学的纯理论思辨，因此这种抽象意义事实上又能在作品中找到可靠的支撑。

---

① 根据北京师范大学张建华教授的考证，образ государства 及 имидж государства 这两个词目前在俄罗斯学界都被广泛使用。但 имидж 作为一个外来词（image），"时下俄罗斯公共媒体和年轻一代则更喜欢使用 имидж 一词。因此，俄文'国家形象'在 20 世纪 90 年代前则基本表述为 образ государства，但是近年来更多地表述为 имидж государства"。参见张建华：《帝国幻象：俄罗斯"国家形象"变迁与他者视野》，北京：社会科学文献出版社，2019年，第 2—3 页。

② 中国社会科学院语言研究所词典编辑室编：《现代汉语词典》，北京：商务印书馆，1983年，第 1289 页。

③ ［英］雷蒙·威廉斯：《关键词：文化与社会的词汇》，刘建基译，北京：生活·读书·新知三联书店，2005 年，第 224 页。

  同时也需要考虑到，我们从事的是外国文学研究。对他国形象的研究因此有了对比的意义。正如法国比较文学理论家达尼埃尔·亨利·巴柔（Daniel-Henri Pageaux，1939— ）在《总体文学与比较文学》中所指出的：形象是"在文学化，同时也是社会化的运作过程中对异国看法的总和"。"一切形象都源于对自我与'他者'、本土与'异域'关系的自觉意识之中，即使这种意识是十分微弱的。因此形象即为对两种类型文化现实间的差距所做的文学或非文学的，且能说明符指关系的表述。"① 巴柔提出了要从"文学化""社会化"的角度去审视异国形象，这对本研究是一个很好的提醒。文学，尤其是俄罗斯文学，从来就不是纯粹的舞文弄墨，必须与社会现实相联系才能具有生命力。此外，巴柔的这一论述着眼于比较的视域，用在我们今天审视俄罗斯这样一个"他者"的形象，也并无不妥。

  那么，什么是"国家形象"呢？美国著名传播学学者沃尔特·李普曼（Walter Lippmann，1889—1974 ）在《舆论》（1922 ）一书里首先涉及这一问题。"人们常常进行推理，这一事实本身就证明拟态环境——现实世界在他们头脑中的再现——是其思想、感情、行为的决定因素。"② 李普曼在这里谈到了人类对世界的认识，即形象的生成问题，这非常有意义。因为在他看来，"人在任何时间点上的行为都是基于其彼时彼刻对于现实世界的某种想象"③。换而言之，国家形象首先是一种想象的产物。冷战时期，美国政治心理学家肯尼斯·博尔丁（K. E. Bouding，1910—1993 ）提出

---

① ［法］达尼埃尔·亨利·巴柔：《形象》，孟华译，北京：北京大学出版社，2001 年，第 154、155 页。
② ［美］沃尔特·李普曼：《舆论》，常江等译，北京：北京大学出版社，2018 年，第 22 页。
③ ［美］沃尔特·李普曼：《舆论》，常江等译，北京：北京大学出版社，2018 年，第 22 页。

了"国家形象"这个概念，他的定义是："行为体关于对象国家的认识、感知和评价的综合。"它的来源是："人们头脑中业已形成的印象和经验体系"。① 简单地说，美国的"山姆大叔"、英国的"约翰牛"以及俄罗斯的"北极熊"就是国家形象漫画式的体现。

在此之后，国内也有学者对此做过相关定义："国家形象是一个综合体，它是国家的外部公众和内部公众对国家本身、国家行为、国家的各项活动及其成果给予的总的评价和认定。国家形象具有极大的影响力、凝聚力，是一个国家的整体实力的体现。"② 简单地说，国家形象就是一个国家给世界的整体观感。这种观感是多层面多方面的。譬如，有的是军事强国；有的是经济强国；也有的是文明古国；等等。这就要分政治、军事、经济、文化等多方面来加以论述了。

这里需要注意：国家形象的塑造有内外之分，即国内和国际形象。换言之，国家形象除了自身反思的结果之外，还包括别国人士对该国的认知。就俄罗斯来说，从 1839 年法国作家、旅行家居斯京（А. де. Кюстин，1790—1857）的访俄记录③，到 1980 年里根总统对苏联"邪恶帝国"（Империя зла）的塑造，西方眼里的俄罗斯形象同样非常丰富多彩。但他者眼里的俄罗斯形象，这是另一个独立的研究问题，本文在此暂

---

① 转引自许华：《俄罗斯软实力研究》，北京：中国社会科学出版社，2017 年，第 7 页。
② 管文虎：《国家形象论》，四川：成都科技大学出版社，2000 年，第 23 页。
③ 居斯京在《尼古拉的俄国》中如此描写他心目中的俄国人及俄国形象："你看，他们有两副面孔：一副是他们到我们这里准备下一步去欧洲的面孔，另一副是他们从欧洲回来、准备回到自己祖国时的面孔。当他们从俄国来到这里的时候，他们是愉快的、兴高采烈的、满足的。这就像一群从笼子飞出来获得自由的鸟。男的女的、老的少的都那么幸福，就像学生放了假。同样是这些人，当他们要回到俄国的时候就变得阴郁，脸拉得很长，讲话急促生硬，对所有的事情都看得出担心和警觉。从这些差别上我得出结论：假如一个国家的人们是怀着这样的喜悦离开它，又这样不情愿地回来，那么这样的国家不可能是个令人喜爱的国家。"参见 *Кюстин А. де.* Николаевская Россия. М.: Полит-издат. 1990. С. 49–50.

且不谈①。

另外有一个问题需要说明，即国家形象的体现。美国学者罗伯特·威廉姆斯（Robert C. Williams，1938—）曾指出俄罗斯国家形象的多重性体现："俄罗斯被想象成是神圣的、东正教的、浪漫主义的、民族的、大众的、帝国的、独裁专制的、末世论的，然而按照西方标准，俄罗斯真正的生活经常被认为是污秽不堪、粗野而浅薄的，结果是农业文明进步缓慢、贫穷并不减少、文化被隔绝。真正的俄罗斯，从历史观点来看是世俗的、异端的、多民族的、不受欢迎的、无政府主义和空幻的。"②既然国家形象体现具有多重性，那么作为研究者来说就要把握其实质，而不能仅仅停留在其纷繁复杂的表面现象。俄国诗人丘特切夫（Тютчев Ф. И.，1803—1873）的名句众所周知："理性不能了解俄罗斯，用一般的标准无法衡量俄罗斯；在它那里存在着的是独特的东西，对俄罗斯唯有信仰。"③问题就在于，这个"独特的东西"究竟是什么？俄罗斯思想家们对此作了各种研究和探讨，分别将其称为"俄罗斯思想"（Русская идея）、"俄罗斯性格"（Русский характер）、"俄罗斯道路"（Русский путь），或者干脆称为"俄罗斯神话"（Миф о России）。

笔者认为：这一实质在于东正教。无论是思想，还是性格或者道路、神话，以至我们要谈的形象，究其根本来说，都是从不同角度对东正教思想的理解和发挥。东正教是俄罗斯人民最根本的价值取向和精神支柱，是

①　实际上，国家形象的他者视野是非常重要的。且不说自彼得大帝之后，诸多旅俄欧洲文人留下的俄国形象极为丰富多彩，即便是本国思想家勾勒出的国家形象，其受众归根结底也是他者。他者视野可以为国家形象的研究提供比较，从而更真实客观地审视俄罗斯自身建构形象的成败得失。但受限于本研究的篇幅及作者精力，这一话题只能留待日后再加讨论。

②　转引自林精华：《想象俄罗斯》，北京：人民文学出版社，2003年，第2页。

③　*Тютчев Ф. И*. Полное собрание сочинений и письма в 6-т. Т. 2. М:. 2003. С. 165.

自 988 年罗斯受洗以来累积起来的道德规范和文化传统之集大成者。正如 19 世纪中后期的著名思想家列昂季耶夫（Леонтьев К. Н., 1831—1891）指出的："东正教不是俄国人创立的，而是拜占庭人创造的，却已经被我们如此掌握了，以至于我们作为一个民族、一个国家，没有东正教就根本不能生存了。"① 由此不难看出东正教在俄国人民生活中的影响。

更何况，国家形象还可能发生变化，随着时代的不同而呈现出不同的面貌。文化的隔阂，以及研究对象的变化实质上构成了本研究的一个很大困难。要解决这一问题，一方面需要研究者尽量设身处地，站在俄国人的视角审视俄国文化；另一方面也需要研究者善于从现象中把握本质，尽量选择多变的国家形象中某些不变的东西，即文化中对其影响最大的要素（东正教）展开追溯式的研究。要仔细审视这一要素在不同时期得到怎样的关注和讨论，又被如何体现在具体的文学作品中。最后，我们同样也不能忘却研究者所处的本国立场，即我们研究俄罗斯的国家形象，把握东正教这一基本要素，对我们自己的文化建设以及国家形象塑造有多少借鉴、参照的意思在里面。这是在整个课题进行期间笔者始终在思考的问题。

从上述角度看，我们在论述国家形象的时候，恐怕也不能仅着眼于文学。虽然我们认为一个伟大的民族必然能造就伟大的文学，伟大的文学又能构建伟大的国家和民族之形象，而这一切在俄罗斯又是与东正教有着天然的内在联系。但考虑到两个世纪以来俄罗斯文学所具有的"大文学"特点，即文史哲不分家，文学是"唯一的讲坛"（赫尔岑语）②，我们的研究又不能仅仅以文学为主，必须要延伸到思想史、文化史等层面。正如俄罗斯诗人叶夫图申科（Евтушенко Е. А., 1932—2017）曾写过这样一句诗：

---

① *Леонтьев К.* Византизм и славянство//*Леонтьев К.* Избранное сочинение. М:. 1993. С. 381.
② ［俄］赫尔岑：《赫尔岑论文学》，辛未艾译，上海：上海文艺出版社，1962 年，第 58 页。

"诗人在俄国大于诗人。"①，换句话说，文学在俄国大于文学。

因为国家形象的实质在于东正教，而民族世界观的萌生及发展同样可以视为国家形象建构多重性的体现之一，因此我们在研究国家形象时不妨借鉴白银时代的哲学家弗兰克（Франк С. Л., 1877—1950）在论述民族世界观时所谈论的研究方法："被理解为某种统一体的民族世界观无论如何不是民族学说或民族体系，这些都是根本不存在的。实际上，这里说的是思维自身的民族独特性、独特的精神趋势和主导方向，最终是关于民族精神自身的实质问题……我们的研究对象不是神秘的和假定的'俄罗斯灵魂'自身，而是其客观表现和结果，如果可以这样表达的话，准确地说，主要是这样一些观念和哲学论断，对所有人而言，它们都是客观地和可感地存在于俄罗斯思想家们的观点和学说里……把民族精神的内容纳入概念里，将其表达在统一的世界观里，这是极其困难的，用某种概念上的描述穷尽民族精神的内容，这根本是不可能的。不过我们还是从这样一个前提出发，一般而言，作为具体的、实在的精神实质的民族精神是存在的，我们通过研究其在创作中的表现，还是可以达到对其内在趋向和独特性的认识和同情的理解。"②换而言之，本研究将紧扣东正教这一"作为具体的、实在的精神实质的民族精神"，研究它在文学、历史、哲学等方面的不同呈现，进而从不同的角度勾勒出不同时代的俄国思想家心目中的国家形象。正如弗兰克指出的："19 世纪俄罗斯思维的重要成果除宗教哲学本身以外，还在历史哲学和社会哲学领域；最深刻和典型的俄罗斯宗教思想是

---

① *Евтушенко Е. А.* Избранные произведения. В 2-х т. Т. 1. М.: Худож. лит., 1980. С. 395.
② 转引自［俄］尼克利斯基:《俄罗斯文学的哲学阐释》，张百春译，合肥：安徽大学出版社，2017 年，第 4—5 页。

在历史哲学分析和社会哲学分析中表达出来的。"①

笔者在此作此论述，一方面固然是试图透过纷繁复杂的现象把握本质，另一方面确实也是为了论述的方便，有意将国家形象建构问题化为对俄罗斯思想、俄罗斯东正教与文学的研究。因为，形象是具体的，需要媒介来加以体现，如果没有思想家们的文字、文学家们的塑造，所谓的形象恐怕也不过是空中楼阁。在这个基础上，本研究将不仅限于文学家与文学作品，将会有一部分涉及历史、思想等方面，如对于"官方民族性"的研究。

第二节 俄罗斯国家形象的多变

美国学者本尼迪克特·安德森（Benedict Richard O'Gorman Anderson，1936—2015）将现代民族国家定义为"想象的共同体"，认为文学通过关于民族或国家的书写塑造了现代意义上的国家形象。他在《想象的共同体》一书中指出："官方民族主义"完成了俄罗斯国家形象的塑造，本课题认为该论断尚不够完整。19世纪俄罗斯国家形象的塑造既得到了官方的大力支持，也与持保守倾向的文学家、批评家们的努力密不可分。事实上，俄国自1812年卫国战争胜利之后一直是欧洲大陆上最具有权势的国家，然而，俄国在文化上落后于欧洲，这种反差造成了俄国文化界一种强烈的自恋情结。以赛亚·伯林（Isaiah Berlin，1909—1997）指出："现代俄国文化一个最引人注目的特征就是它有一种非常强烈的自我意识。确实从来没有哪个社会像俄国那样深深地、完全地专注于自己，专注

---

① ［俄］弗兰克：《俄罗斯世界观》，载弗兰克：《俄国知识人与精神偶像》，徐凤林译，上海：学林出版社，1999年，第33—34页。

于自己的天性和命运。从 1830 年代一直到我们生活的这个时代，几乎所有的俄国评论和创作都只围绕一个主题，那就是俄国。"①俄国曾是什么样的国家，将会变成什么样的国家，它的历史使命如何，种种问题构成了19 世纪俄国思想家、文学家们无法回避的问题，即所谓"可诅咒的问题"（Проклятые вопросы）。当然，无论这些人站在传统的角度还是满怀对未来的期望，这些问题的答案中都包含了东正教的因素。

从历史来看，俄罗斯史上第一次对自我形象的塑造来自 1530 年的一封书信。那一年，普斯科夫修道院的修道士菲洛费伊给大公瓦西里三世写信："几句话来说说我们最圣明国君的东正教王国。他是世上唯一的基督教沙皇，他是全人类使徒教堂里神圣上帝御座的主宰。全人类使徒教堂以圣洁神圣的玛利亚为名，取代了罗马和君士坦丁堡的教堂，矗立在莫斯科。它比太阳更明亮，它是全世界的唯一。所以请听我说，虔诚的信徒和爱上帝的人们，所有的基督教王国都不复存在，它们融汇成唯一的属于我们国君的王国：根据先知书上的记载，我们的国就是罗马王国。因为两个罗马已经陨落，第三罗马屹立，而第四罗马不会出现。"②这就是俄罗斯历史上著名的"第三罗马"学说。正如哲学家津科夫斯基（Зеньковский В. В.，1881—1962）所指出的："这是某种令人惊奇的神话，来自于把天国与尘世、神性与人性在具体现实中加以结合的需要。"③结合历史不难发现，"第三罗马"学说一方面强调俄罗斯在宗教上的普世性，即俄罗斯是基督教的真正、唯一继承者（"第四罗马不会出现"），因而对世界必须担

---

① ［英］以赛亚·伯林：《苏联的心灵：共产主义时代的俄国文化》，潘永强等译，南京：译林出版社，2010 年，第 123 页。
② ［苏］克雷维耶夫：《宗教史》上册，王先睿等译，北京：中国社会科学出版社，1984 年，第 187 页。
③ *Зеньковский В. В.* История русской философии. М.: 2001. С. 44.

负起拯救的使命。另一方面，由于强调俄罗斯的独特性，因而导致了在政治上彼时独立不久的莫斯科公国民族主义高涨，后来直接与东正教的"弥赛亚"意识结合在一起，成为无数代人的对外扩张共同意识。正如当代俄国文化学者孔达科夫（Кондаков И. В.，1947—）指出的："正是在这个意义上，莫斯科，按照菲洛费伊修士的说法，被确认为'第三罗马'；尤里克里扎尼奇认为，罗斯才是世界斯拉夫的中心；俄罗斯斯拉夫派只在俄罗斯身上看到了真正基督教的领袖和全人类的道德理念；正是在俄罗斯文化及其明灯的照射下，陀思妥耶夫斯基发现了普希金身上的'普世同情心'。"①

彼得大帝在位时期，为了改变西欧对伊凡雷帝残暴野蛮印象的传统看法，他命令自己的外交官不得使用"莫斯科人"（Moscovites）或"莫斯科"（Moscovia），而是用"俄国人"（Russians）和"俄国"（Russia）代替，以免让人们联想到伊凡雷帝及莫斯科公国。这表明，当时彼得大帝同样注意到了俄国国家形象之重要性，力图把俄国塑造为一个勇于变革、积极向上的国家，以便吸引欧洲人才来俄国工作②。然而彼得大帝的改革是不完整的，或者正如利哈乔夫（Лихачев Д. С.，1906—1999）院士指出的："在所有俄罗斯固有的缺点当中，最突出的是一边前进，一边打上所有旧俗的烙印，同时又力争与过去决裂。"③彼得在推行西化的同时，同样强调了俄罗斯的君主专制体制。

---

① ［俄］И. 孔达科夫：《全球化语境下的俄罗斯》，郭晓丽译，载《俄罗斯研究》2008 年第 6 期，第 3 页。

② Michael Kunczik, *Images of Nations and International Public Relations*, Lawrence Erlbaum Associates, 1997, p. 4.

③ ［俄］德米特里·利哈乔夫：《俄罗斯千年文化：从古罗斯至今》，焦东建等译，北京：东方出版社，2020 年，第 58 页。

在彼得大帝之后，俄罗斯进行了近二百年的西化，虽然取得了不少成就，但也使得贵族社会西化之风盛行（《战争与和平》开头描写的宫廷女官安娜·舍列尔家里的沙龙，满口的法语便是明证）。在这一方面，卡拉姆津是较早反思俄国文化特性，进而思考俄国国家形象问题的思想家。他在 1789 年之后撰写的《俄国旅行者书简》虽然看起来只是一本游记，但其中包含了他对西方文化的批判，对俄国文化的反思。在 1802 年发表的《对祖国和民族自豪感的爱》一文中，卡拉姆津满怀深情地表示："一切皆有界限和尺度。无论是人还是民族，开始时永远是模仿，但应当随着时间的流逝而形成自我，以便说：我合乎理性地存在着。现在我们在生活中已经有足够的知识，知道怎样生活，不需要问巴黎和伦敦是怎样生活的，那里穿什么？坐什么车？怎样布置房间？我不敢想，在我们俄国没有多少爱国者，但我感动，我们在民族尊严方面过于谦逊，而谦逊在政治上是有害的。毫无疑问，谁不自我尊重，别人也不会尊重他，我不是说，对于祖国的爱应当是盲目的，相信我们一切都好，但俄罗斯至少应该知道自己的价值。"[①]卡拉姆津呼吁大家关注俄国本民族的传统，而不要一味模仿西方，这在 19 世纪初还是极有前瞻性的。至于本民族的传统是什么，卡拉姆津在后来的《新旧俄国札记》里作了进一步的阐明。

1812 年卫国战争的胜利使得俄国知识界目睹了资产阶级革命之后的西欧现状，恰达耶夫在《哲学书简》里为俄国的落后痛心疾首；强烈的对比使得文学界部分激进人士试图以西欧的模式来改造俄国，出现了思想界所谓的"西欧派"。然而西欧派对俄国形象的塑造，一方面是虚幻的，它只存在于某些批评家、文学家对未来的想象之中；另一方面，这种想象并

---

① *Карамзин Н. М. О Любви к Отечеству и народной гордости.*//*Карамзин Н. М. О Любви к Отечеству и народной гордости. Отв. Ред. О. А. Платонов. М.: 2013. С. 203.*

不立足于俄国的现实，它更多的是一种移植，即简单地把英法的一切照搬到俄罗斯，因而遭到了不少包括斯拉夫派为代表的保守主义者的批评和抵制。在此背景下，沙俄政府也采取了一系列措施来塑造自身国家形象，如在十二月党人事件之后，政府推出了"正教、专制、国民性"三位一体的官方民族性；1855年克里米亚战争失败后，卡特科夫通过《俄国导报》来塑造俄罗斯帝国的形象，宣传官方主流意识形态；另一位批评家斯特拉霍夫则是在1863年的波兰事件中逐渐确立了对俄罗斯国家形象的认识，并将这种认识体现在对托尔斯泰、赫尔岑等人的阐释里。19世纪末的列昂季耶夫更是以他丰富的阅历和深邃的思考，提出以拜占庭主义来解决俄罗斯乃至西方世界所遇到的衰落问题。他对于俄罗斯的认知已超出了原先的"东方—西方"模式，而具有了"东方—俄罗斯—西方"的欧亚主义思想萌芽。

不过由于意识形态的缘故，上述思想家、政论家们的努力在很长一段时间内没有进入俄苏学者的关注视野，这也构成了本研究的价值之一。与此同时，果戈理、赫尔岑、托尔斯泰等作家也并未陷入文化自卑之中，他们以自身对俄罗斯的充分理解，运用传统的东正教思想与西方启蒙思想争论，从而逐渐凸显出俄罗斯国家形象的特性。恰恰是在东正教影响下，俄罗斯古典文学表现出崇高的理想和道德观，也就是存在着超越作为个体人本身价值的精神，如上帝、伦理道德、理想、博爱等。

第三节　国内外研究现状

研究现状可根据本研究的重心所在分为"国家形象"与"东正教与俄罗斯文学"两大块；又可分为国内与国外研究现状。

因为"国家形象"这一概念首先来自西方，因此对俄罗斯来说，对于"国家形象"的研究实际上也开始得比较晚。但从现实层面上看，对于"国家形象"的反思和塑造早在沙皇俄国时期就已经开始，只不过在当时可能并不叫"国家形象"，而是诸如"俄罗斯思想"或"俄罗斯神话"之类的称呼。[①] 究其实，国家形象就是诸多俄罗斯思想家、文学家始终在思考、在创造的心目中的理想俄国形象。这个形象在今天看来，可能是落后愚昧的封建农奴制俄国；也可能是以西欧资本主义国家为原型的现代化俄国。[②] 但无论哪一种，都是俄国文化精英们对这一问题进行认真思考之后的答案，值得我们认真研读。为论述集中的需要，本文就暂且将研究现状的整理局限在"国家形象"方面。

1995 年，俄罗斯科学院历史所的胡杜申娜（Худушина И. Ф.）出版了专著：《沙皇、上帝、俄国：18 世纪末—19 世纪前三十年俄国贵族的自我认知》（М.: ИФРАН，1995）。该书 233 页，分两大部分，重点讲了 18 世纪末至 19 世纪前三十年俄国思想界对自由主义的追捧，以及由此引出的对君主专制、东正教等问题的争论等。实际上，从它的具体内容来看，不难发现作者论述之矛头所指是"官方民族性"。此外，这个时间段与本研究有一定的重合，因此该书的一些论断对笔者也时有启发。

---

① 这方面较有代表性的如别尔嘉耶夫的著作：《俄罗斯的命运》（1918）、《俄罗斯思想》（1948）等。又如苏联时期有马里宁的《俄国空想社会主义简史》（1977）等。这些著作虽然题目不同、侧重各异，但究其实质来说，都是试图从各个角度来探讨俄罗斯文化特性、定位及前景等，因此宽泛地说，也可以视为国家形象研究的初步尝试。

② 这里需要说明的是，考虑到本研究以东正教为题，若深究的话，车尔尼雪夫斯基等人对俄罗斯国家形象的乌托邦想象也能折射出东正教思想的影响，但毕竟不如保守主义思想家们对传统价值观坚持得直接。而且，由于我们长期以来对革命民主主义者的著述着墨甚多，已出现了不少成果。为避免重复研究，本文对车尔尼雪夫斯基的《怎么办？》及其他相同倾向的著述暂且存而不论。

　　1998 年，莫斯科大学哲学系教授沃尔科戈诺娃（Волкогонова О.
Д.）出版了《俄国侨民哲学中的俄国形象》（М.: РОССПЭН，1998），作
者在书里重点介绍了侨民思想家对俄国未来的五种构想：欧亚主义、基
督教社会主义、君主主义、自由主义和民族主义。譬如特鲁别茨科伊
（Трубецкой Н. С.，1890—1938）、萨维茨基（Савицкий П. Н.，1895—
1968）等欧亚主义者就认为必须坚决反对欧洲中心论，重新认识俄罗斯自
身。俄罗斯既不是东方也不是西方，它是欧亚洲。正如作者在另一篇文章
里指出的："欧亚洲指的不仅是俄罗斯的地理位置，它指的是俄罗斯所具
有的完全区别于欧洲和亚洲的那种民族、文化、历史的共同性。"[1] 如果与
19 世纪思想家对比，欧亚主义者的这一观念显然是对此前斯拉夫派和西
欧派的综合，或者超越。再如，君主主义的理论家、著名宗教思想家伊里
因（Ильин И. И.，1883—1954）认为正确组织权力的任务在于在国家的
自治和执政监护权找到正确的平衡。未来的俄罗斯是一个单一的权威君主
专制国家，具有有限的选举权。君主的权力有宗教的依据，他本人是民族
思想的人格化化身。当然，在沃尔科戈诺娃看来，这种构想显然过于脱离
现实，不太可能实现。总体上看，20 世纪 90 年代的研究尚没有明确提出
"国家形象"这一概念，即便如沃尔科戈诺娃那样提了，她的注意力也不
同于后来我们所强调的概念，而是比较多地侧重"俄罗斯思想""俄罗斯
神话"等说法。

　　进入 21 世纪以后，随着普京总统重振大国计划的提出，俄罗斯学界
也逐渐重视起国家形象的塑造问题，并以此引入了西方不少相关研究方
法，也推出了一些实用性较强的著作。例如，2002 年俄罗斯科学院哲学

---

[1] ［俄］О. Д. 沃尔科戈诺娃：《欧亚主义：思想的演进》，林山译，载《世界哲学》1996 年第 1
期，第 30 页。

所推出了合著《现代化与全球化：21 世纪的俄国形象》（M.: ИФРАН，2002），主要运用了哈贝马斯、吉登斯等人的理论，分析了俄国的现代化历程及其融入全球化的企图。该书指出要跳出斯拉夫派及西欧派的框架，走现代化的第三条道路，实际上就是将传统与现代相结合，找准本民族的历史文化定位，继而走具有俄国特色的现代化建设道路。书中对于国家形象的着墨不多，仅在第三部分《俄国形象、俄国发展方案及现代化模式选择》以回顾历史的方式讨论了一下苏联时期到现在的历史形象。联系到书中多处引用的西方思想家理论资源，这种设计目的和实际操作的矛盾性极为明显。这类著述也体现了 21 世纪初俄罗斯思想界对国家定位的某种焦虑及不成熟。

又如，由莫斯科大学政治学系的谢斯特巴尔（Шестопал Е. Б）教授主编的论文集《国家、民族及领袖形象》（M.: Аспект-Пресс，2008）里明显体现出与此前国家形象研究在方法论、侧重点等方面的差异。全书共分四大部分（理论；大众意识中的国家形象；民族、接受与自我接受；对政治领导人及精英的接受），计 25 篇文章，英文与俄文皆有。文章基本上以当代俄罗斯国情为基础，兼顾与美国、中国国家形象的对比，主要从政治学、国际关系及新闻传播等角度展开论述，以期提出切实有效的措施，为政府相关部门所采纳。文集里包括的文章如叶甫盖尼耶娃（Евгеньева Т. В.）的《当代俄国年轻人意识中的民族身份象征》、克雷卡尼诺娃（Крымчанинова М. В.）的《俄国意识中的俄美中形象》以及彼尔卓夫斯卡娅（Перцовская К. О.）的《对外政治空间中的俄国形象》等，皆有一定的参考意义。

值得一提的还有俄罗斯科学院高尔基世界文学研究所的研究员泽姆斯科夫（Земсков В. Б.，1940—2012）的遗著《当代世界中的俄国形象及其它内容》（СПб.: Центр гуманитарных инициатив; Гнозис，2015）。作为世界文学研究所新时期欧美文学室主任、著名的拉美文学专家，泽姆斯科夫善于从比较的视野去分析俄国形象，因此作者的关注很大程度是在外国文化方面。他注重异质文化与俄国文化的交流与影响，他称之为"文化边界性"（культурные пограничности）现象，并在这一过程中如何彼此互相改变。事实上，虽然该书以俄国形象为题，但真正涉及到俄国形象的论述也并不多。

　　欧美方面，对俄罗斯国家形象研究的也有一些，但为数不多，而且重在服务于政府对俄交际需要，侧重历史反思以助现实对策。例如，挪威学者纽曼（Iver Neumann）撰写的《俄国与欧洲思想：身份与国际关系研究》（Routledge，1995）就是这样一部回顾从拿破仑战争到苏联解体这二百年俄欧关系史的著作。在书中，作者也多有涉及官方民族性、泛斯拉夫主义等这样一些俄国学界的自我形象界定。又如，英国著名史学家霍斯金（Geoffrey Hosking，1942—）在多人合著的论文集《俄国民族主义：过去与现在》（Palgrave Macmillan UK，1998）中发表了一篇名为《帝俄晚期的帝国与民族建构》的文章，追溯了19世纪以卡特科夫等人为代表的俄国思想界对帝国与民族之间矛盾的反思，介绍了沙俄晚期斯托雷平等人如何试图将专制社会改造成公民社会，从而促进民族融合，以便阻止帝国内部越发增长的分裂趋势。当然，这个努力随着一战的爆发及革命的到来而宣告失败[①]。实际上该文谈不上对国家形象有多少涉及，更大程度上是一个历史的回顾。但作者所提出的"帝国与民族建构"本质上与国家形象建构如出一辙，值得参考。

---

① Geoffrey Hosking, *Empire and nation-building in late Imperial Russia*.//Geoffrey Hosking, Robert Service（eds.）*Russian Nationalism: Past and Present*, Palgrave Macmillan. UK, 1998, pp. 19–34.

　　曾任美国国会图书馆馆长的詹姆斯·比灵顿（James Billington，1929—2018）是俄罗斯文化研究方面的资深专家，他在 2004 年出版了《俄罗斯寻找自己》一书，后被分别译成俄文及中文。用他的话说："苏联解体以来，俄罗斯人在如何思考自身国家的本质和命运？对这一问题的回答正好构成了本书的内容。"① 作者在书中回顾了自 19 世纪以来俄国思想家们对民族文化特性的思考，也介绍了苏联解体后俄罗斯人如何利用沙皇时代的精神遗产，重塑自我的情况。该书既是作者一辈子俄罗斯文化研究的总结，也是对 20 世纪 90 年代俄罗斯思想界努力寻找自身定位的大写真。

　　综上所述不难发现，若仅以"国家形象"为关键词的话，俄罗斯及欧美学术界目前虽有一些著述，但实际上的研究或聚焦于新闻传播、国际政治等实用性较强的角度；或游离于这一概念之外，将其与"俄罗斯思想""俄罗斯神话""俄罗斯自我认知"等概念交叉使用，以求论述的全面及方便。但是，不管这些概念叫什么，它们总是以东正教为主要或重要组成部分。就像伊里因谈到俄罗斯思想时所说的："它不是我杜撰出来的，它的形成是俄罗斯自身自然生成的。而如果我们转向对它的宗教真理的关注就会看到，这是一种东正教的思想。俄罗斯从一千年前就已经从基督教那里接受了自己民族任务：实现自己民族本土文化，这是一种充满基督心灵之爱的、源自于内在直觉的、自由的、切实具体的文化。这一思想在未来的俄罗斯将会成为现实。"②

　　当然，如果从后面几个概念来查找资料的话，那是相当丰富的。譬

---

① 　［美］詹姆斯·H. 比灵顿：《俄罗斯寻找自己》，杨恕译，兰州：兰州大学出版社，2007 年，第 I 页。

② 　*Ильин И. А.* О русской идее.//Ильин И. А. Собрание сочинений в 10. т. т. 2–1. Наши задачи. Статьи 1948–1954 гг. М.: 1993. С. 431.

如，吉谢廖娃（Киселева Л. Н）的文章《尼古拉时期俄国民族神话的形成：苏萨宁情结》（1997）一文就认为《伊凡·苏萨宁》这部歌剧主旨在于歌颂君主专制，塑造沙皇与农民亲如一家的神话关系。这种关系是"通过格林卡（Глинка С. Н.，1774—1847）的创作、沙霍夫斯基－卡沃斯（Шаховский–Кавос.，1775—1840）的歌剧、雷列耶夫的思考来实现，最终完成则需要茹科夫斯基的概念动机和格林卡（Глинка М. И.，1804—1857）音乐中情节的天才展现"[1]。又如，加州大学伯克利分校教授日沃夫（Живов В. М.，1945—2013）也在名为《感伤的民族主义：卡拉姆津、罗斯托普欣及民族主权、民族身份的寻找》[2]中分析了卡拉姆津和罗斯托普欣受卢梭思想的影响，进而从君主专制和东正教这两方面去寻找俄国文化的特色。这种努力后来被乌瓦罗夫所继承，从而提出了官方民族性理论。再如，别尔哥罗德大学教授克里莫娃（Климова С. М.）以陀思妥耶夫斯基和托尔斯泰为例来审视文学知识分子与权力的互动，进而寻找自身身份的努力[3]。该书虽未直接提及国家形象问题，但对于把握文学知识分子对俄罗斯文化特色、历史命运的思考大有裨益。

类似著述的丰富倒提醒了笔者：本研究作为从文学角度去把握俄罗斯国家形象的尝试，需要汲取国外学者经验，在尽量围绕东正教这一基本要素的基础上，尽量不为国家形象这一概念所限制，作整体的论述。

---

① *Киселева Л. Н.* Становление русской национальной мифологии в николаевскую эпоху（сусанинский сюжет）//Лотмановский сборник. Вып. 2. М.: ОГИ, 1997. С. 298.

② *Живов В. М* Чувствительный национализм: Карамзин, Ростопчин, национальный суверенитет и поиски национальной идентичности.//Новое Литературное Обозрение. 2008. No. 3. С. 114–140.

③ *Климова С. М.* Интеллигенция в поисках идентичности. Достоевский. Толстой. СПб.: Алетейя. 2018. 248 С.

就"国家形象"这一问题而言，国内学术界研究起步较晚，应该是21世纪以后的事情了。所谓"仓廪足而知礼仪"，国家形象也差不多是伴随着中国改革开放的巨大成就而逐渐被关注起来的。改革开放40多年来，人民生活日益改善，生产力有了极大的提高，我们从一个相对封闭、落后的国家发展成世界第二大经济体，中国与世界的交流融合日益加深。在这样的背景下，国家形象的塑造问题在进入21世纪之后便显得迫在眉睫了。伴随着大国崛起的梦想，学术界出现了一系列相关著作：管文虎的《国家形象论》（电子科技大学出版社，1999）、张昆的《国家形象传播》（复旦大学出版社，2005）、段鹏的《国家形象建构中的传播策略》（中国传媒大学出版社，2007）、吴友富的《中国国家形象的塑造和传播》（复旦大学出版社，2009）、丁磊的《国家形象及其对国家间行为的影响》（知识产权出版社，2010）、胡晓明的《国家形象：探究中国国家形象构建新战略》（人民出版社，2011）、孟建等的《国家形象：历史、建构与比较》（江苏人民出版社，2019）等。从上述并非完整的文献书名可见，21世纪之初，学术界对国家形象的研究主要还是集中在新闻传播学、国际关系学等实用性较强的领域，通过相关的研究为外事宣传部门提供一些决策参考。具体到文学、思想史层面，学术界对国家形象的论述则要来得更晚一点。

坊间有学者认为文学中的国家形象研究是2006年之后的事情："由于'国家形象'这个词与生俱来所具有的宏大叙事的特性，很快便从它的发源地——新闻传播学领域扩大到政治领域，大约2006年后被正式引入文艺学，并作为文艺批评的新维度、新标准渐次出现在影视、文学、美术批评中。"[①]2008年，中国艺术研究院与《文艺报》在北京联合举办了"文学

---

① 李溢：《对"国家形象论"引入文艺批评后的理论思考》，载《文艺争鸣》2009年第5期，第42页。

艺术作品中的国家形象学术研讨会"。与会文艺界专家学者围绕"如何认识和理解文艺作品与国家形象的关系""如何解读'中国形象'的意蕴内涵""'国家形象'与历史真实、艺术真实的关系""中国文艺经典对塑造和展示国家形象的历史贡献与现实启示意义""具有内在规律与美学要求的文艺创作如何表现国家形象""近年来文艺作品对国家形象塑造的成就与不足""文艺作品中的国家形象对提高中国文化软实力的重要意义"等议题进行了深入的研讨并展开了广泛的交流。从中不难看出,当时中国文学界对国家形象的研究一方面依然强调研究的现实性(配合中国文化"走出去"的战略);另一方面也提出了历史真实、历史贡献等颇具学术意义的问题。但是,上述研究只是限于中国文学方面,对于其他国家文学与国家形象的纠葛,学术界尚未涉及。

国内学术界目前对于俄罗斯国家形象的研究是在国家形象研究的基础上发展起来,起步较晚。总体上看,这方面的研究自 2010 年之后已有所进展,出现了一些相关的论文及著作。但检索目前已有的这些成果,可以发现它们的侧重点都受到此前中国国家形象研究的影响,聚焦于传播学、国际关系学、软实力研究等方面,从文史哲角度来加以论述的较为少见,仅举数例予以说明。

2010 年上海外国语大学的廉晓敏提交了以《俄罗斯国家形象的构建:理论与实践研究》为题的博士学位论文,这应该是国内学术界目前为止最早的,也是专门以"俄罗斯国家形象"为研究对象的博士学位论文。论文除导论、结语之外,共分四章,分别从理论角度、历史角度及国际关系角度阐释了俄罗斯国家形象的构建过程。其中,历史角度又分为沙俄时期、苏联时期以及解体之后三个阶段。考虑到作者国际关系专业的背景,论文较多地侧重于从历史和现实的角度来审视国家形象的构建过程。论文介绍了沙俄"不断扩张的帝国形象""两强争霸中的'苏联敌人'形象"等，史料较多，但缺乏文化、哲学层面的思考，基本上没有考虑到俄国思想界对自身形象的探索与界定。这一点在此后国内学术界的相关研究中仍有较多保留。

2015年杨青博士出版了《G20国家形象：俄罗斯》（知识产权出版社，2015年），这同样是较早以专著形式讨论俄罗斯国家形象的一次尝试。作为传播学方向的博士，作者从国家形象的理论、塑造、各种解读及成因这四大部分进行阐释。全书覆盖面较广，结构也相对合理，但侧重点在于苏联解体之后的国际关系及由此形成的国家形象传播问题。部分章节看起来相对平淡，没有较为新颖的资料或观点。就以第二篇《俄罗斯国家形象的塑造》来说，该部分共6章，第一章谈沙俄帝国，第二章关于苏联，接下来三章是关于今天的俄罗斯在国际关系方面的一些举措，第六章是关于思想及文化艺术的纵论。这6章实质上是跟廉晓敏的博士学位论文一样，把沙俄到当代俄罗斯的历史简要地陈述了一遍，俄罗斯国家形象的问题并未得到专门、重点的论述。

2017年，中国社科院俄罗斯东欧中亚研究所许华研究员出版了《俄罗斯软实力研究》（中国社会科学出版社，2017）。虽然该书研究的是21世纪以来较为热门的软实力问题，但鉴于软实力本身包括了国家形象这一主题，因此著作中有不少地方论及后者。作者熟练地运用了中俄英资料，从不同角度分析了俄罗斯的国际传播力、动员力、文化吸引力等，对于软实力与国家形象的互动、国家形象的人格化、国家形象之困境等展开了饶有新意的研究。譬如，作者指出："国家形象是衡量一国软实力大小的重要指标，表现为一个国家的国际信誉、国际威望、国际吸引力和动员力等，因而是软实力的重要体现，所以发展软实力的关键是塑造良好的国家形象。"① 不过作者的研究侧重当下俄罗斯国际关系中的软实力问题，国家形象只是其中一部分，因此没有对历史上国家形象的构造与反思着墨太多，当然也没有涉及文学层面。

作者论述中有一点值得注意，即俄罗斯民众在看待国家形象问题时采取的标准与西方民众不同："在西方语境中，公众把一国是否民主、自由放在评价国家形象的首要位置。"但在作者看来，"俄罗斯人眼中的俄罗斯'国家形象'（National Image）首先是一种'民族形象'，由于深厚的民族情感和爱国主义的影响，即使民众承认本国的民主状况不佳，也不影响俄罗斯人对国家的整体形象以及历史文化意义上的国家形象给予高度评价"②。换而言之，对俄罗斯民众来说，历史形象和现实状况是不同的，现在的国家形象（或者说西方眼里的国家形象）并不能取代历史上俄罗斯的光辉形象。作者还指出：俄罗斯国歌"词句里赞颂的那个'神圣强大的祖国''森林田野一望无际'的土地，正是民众对俄罗斯形象的诠释。连续四句'光荣啊，祖国'把俄罗斯人对国家形象的赞美体现得淋漓尽致"③。这也从另一个角度证明了本研究将国家形象置于二百多年的历史背景下审视的必要性，证明了本研究侧重历史性和思想性的意义。

在俄罗斯国家形象研究方面的最新研究成果还有北京师范大学张建华教授的大作：《帝国幻象：俄罗斯"国家形象"变迁与他者视野》（社会科学文献出版社，2019 年）。该著以近 40 万字的篇幅，论述了二百年来俄罗斯国家形象的变迁，涉及乔治·凯南、克伦斯基、罗曼·罗兰、安德烈·纪德、杜兰迪、索尔兹伯里等一系列历史名人对俄罗斯（苏联）的观

---

① 许华：《俄罗斯软实力研究》，北京：中国社会科学出版社，2017 年，第 10 页。
② 许华：《俄罗斯软实力研究》，北京：中国社会科学出版社，2017 年，第 288、289 页。
③ 许华：《俄罗斯软实力研究》，北京：中国社会科学出版社，2017 年，第 290 页。

感。确切地说，该书是 20 世纪以来红色苏联形象在西方（后面少数章节也涉及中国、越南等东方国家）的演变，对于 19 世纪沙皇俄国形象的论述并非该书重点（全书共十三章，以帝俄国家形象为题的仅有一章）。而且，该书也侧重史学层面，重在他者视角，对于俄罗斯思想家、文学家对本国形象的反思和塑造基本上没有涉及，这恰恰是本研究需要努力的地方。譬如，作者一开始就指出："本书名《帝国幻象：俄罗斯"国家形象"变迁与他者视野》的确定自然是缘于对俄罗斯国家特性和民族特性的历史与文化因素的考虑。"[①] 应该说，这一出发点与本研究是一致的：通过形象的塑造去反思国家特性与民族特性。但在具体的论述过程中，该书与本研究存在着较大的差异。

作者在全书伊始便特意强调从史学的角度研究国家形象："史学领域的'国家形象'概念仍然是基于认知、情感和行为三要素的心理意识……历史上'国家形象'的自我塑造和他者认识不可避免地包含一定的民族主义或意识形态色彩。"[②] 在他看来，史学角度研究国家形象大致有以下主题："'国家形象'视野下的史学范式专注于研究下列问题。（1）帝国王朝、主权国家、公众和民众在主观上对'国家形象'自我塑造过程。（2）他者视野下对于异国之国家形象认识及其评价过程。（3）政府公文、报纸杂志、文艺作品、民间传说等公共语文和大众言论中所体现的'国家形象'。（4）国家间政府外交、非政府组织间的公共外交和普通民众间的民间外交中所体现的'国家形象'。（5）某种政治理念、政治运动和政治事件，以及某

[①] 张建华：《帝国幻象：俄罗斯"国家形象"变迁与他者视野》，北京：社会科学文献出版社，2019 年，第 16—17 页。

[②] 张建华：《帝国幻象：俄罗斯"国家形象"变迁与他者视野》，北京：社会科学文献出版社，2019 年，第 21 页。

位政治人物或某个政治团体对他国的影响途径及其评估。"① 从上述分类来看，内容较为丰富，与本研究也有一些重合之处，某些方面值得参考。

不妨这么认为，该书在历史时间顺序上是本研究的继续，与本研究构成了必要的补充。在具体论述对象及方法上，本研究聚焦于俄罗斯官方意识形态及民间思想界对俄国家形象问题在一个多世纪以来的认识和探索。换句话说，这是俄罗斯自我意识的发展之路，在这条道路上将始终闪耀着作为俄罗斯民族之根的东正教的光辉。

东正教与俄罗斯文学的关系研究是当前国内外俄罗斯文学研究的热门话题之一。东正教是俄罗斯宗教文化的主导因素，俄罗斯文学与宗教存在着千丝万缕的内在联系。正如宗教哲学家弗兰克指出的："很难说出另一个民族像俄罗斯民族一样，其 19 世纪的全部文学还在很大程度上都是在探讨宗教问题。众所周知，所有伟大的俄国文学家都同时又是宗教思想家或寻神论者。"② 从东正教文化的视角来研究俄罗斯文学，已经成为众多学者探索的方向之一。有关东正教与俄罗斯文学的关系研究，本项目首席专家张杰教授已在丛书的总序里予以清楚地说明，资料较为翔实，此处不再重复。本研究重点介绍一下东正教与国家形象问题的研究现状，以拾遗补缺，对本子课题的研究起点有更加完整的了解。

马克思在《〈黑格尔法哲学批判〉导言》（1843）对宗教有如下看法："宗教是人民的鸦片。"③ 在这个大前提下，苏联时期的学术界出现了不少研究东正教教会历史的著作，但对于东正教思想基本上避而不提，即

① 张建华：《帝国幻象：俄罗斯"国家形象"变迁与他者视野》，北京：社会科学文献出版社，2019 年，第 21 页。
② ［俄］弗兰克：《俄国知识人与精神偶像》，徐凤林译，上海：学林出版社，1999 年，第 31 页。
③ 中共中央马克思恩格斯列宁斯大林著作编译局编译：《马克思恩格斯文集》第一卷，北京：人民出版社，2009 年，第 4 页。

便有涉及，也多以批判为主。^①有研究"俄罗斯思想"概念的学者指出："1991 年之前，我们生活在苏联，即使是'俄罗斯思想'这个词组都不可能有。"可在苏联解体之后的十余年间，以"俄罗斯思想"为题的著作就出现了 920 多种。^②"俄罗斯思想"是这样，东正教思想研究更是如此。不能说苏联时期对东正教与国家形象研究毫无建树，但受大环境影响，著述寥寥也是事实。仅就笔者资料所及，1989 年的辑刊《上下文—1989》（Контекст—1989）上刊登了历史学家卡扎科夫（Казаков Н. И.，1918—1989）一篇名为《论尼古拉时代的一个意识形态公式》，讨论了"官方民族性"在尼古拉一世时期的问题，其中略有提到东正教与当时国家形象构建的问题，但文章主要谈佩平（Пыпин А. Н.，1833—1904）等人对东正教概念的误用，重点在于反驳佩平的观点，对官方民族性三要素中的"民族性"作正本清源的整理工作，因而许多问题都没有展开谈。稍后，著名哲学家古雷加（Гулыга А. В.，1921—1996）发表在 1992 年《我们同时代人》杂志上的《俄国文化的表达式》一文同样从"官方民族性"入手，探讨了宗教与国家形象、民族文化精神建构问题，该文后来收入了古雷加晚年的《俄罗斯思想及其缔造者们》（2003）一书中。古雷加回顾了苏联时期长期对"君主专制、东正教、民族性"的批判以及这种批判的荒谬之处，继而便首先论述了东正教之于俄罗斯文化的意义。作者认为："没有东正教，便没有俄罗斯文化……宗教赋予了我们瑰宝，舍此人们就没法过。东正教会是民族瑰宝的创造者和守护者，那些瑰宝给予了俄罗斯人

① 关于这一点可参见苏联科学院通讯院士尼科利斯基（Никольский Н. М.，1877—1959）出版于 1930 年的《俄国教会史》一书。中译本（商务印书馆，2000 年）根据 1983 年的再版译出，书后附有苏联时期东正教教会研究的参考书目，基本上以历史研究为主，标题中不乏"反动""教会反革命"之词。

② *Мартынов В. А.* У истоков "Русской идеи": жизнь и судьба С. П. Шевырев. М.: 2013. С. 3.

（那些自认是俄罗斯人的人）精神的净化。"①古雷加的话可能有所夸大，但考虑到苏联刚刚解体这一背景，也不妨视为对东正教矫枉过正式的强调。

进入 21 世纪之后，随着普京政府对"俄罗斯思想"的重视，从东正教角度来研究俄罗斯文化文学的著作日渐增多，但具体到国家形象，相关成果却又如大海捞针，颇为难得。可能是因为"国家形象"属于外来概念，因此根据"东正教、国家形象、俄罗斯文学"这三个关键词在 yandex、http://cyberleninka. ru 以及 http://elibrary. ru、ИНИОН РАН 几个网站进行搜索，结果甚少。2002 年，著名文化学者坎托尔发表了《东正教与俄罗斯帝国》的文章。文章列举了自罗斯受洗以来，东正教与国家政权之间的纠葛，以及苏联解体后俄罗斯官方对东正教的态度，等等。作者对东正教的民族化和政治化颇为不满，故而在文末借陀思妥耶夫斯基之口提出了问题："难道大众的东正教意识仅仅是民族主义的委婉说法，因为它缺乏基督教信仰的主要和基本意义？"②奥廖尔大学教授桑科娃（Санькова С. М.）在 2007 年的专著里也有专章论述卡特科夫把东正教作为解决当时俄国社会思想危机的途径之一的问题。③此外，笔者查阅了普希金之家出版的《基督教与俄罗斯文学》（1994—2012）集刊，发现其中多以某位作家或思想家与东正教的关系为题，几乎没有涉及他们对俄罗斯国家形象建构

---

① *Гулыга А. В.* Формула Русской культуры.//Наш Современник. 1992. №. 4. C. 145. 在 2003 年的著作里，古雷加对这段话进行了修改："没有东正教，便没有俄罗斯文化。东正教会，是唯一一种数个世纪以来始终未曾改变的社会制度。东正教为我们带来了书写文字和国家体制……置身于东正教之外而欲理解 19 世纪的俄罗斯经典作品，那是不可能的。"参见〔俄〕古雷加：《俄罗斯思想及其缔造者们》，郑振东译，南京：南京大学出版社，2018 年，第 60 页。

② *Кантор В. А.* Русская империя и православие//Октябрь. 2002. №. 7. C. 181.

③ *Санькова С. М.* Государственный деятель без государственной должности: М. Н. Катков как идеолог государственного национализма. Историографический аспект. СПб.: Нестор, 2007. C. 122–132.

的问题。但实质上，如本研究所涉及的卡拉姆津、乌瓦罗夫、卡特科夫、斯特拉霍夫乃至列昂季耶夫等人都与东正教有着千丝万缕的关系，都曾对俄罗斯未来设想发表过相关言论，可以肯定的是，他们的这些言论中或多或少会体现出东正教的影响。

不过也需要看到，当下已有零星文章注意到东正教与国家形象建构问题。例如，2017 年，俄罗斯学者卢巴廖娃（Лупарева Н. Н.）发表文章《С. Н. 格林卡保守模式的社会构想中东正教的作用》，作者指出格林卡以"上帝、信仰和祖国"三原则与法国启蒙运动"自由、平等、博爱"相对抗，从而把东正教话语引入 19 世纪初的俄国社会思想史之中。尽管她对东正教的一些原则和历史存在误解，但对于激发宗教活力的贡献不可被低估[①]。文章重在讨论格林卡，但也涉及思想家所认为的东正教对于构建理想社会的意义。2019 年，瑞典乌普萨拉大学学者米约（Мьёр К. Й.）在俄罗斯《哲学问题》上发表了题为《斯拉夫派学说中的俄国形象》，以基列耶夫斯基（Киреевский И. В.，1806—1856）和霍米亚科夫（Хомяков А. С.，1804—1860）两人的两篇代表作为基础，分析了斯拉夫派对民族身份问题的思考。作者认为基列耶夫斯基和霍米亚科夫都采用了自圣奥古斯丁以来对人的两分法，即内部灵魂和外部理智的人。俄罗斯属于内部灵魂，西欧则是外部理智。从这个意义上说，灵魂更贴近人类起源。"斯拉夫派的俄国形象，首先把东正教和俄国精神传统置于首位，强调它们与西欧文化的区别，因而今天也有不少支持者……然而斯拉夫派间接地展示了类似形象既基于西方传统，也来自他们对欧洲的想象。之所以这样是因为斯拉夫派是在德国唯心主义哲学（首先是谢林）的帮助下回到东正教，或者如

---

① *Лупарева Н. Н.* Роль православия в консервативной модели общественного устройства С. Н. Глинки.//Христианское чтение. 2017. № . 2. С. 285.

我所示，他们根据西方思维模式创造人的形象，但是'内'脱离'外'永远都不可想象，人既是内又是外。"[①]可见，作者认为斯拉夫派的国家形象建构是失败的。作者的这一研究路数给予笔者较大的启发。

以上列举并不完整，但大致可以看出在东正教与文学研究的基础上将国家形象作为一个专门切入点来对待，在之前和现在的俄罗斯学术界尚未得到重视，这也是本研究的意义之一。

欧美方面对东正教的研究首先是由十月革命后流亡海外的侨民学者们开启的。比如，津科夫斯基在1923年就出版过《东正教与文化：宗教哲学文章论集》（柏林，1923），收录了一批侨民思想家对东正教与文化问题的思考成果。弗洛连斯基神父（Флоренский П. А.，1882—1937）也写了不少有关东正教研究的文字，自20世纪90年代以来由莫斯科思想出版社陆续出版。但是他们这些人本身即为教会中人，所著文字也多半围绕教会、教义等问题展开，有涉及国家形象建设者，但并不多见。俄罗斯学术界曾以上述学人的著作为主，先后推出《东正教——赞成与反对：俄国文化及教会活动家对东正教在俄国命运中的作用之反思》（圣彼得堡，2001）、《作为俄罗斯国家与文化形成要素的东正教》（圣彼得堡，2012）论文集。后者其实是前者的增订版，收录了罗赞诺夫、费多罗夫（Федоров Н. Ф.，1829—1903）、特鲁别茨科依（Турбецкой С. Н.，1862—1905）、卡尔萨文（Карсавин Л. П.，1882—1952）、津科夫斯基、弗洛连斯基等大批思想家论东正教的文字，选题较有针对性，对本研究较有参考价值。

波兰裔的美国学者埃娃·汤普森（Ewa M. Thompson，1937—）是

---

① *Мьёр К. Й.* Образ России в учении славянофилов//Вопросы философии. 2019. №. 1. С. 131.

研究俄国文化的权威之一，自 1980 年代以来陆续出版了《理解俄国：俄国文化中的圣愚》（1987，中译本 1998）、《在俄国文学中寻找自我定位》（1991）、《帝国意识：俄国文学与殖民主义》（2000，中译本 2009）等著作，分别从圣愚、民族身份及殖民主义等角度来探讨俄国文学，但暂时没有看到对东正教因素的讨论，较为遗憾。

国内学术界虽说自 20 世纪 90 年代以来开始关注东正教与俄罗斯文学这一话题，也出现了一些成果，但真正涉及国家形象塑造的，同样不多见。林精华在《想象俄罗斯》（人民文学出版社，2000）一书中专门提到了东正教对俄罗斯文明的积极和消极的影响："总之，东正教沟通了俄罗斯与西方文明，使俄国不再孤独而有了进入世界的通道……但东方基督教与西方基督教的差别，使得俄罗斯与西欧未能在精神上相融合；特别是'莫斯科—第三罗马'理念促使俄国负载拯救全球意识，培养了俄国知识分子的弥赛亚理想，从而影响了整个现代化进程……"[1] 此外，已故的黑龙江大学陈树林教授也曾有文章《东正教信仰与俄罗斯命运》，讨论东正教对俄罗斯社会的多方面影响："东正教通过对俄罗斯社会结构、政治体制、价值体系和思维方式'四位一体'地影响着俄罗斯的命运。"[2] 应该说，类似的文章尚有许多，但多半侧重于东正教与文化、与国家政权关系等史实性的陈述和分析，从理论上来论证东正教思想对国家形象建构的影响者，少之又少。

林精华在谈到俄罗斯民族性问题时曾说："可以说，自现代文体形成以来，俄国文学的本质特征就是如何构筑俄罗斯形象，怎样叙述俄罗斯民族性主题，俄国文学的成就也正是立足于民族性视野透视俄国社会变革问

---

① 林精华：《想象俄罗斯》，北京：人民文学出版社，2000 年，第 28 页。

② 陈树林：《东正教信仰与俄罗斯命运》，载《世界哲学》2007 年第 4 期，第 46 页。

题而不断调整叙事策略，从而使之在一定程度上被扩展为具有全球意义的文学……"① 笔者赞同这一说法。本研究的主要用意也是以俄罗斯国家形象的形成为切入点，探索自 18 世纪末期以来俄罗斯文学、俄罗斯思想对民族性主题的多重陈述，进而揭示俄罗斯民族文化与东正教的内在联系。

---

① 林精华：《想象俄罗斯》，北京：人民文学出版社，2000 年，第 59 页。

第一章

从游记到札记：卡拉姆津的反思

从整个俄罗斯历史来看，卡拉姆津不是第一位对俄罗斯文化特性进行反思，并试图塑造国家形象的人，但鉴于他在18—19世纪之交的巨大影响力，我们不妨将他作为本研究的开头。正如俄罗斯科学院人文科学学术信息所所长彼沃瓦罗夫（Пивоваров Ю. С.）院士指出的："卡拉姆津的《俄罗斯国家史》不仅是杰出的史学著作，不仅是对祖国历史的第一次系统阐述（尽管这些已足以使之为后世所铭记），而且是俄罗斯神话的最初（可能是第一个）版本之一。此后恰达耶夫、斯拉夫派、西欧派、根基派、革命民主派、陀思妥耶夫斯基、民粹派、改革时期的自由派、欧亚派及许多其他派别塑造了这一神话的不同版本。"[①] 彼沃瓦罗夫院士在这里勾勒出了一条"俄罗斯神话"的发展脉络：由卡拉姆津—恰达耶夫—斯拉夫派等一直延续下去，这一点在以往的研究中较少得到关注。倒是20世纪的侨民思想家费多托夫（Федотов Г. П., 1886—1951）在论及普希金创作时曾有过关于思想史脉络的类似表述。他认为普希金创作与"俄罗斯思想主要的强大潮流有关"，"这一潮流——从卡拉姆津到波戈金——很容易

---

① *Пивоваров Ю. С.* Время Карамзина и Записка о древней и новой России.//Карамзин Н. М. Записка о древней и новой России в ее политическом и гражданском отношениях. М.: 1991. С. 5.

因 1820 年代自由主义过分闪耀的光辉而被我们忘却，但民族保守主义的思潮显然更为深刻也更为成熟"。[①]费多托夫这里谈的是俄罗斯思想，但究其实质来说，事实上与"俄罗斯神话"有着极为密切的关系。

要知道，彼沃瓦罗夫在这里提及的"俄罗斯神话"首先就是作家对俄罗斯文化特性的认识和对国家形象的某种塑造，只是名称不同而已。卡拉姆津的意义，正在于他因法国大革命之后启蒙理想破灭，转而回归对祖国历史的挖掘和整理，进而以此塑造心目中的理想国家形象。普希金将这一行为誉为"哥伦布发现新大陆"[②]，可谓意义重大。其次，彼沃瓦罗夫认为卡拉姆津的《俄罗斯国家史》是对"祖国历史的第一次系统阐述"，这当然有他的道理。但千里之行始于足下，任何思想都不是凭空产生的。如果我们结合卡拉姆津创作生平的时代背景，便不难发现：卡拉姆津对祖国历史的阐释，对祖国形象的塑造早在青年时期便已萌芽，到晚年则体现在集大成者《俄罗斯国家史》之中。这个形象塑造过程有破有立，有详有略，既有年轻时因法国大革命而导致对西欧启蒙理想的破灭，具体体现在他的《俄国旅行者书简》之中；也有年老时在意识到本国文化传统之后的自信抒怀，即《论古代和近代俄罗斯的政治和公民关系札记》（以下简称"《札记》"）。

本研究对卡拉姆津与俄罗斯国家形象塑造的讨论，便主要建立在上述两个文本之上。

---

① Федотов Г. П. Певец империи и свободы.//А. С. Пушкин: pro et contra. Личность и творчество Александра Пушкина в оценке русских мыслителей и исследователей. Том 2. СПб.: 2000. C. 165.

② "古老的俄罗斯似乎被卡拉姆津所发现，就如同哥伦布发现新大陆一样。"肖马、吴笛主编：《普希金全集 7·传记杂记》，冯昭玛等译，杭州：浙江文艺出版社，1997 年，第 548 页。

第一节　卡拉姆津思想形成的历史背景

18 世纪末 19 世纪初，叶卡捷琳娜二世统治之下的俄国正处于一个变革的关键期。在国际层面上，法国大革命的浪潮席卷西欧，诸多老大帝国或摇摇欲坠，或分崩瓦解。就俄国国内来说，以"自由、平等、博爱"为口号的启蒙思想在拉吉舍夫（Радищев А. Н.，1749—1802）、诺维科夫（Новиков Н. И.，1744—1818）等人的宣传下也得以流传开来，甚至还爆发了普加乔夫起义。但与此同时，俄罗斯国内仍然存在着一批坚持传统文化特色的人士，别林斯基对于这个时代有比较准确的定位："你们知道什么是叶卡捷琳娜二世时代、这伟大的时期、俄国民族生活的这一明彻瞬间的显著特点吗？我认为那就是民族性。是的——是民族性，因为那时，罗斯一方面模仿外来的调子，同时却好像跟自己捣乱似的，仍旧是一个罗斯。"[①] 由此可见，俄国社会的现代化在西方启蒙文明和俄国传统文明的冲突与融合过程中艰难行进，传统还是现代，东方抑或西方，革命还是改良，这是彼时俄国所面临的历史性抉择。

一般认为，俄国现代化的进程自彼得大帝开始，在长达四个多世纪的时间内，俄罗斯始终处于改革与革命、改革与反改革的不断角力之中。作为彼时"欧洲的野蛮人"，俄国的现代化实质上是一种落后国家对发达国家的追赶历程。18 世纪初彼得改革的直接动因是北方战争，深层次的原因则是在西欧已经进入启蒙时代，科技大发展的背景下，已经错过文艺复兴的俄国必须要迎头赶上世界工业化发展潮流，不断增强国力，以便屹立于欧洲强国之林。在此过程中，俄国打开了尘封已久的国门，仿照设立西

---

① ［俄］别林斯基：《文学的幻想》，载《别林斯基选集》第 1 卷，满涛译，上海：上海文艺出版社，1963 年，第 42 页。

方的工业生产模式、行政管理体制、建立大学等，一切向西方看齐。与此同时，彼得不但身体力行，亲自化名赴西欧考察，学习西方文化与先进的技术，还大张旗鼓地聘请西方专家来俄国，直接参与俄国的建设。通过这种方式，加上广泛使用农奴劳动和各种形式的国家强迫手段，彼得迅速创建了一个可与西欧一较短长的强大帝国，以此为今后的对外扩张建立了物质保障。

事实上，彼得大帝的梦想是以东方式的手段力图使俄国西方化，尽可能地通过学习、仿效欧洲先进的科学技术，而不是想对俄国进行政治、经济方面的基本改造。正如历史学家布朗伯利（Bromley J. S., 1913—1985）指出的："彼得尽管有他的现实主义，他还是保留着他的东正教教士（他们对西方化政策的厌恶可以同他们的土耳其同行'乌勒玛'相媲美）的某些骄傲，而且很可能曾经想使'神圣的俄罗斯'在向西方学习数十年之后就背弃它。"[①] 在彼得看来，西方的先进只在于科学技术。当俄国变成发达国家之后，那些东西就可以"背弃"了。在彼得大帝的眼里，君主制才是俄国最根本的东西，他无条件地相信君主的绝对权力，并拒绝任何可能限制君主特权的事情。他宣称："我统治那些遵守我法令的人。这些法令对国家有益而无害。英式的自由在这里没有立足之地。"[②] 应该说，正是由于彼得大帝的努力，俄国的国力发生了改变，国家形象从里到外有了一定的改变："人们普遍感觉到，曾经一度是愚昧的、半野蛮的莫斯科，

---

① ［英］J. S. 布朗伯利编：《新编剑桥世界近代史》（第 6 卷）《大不列颠和俄国的崛起：1688–1725》，中国社会科学院世界历史研究所组译，北京：中国社会科学出版社，2008 年，第 4—5 页。

② Анисимов Е. В.（сост.）–Петр Великий. Воспоминания. Дневниковые записи. Анекдоты. СПб.: 1993. C. 309.

现在正在开始成为不只是政治意义上的欧洲的一员。"①

　　不过，彼得的改革在赋予俄国社会全新面貌的同时，毕竟也给社会带来了一些伤害，主要表现为社会的分裂。正如弗洛罗夫斯基强调的那样："俄罗斯巨大的和真正的分裂正是从彼得开始的。与其说是政府和人民间的分裂（就像斯拉夫派想的那样），不如说是政权同教会之间的分裂。俄罗斯精神生活发生了某种两极分化。俄罗斯精神在两种生活，即教会生活和世俗生活中心之间一分为二和绷得很紧。彼得的改革意味着精神层次的进步，甚至是突破。"②而这一点，恰恰是叶卡捷琳娜女皇及卡拉姆津等保守派人士在后来所极力想弥补的。

　　1762 年 7 月 6 日，叶卡捷琳娜二世登上皇位。她强调继承彼得大帝的遗志并继续推行现代化改革。但跟彼得大帝粗暴改革的方式不同，女皇采用了相对温和的手段。如克柳切夫斯基（Ключевский В. О.，1841—1911）所描述的："此前，君主的独裁意志、个人专断，乃是国家生活的唯一动力，这是帝国唯一的基本法，即彼得大帝皇位继承法所确认的。叶卡捷琳娜在诏书中宣称，专制独裁政权，即便对善良和博爱的天性不滥加抑制，本身也是危害国家的怪胎。她庄严地承诺颁布法律，以规定所有的国家机关的活动权限。"③在 1767 年，女皇召集一个委员会从事编纂法典的工作。这个法典就是用俄、法、德、拉丁四种文字颁布的《圣谕》（Наказ），其中涉及的 256 条 655 款法令中，都明显能看出法国启蒙思想

---

① ［英］J. S. 布朗伯利编：《新编剑桥世界近代史》（第 6 卷）《大不列颠和俄国的崛起：1688–1725》，中国社会科学院世界历史研究所组译，北京：中国社会科学出版社，2008 年，第 1000 页。

② *Флоровский Г. В.* Пути русского богословия. М.: 2009. С. 114.

③ ［俄］克柳切夫斯基：《俄国史教程》（第 5 卷），刘祖熙等译，北京：商务印书馆，2009 年，第 1 页。

家孟德斯鸠的影响。譬如《圣谕》里提及："公民自由是国家大厦的第二基石：法律不应禁止任何事情，给某个人或整个社会带来危害的事情除外。"[①]

但作为沙皇，叶卡捷琳娜和彼得大帝一样，对启蒙思想的接受是有限的，即使这部法令极富自由主义色彩，但仍在许多地方体现出了君主专制的特点。《圣谕》中明确表示："共和、自由都是令人心动的话语，对俄罗斯也是，因为俄罗斯也是欧洲的一部分。但是同时，俄国也需要专制君主，因为其他任何权力形式都不可能管理如此巨大的国家……任何其他形式的统治对俄国来说不仅是有害的，而且会最终毁灭它。"[②] 叶卡捷琳娜这里借用了俄国疆域的庞大这一国情为君主专制的存在寻找合法性。正如《新编剑桥世界近代史》所指出的："俄国版图之广袤要求赋予其统治者以绝对的权力。君主制度的真正目的在于匡正人民的行为，以便达到至善之境界。"[③] 这种从国情特殊论上维护君主制的做法，在此后19世纪的保守主义思想家论述中不断出现。

叶卡捷琳娜二世在位时期是俄国农奴制的鼎盛时期。1785年，叶卡捷琳娜二世颁布著名的"贵族宪章"，明确给贵族以种种政治经济特权，如免除贵族向国家纳税、服兵役等彼得大帝时规定的义务。另外，重要的一条便是贵族有权拥有或获得"附带居民的土地"，也即附带农奴的领地。在这个法令下，农奴完全沦为贵族农奴主的私有财产，俄国的农奴制发展到了顶峰。顶峰自然也意味着衰落的开始。随着女皇赋予贵族的权力增

[①] 转引自［俄］维·费·沙波瓦洛夫：《俄罗斯文明的起源与意义》，胡学星等译，南京：南京大学出版社，2014年，第166页。

[②] Richard Pipes, *Russian Conservatism and Its Critics: A Study in Political Culture,* Yale University Press, 2005, pp. 84–85.

[③] ［英］古德温编：《新编剑桥世界近代史》（第8卷）《美国革命与法国革命：1763–1793》，中国社会科学院世界历史研究所组译，北京：中国社会科学出版社，1999年，第401页。

大，农奴状况更加恶化。农奴没有反驳主人的权利，主人可以随心所欲地惩罚农奴，或者把他流放到西伯利亚，或者发配他去充军二十五年，或者将他公开出售，农奴制与古希腊罗马的奴隶制在实质上更为接近。叶卡捷琳娜甚至跟狄德罗说俄国的农奴主"可以在他们的领地内做任何他们觉得最合适的事情，除了不能判人死刑，这一点是被禁止的"①。

　　平心而论，叶卡捷琳娜并非农奴制的崇拜者，毕竟她也深受启蒙思想的熏陶，多次邀请法国启蒙思想家来俄国指导、交流。但作为富于权谋的政治家，她完全理解：只要丝毫侵犯了贵族的主要特权，她就会像自己的丈夫彼得三世那样被人赶下台，甚至处死（她的儿子保罗一世就是这个结局）②。正如恩格斯指出的："一切政府，甚至最专制的政府，归根到底都只不过是本国状况所产生的经济必然性的执行者。"③因此，俄国当时的贵族加资产阶级统治并存状态决定了叶卡捷琳娜不可能采取过于激烈的措施去改变俄国的面貌，她的诸多做法都是有保留的。

　　叶卡捷琳娜坚信君主专制是俄国唯一正确的国家形式，不允许任何的动摇。她不拒绝自由，但这种自由只能是专制制度下君主允许的自由。这一认识在法国大革命发生之后得到了加强。革命所体现出的血腥混乱，甚至导致了拿破仑的独裁令她大失所望。"过去赞助启蒙哲学家的女皇，在俄国的国家利益胜过人民利益的时候，她的幻想就已经开始破灭，而法国

---

① E. N. Williams, *The Ancient Regime in Europe 1648–1789*, Harper & Row, 1970, p. 280.
② 高尔基曾说："叶卡捷琳娜在这个农奴制度的、敌视文化的社会里差不多毫无傍依，所以她在'北极狐'里的建设，保罗四年之间的统治，几乎把她的一切开端都摧毁了。"［苏］高尔基：《俄国文学史》，缪灵珠译，上海：上海译文出版社，1979年，第30页。
③ 《马克思恩格斯选集》第4卷，北京：人民出版社，1995年，第715页。

革命则使她的幻想完全破灭了。"①

1790 年，拉吉舍夫发表《从彼得堡到莫斯科的旅行记》，其中对君主专制大加抨击。虽然书中不少言论都是几年前叶卡捷琳娜本人曾讲过的，但法国大革命的冲击改变了这一切。尤其是拉吉舍夫在书里将俄国看作是野蛮和落后的化身，要求直接以最彻底的方式予以摧毁。态度之激进令叶卡捷琳娜暴跳如雷，因而她将拉吉舍夫称为"比普加乔夫更可恶的暴徒"②，将他流放西伯利亚十年。1793 年法国发生的弑君事件导致她在俄国采取一系列预防性措施，例如不准在舞台剧本中有"共和国"一词，以此来维护君主专制。"叶卡捷琳娜本人以极度关切的心情注视着法国王朝的崩溃。她对冲击巴士底狱'极为震惊'，对废除贵族称号'表示愤怒'，对国民议会中'拙劣的匠人和鞋匠"的手中权力之大"感到惊愕'……"③

正是在崇尚西方与维护专制这样的矛盾组合基础上，彼得大帝与叶卡捷琳娜二世两人主导的俄国现代化进程就处于一种矛盾的对立之中。这种矛盾也使得彼时俄国的国家形象出现了双重性：一个既在一定意义上遵循欧洲启蒙思想，但又在更大的程度上牢牢固守俄国传统文化中的农奴制与君主专制国家。无论是彼得大帝还是叶卡捷琳娜女皇，他们所推行的改革并不是为了改变俄国现存的传统制度，而是为了捍卫君主专制。他们在推进现代化进程的同时也延续了俄国历来的政治传统，以此造就了高度集权的俄罗斯帝国。不难看出，启蒙对于俄国沙皇们来说只是一种维持统治的

---

① ［英］C. W. 克劳利：《新编剑桥世界近代史》（第九卷）《动乱时代的战争与和平：1793—1830》，中国社会科学院世界历史研究所组译，北京：中国社会科学出版社，1992 年，第652 页。

② ［苏］高尔基：《俄国文学史》，缪灵珠译，上海：上海译文出版社，1979 年，第 51 页。

③ ［英］古德温编：《新编剑桥世界近代史》（第 8 卷）《美国革命与法国革命：1763–1793 年》，中国社会科学院世界历史研究所组译，北京：中国社会科学出版社，1999 年，第 412 页。

工具，而并非真正要实施的纲领性指导。白银时代的宗教哲学家别尔嘉耶夫（Бердяев Н. Я.，1874—1948）指出："发生在俄国上流社会的 18 世纪西方启蒙，于俄罗斯人民是格格不入的。18 世纪的俄国贵族一方面浅薄地迷恋于伏尔泰主义，另一方面肤浅地沉醉于神秘主义的共济会。人民则依然生活在旧的宗教信仰中，在他们眼中老爷们就像是异族。"[①] 贵族是如此，他们的最高统治者沙皇又何尝不是如此呢？

跟性情古怪又盲目崇拜普鲁士的保罗一世相比，自幼深受西欧启蒙思想熏陶的亚历山大一世无疑更为民众所欢迎。美国俄裔学者梁赞诺夫斯基（Nicholas V. Riasanovsky，1923—2011）在《俄罗斯史》里有过一番描述："亚历山大一世的继位使俄国人欣喜若狂。他们获得了一位年轻的君主，他充满超凡的魅力，给人以巨大的希望，取代了原来那位严苛而不可预知的暴君。亚历山大一世似乎是启蒙思想的化身：仁慈、进步、肯定人类的尊严、崇尚自由。这些品格都是开明的俄国人以这种或那种方式所渴望的。"[②] 考虑到亚历山大一世从小受到西欧启蒙思想的熏陶，登基之初又采取了一系列宽容的措施，这给予了民众极大的希望。即便是素以激进而著称的别林斯基在回顾这一时期的时候也不吝赞美之词："亚历山大恩主的时代，和叶卡捷琳娜大女皇的时代一样，是俄国民族生活的明彻的瞬间，在某些方面，可以说是后者的延续。这是一种乐天的、欢快的生活，引目前为骄傲，对未来充满希望。叶卡捷琳娜的贤明的法制和革新深深地扎下了根，变得所谓归化了；年轻仁慈的沙皇的新的有益的措施把俄罗斯

---

① *Бердяев Н. А.* Истоки и смысл русского коммунизма. М.: 1990. C. 13.
② ［美］尼古拉·梁赞诺夫斯基等：《俄罗斯史》，杨烨等译，上海：上海人民出版社，2005 年，第 282 页。

的福利巩固起来，迅速地促成其更进一步的繁荣。"①

亚历山大一世在登基诏书中许诺将"'依照法律和朕的祖母之心愿'由他承担管理国民的义务……皇帝曾多次指出俄国国家制度屡受损害的主要缺陷，他称为'我国管理制度的专横'。他指出，要清除这种现象，必须要有俄国几乎还没有的根本法，即基本法"②。1809 年，在沙皇的委托下，斯佩兰斯基完成了《国家法典绪论》，正式提出了国家机构改革方案。同时，新沙皇统治的开明也带来了安全而自由的氛围，这是卡拉姆津能够公开表达观点的必要条件。既然是宣传自由，那么自然也有反对自由的自由。卡拉姆津正是在这样的氛围下向沙皇呈递了反对改革的《札记》。

除了俄国本身社会的发展之外，法国大革命对整个俄国的影响也是显而易见的。法国革命首先带来的是大众对法国印象的改变。曾经的欧洲中心现在成为动乱之地，波旁王朝的终结之地："如果美国革命敲响了钟声，是'旧秩序'终结的先驱，那么这场革命最终在法国被埋葬了。"③根据津科夫斯基的描述，持保守倾向的哲学家洛普欣（Лопухин И. В.，1756—1816）说："在我们这里所有人都在讨论法国大革命——这是怎样一种新时尚哲学蓝图啊！我的朋友，当我思考的时候，我经常因预见到可怕的结果而悲伤……所有人都在讨论不幸且失去理智的法国人民的状况以及其暴君的凶恶。"另一位共济会员库图佐夫（Кутузов А. М.，1748—1791）则说："这群 18 世纪的新的残暴者……我称法国为食人居民一点也不为

---

① 〔俄〕别林斯基:《文学的幻想》，载《别林斯基选集》第 1 卷，满涛译，上海：上海文艺出版社，1963 年，第 52 页。

② 〔俄〕克柳切夫斯基:《俄国史教程》（第 5 卷），刘祖熙等译，北京：商务印书馆，2009 年，第 187 页。

③ *Дмитриева О. В.* Всеобщая история. Цивилизация. Факты, события. Современные концепции. М.: 1999. С. 4.

过。"①其次，对于一部分人来说，革命代表了启蒙理念的破灭。革命前，启蒙思想家们所宣传的"自由，平等和友爱"口号迅速传播，整个欧洲社会为之沸腾，最终进入了一个大革命时代。然而，有革命就有反革命。革命后的局势也催生了包括埃德蒙·伯克（Edmund Burke，1729—1797）、德·迈斯特（Maistre, Joseph de, 1753—1821）等人在内的英法保守主义思想家。在他们看来，革命不仅是对传统的破坏，也是启蒙理念的破产。革命之后的欧洲各国，贫穷依然存在，金钱的不平等取代了出身的不平等。因此，保守主义思想家们试图维护君主制，防止社会分裂的加剧和激进主义的激化，以限制社会向已经完成的革命方向转型。

由于法国是大革命的中心，无论是早期的雅各宾派还是后来的拿破仑，对维护波旁王朝的保皇党人并无太多好感，因而如斯塔尔夫人一类的保守主义者在法国几无容身之地。大量的法国移民在这一时期涌入俄国，他们将俄国视为君主专制和传统价值观的最后堡垒。很多人不仅因个人才识进入了俄国政府机构服务，也因与俄国上流社会的密切往来对俄国社会舆论的发展产生了显著影响。比如萨丁王国的驻俄使节约瑟夫·德·迈斯特，1803—1817年在圣彼得堡居住了十多年，其间与俄国社会活动家拉祖莫夫斯基、乌瓦罗夫、托尔斯泰等人相交甚近。在《论法国》一书中，迈斯特将这场革命称为"撒旦式的现象，对罪恶的惩罚"，并得出以下结论："根本不是人在引导革命，而是革命利用了人。完全可以说，'它根本就是自动进行的'。这话的意思是，神的意志从未如此清晰地展现于其他任何人间的事件上。如果它使用了最卑劣的工具，这是为了用惩罚使之获

---

① ［俄］瓦·瓦·津科夫斯基：《俄国思想家与欧洲》，徐文静译，上海：上海三联书店，2016年，第36页。

得新生。"① 迈斯特实质上是用神意论（Providencialism）来看待法国大革命及人类历史的发展，由于他在俄国上流社会交友广泛，又深得亚历山大一世的信任，他的观点对俄国思想界产生了很大的影响②。

另一方面，法国革命的可怕情形使得一些俄国思想家意识到启蒙思想的潜在危害并开始对俄国的未来之路进行反思。他们希望能够预防法国革命在俄国重演，制止这样的社会风暴和威胁以及革命所带来的血腥后果。这些思想家强调，俄国之所以能够存在很大程度上得益于其悠久的历史传统和公众意识的宗教性，它们必须加以维持和发展，以抵制革命那象征着"人类自我的专制"的破坏性精神。

卡拉姆津应该是俄国社会中最了解法国大革命的人。因为他环游欧洲时，亲眼见证了法国革命的残酷。他在 1793 年 8 月 17 日寄给自己的亲戚、诗人德米特里耶夫（Дмитриев И. И., 1760—1837）的信中写道："你相信吗？发生在欧洲的可怕事件令我整个心灵不安，我跑到昏暗的密林中，但到处摧毁城市，杀害人们的想法使我痛苦。"③ 然而，卡拉姆津对法国大革命的态度是复杂的。他一方面承认自己是一个世界主义者，宣称："所有的民族性在人类特性面前都化为乌有，主要的是要成为人，而不是成为斯拉夫人。对人类来说是美好的东西，对俄国人也不坏，英国或德国

---

① ［法］约瑟夫·德·迈斯特：《迈斯特文集》，冯克利等译，北京：商务印书馆，2010 年，第 5 页。

② 俄罗斯学者很早就注意到这一问题。如哲学家弗拉基米尔·索洛维约夫就在《斯拉夫主义及其蜕化》（1889）一文中谈到了迈斯特对伊凡·阿克萨科夫和卡特科夫的思想影响。1937 年的《文学遗产》刊登了斯捷潘诺夫和维尔马尔的长文《德·迈斯特在俄国》。详见 Степанов М.（Шебунин А. Н.），Вермаль Ф. Жозеф де Местр в России//Литературное наследство. Русская культура и Франция. I. Т. 29—30. М.: 1937.

③ Карамзин Н. М. Избранные статьи и письма. М.: 1982. С. 167.

人发明的有益的东西也属于我，因为我也是人。"①然而，法国大革命的鲜血打破了他的这种全人类进步的美梦，并且引起了他对启蒙思想的反思。就像当代俄罗斯研究者阿尔汉格尔斯基（Архангельский А. Н.，1962—）说的："令他感到困惑的与其说是流血事件本身，不如说是这种流血徒劳无益：'真正的君主专制'的机会错过了，可是共和制未能实现。而且这是在文明程度很高、具有内在的民主倾向的欧洲。俄罗斯对于普加乔夫起义血流成河的情景记忆犹新，对这样一个俄国能作什么期待呢？对一个任何人都不知分寸的俄罗斯能作什么指望呢？毫无指望；索性维持现状；通过文学、科学和艺术教育社会，为遥远的、勉强可以实行的变革作准备——这就够了。"②因此，卡拉姆津最后得出的结论就是维持现状，等待变革。维持需要权威，权威则来自君主专制。最终卡拉姆津在《札记》中表达了自己的这一认识："君主专制是俄国的支柱……"法国大革命的恐怖"使欧洲摆脱了公民自由和平等的梦想"③。

总之，法国大革命的胜利及其思想的传播对俄国社会产生了巨大的影响，正是革命暴力的可怕最终使卡拉姆津的观点发生了转折。

第二节　卡拉姆津的思想历程

俄国社会所具有的这种启蒙与保守的矛盾同样体现在卡拉姆津的身

---

① 转引自戴桂菊：《尼·米·卡拉姆津：俄国著名的贵族历史学家》，载《史学理论研究》1997年第1期，第92页。

② ［俄］亚·阿尔汉格尔斯基：《亚历山大一世》，刘敦健译，北京：人民出版社，2011年，第21页。

③ *Карамзин Н. М.* Записка о древней и новой России в ее политическом и гражданском отношениях. М.: 1991. С. 105.

上。一方面，他是启蒙思想的忠实拥护者。如津科夫斯基所指出的：卡拉姆津的"主要灵感来源是卢梭，但却不是那个具有社会—伦理激情的卢梭，而是情感权利的热情捍卫者卢梭。卡拉姆津以审美的方式'热情'地崇拜卢梭。他甚至接受了共和主义并一辈子忠实于它，尽管激烈的思想变革使他变成了俄国专制制度的辩护者"①。另一方面，他认为彼得在借鉴西欧先进经验的同时，在"没有冲动和暴力"的情况下"逐步""安静"地进行改革，将欧洲的创新与俄罗斯的传统相结合，这是了不起的创举："不朽的君主完成了光荣的壮举。"②他也称赞叶卡捷琳娜："叶卡捷琳娜二世是彼得大帝的真正继任者，也是新俄罗斯的第二任教育家。"③应该说，卡拉姆津的这种思想矛盾，既有时代的痕迹，也有个人遭遇的影响。

卡拉姆津于 1766 年 12 月 1 日出生于辛比尔斯克省的一个贵族家庭，自小喜欢舞文弄墨，这为他以后选择文学道路奠定了基础。1777 年或 1778 年，卡拉姆津被送往莫斯科沙登教授（Шаден И. М.，1731—1797）门下，在他的寄宿学校继续学业。

在今天看来，卡拉姆津研究的研究者们普遍认为作家的思想形成来源有三：沙登教授的影响，共济会思想和法国启蒙思想及其结果——法国大革命。沙登是莫斯科国立大学的教授、哲学博士，不仅教授哲学，而且教授逻辑学、语言学、修辞学、德国文学等多门学科。作为一位外籍教授，沙登特别注重外语的学习，因此卡拉姆津的德语、法语和英语掌握得很好，这使他有机会进一步了解西欧文学作品。沙登还十分重视学生的文学

---

① *Зеньковский В. В.* История русской философии. М.: 2001. С. 132.

② Карамзин Н. М. Записка о древней и новой России в ее политическом и гражданском отношениях. М.: 1991. С. 31.

③ Карамзин Н. М. Записка о древней и новой России в ее политическом и гражданском отношениях. М.: 1991. С. 40.

教育、道德、宗教和政治教育。此外，沙登属于坚定的保皇派，政治立场较为保守。关于沙登对卡拉姆津思想形成的影响，加拿大斯拉夫学者布莱克（J. L. Black，1937—）曾有涉及："或许老师所信奉的'教育是达到多数目的的手段'、老师本人对历史过去的浓厚兴趣以及赞成君主政体的观点为卡拉姆津本人所吸收。假使这些都不存在，卡拉姆津对德语和法语的熟练掌握（很可能也包括对英语的初步学习，之后均是卡拉姆津进行自我教育的重要工具）以及了解席卷欧洲的、相当大一部分的文化潮流也应归功于沙登教授。"[①]

1784 年，由于父亲去世，卡拉姆津以中尉的身份退休，定居在辛比尔斯克，偶尔做一些翻译工作。不久他加入了由莫斯科共济会会员屠格涅夫（Тургенев И. П.，1752—1807）组建的"金冠"（Золотой Венец）共济会分会。在他的影响下，卡拉姆津迁居莫斯科，并加入了诺维科夫主编的《儿童读物》（Детское чтение）的编辑和出版工作。《儿童读物》的工作对卡拉姆津未来人生道路具有很大作用，他后来做杂志编撰、出版工作的兴趣便是从这里来的。

此时的俄国共济会因为有叶卡捷琳娜二世的支持，正处于鼎盛时期。同为共济会会员的 20 世纪初著名政治家克伦斯基（Керенский А. Ф.，1881—1970）曾对这个时期的共济会有较为详细的描述："在 18 世纪和 19 世纪初，共济会是俄国政治、精神发展领域的重要力量，特别是在诺维科夫和众多政治、国务活动家加入其中之后。在当时的共济会员中有很多信徒和自由思想者，他们的启蒙活动反映在其创办印刷厂和对自由思想

[①] J. L. Black, *Nicholas Karamzin and Russian Society in the 19th Century: A Study in Russian Political and Historical Thought*, University of Toronto Press, 1976, p. 5. 转引自李艳龙：《卡拉姆津保守主义思想研究》，苏州科技大学硕士学位论文，2017 年，第 28 页。

的宣传方面……"①

卡拉姆津在共济会度过的四年（1785—1789）是一个高强度的自我教育时期。米尔斯基（Mirsky D. S., 1890—1939）在《俄国文学史》里指出："这些共济会员影响对卡拉姆津的思想发展产生了重大作用。共济会会员们那些神秘宗教的、感伤主义和世界主义的观念，为理解卢梭和赫尔德铺平了道路。"② 可见，共济会思想使得卡拉姆津获得了思想和道德上的发展。那么共济会的思想是什么呢？俄国共济会思想主要来源于西欧，较为庞杂，也没有体系化，但同时也有自己的一些特色。大致地说，他们对世界持悲观态度，抨击社会黑暗，道德堕落，主张通过宗教神秘主义的努力达到个人的完善。张百春教授对此从宗教性、人本学和宗教哲学三方面做过精练的概括。首先是宗教性。"共济会会员们否认现实世界的实在性，追求彼岸世界，即承认彼岸世界的存在……彼岸世界在共济会中不是指死后的世界，而是指人的精神世界，从此岸世界到彼岸世界只有通过精神修炼。这一点就是共济会宗教性的具体表现，它构成了共济会哲学思想的基础，为多数成员所接受。"③ 其次是人本学。共济会员"认为人及人类的目的就是达到精神上的自我完善。于是人的精神成了他们研究的主要目标"④。再次即宗教哲学。共济会员出于对现实的不满，对官方教会的不信任，因此提倡"内心教堂"的做法。即"真正的教堂应该在每个人的心

---

① *Керенский А. Ф.* Россия на историческом повороте, М.: 1996. C. 81–82. 转引自赵世锋：《"5月4日，我被吸收为共济会会员"——普希金作品中的共济会因素研究》，载《复旦学报》（社会科学版）2014年第5期，第113页。

② [俄] 德·斯·米尔斯基：《俄国文学史》，刘文飞译，北京：商务印书馆，2020年，第86页。

③ 张百春：《共济会与俄罗斯哲学》，载《哈尔滨师专学报》1996年第1期，第23页。

④ 张百春：《共济会与俄罗斯哲学》，载《哈尔滨师专学报》1996年第1期，第23页。

里，是不可见的，精神上的"[①]。综上这三个方面有一个共同的特点，那就是宗教神秘主义。无论是精神修炼，还是自我完善和"内心教堂"，共济会都与东正教教义有这样那样的联系。甚至在组织形式上，两者都有着千丝万缕的关系。因为一方面他们试图摆脱西欧共济会的控制，另一方面也希望在沙皇专制下通过与东正教的联系获得一些庇护。

　　作为一名深受西方启蒙思想影响的人，卡拉姆津其实并不认可共济会一再强调的神秘主义问题，甚至由于诺维科夫等人过于强烈的神秘主义倾向导致了卡拉姆津对共济会这一组织的不满。正如后来的格罗特院士（Грот Я. К.，1812—1893）指出的：卡拉姆津"对诺维科夫的团体并无好感。从本身对各种神秘主义的疏远；对一切不确定和不明显事物的不接受来说，他不能久久地留在共济会中，很快就与之断绝往来，因为他不满于共济会学说的神秘主义方面。在共济会观念中有另一方面：宗教虔诚的精神、爱国主义、对人类的善意及对周围人的兄弟之爱。体现在他著作中的正是这一精神，在很大程度上是他在共济会内经历的结果"[②]。

　　1789年，卡拉姆津开启了欧洲之旅，时间长达一年零四个月。这次旅行之后，卡拉姆津的思想有了极大转折，正如他共济会的朋友兼导师库图佐夫所说的："他的旅行令他对以前那些朋友的评价有了重大转变。有可能在他心里也发生了法国大革命。"[③]

　　旅行的新鲜感给卡拉姆津带来了新的想法。正是在旅行途中，卡拉姆

---

① 张百春：《共济会与俄罗斯哲学》，载《哈尔滨师专学报》1996年第1期，第23页。

② *Грот Я. К.* Очерк деятельности и личности Карамзина, читанный академикаом Я. К. Гротом.//Торжественное собрание императорской Академии наук в память столетняя годовщины рождения Н. М, Карамзина. СПб.: 1867. С. 12.

③ *Барсков Я. Л.* Переписка московских масонов XVIII века. 1780. 1792 гг.. Пг.: Изд. Отделения русского языка и словесности Императорской АН, 1915. С. 99.

津萌生了创办一本杂志的想法，把当代的文学与艺术介绍给俄国社会各个阶层。他非常赞成同时代的作家格林卡的话。格林卡认为诺维科夫的主要贡献就在于"超越了自己的时代……驱使社会紧随其后并习惯于思考"①。卡拉姆津想要做的也是这样，做民众的喉舌，引领社会思潮。这样，卡拉姆津实现了人生第二个转变：从文学家向出版家过渡。在从国外回来之后，卡拉姆津先后创办了《莫斯科杂志》（Московский журнал，1791—1792）、文集《阿格拉娅》（Аглая，1794—1795）、集刊《阿欧尼德》（Аониды，1796—1799）、《外 国 文 学 丛 刊》（Пантеон иностранной словесности，1798）以及杂志《适用于心灵与理智的儿童读物》（Детское чтение для сердца и разума，1799）。一时之间，卡拉姆津成为了 18 世纪末 19 世纪初的思想领袖。别林斯基尽管对卡拉姆津颇有微词，却还是公正地指出："卡拉姆津用自己的名字在我们文学中划出一个时代；他对于同时代人的影响是这样大而有力，从 90 年代起到 20 年代止，整个我们文学的时期都可以公正地称为卡拉姆津时期。"②尽管批评家这里谈的是文学，但对于整个俄国思想史来说又何尝不是这样呢？

　　1794 年后，卡拉姆津在精神上和生活中都经历了一段艰难的时期。在《梅里多尔致费拉列特的通信》（Мелодор к Филалету，1795）里，卡拉姆津以两人书信的方式表达了自己对法国大革命（尤其是处死路易十六）的困惑和痛苦。对于革命所带来的启蒙理想的破灭，卡拉姆津有一段著名的抒情："而现在这个令人快慰的体制在哪里呢？这一体系已被彻底摧毁了……谁能思索、期盼和预见到呢？那些我们爱过的人在哪里？科

---

① Глинка С. Н. Записки. СПб.: 1895. С. 13.

② ［俄］别林斯基：《文学的幻想》，载《别林斯基选集》第 1 卷，满涛译，上海：上海文艺出版社，1963 年，第 56—57 页。别林斯基在这里指的是 18 世纪 90 年代到 19 世纪 20 年代。

学和智慧的成果在哪里？启蒙时代，我认不出你了；在血与火之中，在杀戮和破坏之间，我认不出你了……心灵因可怕的事件而变得无情，在习惯了暴行之后，人民失去了同情，我捂住了自己的脸！"① 这一段话后来被赫尔岑在他的《彼岸书》前言里加以引用，用以表达作者对 1848 年欧洲革命失败后的失望心情。世事变迁，理想破灭之后的心境却是相同。

此外，由于受法国大革命的影响，沙皇政府逐渐加强了对文化的控制。卡拉姆津被迫不再关注现实，转而将精力投入到历史典籍之中，进而萌发了撰写俄国史的想法。在《俄国旅行者书简》中，他就指出："痛心，然而应该公正地说，我们至今没有一部好的俄国史，即用哲学智慧、批评及美好的文采写就的俄国史。塔西佗、休谟、罗伯逊、吉本——这些都是典范！有人说，我们的历史本身不如别的国家来得有趣，我不这么认为。需要的只是智慧、品味和才华。"②

19 世纪始于新的统治。1801 年 3 月 11 日至 12 日夜，保罗一世被杀。亚历山大一世上台之后，为了缓和国内矛盾，一方面宣布恢复叶卡捷琳娜女皇时期的一些优待贵族的政策，同时恢复保罗一世废除的世袭贵族及工商业资产阶级的特权，恢复贵族选出的团体机构；另一方面，新沙皇宣称要废除农奴制，实行君主立宪，还颁布了较为宽松的书刊检查制度，允许民众创办报刊。由此，卡拉姆津的《俄国旅行者书简》第一个完整版得以出版，其中讲述了法国大革命的情景形势，因此受到了书刊审查部门的特别关注。此外，卡拉姆津在 1802 年创建了《欧洲导报》（*Вестник Европы*，1802—1830）杂志，这是俄国历史上较早的"厚重杂志"（Толстые журналы）之一，除了刊登文艺作品，也发表一些政论文

① *Карамзин Н. М.* Избранные статьи и письма. М.: 1982. C. 149.
② *Карамзин Н. М.* Письма русского путешественника. Лг.: 1984. C. 252.

章，批判当时的崇洋习气。

在杂志出版做得如火如荼之时，卡拉姆津对历史越来越感兴趣，他深刻意识到历史对于俄罗斯国民教育的意义。1800 年 5 月 2 日，他给好友德米特里耶夫写道："我近距离接触俄国历史；我在睡梦中看到了尼康和涅斯托尔。"[①]1803 年，卡拉姆津写信给教育部部长穆拉维约夫，他是著名的教育赞助人亚历山大皇帝的老师，请求正式任命他为宫廷史家。沙皇于 10 月 31 日签署了关于任命卡拉姆津的法令，授予他 2000 卢布的年金。从此，卡拉姆津进入了他人生的第三阶段，即作为史学家的卡拉姆津。

他的《俄国国家史》第一卷于 1805 年完成，第二卷于 1806 年完成，第三卷于 1808 年完成。在《俄国国家史》开卷之初，他就声明："普通公民应当阅读历史。历史能使公民与不完美的事物现存秩序妥协，就像习惯于各个世纪的普通现象一样。当公民认识到从前也发生过类似国家的悲剧，甚至有过更可怕的悲剧，但国家没有毁灭，他就能从中得到安慰。历史培养公民的道德感，并以自己的公正审判指引心灵走向公正，后者树立了我们的幸福与社会的和谐。"[②]历史是如此重要，以至卡拉姆津——这位编撰历史的大师也成了当时俄国社会拥有巨大影响力的人物。后世有论者将他与罗马帝国初期的御用诗人维吉尔相比："正如维吉尔以他的《埃涅阿斯纪》论证了罗马国家的历史性的统一，重塑了它的过去并以此连接了现在一样，卡拉姆津也准备赐给第三罗马以永恒的地位。"[③]

在今天看来，正是卡拉姆津的历史研究促进了他对于俄国文化特性的

① *Карамзин Н. М.* Избранные статьи и письма. М.: 1982. С. 177.

② *Карамзин Н. М.* История государства Российского: XII томов в 4-х книгах. М.: 2001. Кн. Т. 1. С. 39.

③ ［俄］亚·阿尔汉格尔斯基：《亚历山大一世》，刘敦健译，北京：人民出版社，2011 年，第209 页。

认识，使得他政治立场日趋保守。除此之外，一些外界因素的影响也值
得重视。1809 年，卡拉姆津结识了沙皇的妹妹、奥尔登堡公爵夫人叶卡
捷琳娜·巴甫洛夫娜（Великая Княгиня Екатерина Павловна，1788—
1819），积极参加以她为首的沙龙活动，并且在公爵夫人的建议下撰写了
《札记》。最后十年卡拉姆津住在圣彼得堡，成为亚历山大一世皇帝的教
育顾问，他通过与沙皇交谈，向沙皇呈现《札记》之类的著述，坚定而持
久地表述自己的保守主义观念，因此极大地影响了亚历山大一世的内政外
交。他本人也被后来的思想界称为"俄国保守主义之父"。卡拉姆津晚年
的保守由此可见一斑："过了四分之一个世纪，已经完全步入老年、闻名
遐迩的卡拉姆津怒气冲冲地说，假如俄国废除书刊检查制度，他就带着全
家去君士坦丁堡。而且君士坦丁堡所象征的并非东正教帝国的故乡，而是
穆斯林专制国家的首府：一切都比俄罗斯的自由自在好。"①

　　卡拉姆津晚年生活颇为坎坷。1810—1815 年，他先后失去了三个孩
子。1812 年卫国战争期间，莫斯科的大火使之失去了不少撰写历史必需
的文献资料。更重要的是，1816 年 2 月初，他到达圣彼得堡，试图请求
沙皇资助出版他后面几卷的《俄国国家史》，但遭到亚历山大一世的冷遇。
原因在于此时的沙皇正处于身为欧洲拯救者的狂喜之中，他需要的是一个
时刻记录他丰功伟绩的史学家，而不是像卡拉姆津那样在一边指指点点
的"帝王师"。当然，这两者之间的矛盾后来在沙皇的宠臣阿拉克切耶夫
（Аракчеев А. А.，1769—1834）的调解下得以化解。沙皇赐予 6 万卢布
的出版费用，并授予他安娜勋章，允许他春夏季节在皇村居住。这让卡拉
姆津再次对沙皇的理解和支持感激不尽。

---

① ［俄］亚·阿尔汉格尔斯基：《亚历山大一世》，刘敦健译，北京：人民出版社，2011 年，第
　　21 页。

　　1825 年亚历山大一世的突然去世以及随之而来的十二月党人事件对身为保守主义思想代表的卡拉姆津打击很大。12 月 14 日那天，卡拉姆津在女儿的陪伴下去了参政院广场，亲眼看见了"我们疯狂的自由主义者的荒唐悲剧"[①]，并为此心碎。卡拉姆津反对暴力，尤其是反对推翻君主专制的暴力革命，他认为："几个世纪建立起来的任何一个公民社会，都是善良公民的圣物，虽然不尽完善，但是对它的美妙和谐、设备完善和秩序井然应当感到惊讶。乌托邦（或莫尔所构想的'幸福王国'）将永远是善良心灵的梦想，或者通过理性、教育和对善良性格的培养的缓慢但可靠的、安全的成功的途径，这一梦想是可以由时间必然的影响而实现的。当人们确信，为了自身的幸福需要德行的时候，黄金时代就会来临，那时人类将会在任何政权下都享受到生活和平的安宁。任何暴力的骚乱都是有害的，而每一个暴乱者都将使自己走上断头台。我的朋友们，把自己交给上帝去主宰吧！当然，神是有自己的安排的，国王的心灵操纵在神的手里——这也就够了。"[②] 遗憾的是，卡拉姆津没有等到他企盼的"黄金时代"。1826 年 6 月 3 日，他因病去世。

　　总体来说，卡拉姆津的生涯从文学转向出版再转向历史，他的思想亦在不断发生演变，从世界主义、西欧主义转向了民族主义、保守主义，最后在对俄国传统的独特理解基础之上，进而成为沙皇君主专制的辩护者和拥护者。这就决定了他在整个苏联时期的命运。1939 年，苏联著名的学术权威古科夫斯基（Гуковский Г. А., 1902—1950）在他那本《18 世纪俄国文学》中比较了卡拉姆津的《俄国旅行者书简》和拉吉舍夫的《从彼

---

① Письма Н. М. Карамзина к И. И. Дмитриеву. СПб.: 1866. С. 412.
② 转引自［苏］马里宁:《俄国空想社会主义简史》，丁履桂等译，北京：商务印书馆，1990 年，第 28 页。

得堡到莫斯科的旅行记》之后，指出："这实际上是一种体裁的两条道路，更准确地说原则上互相敌视的两种俄国感伤主义。一方面，这是充满民主派的革命渴望；另一方面，是保守主义贵族世界观的风格，它与进步传统相联系，却拒绝政治先进性。"① 古科夫斯基的这个论断代表了当时主流学术界对卡拉姆津的定位：保守主义贵族，与拉吉舍夫的革命民主精神相对立，由此可见卡拉姆津及其文学遗产在十月革命之后的处境。相应地，两种感伤主义的划分也成了此后评价俄国感伤主义的出发点，屡屡出现在相关论述中②。值得注意的是，在很长一段时间里，卡拉姆津的名字都是与拉吉舍夫联系在一起作为对比，甚至只能作为被批判的对象出现。这在今天看来，显然是一种过于简单甚至粗暴的判断。

《俄国旅行者书简》及晚期的《札记》，就是卡拉姆津对俄国国家形象进行塑造的两次尝试。只不过，第一次是通过对西欧的描述来反思俄国自身；第二次则是以俄国历史为基础进行的形象塑造，进而奠定了他保守主义思想的基础。正如俄国当代研究者、下哥罗德大学教授吉塔耶夫（Китаев В. А.，1942—）指出的："卡拉姆津的保守主义思想纲领是他相当长久而深入的思想演变的结果。首先涉及这个过程中那些内容丰富的时刻是有意义的，它们对了解那些通常被称为卡拉姆津保守主义的基本思想起源非常重要。"③ 在笔者看来，上述两部作品虽然篇幅不大，但恰恰折射了卡拉姆津思想演变中的"内容丰富的时刻"。

---

① *Гуковский Г. А.* Русская литература XVIII в. М.: 1939. С. 504.

② 如 *Орлов В. Н.* Радищев и русская литература. Л.: 1952. С. 32–33. *Макогоненко Г. П.* Радищев и его время. М.: 1956. С. 523.

③ *Китаев В. А.* XIX век: пути русской мысли. Нижний Новгород.: 2008. С. 7.

第三节　卡拉姆津及其《俄国旅行者书简》

俄国文学史家米尔斯基曾这样概括卡拉姆津的思想历程："于是，卡拉姆津起步时曾是一股近乎革命性的革新力量，终其一生，却被其后代视为俄罗斯帝国官方理想的象征和最完美化身。"① 如果把卡拉姆津的思想历程看作是从左到右的一个过程的话，那么1789—1790年的这一趟欧洲之旅显然可以看作是他思想的分界线。尽管这种分界是很模糊的，只能将卡拉姆津生平粗略地分成以进步或以保守为主的时期。从这个层面上说，《俄国旅行者书简》是卡拉姆津思想转向的见证，一方面宣告了作家与此前共济会思想的告别；另一方面也意味着他从文学家到出版家的转型。该书的出版也颇费周折：首先在卡拉姆津自办的《莫斯科杂志》（1791—1792）刊登了一部分，因涉及法国大革命等敏感话题就不再刊登。到了1801年亚历山大一世即位后，舆论形势有所放松，该书才推出了第一个完整的版本。

卡拉姆津研究专家马科戈年科（Макогоненко Г. П.，1912—1986）认为恰恰就是书名本身概括了本书的三个要素：俄国、旅行者及书简。首先，"俄国"是表明视角问题，即这是俄国人眼里的西方："这是俄国人，俄国文化的代表，是俄国文学派往欧洲国家的使者。"② 在卡拉姆津所处的时代，受到彼得大帝及叶卡捷琳娜女皇等人的影响，俄罗斯社会的西化现象极为严重。津科夫斯基说："18世纪向我们展示了一幅迷恋西方的图画，以至于完全有权说俄罗斯心灵成了西方的俘虏……随着教育的增长，这种

---

① ［俄］德·斯·米尔斯基：《俄国文学史》，刘文飞译，北京：商务印书馆，2020年，第89页。

② *Макогоненко Г. П.* Николай Карамзин-писатель, критик, историк.//Карамзин Н. М. Сочинения в двух томах. Т. 1. Лг.: 1984. С. 30.

对西方的崇拜不仅没有削弱，反而更加深入，更加有力了。在这方面，卡拉姆津的形象有着非凡的教育意义。当你沉浸在《俄国旅行者书简》中时，你会直接感受到，当时欧洲在俄国年轻人和俄国社会的眼中具有怎样的魔力。"[①] 不过实地考察西方，向国人揭示西方的先进，这只是《俄国旅行者书简》的主题之一。

卡拉姆津受西欧文化的熏陶长大，但他同时也是"俄国文化的代表""俄国文学的使者"。所谓"使者"（посланец），便是俄国民族意识觉醒的象征。俄国人不再一味地迷恋西欧，而是带着独立思考直接到西欧，去实地考察那些原本只是在书本上的东西。从这个意义上说，卡拉姆津属于最早睁眼看世界的俄国人之一。譬如，对于他一直向往的法国，卡拉姆津虽因书刊检查，没能公开评论，但也描述了听到法国大革命消息后的心情："在法兰克福的美因茨河畔得知了法国大革命的消息，我感到十分焦虑……我除了骚乱以外什么都看不到，除了大肆抢劫、谋杀之外什么也没听说，于是急忙转向瑞士，去呼吸和平的自由的空气。"[②] 深受启蒙思想熏陶的卡拉姆津一开始对法国及法国革命抱有好感，但革命所带来的动荡却让他意识到革命的暴力和无序，从而反思此前的某些启蒙观念。于是，在1790 年 5 月奔赴英国之后，卡拉姆津便多了几分超然，细心观察英国当时的政治生活。他一针见血地指出英国的稳定在于教育："不是宪法，而是教育才是英国人真正的基石。一切的公民机构都应该与民族的性格相应。在英国是好的，在其它地方就可能是愚蠢的。难怪梭伦说：'我的机构是最好的，但只是对雅典而言。一切的管理只要以公平为灵魂，那就是

---

①　*Зеньковский В. В.* Русские мыслители и Европа. Париж.: YMCA–Press. 1955. С. 13.

②　Письма Н. М. Карамзина к И. И. Дмитриеву. СПб.: 1866. С. 477.

好的，完美的。'"① 这里有两点值得注意：其一，一部宪法的确立往往要通过激烈的斗争，但教育却类似于春风化雨，在无声无息中推动社会的进步。卡拉姆津崇拜教育而对资产阶级宪法有所迟疑，很大程度上体现了他对社会进步方式的思考。其二，一国有一国的国情，不能任意照搬别国情况。要知道，橘生淮南则为橘，生于淮北则为枳。伏尔泰的椰子未必适用于全世界。

类似的思想转折在彼时的欧洲文学界并不少见，歌德、席勒以及柯勒律治、华兹华斯等人对革命都经历过这样一个由爱生厌甚至生恨的过程。在这样的背景下，卡拉姆津将眼光投向了本国政治、文化传统。正如吉塔耶夫认为的："卡拉姆津意识到暴力动荡、人民专制和'无政府状态'的'致命性'。他认为：'恰恰是土耳其的统治'优于国家动荡导致的无政府状态。"② 既然连文明程度很高的西方都无法避免革命的暴力动荡，那么相对边缘和落后的俄罗斯该怎么办？由此卡拉姆津开始了对君主专制的思考，这种思考突出地体现在他后来的《札记》里。

正是有了这种独立的思考，卡拉姆津才有了思想上的成熟。正如后来俄国著名文化史家布斯拉耶夫（Буслаев Ф. И.，1818—1897）指出的："一年半是从青春到成熟的重要过渡时间，作家正是在1789—1790年间确定了他的道德与文学面貌，他本人在《俄国旅行者书简》里做了描述。"③ 应该说，卡拉姆津的欧洲之旅最初目的还是介绍西欧先进的一面，只是突然爆发的革命打乱了他的构想。革命的极速发展甚至大大刺激了他的思想

---

① *Карамзин Н. М.* Письма русского путешественника. Лг.: 1984. С. 383.

② *Китаев В. А.* XIX век: пути русской мысли. Нижний Новгород.: 2008. С. 9.

③ *Буслаев Ф. И.* Письма русского путешественника.//Карамзин: pro et contra/Сост., вступ. ст. Л. А. Сапченко. СПб.: РХГА, 2006. С. 659.

转变，使他不再像从前那样盲目崇拜西欧。思想上的成熟使他能较为客观地看待西欧，以批判的姿态来看待西欧的不足。比如在《瑞士的堕落》（1802）一文中，卡拉姆津开篇就指出："这片不幸的土地上现在充满着内战的恐怖，内战是个人邪恶和疯狂的自私行为……买卖的精神逐渐控制了瑞士人民，使他们黄金满箱，却心灵空虚，财富使人们自私自利……"①

话又说回来，西欧固然有革命的暴力、人性的贪婪等各种不足，但对于自小受启蒙思想影响的卡拉姆津来说，西欧仍然是他心目中美好的地方。只不过，他不再是那个拜倒在西方文化面前的俄国青年作家了。当代俄国著名的文化史研究者坎托尔（Кантор В. К.，1945—）指出了这次旅行的实质："卡拉姆津的成长始于《俄国旅行者书简》。这几乎是第一次不是西方的旅行者前往非洲般的俄罗斯，而是一位受过高等教育的俄罗斯贵族前往欧洲——不是像彼得或叶卡捷琳娜时代那样学习，而是观看、观察和得出结论。即他是作为一个平等的对象去的，不是根据传闻，不是根据故事，甚至也不根据传说，而是自己看到一切。欧洲是什么样的创造，俄罗斯真的存在于其空间之外？要知道卡拉姆津阅读、理解、感受欧洲作品，甚至将自己置于欧洲旅行者背景之下开启了自己的旅行。"②坎托尔指出了此次旅行最大的两个特点：其一，卡拉姆津最终以观察者身份而不是学生身份记录下了西欧之旅，在心态上与西欧保持了平等；其二，旅行的角度出现了变化。此前俄国人去西欧或学习或观光，西欧在他们心目中是一个宛如天堂般的地方。现在在卡拉姆津的笔下，西欧固然有美好的

---

① *Карамзин Н. М.* Падение Швейцарии.//Карамзин Н. М. О Любви к Отечеству и народной гордости. Отв. Ред. О. А. Платонов. М.: 2013. С. 203.

② *Кантор В. К.* Карамзин: самопознание, или Сотворение европейской России.//Вопросы философии. 2016. N 12. С. 125.

一面，但也有贪婪、战争和掠夺，天堂不再。"俄国—西方"的对比第一次在这里得到了呈现。著名文学批评家洛特曼（Лотман Ю. М., 1922—1993）对此评价说："'俄国—西方'这个主题刚刚以这样那样的形式出现，就马上闪耀着卡拉姆津的影子。"①

其次，"旅行者"——这是一个叙述者的问题，它牵扯到叙述者与作者本人的关系。要谈论这个问题，先要从卡拉姆津出游的缘由说起。

1789 年 5 月至 1790 年 9 月，卡拉姆津从特维尔出发，前往欧洲旅行，先后游览了普鲁士、萨克森、瑞士、法国和英国后返回圣彼得堡。对于卡拉姆津欧洲之旅的原因，研究界历来有诸多不同的说法。学术界在引用了卡拉姆津当时好友普列谢耶娃（Плещеева А. И., 1754—?）的书信后普遍认为这次旅行是被迫的，分歧在于迫害者是谁。1790 年 7 月 22 日，普列谢耶娃在奥廖尔庄园给身处柏林的库图佐夫写信："幸运的是，并非所有人，比如您，都知道促使他（即卡拉姆津）离开的原因。相信我，我是第一个在他面前哭着请求他走的人。您的朋友阿列克谢·亚历山大洛维奇（即普列谢耶夫）是第二个；您应当且必要知道这些。我一直反对这次旅行，这次分离使我付出了沉重的代价。是的，这就是我们的朋友的境况，他必得这样做。"②

洛特曼据此认为这与共济会对他的迫害有关："我们不知道，也许永远不会知道普列谢耶娃称谁'小人'和'伪君子'，但如果假设这些事情与在诺维科夫同谋者的、卡拉姆津所属的莫斯科圈子遭受的迫害有

---

① *Лотман Ю. М.* Сотворение Карамзина М.: 1987. С. 318.

② *Барсков Я. Л.* Переписка московских масонов XVIII века. 1780. 1792 гг.. Пг.: Изд. Отделения русского языка и словесности Императорской АН, 1915. С. 5. 6.

关，大概是不会错的。"① 最新一版的卡拉姆津传记作者、作家穆拉维约夫（Муравьев В. Б.，1928—）则认为压力来自官方，甚至是叶卡捷琳娜二世："答尔丢夫穿着裙子戴着王冠，因此，对普列谢耶娃的信可以给出解释：答尔丢夫是俄罗斯女皇叶卡捷琳娜二世。"② 俄罗斯当代研究者卡拉 - 穆尔扎（Кара-Мурза А. А.，1956—）就认为：卡拉姆津的旅行是被当时一位高官加夫里尔·彼得洛维奇·加加林公爵所威胁。后者因为揣摩到了叶卡捷琳娜女皇的心思，要对共济会进行打击、削弱，因而连累到了卡拉姆津。了解了这一背景，我们就不能把《俄国旅行者书简》视为 18 世纪较为流行的纪实游记，而是"一份经过文学加工的侨民游记，并以另一种方式来阅读它"③。

　　事实上，卡拉姆津在旅途中也几乎没有给亲朋好友写信，我们今天所看到的《俄国旅行者书简》是他后来陆续通过回忆撰写的，正如他最早的传记作者西波夫斯基（Сиповский В. В.，1872—1930）说的："你可以想象，卡拉姆津把自己的经历写在笔记本里，和他的朋友们进行了'幕后谈话'……"④ 这种谈话，一方面是对旅程的回忆，另一方面也是文学上的再创作。由此，洛特曼等人就认为："《俄国旅行者书简》不是书信集，也不是为了出版而加工的路途游记，这是一部文学作品。"⑤

　　在确定了这一点之后，我们就能确定《俄国旅行者书简》里旅行者的

---

① *Лотман Ю. М.* Сотворение Карамзина М.: 1987. С. 33.

② *Муравьев В. Б.* Карамзин. М.: Молодая гвардия, 2014. С. 104. 105.

③ *Кара-Мурза А. А.* Философские дилеммы «Письма Русского путешественника »Н. М. Карамзина.//Философские науки. 2016. № 11. С. 64.

④ *Сиповский В. В.* Н. М. Карамзин–автор «Писем русского путешественника».. СПб.: тип. Демакова, 1899. С. 156.

⑤ *Лотман Ю. М.*, Успенский Б. А. «Письма» Н. М. Карамзина и их место в развитии русской культуры.//*Карамзин Н. М.* Письма Русского путешественника. Л.: 1984. С. 567.

身份。由于该书本身所具有的纪实性（作者以书信的方式与不同的收信人做各种交谈，给人感觉是在途中创作而成，极为真实），许多读者都将旅行者等同于卡拉姆津本人，但实际上并非如此。[①]马科戈年科在另一版《俄国旅行者书简》的序言里认为旅行者不仅仅是观察者和记录者，更是总结者、分析者、个人观点的叙述者；他注意到德国国家警察对国家生活的有害影响，也发现正是瑞士和英国把宪法制度视为国家的福利基础。

卡拉姆津的"旅行者"问题较为复杂，在一定程度上模糊了作者本人的形象，所以洛特曼才说："《俄国旅行者书简》是卡拉姆津文学神秘化的源头。"[②]笔者以为，这种神秘化是卡拉姆津自己故意营造的，目的是借这种相对模糊的身份来表达某些看法的同时，避免为自己带来不必要的麻烦。这些看法有的涉及对俄国社会的批评，也有的是对西方社会某些问题的揭示，放在一起似乎构成了卡拉姆津矛盾的形象。因此洛特曼将专著一开始命名为《卡拉姆津——卡拉姆津的作者》（Карамзин-автор Карамзина），正式出版时改名为《创造卡拉姆津》（Сотворение Карамзина. М., 1987），意义正在于此。

再次是"书简"的问题，这实际上涉及到作品形式。应该说，在18世纪末书信体作品并不少见，著名的有孟德斯鸠《波斯人信札》（1721）、卢梭的《新爱洛伊丝》（1761）以及英国小说大家萨缪尔·理查逊的《克莱丽莎》（1747—1748）。作家利用书信这一体裁创作，主要可以通过第

[①] 譬如美国天普大学（Temple University）的潘诺夫斯基教授就出版过专著《尼古拉·米哈伊洛维奇·卡拉姆津在德国：作为事实的小说》，以卡拉姆津的德国旅程证明《俄国旅行者书简》的真实性。详见 Panofsky Gerda S, *Nikolai Mikhailovich Karamzin in Germany: fictions as facts*, Wiesbaden: Harrassowitz Verlag, 2010。

[②] Письма о Карамзине（Публ. вступ. заметка и коммент. Б. Ф. Егорова）//Лотмановский сборник-1. М.: 1995. С. 73.

一人称叙事获取自由发挥、直抒胸臆的机会，比较适合随走随看、随想随写的游记特点。当然，正如有学者指出的："第一人称叙事并非都是简单的即时经验直述。书信体小说中的表达虽然是情感型的，而非逻辑型的。但在经验之我与叙事之我，现在之我与过去之我之间同样存在着复杂的张力，意味着对个体身份本质的质疑。"①

卡拉姆津作为感伤主义的代表作家，这一点已是文学史的公论。感伤主义虽然源于 18 世纪英国的劳伦斯·斯特恩（Laurence Sterne, 1713—1768）及其《感伤的旅行》（1768，中译为《多情客游记》），强调旅行者的心理及作者的情感抒发，书中说："我感到内心生出一种无以名状的感情，我敢说那是一种无法用任何物质和运动理论解释得了的感情。"②18 世纪作为"启蒙世纪"和理性世纪被载入史册，休谟等人甚至用所谓"科学"的理性方式来分析人的情感。在这种背景下，斯特恩对情的强调一方面有反潮流的意味，另一方面也是 19 世纪浪漫主义的先声。卡拉姆津曾认为：评价以往的和他当代的欧洲大作家的一个共同标准，就是多愁善感。这种"多愁善感"的特性是莎士比亚、卢梭、理查逊、斯泰恩、歌德等所共有的。"多愁善感"的作家，能够深入洞察"内在的人"，并以自己所描写的各种激情"打动心灵"。③那么除了"多愁善感"之外，具体到俄国，卡拉姆津的感伤主义又有什么创造性的变化呢？学术界往往以《可怜的丽莎》作为卡拉姆津感伤主义的代表作，这个自然无可厚非，但笔者以为"书简"的艺术形式在一定程度也可以折射出卡拉姆津感伤主义的俄国

---

① 韩水仙：《小说与启蒙：1750—1789 年法国小说研究》，广东外语外贸大学博士学位论文，2009 年，第 42 页。

② 转引自刘意青主编：《英国 18 世纪文学史》，北京：外语教学与研究出版社，2006 年，第 208 页。

③ История русской литературы. В 4-х т. Л.: АН СССР, 1980. Т. 1. С. 748。

特色。

譬如说，《感伤的旅行》的主人公约里克往往在书中津津乐道于自己伤感的天性，将此视为自己宅心仁厚之体现。回忆录似的札记体裁使得他可以不断叙述这一点："羞怯的穷汉说不出话——他掏出一块小手绢，一边擦擦脸一边转过身去——我认为，他比他们更感谢我。"[①]斯特恩的"感伤主义"具有两重甚至多重性：一方面主人公确实是为人间疾苦而难过；另一方面却又表演似的体现自己在苦难面前的仁慈，以至后来的英国小说家伍尔夫认为这里"甜得腻人，像杯底剩下的糖脚一样"[②]。当然，更为细心的读者自然也可从这种表演中看出作者斯特恩某种意义上的自嘲，玩世不恭。

相比之下，卡拉姆津的《俄国旅行者书简》倒没有那么复杂，但贵在真诚。虽然上文已论述过，书简并非真的现场即兴创作，但书信有收信人，作者会根据不同对象谈论不同内容，情感上也有所克制。更重要的是，卡拉姆津在书简里体现出对人类不幸的同情，对人类文明的重视，与斯特恩这种看破红尘似的潇洒落寞不是一回事。英国因光荣革命早已实现君主立宪的资本主义制度，曾经的启蒙理想已被锱铢必较的资产阶级商业精神所取代。因此，斯特恩在游记里更多地体现出一种失落和反讽。卡拉姆津的俄国则处于启蒙前的状态，对他们来说，英国的"今天"很大程度上是他们的"明天"。因此，作家在书简里尽管对欧洲的拜金主义、暴力革命做了一些批评，但为了俄国读者考虑，整体上还是乐观的。如果说深刻，那么卡拉姆津的书简可能比不过斯特恩，但在当时来说，书简里的真

---

① ［英］劳伦斯·斯特恩：《多情客游记》，石永礼译，北京：人民文学出版社，1990年，第51页。

② ［英］吴尔夫：《普通读者》Ⅱ，石永礼等译，北京：人民文学出版社，2003年，第73页。

诚与乐观反而也构成了俄国感伤主义的一个特色所在①。

　　别林斯基对《俄国旅行者书简》评价不高。他在《文学的幻想》里列举了作品里记录的各种琐碎杂事，并认为："为什么会这样？因为他在旅行之前没有好好准备，学识不够充分的缘故。可是虽然如此，他的《一个俄国旅行家的书简》不值得一观，与其说是由于所知不多，无宁说是由于他的个人性格所造成。他不十分熟知俄国在灵智方面的需要。"②作为一位崇尚西欧的批评家，别林斯基注意到了卡拉姆津对西欧现实的变化没有很好的思想准备，这当然是对的。但他据此说明卡拉姆津学识不够，显然是因为别林斯基未能发现《俄国旅行者书简》中对西欧的反思。或者说，他发现了反思但又不能理解、接受这种反思，只能简单地归结为"学识不够充分"。可见，在《俄国旅行者书简》里，虽然"俄国—西方"的问题被提了出来，但真正为后来者所接受、认可，却还要过很久。这也是卡拉姆津作为时代思想先驱者的一个悲哀。

第四节　卡拉姆津保守主义视角下的俄国形象

　　《札记》的写作有其复杂的历史背景。1810年初，俄罗斯帝国成立国务会议，斯佩兰斯基（Сперанский М. М.，1772—1839）在亚历山大一世的支持下开始进行自由主义改革。斯佩兰斯基认为世界历史的趋势就是由封建走向共和。基于这一认识，他的改革方案实质上就是"将俄国由一个专制制度的国家变成一个三权分立、四级结构的二元君主立宪政体的国

---

① 　这一点和上述"旅行者"问题都与本研究所涉及的国家形象主题关联不多，因此在此不进一步展开了。

② 　［俄］别林斯基：《文学的幻想》，载《别林斯基选集》第1卷，满涛译，上海：上海文艺出版社，1963年，第61页。

家"①。三权即立法、行政和司法；四级结构即中央、省、州和乡；二元君主即国务会议与沙皇。这实质上是将沙皇的部分权力分给了国务会议，属于英国式的君主立宪政体。

这一事件引起了当时许多保守人士的不满，沙皇的妹妹、奥尔登堡公爵夫人叶卡捷琳娜·巴甫洛夫娜就是其中的代表。颇有政治野心的她通过另一位保守主义人士罗斯托普欣（Ростопшин Ф. В.，1763—1826）结识了卡拉姆津，并早在 1809 年之后就多次邀请他到公爵夫人所在的特维尔省做客（她丈夫当时是特维尔省总督）。与叶卡捷琳娜·巴甫洛夫娜的相识是卡拉姆津思想历程中的重要一页。1810 年 3 月 28 日，在给亲人的信里，卡拉姆津不无矜夸地说："叶卡捷琳娜·巴甫洛夫娜女大公、康斯坦丁·巴甫洛维奇大公（即亚历山大一世的兄弟——引者注）及孀居的皇后（保罗一世的妻子）对我的宠信意味着对我著作不小的赞许。"②实际上，叶卡捷琳娜·巴甫洛夫娜对卡拉姆津的亲近说到底是想利用他历史学家的身份对沙皇进行劝阻，阻止斯佩兰斯基的自由主义改革。因此，女大公为卡拉姆津与沙皇制造了不少单独会谈的机会，甚至要求卡拉姆津创作《札记》以交给沙皇。1811 年 2 月，卡拉姆津终于完成了《札记》并在 3 月份面呈沙皇。

亚历山大一世对《札记》的态度至今尚无明确的历史材料证明，但他与卡拉姆津意见的分歧是很明显的。卡拉姆津在 1811 年 3 月 20 日的信里提到了了这一点。在两个小时的阅读《俄罗斯国家史》之后，"之后我跟他谈得很少，谈什么呢？君主专制！我实在没有荣幸与他的思想保持一

---

① 转引自赵士国：《历史的选择与选择的历史》，北京：人民出版社，2006 年，第 33 页。

② *Погодин М.* Николай Михайлович Карамзин, по его сочинениям, письмам и отзывам современников. М.: 1886. Ч. 2. С. 59.

致"[①]。原因就在于当时的沙皇尚处于自由主义思想的影响下，而《札记》不但大肆宣传保守主义思想，有些地方甚至直言不讳地批评了他的统治。这让年轻气盛的沙皇显然无法接受。不过时隔五年之后（即 1812 年卫国战争之后），亚历山大一世却授予卡拉姆津安娜勋章，强调这不仅是因为他的《俄罗斯国家史》，也是因为他的《札记》。这说明沙皇在经历了卫国战争的胜利之后，心态已有所转变，下文在涉及"官方民族性"问题时将会进一步讨论这一问题[②]。

回到《札记》本身。该书篇幅不大，1861 年在柏林首次出版；1870 年在俄国出版，多次再版。该书主要涉及两个问题：君主制（Самодержавие）和农奴制（Крепостное право）。卡拉姆津将这两种制度视为俄国的根基，通过对两个历史问题的论述来批评亚历山大一世及斯佩兰斯基的自由主义改革。

在俄国君主制方面，卡拉姆津认为俄国的整个历史都与君主专制息息相关，并将其视为俄国历史进程中的决定性力量："君主专制是俄国的支柱；它的完整对于俄国的幸福是有必要的。"[③] 如果支柱发生动摇，俄国势必安宁不再。那么什么是专制呢？根据中国社科院白晓红研究员的考证："Самодержавие 最原初的意思就是'独立主事'，不含有独裁霸道之义。斯拉夫派理解的专制制度是人民不愿意操心政权，把它交给一个人管理的

① *Божерянов И. Н.* Великая Княгина Екатерина Павловна. СПб.: 1888. C. 39.

② 根据当代俄国保守主义研究者格罗苏尔（Гросул В. Я.）的调查，在尼古拉一世的文档中也有《札记》的复印本，只是名字改为《彼得大帝、叶卡捷琳娜二世和亚历山大统治的比较》。格罗苏尔据此认为《札记》对尼古拉一世时期正式提出"官方民族性"影响甚大。参见 *Гросул В. Я.* Русский консерватизм XIX столетия. Идеология и практика. M.: 2000. C. 43–44.

③ *Карамзин Н. М.* Записка о древней и новой России в ее политическом и гражданском отношениях. M.: 1991. C. 105.

一种制度。并且这种政权是出于基于共同信仰的统一的人民，而非出于在社会不同阶层和集团敌对基础上分裂的人民。"①虽然白晓红这里谈的是斯拉夫派（Славянофильство）的专制概念，但究其实质不难发现它与卡拉姆津对专制理解的一脉相承之处。

卡拉姆津对俄国君主制的这一理解是以他对俄国历史道路特殊性的认识为基础的。《札记》开篇就指出："现在是过去的结果。为了评判现在，就需要回忆过去。所以一个是对另一个的补充，由此使思想呈现更为清楚。"②俄国的历史就证明了下列思想：俄国的整个命运取决于君主专制的发展与强大。当君主专制强大时，俄国就繁荣；当君主专制崩溃时，俄国就衰弱。

卡拉姆津以具体的史实证明这一点："来吧——厌烦了内部分歧的斯拉夫人告诉他们——来统治我们。我们的土地广袤而富饶，却没有秩序可言。"③于是维京人最早踏上了罗斯的土地，俄罗斯公国在专制的统治下崛起。当失去了强有力的专制政权，内部纷争四起的时候，俄罗斯就丧失了发展能力。初期的大公如留里克、奥列格、斯维亚托斯拉夫、弗拉基米尔在"非常虚弱，意见不合的民族国家的废墟上"建立了罗斯王国，由此建立了 6 世纪"发展程度最高的国家"④。因此，在卡拉姆津看来，封地制度是"德国人给欧洲留下的溃疡"，扰乱了国家的健康发展并导致俄罗斯不可避免的分裂。这是西方首次对俄国的发展产生负面影响。只有在 14 世

---

① 白晓红：《俄国斯拉夫主义》，北京：商务印书馆，2006 年，第 156 页。

② *Карамзин Н. М.* Записка о древней и новой России в ее политическом и гражданском отношениях. М.: 1991. С. 16.

③ *Карамзин Н. М.* Записка о древней и новой России в ее политическом и гражданском отношениях. М.: 1991. С. 17.

④ *Карамзин Н. М.* Записка о древней и новой России в ее политическом и гражданском отношениях. М.: 1991. С. 17.

纪，随着统一的中央集权国家建立，这种溃疡才得以治愈。因此，卡拉姆津得出结论："俄罗斯是由胜利和独裁统治所奠基，在分歧中灭亡，又被明智的君主专制所拯救。"[1]

当然，卡拉姆津并不追求无限的君主专制。在他看来，君主必须遵守法律，否则他的统治就会变成独裁（Деспотизм 或 Тирания），与理性背道而驰。如果君主专制不受限制，那么制度会逐渐崩溃并陷入自然衰退，从而引发政权危机。他列举了俄国历史中的三个反例，认为他们不属于君主范畴，而属于破坏自然道德法则的暴君。第一位是伊凡四世，在位期间他"出于某种地狱般的灵感，热爱鲜血，将其毫无罪恶感地倒在以美德闻名的人们"。第二位是鲍里斯·戈杜诺夫："统治建立在不可侵犯的专制之上，却作为不正当且无法无天的权力的受害者死去。"[2] 还有一位是 18 世纪"开明专制"时代仅有的一位暴君——保罗一世："他想成为伊凡四世，想要建造一座坚不可摧的宫殿——然而建造了一座坟墓！"[3] 不受约束的权力最终会导致可怕的后果，比如俄国历史上的混乱时期（1598—1613）。

以混乱时期的伪王子德米特里、舒伊斯基等权贵为例，卡拉姆津指出："对俄国人民任性的管理比个人不公正或对国家的错误认识更有害。无数个世纪的智慧需要权力的确立，民众狂暴的一小时就能毁灭权力的基

[1] *Карамзин Н. М.* Записка о древней и новой России в ее политическом и гражданском отношениях. М.: 1991. С. 22.

[2] *Карамзин Н. М.* Записка о древней и новой России в ее политическом и гражданском отношениях. М.: 1991. С. 25.

[3] *Карамзин Н. М.* Записка о древней и новой России в ее политическом и гражданском отношениях. М.: 1991. С. 45.

础，即对统治者地位的道德尊崇。"①正是几位大贵族争权夺利的私心煽动民众，导致了国内纷争不断，乱作一团。因此，卡拉姆津强调的君主专制并非为所欲为的同义词，作为一位深受启蒙思想影响的思想家，他更推崇有节制的君主专制，类似于开明君主制。

在这个问题上，卡拉姆津将叶卡捷琳娜二世视为心目中的典范，并专门写了长文《对叶卡捷琳娜二世历史功绩的颂文》（1802），热情歌颂女皇的开明统治。卡拉姆津认为她既尊重启蒙思想，以开明的手段推行统治，同时又始终坚持君主至高无上的统治地位："这位令人难忘的女皇的主要功绩是她在不丧失力量的情况下使专制统治变得柔和。"显然，叶卡捷琳娜统治下的君主专制是卡拉姆津最理想的君主专制状态。他写道："至少，与我们所知的俄国所有时期相比，几乎我们所有人都会说那个时期。叶卡捷琳娜时代对俄国公民来说是最幸福的。几乎那个时代的所有人都不会希望生活在其他时候。"②

因此，正如彼沃瓦罗夫指出的那样："君主专制被卡拉姆津理解为一种'超阶级'制度，跨阶层的力量，它确保了俄国社会的进步（卡拉姆津认为进步主要在于人民的道德完善）。在历史进程中君主专制变得更加柔和与'理性'。它逐渐地从独裁转变为方式独特的开明专制。俄国君主专制的独特之处在于'父权制'的管理方式。"③所以卡拉姆津的理想型统治者是一个强大的君主，他以法律活动为基础，并采取措施进行对本国人

---

① *Карамзин Н. М.* Записка о древней и новой России в ее политическом и гражданском отношениях. М.: 1991. С. 27.

② *Карамзин Н. М.* Записка о древней и новой России в ее политическом и гражданском отношениях. М.: 1991. С. 40、44.

③ *Пивоваров Ю. С.* Время Карамзина и Записка о древней и новой России.//*Карамзин Н. М.* Записка о древней и новой России в ее политическом и гражданском отношениях. М.: 1991. С. 13.

民的道德教育和政治教育。所有的权力必须集中在君主一人手中。卡拉姆津写道："贵族和神职人员，参议院和宗教会议作为法律的仓库，君主在他们之上，是唯一的立法者，唯一的权力来源。这是俄罗斯君主制的基础。"[①]

　　总之，卡拉姆津在俄国的历史经验上得出的结论是：君主专制是俄国历来的主要传统，影响了俄国的命运，也决定了俄国的实力和强大。它不仅是一种高明的政治制度，而且历经了长时间的演变并在俄国的历史发展进程中扮演着独特的角色。俄国只有在君主专制统治下才能获得生命力，才能健康发展。这一点不但为历史所证明，也是东正教教会理念发展的必然结果。"第三罗马"的概念被提出之后，沙皇与救世主的形象合二为一，既是拜占庭帝国的唯一继承者，又是第三罗马的精神主宰，世俗与宗教的权力得以统一。正如别尔嘉耶夫指出的："俄罗斯的使命是成为真正的基督教、东正教的体现者与捍卫者，这是宗教的使命。'东正教'造就了'俄国人'。俄罗斯是唯一的东正教王国，也是普天之下的王国，正如同第一罗马和第二罗马一样。"[②] 东正教王国既是教会又是王国，这就是俄国君主专制的宗教特色。

　　长期以来，由于卡拉姆津的保守主义立场，他对君主专制的认识常常被认为反动和愚昧，或者作为作者思想的落后一面被有意忽略或加以抨击。但在经历了两个世纪革命与改良的风风雨雨之后，俄罗斯学界现在对君主专制又有了重新的看法。譬如莫斯科大学功勋教授沙波瓦洛夫（Шаповалов В. Ф., 1948—）就指出了君主专制的积极面："专制最重要

---

① *Карамзин Н. М.* Записка о древней и новой России в ее политическом и гражданском отношениях. М.: 1991. С. 109.

② *Бердяев Н. А.* Русская идея. Париж.: YMCA–Press. 1971. С. 12.

的功能就是约束社会生活的功能，维持社会秩序和法律……长期以来，君主专制实质上是俄罗斯启蒙思想的唯一传播者和组织者，这成为它最重要的功能之一。毫不夸张地说，俄罗斯整个的教育体系差不多都是由沙皇们建立起来的。"[①] 另一位著名哲学家古雷加在他最后一部著作《俄罗斯思想及其缔造者们》里，更是将君主专制与专制主义做了区分："君主专制政体。我要声明一下：这里谈及的不是关于专制主义，不是无限制、无监督的权力，更不是极权主义。俄罗斯沙皇们的统治，曾是在顾及法律、良知和社会舆论的情形下谨慎行事……君主专制政体的缺陷是众所周知的：它易于转化为专制主义。"[②] 然而，它毕竟不是专制主义。

笔者自然无意为君主专制辩护，但我们需要从历史的角度来审视君主专制。站在今天的角度来看，君主专制自然有其不足。但在两个多世纪以前的俄国，君主专制确实对国家的稳定与发展起到了积极作用。另一位 20 世纪著名的自由主义思想家列昂托维奇（Леонтович В. В.，1902—1959）就指出："不能不承认，专制制度既可以是反动的也可以是进步的，既可以是自由的也可以是反自由等等。如果不是这样的话，那么亚历山大推行的 60 年代的自由改革就不会得到普遍的承认，而他也是一位绝对的君主。大家都同意，他的改革恰恰是自由性质的。"[③] 这就提醒我们要全面客观地评价一种政体，要注意到历史往往充满了某些矛盾的统一。从这点来看，卡拉姆津在二百年前的言论如今似乎颇有些先知式的意味。

自 18 世纪下半期以来，农奴制及其废除问题就是俄国社会思想斗争

① ［俄］沙波瓦洛夫：《俄罗斯文明的起源与意义》，胡学星等译，南京：南京大学出版社，2014 年，第 129、132 页。

② ［俄］古雷加：《俄罗斯思想及其缔造者们》，郑振东译，南京：南京大学出版社，2018 年，第 62 页。

③ *Леонтович В. В.* История либерализма в России（1762—1914）. М.: 1995. С. 39.

的中心问题之一。早在叶卡捷琳娜二世统治时期，女皇就颁布了地主有权驱逐农民、农民必须遵守地主命令的法令，使农奴对地主的依附关系达到了顶峰，从而加剧了贵族与农奴阶级之间的矛盾。法国大革命以及在18世纪末和19世纪前几十年发生的一系列后续事件，对俄罗斯的社会经济发展产生了重大影响，但农奴制严重阻碍了俄国经济和政治的发展。因此，亚历山大一世自然而然地意识到了废除农奴制的必要性。

不过卡拉姆津是农奴制坚决的捍卫者。早在1803年，他就在《欧洲导报》上发表了《一位农村居民的来信》，以书信的方式勾勒了他心目中理想的农奴制景象。信中的年轻人深受启蒙思想影响，借出国之机分给农奴土地，结果回来后发现庄园一片衰败，经过大力整治后，庄园才重新走上正轨。由此，作者得出结论："为了我们的农奴真正幸福，我只希望一点，即他们能有一位善良的主人和受教育的方法，这是使一切变好的唯一可能。"①换而言之，农奴的幸福并不在于拥有土地或者自由，它更多地在于农奴主的善意，在于教育的指导。

因此在这样的情况下，过早地解放农奴无论对农奴自身还是对国家来说都没有好处。尽管卡拉姆津承认每个人拥有不可剥夺的自由权，因此农奴有权力要求自由，但是这种要求对于他们的现状是徒劳的，因为他们没有土地，也无法挣得面包。即使获得自由之后，他们也无法享受自由，因为他们将被迫留在原来的土地上并与原来的地主一起工作。此外，农奴本身是否做好了获得自由的准备呢？恐怕也未必。"从政治稳定性的角度出发，奴役或束缚人们比仓促草率的赐予他们自由更加安全。自由要求个人的道德升华这一准备条件——而我们的酒类专卖制度和广泛盛行的酗酒现

---

① *Карамзин Н. М.* Письмо сельского жителя.//*Карамзин Н. М.* О Любви к Отечеству и народной гордости. Отв. Ред. О. А. Платонов. М.: 2013. С. 229.

象并没有为获取自由做好合理的准备。"[①]

另外，从国家层面来考虑，解放农奴会促使农奴从这个土地上迁移到另一片土地上，许多田地将会荒芜，国库在收税时将会蒙受损失。卡拉姆津指出："现如今，分散在整个国土之上的贵族阶层帮助君主维持国内和平与秩序。如果剥夺了贵族阶层这一监督或管理的权威，他（指亚历山大一世）将要像阿特拉斯一样，将肩负整个俄国这一重担。他能够承受吗？一场轰然的倒塌将会是极度骇人的。"[②] 因而卡拉姆津的最后结论是："为了国家的稳定生存，奴役人们比在错误的时间给予他们自由更为安全。"[③]

卡拉姆津的这一表态意有所指。1803 年，亚历山大一世颁布了《自由农民》法令，根据这项法令，贵族有解放农奴的权利，农民可以取得份地但需要支付赎金。卡拉姆津指出了这项法令的不实用性："但是有那么多农民是富有的吗？有多少人愿意为自由而牺牲？友善地主的农民对他们的命运感到满意。而瘦弱的农民是穷人：两者都阻碍了这项法律的成功。"[④]

应该说，卡拉姆津并不反对废除农奴制，但他反对过于匆忙地实行这一政策。俄国农奴制有其悠久的历史根源，对它的改变也需要走循序渐进的道路。针对这一问题，卡拉姆津给出了自己的建议。其一要保护好农奴，防止地主对农奴滥用权力，省长对农奴主有监控之责，在发现贵族的不当行为时要及时制止。正如卡拉姆津在《札记》所指出的那样："如

---

① *Карамзин Н. М.* Записка о древней и новой России в ее политическом и гражданском отношениях. М.: 1991. С. 74.

② *Карамзин Н. М.* Записка о древней и новой России в ее политическом и гражданском отношениях. М.: 1991. С. 73.

③ *Карамзин Н. М.* Записка о древней и новой России в ее политическом и гражданском отношениях. М.: 1991. С. 74.

④ *Карамзин Н. М.* Записка о древней и новой России в ее политическом и гражданском отношениях. М.: 1991. С. 74.

果俄罗斯没有聪明又诚实的省长，那么自由的农民就不会有好日子。"①其二，政府对农奴实行适度征税，合法确定劳役的程度，保证良好的个人待遇等。与此同时，要加强对农奴的启蒙，提高他们的素质，为以后的农奴制废除做好准备。说到底，卡拉姆津心目中的理想农民是这样的："一位受过启蒙精神浸染的农民……变得开明意味着变得理智，而非成为一位科学家、一个通晓数种语言的人、一位学究。举例来说，许多瑞士、英国和德国的村民既耕种土地，亦收藏各式各样的图书：他们耕种土地和阅读大卫·休谟的作品，过着整洁有序的生活，以致于沉思和优雅并不耻于拜访他们。"②当然，实现这一幕是一个漫长的过程，启蒙是最重要的武器。这也是卡拉姆津保守主义思想的体现之一。

用普希金的话说：卡拉姆津是"满怀一颗美好心灵的全部真诚和深刻有力的大胆论断写下了《札记》"③。作为一位宫廷史家，同时也是一位有着坚定信仰的保守主义思想家，卡拉姆津写《札记》并非单纯为了谈历史，而是借古讽今，批评亚历山大一世的统治。正如他在书里所说："俄国人民对于当前政府不满的主要理由之一是它过分热衷于国家改革，动摇了帝国的基础。"④书里最明显的例子就是彼得大帝的改革。彼得大帝一手打造了一个新俄国，但这个俄国却是卡拉姆津所不赞成的。

彼得大帝强迫全社会大力推行西化，要求人们接受西式的服装、食物

---

① *Карамзин Н. М.* Записка о древней и новой России в ее политическом и гражданском отношениях. М.: 1991. С. 73.

② *Карамзин Н. М.* Письмо сельского жителя.//Карамзин Н. М. О Любви к Отечеству и народной гордости. Отв. Ред. О. А. Платонов. М.: 2013. С. 226.

③ *Пушкин А. С.* Российская Академия.//Карамзин: pro et contra/Сост., вступ. ст. Л. А. Сапченко. СПб.: РХГА, 2006. С. 477.

④ *Карамзин Н. М.* Записка о древней и новой России в ее политическом и гражданском отношениях. М.: 1991. С. 64.

并剃掉胡须。在卡拉姆津看来，这些举措除了削弱民族认同感以及人民对国家的信念之外，一无是处。卡拉姆津指出："彼得将自己的改革局限于贵族。在那之前，从耕犁到宝座，俄国人在外表和习俗上都是相似的，从彼得改革时代开始，上流社会的人与底层社会分离，俄国农民、市民和商人在贵族身上看到了德国人，从而损害了兄弟般的'民族团结的国家状态'。"[1] 社会分裂了，欧洲化的贵族和传统的农奴开始将彼此视为陌生人。一个世纪以后，俄国贵族与欧洲人的共同点比他们与俄国大众的共同点更多。因此卡拉姆津认为："我们因彼得的改革而成为世界公民，而非俄国公民，这是他的罪过。"[2] 事实上，如何看待彼得大帝及其改革，成为判断 19 世纪思想家立场的一个标杆。著名哲学家索洛维约夫（Соловьев В. С.，1853—1900）后来就写过一篇《维护彼得大帝》(1889)，站在普世主义的角度保卫彼得大帝："我们维护彼得大帝的事业，反对今天卷土重来的对他的攻击，就是维护俄国历史的意义，维护俄罗斯国家的真理意义。"[3] 索洛维约夫这里所说的"攻击"，其源头大约可以追溯到卡拉姆津这里。

另外，卡拉姆津认为传统习俗的改变对人们的道德教育产生了负面影响。"贵族开始住在开放式的房子里。他们的配偶和女儿从坚不可摧的塔楼中走出来。在嘈杂的房间中，舞会，晚餐一场连着一场；俄国人不再因男子不礼貌的眼光而脸红，而欧洲人的自由取代了亚洲的威压……礼节

---

[1] *Карамзин Н. М.* Записка о древней и новой России в ее политическом и гражданском отношениях. М.: 1991. С. 33.

[2] *Карамзин Н. М.* Записка о древней и новой России в ее политическом и гражданском отношениях. М.: 1991. С. 35.

[3] ［俄］索洛维约夫：《维护彼得大帝》，载索洛维约夫：《俄罗斯与欧洲》，徐凤林译，石家庄：河北教育出版社，2002 年，第 177 页。

上，我们越彬彬有礼，家庭联系就越薄弱：在拥有许多朋友的同时，我们却越来越感到对朋友的需求减少了，我们为上流社会牺牲了血缘关系。"[①] 在卡拉姆津的观念中，赋予妇女露面的权利以及新式的男女关系并不适宜。过于西化的生活方式削弱了家庭联系。于是，卡拉姆津坚持，贵族也因此丧失了民间生活的美德："我们获得了人道的美德的同时，丧失了公民的美德。"[②] 一个世纪之后，恶果更加明显："外国人已经控制了我们的教育；宫廷忘记了俄语。贵族因欧洲奢侈品的巨大成功而四处借债；人们利欲熏心，不诚实行为变得更加普遍。我们贵族的子孙散布遍布异国，花费金钱和时间来获得法国或英国的外貌。"[③]

彼得大帝的改革还影响到了东正教。卡拉姆津认为，神职人员有"向人民传授美德"以及"向君主传播真相"[④]的权力。神职人员的工作不仅能使人民树立起忠君爱国的品德，培养对苦难的容忍和顺从，也能使君主更好地了解自己的国民，巩固自己的统治，因而沙皇必须尊重神职人员。此外，他反对精神权威服从世俗权威："如果君主去主持教堂的神职人员所在的地方，如果他去裁决这些要职或奖励世俗的荣誉和利益，那么教堂将服从世俗的权威，并丧失其神圣的品格。"[⑤]

然而事实是彼得大帝将牧首公署改建为正教院，教会隶属于国家行政

---

① *Карамзин Н. М.* Записка о древней и новой России в ее политическом и гражданском отношениях. М.: 1991. C. 34.

② *Карамзин Н. М.* Записка о древней и новой России в ее политическом и гражданском отношениях. М.: 1991. C. 34.

③ *Карамзин Н. М.* Записка о древней и новой России в ее политическом и гражданском отношениях. М.: 1991. C. 43.

④ *Карамзин Н. М.* Записка о древней и новой России в ее политическом и гражданском отношениях. М.: 1991. C. 36.

⑤ *Карамзин Н. М.* Записка о древней и новой России в ее политическом и гражданском отношениях. М.: 1991. C. 36.

部门，还取消了教会领地制度，教会的独立性被大大削弱。在卡拉姆津看来，这是神职人员的堕落。教会失去了神性，进而对人民不再有那种神秘感，也没有了原先的吸引力。这一点加上 19 世纪科技发展的大背景，教会的衰落便不可避免。对批评家来说，王权与教权理想的并存方式应该是这样的：在法律方面，精神权威应该在民事权力之外有特殊的作用领域，但两者必须紧密配合。在权力方面，聪明的君主为了国家利益总会找到调和大牧首或教会意志与最高意志的方法，这种方法最好是以自由和内在信念的方式调和，而不是以臣民完全服从的方式。总体而言，联系到他对君主专制的论述，我们不难发现，卡拉姆津要求实行的还是沙皇与教会互相支持的开明专制，两者构成一个相辅相成的整体。但考虑到那时俄罗斯的政治现实，这显然只是卡拉姆津的一个美好愿望罢了。

在卡拉姆津看来，彼得大帝过于性急，见到了欧洲就想把俄国变成荷兰那样的发达国家。他以粗暴的手段摧毁了俄国人对民族与国家的信仰："很自然，我们的父辈已经在米哈伊尔及其儿子的统治下，获得了外国风俗的许多好处，但仍然有这样的想法：虔诚的俄罗斯人是世界上最完美的公民，而神圣的俄罗斯是第一个国家。如果这种想法是谬误，那它如何促进对祖国的爱及其道德力量！"[1] 彼得大帝为了建功立业把祖辈的信念当作谬误丢弃一旁，今天的亚历山大一世又何尝不是如此呢？由他主导的斯佩兰斯基改革不是提出了一系列削弱传统的措施吗？卡拉姆津在这里一再告诫沙皇，千万不要为了追求功绩而抛弃传统。因为国家也好，民族也罢，本身就是各有特色的存在，未必非要强行追求一致。用东正教的理念来说，和而不同可能是更好的相处方式。"有着不同习俗的两个国家能够建

---

① *Карамзин Н. М*. Записка о древней и новой России в ее политическом и гражданском отношениях. М.: 1991. С. 34.

立在相同的公民教育水平之上。国家可以向他国借鉴有用的信息，但无需遵循其习俗。"①

卡拉姆津坚信在彼得改革之前有一个古老的俄国，那里的人民虔诚而高尚，具有伟大的民族精神："这种民族精神像物质力量一样构成国家的道德力量，成为国家牢固的基础。这种精神和信念从骗子的手中拯救了俄罗斯。它是对我们自己特殊性的眷恋，是对民族尊严的尊重。"②但是，卡拉姆津并不是要回到那个古老的俄国去。对于他来说，俄国历史的发展是一座金字塔的形状，从最初的杂乱无章到逐渐确立君主在上的专制制度。专制必然是要被世界潮流淘汰的，但在革命这个"末日审判"来临之前，沙皇及其大臣们完全能借助千百年来历史形成的俄罗斯民族精神，来延缓革命的到来。这种民族精神在现实生活中就体现为君主专制和农奴制，以及东正教。要强调民族精神，就必须美化这些要素。正如巴赫金后来指出的：《俄罗斯国家的历史》的主要思想鲜明地表现在给亚历山大一世的呈文《新旧俄罗斯》中。在卡拉姆津看来，每向前运动一步，都应该回头看看。在评价某一事件时，应该考虑，新的一步与已经实施的方向有多大的偏离。新俄罗斯是统一的俄罗斯的一部分，因此应该继续沿着旧的轨道前进。这样便产生了将过去英雄化的过程。不能把过去解释为错误的总和，因为这种过去应该继续下去。如果一个民族不再给自己的过去赋予英雄色彩，那就证明该民族历史的精神力量已经耗尽，证明它灭亡的前夜已经来

---

① *Карамзин Н. М*. Записка о древней и новой России в ее политическом и гражданском отношениях. М.: 1991. С. 32.

② *Карамзин Н. М*. Записка о древней и новой России в ее политическом и гражданском отношениях. М.: 1991. С. 32.

临。由于过去给建立现在以推动作用，所以要将过去英雄化。"①

总之，在卡拉姆津看来，俄国固然需要发展，但不是全盘照搬西方。在接纳西方先进经验的同时，只有坚持俄国的民族精神、传统体制才能确保俄罗斯的稳定和繁荣。正是卡拉姆津在《札记》中对俄国历史、俄国传统价值观念及理想国家形态做了如此丰富详细的阐释，所以他的《札记》才被后人称为"俄国政治保守主义独特的宣言"②。

俄国地处欧亚两个大陆，因此首先就地理环境来说，它的特点是"分裂"。其次，从文化传统来说，俄罗斯一方面从拜占庭人那里接受了东正教，进而尽快融入欧洲主流文明；另一方面从蒙古人那里接受了萨满教等东方文化因素，因此骨子里有东方专制的特性。再次，从国家来说，无论是彼得大帝还是叶卡捷琳娜女皇，他们的西化改革都是以保留君主制为前提的，这就使得他们的改革只能停留在器物的层面，而不能损伤到农奴制本身。笔者认为，正是以上这三个层面造成俄罗斯现代化不完整的长期状态，这种分裂或者说僵持的状态使得俄罗斯社会既不能顺利走向自由文明又不能回归传统文明。

18 世纪末，法国大革命爆发，一系列革命事件使俄国的知识分子开始反思启蒙运动和法国大革命。同时，亚历山大一世在国内着手进行自由改革。在此期间，俄国的不同社会阶层出现了不同的价值观和社会意识形态。他们对俄国的历史和社会现实提出了不同的观点和主张。他们讨论的关键问题之一是，在俄罗斯的现代化道路上，如何在西式的现代化与俄国

---

① ［俄］巴赫金：《巴赫金全集第七卷：俄国文学史讲座笔记等》，万海松等译，石家庄：河北教育出版社，2009 年，第 311 页。

② *Пивоваров Ю. С.* Уроки Карамзина.//Труды отделения историко-филологических наук РАН. М.: 2017. C. 30.

自身的传统价值观之间找到折中方案，也就是如何使两者和谐发展，相辅相成，这不仅是 19 世纪初俄罗斯，也是当代俄罗斯最紧迫的任务之一。

　　作为保守主义杰出代表的卡拉姆津，对俄国面临的问题提出了自己的独特看法。他的思想根植于俄国的历史文化传统，既不赞成自由主义改革，也不赞成回到彼得大帝改革前的俄罗斯。他所希望的就是保持社会的稳定，以不变应万变。这就涉及到如何评价君主专制和农奴制的问题。美国著名史学大师雅克·巴尔赞（Jacques Barzun，1907—2012）曾说："在我们这个如此宽容、开通，而且意识形态如此厌恶暴力的时代中，如果想说明 16 或 17 世纪的时代特征有其道理，一定会触怒正直的人们。然而，如若不了解当时的情况之所以存在的道理，我们对现代思想和道德的理解就是不完整的。"[①] 因此，笔者在这里强调的是从历史的角度，卡拉姆津坚持认为君主专制应是他那个时代唯一适合俄罗斯的制度。此外，在农奴制方面，他反对在错误的时间给予农民自由，建议启蒙优先。这一观念在 2000 年得到了普京总统的回应。后者在《千年之交的俄罗斯》一文里指出："俄罗斯即使会成为美国或英国的翻版，也不会马上就做到这一点，在这两个国家里，自由主义价值观有着深刻的历史传统，而在我国，国家及其体制和机构在人民生活中一向起着极为重要的作用。对于俄罗斯人来说，一个强大的国家不是什么异己的怪物，不是要与之作斗争的东西，恰恰相反，它是秩序的源头和保障，是任何变革的倡导者和主要推动力……社会希望根据传统和社会现状恢复国家必要的指导和调节作用。"[②] 可以看

---

① ［美］雅克·巴尔赞：《从黎明到衰落：西方文化生活五百年，1500 年至今》，林华译，北京：中信出版社，2013 年，第 XII 页。

② ［俄］普京：《千年之交的俄罗斯》，载《普京文集》，北京：中国社会科学出版社，2002 年，第 9 页。

出，普京对国家形象的认识与以卡拉姆津为代表的俄国保守主义思潮一脉相承。

此外，卡拉姆津还特别强调了俄罗斯历史连续性的重要性及文化传统在俄罗斯文化和社会中的作用。尤为重要的是，了解过去是为了珍惜现在。卡拉姆津对俄国历史的整理和挖掘，从根本上说是为了塑造 19 世纪俄罗斯的光辉形象，使俄罗斯国民热爱祖国，使祖国屹立于欧洲强国之林。在今天看来，卡拉姆津的一些观点自然可以商榷，但他对俄罗斯的热爱却是有目共睹。正如著名历史学家克柳切夫斯基指出的："卡拉姆津帮助俄罗斯人更好地了解自己的过去，但更重要的是他使俄罗斯人热爱自己的过去。"[1]

---

[1] *Ключевский В. О.* Н. М. Карамзин.//*Ключевский В. О.* Сочинения в 9 т. М.: Мысль. 1989. Т. 7. С. 276.

第二章

"官方民族性"与帝俄形象的塑造

在俄国思想史上，"官方民族性"（Официальная Народность）这一概念常常与"反动""蒙昧主义"等形容词连在一起。但若跳出传统的视角来看，"东正教、专制、民族性"这三位一体的官方民族性也与19世纪初俄国民族主义意识的觉醒有关。美国斯拉夫研究学者理查德·派普斯（Richard Pipes，1923—2018）曾说："在19世纪三四十年代尼古拉一世统治时期，俄国政府第一次——也是在布尔什维克掌权前唯一一次——形成了官方意识形态。这一意识形态后来被命名为官方民族主义，它是由一大批保守派学者和政论家推广宣传的，也得到了沙皇的支持。"[1] 美国著名文化学家本尼迪克特·安德森（Benedict Anderson，1936—2015）也在《想象的共同体》中提及："对这些'官方民族主义'最好的阐释是，将之理解为一种同时结合归化和保存王朝的权力，特别是它们对从中世纪开始累积起来的广大的多语领土统治权的手段，或者，换个表达方式说，是一种把民族那既短又紧的皮肤撑大到足以覆盖帝国庞大的身躯的手

---

[1] Richard Pipes, *Russian conservatism and its critics: a study in political culture*, Yale University Press, 2005, p. 98.

段。"①但安德森这里主要强调的是"官方民族性"的手段，即"俄罗斯化"（Russification），对于这一概念的起源及其文化意义完全没有涉及。

那么，"官方民族性"具体谈的是什么，它的产生背景与后继影响如何，在它诞生之后的近一个半世纪里，学术界却极少有人问津。②从今天来看，"官方民族性"是时任国民教育大臣乌瓦罗夫在特定背景下对俄罗斯民族文化特性的总结，它以东正教信仰及沙皇专制制度为基础，是19世纪上半期俄国官方自我形象的一次塑造。不妨认为：这三原则中，东正教是俄罗斯的传统；专制制度是俄罗斯的现状；独特的人民性是他们屹立于强国之林的未来。正如苏联时期有学者指出的："研究这一问题对我们正确评价1825—1850年间诸多关键性历史问题极为重要，尤其是对于理解西欧派与斯拉夫派思想斗争的本质与意义、该时期不同文学潮流在俄国社会政治思想形成中的作用，官方保守主义思想对社会、对俄国民族自我认知历史及最后对研究俄国民族文化发展道路和阶段的影响程度都极为重要。"③在此基础上，本研究拟以乌瓦罗夫的文集为基础，结合俄国及欧美

---

① ［美］本尼迪克特·安德森：《想象的共同体：民族主义的起源与散布》，吴叡人译，上海：上海人民出版社，2005年，第83页。

② 目前对于这个问题的研究主要是俄国史大家梁赞诺夫斯基所著 *Nicholas I & official nationality in Russia 1825—1855*（University of California Press, 1961）以及 Cynthia Hyla Whittaker 所著 *Origins of modern Russian education: an intellectual biography of Count Sergei Uvarov*（Northern Illinois University Press. 1984）。Whittaker 的这本书于1999年被译为俄文：Граф Сергей Семенович Уваров и его время（СПб, 1999），作者在俄文版前言里说她在苏联解体后去俄国调研，对英文版的很多观点做了修订。俄罗斯方面对乌瓦罗夫的研究比较分散，一般都体现在某些专著的章节中，还没看到专著面世。比如 *Андрей Зорин*. Кормя двуглавого орла...Русская литература и государственная идеология в последней трети ⅩⅧ—первой трети ⅩⅨ века. М.: 2001. 以及 *М. М. Шевченко*. Конец одного величия: Власть, образование и печатное слово в Императорской России на пороге Освободительных реформ. М.: 2003.

③ *Казаков Н. И* Об одной идеологической формуле николаевской эпохи.//Контекст. Литературно–теоретииследования. М.: Наука. 1989. С. 5.

学者对这个问题的论述，来谈谈这个颇为有趣的话题。

第一节　乌瓦罗夫及"官方民族性"

乌瓦罗夫（Сергей Семенович Уваров，1786—1855）在今天的国内外学术界依然算不上研究热点，尽管早在1922年，俄国哲学家施佩特（Густав Густавович Шпет，1879—1937）就曾说："乌瓦罗夫思想的起源尚未得到解决……（他）将成为文化史研究中的一个有趣话题。"[①] 在笔者看来，被忽视的原因多半在于他与尼古拉一世的密切合作。尼古拉统治下的俄国，恰如以赛亚·伯林所言："颇似我们当代的法西斯强权，是自由与启蒙的大敌，黑暗、残酷与压迫的储存所……"[②] 乌瓦罗夫提出的"官方民族性"原则、书刊检查制度等，却偏偏成了尼古拉一世统治的思想基础，这令后世史学家纷纷侧目，视之为沙皇走狗，将其束之高阁。即便是伯林本人，对于乌瓦罗夫的评价也不高："其人固无自由主义偏好之实，却也不愿博取顽固反动派之名。"[③]

乌瓦罗夫出身于古老的贵族家庭，为叶卡捷琳娜女皇教子，自幼失去双亲，在姨父库拉金公爵（Куракин А. Б.，1759—1829）家中长大。1801年进入仕途，先后担任驻维也纳、巴黎等地的外交人员，与彼时欧洲文坛名流歌德、斯塔尔夫人、洪堡特等人相识。1811年后乌瓦罗夫从外交界转入教育科学界：先后担任圣彼得堡学区督学；帝国科学院荣誉院士及主席（1818—1855）、教育副大臣、教育大臣（1833—1849）等职

---

① *Шпет Г. Г.* Очерк развития русской философии. М.: 1989. С. 245.
② ［英］以赛亚·伯林：《俄国思想家》，彭淮栋译，南京：译林出版社，2011年，第13页。
③ ［英］以赛亚·伯林：《俄国思想家》，彭淮栋译，南京：译林出版社，2011年，第10页。

务。他也是当时著名的文学社团"阿尔扎马斯"（Арзамас）创始人之一，跟普希金、果戈理都有过或深或浅的交往。更重要的是，他是文化上的实干家。后世史家曾言："乌瓦罗夫是科学院很好的支持者，在他的支持下，考古学、地理学和历史文献等领域内的大量俄国官方刊物开始出版。"①他的学术成名作《亚洲科学院计划》（1810）年首先提出了要建立研究东方的专门机构，这不仅符合俄国的政治利益，也有助于欧洲文化的发展。②这一观点甚至得到了大文豪歌德的赞赏。他在给乌瓦罗夫的信里说："你的打算正是我早已关注并白白浪费了精力的东西。"③正是在他的努力下，19世纪上半期的俄国出现了比丘林这样的汉学大家。虽然乌瓦罗夫直到1853年即去世前两年才完成硕士学位论文答辩，但在他的遗物中却保存了上百份欧洲各个科研院校机构颁发给他的荣誉证书。

　　乌瓦罗夫的博学多识使他在整个欧洲学术界声名卓著，被誉为"现存文明世界中最聪明的人之一"④，他本人也于1816年当选为法兰西学院荣誉院士。从今天来看，乌瓦罗夫对19世纪上半期俄国教育及学术研究的发展做出了很大的贡献。正是在他的领导下，1834年创办了《国民教育部杂志》（Журнал Министерства народного просвещения），成为推广

---

① ［英］J. P. T. 伯里编：《新编剑桥世界近代史》（第10卷）《欧洲势力的顶峰：1830—1870》，中国社科院世界历史研究所组译，北京：中国社会科学出版社，1999年，第491页。

② 乌瓦罗夫对亚洲文明评价很高："如果把现代发现与建立在最初哲学、宗教思想基础上的古代想象结合起来，我们就完全可以确定：亚洲是人类文明大厦的基石。"（Уваров С. С. Избранные труды. М.: «РОССПЭН», 2010. С. 65.）这一说法很大程度上来自启蒙思想家们对东方的美好想象，但考虑到19世纪初东方形象在西欧的逐渐祛魅这一潮流，也能说明论者眼光的独到。

③ 转引自 Шевченко М. М. Конец одного величия: Власть, образование и печатное слово в Императорской России на пороге Освободительных реформ. М.: «Три Квадрата», 2003. С. 59。

④ 转引自 Шевченко М. М. Конец одного величия: Власть, образование и печатное слово в Императорской России на пороге Освободительных реформ. М.: «Три Квадрата», 2003. С. 60。

教育政策、宣传教育思想的阵地；在他的提议下，1835年俄国的大学里第一次设置了斯拉夫语言与文学教授讲席；在他的赞助下，宣扬斯拉夫文化独特性的《莫斯科人》(Москвитянин)杂志于1841年创刊。

1855年9月4日，乌瓦罗夫去世，留给后人一个充满争议的形象。由于他对东正教的极力歌颂，对沙皇专制的忠诚与维护，激进批评界对他有诸多攻击，比如自由派的历史学家索洛维约夫(С. М. Соловьев, 1820—1879)称他是个"奴才，尽管在贵族（亚历山大一世）家里学会了上流社会的风度，但本质上还是一个奴才"。他的一生与"东正教、专制、民族性"三原则格格不入，用索洛维约夫的话说："东正教——他是一个甚至不能按清教徒方式去信仰上帝的无神论者；专制——他是个自由主义者；民族性——他在一生中从没读过一本俄语书，反而常常用法文和德文写作。"[1]除此之外，也有相对公正的评价，但主要集中在他的实践活动方面。比如著名的自由主义思想家契切林(Б. Н. Чичерин, 1828—1904)指出了乌瓦罗夫在教育方面的贡献："乌瓦罗夫是一位真正开明的人，知识渊博，见多识广，是亚历山大一世时期的高官显贵。他热爱并完全理解自己所从事的事业。掌管教育部15年来，他努力使之达到当时政府倾向下所能达到的高度。"[2]评价的侧重点不同，结论也不同，但类似结论显然没有顾及乌瓦罗夫思想本身的复杂性，比如说他对东正教的矛盾态度。

俄罗斯学者把"官方民族性"的起源推到了古俄罗斯时期，认为那时的战斗口号里"为了信仰、沙皇和祖国"就包括了三大原则。[3]笔者以为

① Соловьев С. М. Избранные труды. Записки. М.: 1983. С. 267–268.

② Русское общество 40–50-х годов XIX века. Ч. 2. Воспоминания Б. Н. Чичерина. М.: Издательство Московского университета, 1991. С. 25.

③ *Зорин А.* Кормя двуглавого орла… . Литература и государственная идеология в России в последней трети XVIII –первой трети XIX века. М.: 2001. С. 367.

这实际上没有考虑到这一口号出现的具体时代背景。派普斯则认为"官方民族性"的起源可以追溯到 1814 年乌瓦罗夫的随笔《全俄罗斯皇帝与波拿巴》和 1818 年在重点师范学院的发言。作者在随笔里说拿破仑正是因为忽视了"信仰、对祖国的爱和民族荣誉感"才在西班牙失败；在讲话中则鼓励学生从历史中寻找"新的意愿来更热爱自己的祖国，自己的信念，自己的君王"①。

目前学术界多数意见认为："官方民族性"的详细阐释最早见于 1832 年乌瓦罗夫作为莫斯科学区教育督办时向沙皇尼古拉一世提出的呈文当中。此后在 1833 年他升任教育大臣时的讲话中又进一步加以整理完善。另外，需要补充的是：乌瓦罗夫本人并没有将三原则命名为"官方民族性"，这一概念是后来的科学院院士佩平提出来的。佩平对"官方民族性"的认识主要从体制的角度出发，并未考虑到民族文化特性这一层面。下文将会专门予以论述。

众所周知，19 世纪 30 年代在俄国历史上似乎并没有什么特殊的事件发生，但如果往前推几年就不难发现：首先，1812 年沙皇俄国取得了卫国战争的胜利，打败了入侵的拿破仑。其次，1825 年爆发了十二月党人起义事件，导致继位的尼古拉一世深受刺激，对十二月党人及其主张的西方启蒙理念十分警惕。起义失败之后，尼古拉一世加强了对社会的控制，建立了第三厅，设立书刊检查制度，自亚历山大一世以来的自由主义氛围为之一变。

直到 18 世纪末，虽然彼得大帝改革已经让俄国在学习西方的近代化大路上狂奔了一百多年，俄罗斯在西欧人的眼里仍然是"化外之民"的形

---

① *Ричард Пайпс* Сергей Семёнович Уваров: Жизнеописание. М.: Посев, 2013. С. 23.

象。启蒙运动的大师如伏尔泰、狄德罗等人虽也受邀去过俄罗斯,但多半是带着传经授道的使命感去的,态度也是高高在上的。另一位启蒙思想家卢梭干脆就认为:"俄国人民还没进步到开化的地步。"① 事实上,当时的俄国统治者们对西欧也确实存在着崇拜的情结。一味推行西化的彼得大帝自不必说,他之后的叶卡捷琳娜女皇、保罗一世、亚历山大一世都对法国或英国充满了羡慕。因此可以说,自17世纪末以来,俄国的国策就是学习西方(尤其是法国),先是科技,而后是政治思想、文化。启蒙运动思想在俄国的传播,使得俄国社会出现了一大批崇尚西欧文化的精英人士。这一西化的浪潮到1812年卫国战争结束后突然有了转向。

在入侵俄国之前,拿破仑及其法国几乎是欧洲唯一强国,只有英国靠着英吉利海峡负隅顽抗。拿破仑的希望就是击败俄国,从而使英国放弃抵抗的希望,统一全欧洲。然而这个梦想在俄罗斯的严寒和莫斯科的大火面前破灭了。俄罗斯人的顽强和英勇把欧洲从拿破仑的统治下解放出来。正如美国史学家巴巴拉·杰拉维奇所指出的:"从十分现实的意义来看,俄国通过拿破仑的战争,收获不小。首先它从头号强国的覆灭中大大提高了自己的地位,其次,俄罗斯帝国的版图中又增加了新的领土。"② 不过除了现实的收益外,1812年卫国战争更重要的意义在于它改变了俄罗斯人的心态:自彼得大帝以来一直是俄国学习榜样的西欧,尤其是超级大国法国,居然被自己打败了。这种心态的改变,甚至导致了沙皇在维也纳会议上"有一种得意、神秘,甚至以救世主自居的情绪"。③ 正是这种沾沾自得

---

① [法]卢梭:《社会契约论》,何兆武译,北京:商务印书馆,2003年,第58页。
② [美]巴巴拉·杰拉维奇:《俄国外交政策的一世纪:1814—1914》,福建师范大学外语系编译室译,北京:商务印书馆,1978年,第31页。
③ [美]梁赞诺夫斯基等:《俄国史》,杨烨等译,上海:上海人民出版社,2007年,第292页。

的情绪影响了亚历山大一世晚期的改革政策，使他从年轻时代的启蒙信徒转变成一位专横、保守又有神秘主义倾向的君主。也因为如此，佩平在论及"官方民族性"起源时认为它并非始自尼古拉一世，而是源自亚历山大一世晚年。

1825 年 12 月 1 日，亚历山大一世在滨海小城塔甘罗格突然去世，随后的 12 月 26 日，一批贵族军官带领三千余名士兵在圣彼得堡发动了兵变。虽然兵变很快被镇压，但诚如伯林所言："十二月之变，沙皇尼古拉一世毕生耿耿难以释怀。"[①] 作为君权神授的皇帝，十二月党人的起义意味着对沙皇神圣地位的挑战，是大逆不道的行为。这种行为缘何产生，这是尼古拉一世极力要搞清楚的。12 月 29 日，根据沙皇旨意成立了陆军大臣塔吉舍夫（Татищев А. И.，1763—1833）为首的"有害社会思想审查委员会"，对有关人员进行详尽的调查。1826 年 5 月，沙俄政府结束了对十二月党人的调查，发表了《调查委员会报告》，其中特别提到了西方思想对十二月党人的影响。同年 7 月 13 日，在处死五位十二月党人的同时，尼古拉一世发表了审判国家罪人的宣言。宣言特别强调防止有害思想的侵袭，告诫父母要注意对子女的道德培养。正如有学者指出的：所谓国家的道德基础，便是"基于人民自然品质的对于教会的爱、对于皇帝和国基的忠诚"[②]。

"官方民族性"正是在这种背景下被提出来。1832 年 12 月 4 日，乌瓦罗夫向尼古拉一世递交了《莫斯科大学考察报告》，其中分别涉及了道德状况、教学及大学的普遍风气等问题。乌瓦罗夫认为：俄罗斯学生本质上是好的，但受到了来自西方的各种思想的腐蚀。要解决这个问题，关键

① ［英］以赛亚·伯林：《俄国思想家》，彭淮栋译，南京：译林出版社，2011 年，第 8 页。
② 白晓红：《俄国斯拉夫主义》，北京：商务印书馆，2006 年，第 32 页。

在于教育，在于对现存教育情况做必要的改变。比如要在学校里加强东正教增加俄罗斯历史的教学课时，让学生通过对本民族历史文化的熟悉掌握增强民族自信，这样才不至于轻易成为西方思想的俘虏。乌瓦罗夫说："正确的、可靠的教育在我们的世纪是必要的，它伴随着深深的信念和温暖的信仰，东正教、专制和民族性那些真正的俄罗斯保守因素已成了我们社会的伟大事业最后的一线希望，最可靠的力量保证。"[1]

三原则中，东正教和专制的概念比较明确，也比较重要。乌瓦罗夫很重视基督教，他甚至提出："严格地说来，只有两种文学，两种思想的脉络，两种文明：基督之前的古代文明和基督之后的现代文明。"[2]他进一步指出：只有东正教（Православная вера）才是人类和社会道德与文化发展的基础。相对于法国大革命之后的西欧启蒙思想横扫一切的状况，乌瓦罗夫为俄罗斯的稳定感到庆幸："幸运的是，俄国保持着对救世因素的热忱信仰。没有这些救世因素，俄罗斯就不可能过上幸福生活，强大起来，生活下去。"[3]不难看到，乌瓦罗夫是把东正教的存在看作是俄国在精神上优于西欧的一个重要条件。事实上，这种对东正教优越性的强调贯穿了整个 19 世纪的俄国宗教史。即使到了 19 世纪末 20 世纪初的白银时代，宗教哲学家别尔嘉耶夫也认为："在俄罗斯民族的深处蕴含着比更自由更文明的西方民族更多的精神自由。在东正教的深处蕴含着比天主教更多的自由。"[4]但就乌瓦罗夫本人而言，他并非虔诚的宗教徒，对于东正教也没有从理论上进行非常详细的论述。他只是提出了要把东正教作为俄国精神源

---

[1] *Уваров С. С.* Государственные основы. М.: Институт Русской цивилизации, 2014. С. 326.

[2] 转引自 Nicholas Riasanovsky, *Nicholas I & official nationality in Russia* 1825—1855, University of California Press, 1961, P. 84。

[3] *Уваров С. С.* Государственные основы. М.: Институт Русской цивилизации, 2014. С. 135.

[4] 转引自徐凤林：《俄罗斯宗教哲学》，北京：北京大学出版社，2006 年，第 20 页。

泉这一命题，以此贯彻到学校教育和文学创作中去，从而与西方的启蒙思想抗衡。对于东正教在理论上进一步的展开是由后来的斯拉夫派完成的。

专制是保证俄国政治稳定的基础。乌瓦罗夫说："君主专制构成了俄国政治存在的主要条件。俄罗斯这个巨人屹立于此，就像屹立于自己伟大的奠基石一般。陛下的无数臣民都感受到这一真理：尽管他们的生活环境、教育程度、与政府关系各有不同，但他们都充分地感受到了这一切。救世的观念——即俄罗斯生活在强大、仁慈、开明专制精神中并受此保护——应当深入到国民教育中去并与之发展。"① 正如此前卡拉姆津所论述的那样：专制并不等于"暴政"，相反东正教观念下的君主专制可以令不同阶层的臣民受到保护，得到发展。这种观念，在后来的斯拉夫派思想家霍米亚科夫（А. С. Хомяков，1804—1860）、萨马林（Ю. Ф. Самарин，1819—1876）等人的论述中得到了进一步的阐释。

关于民族性，乌瓦罗夫的定义并不明确："民族性不在于往前走或停顿，它不要求思想的停滞。国家的组成就像人的身体，随着年龄增长不断变化，外貌，面容（черты）每年都变，但面貌（физиономия）不会变。"② 笔者的理解：乌瓦罗夫笔下的民族性实质上是宗教性和专制性的合二为一，具体到生活中，民族性可能有各式各样的表现形式，但主要体现为人民对东正教的虔诚与对沙皇的忠诚。这一点和当时别林斯基等人强调启蒙思想的论述有很大不同。③ 甚至可以说，乌瓦罗夫的"官方民族性"

---

① *Уваров С. С.* Государственные основы. М.: Институт Русской цивилизации, 2014. С. 135.

② *Уваров С. С.* Государственные основы. М.: Институт Русской цивилизации, 2014. С. 136.

③ "народность" 既可译为民族性，又可译为人民性。实质上在 19 世纪 30 年代的俄国文坛，关于这一概念的争论是一个很热门的话题，从普希金、果戈理到别林斯基等人都对此做过具体的说明。详情参见张铁夫：《再论普希金的文学人民性思想》，《外国文学评论》2003 年第 1 期。"官方民族性"概念作为当时的一种阐释，因其官方背景而往往被人视为反动、蒙昧，实则不然。

是一种反启蒙的理论。在阐释了宗教性和专制性的基础上，乌瓦罗夫对俄罗斯的民族定义是："俄罗斯民族不是一个种族（этнос），而是以对自己政权的无限忠诚联合在一起的文化共同体（сообщество），在这一点上俄罗斯民族完全区别于受启蒙主义堕落哲学影响的西方民族。"①

除了理论上的论述之外，乌瓦罗夫还陆续提出了一些具体措施以强化俄罗斯社会的民族认同感：比如对以启蒙思想为主的私立学校教学招生设置诸多限制；通过 1835 年的大学章程取消了高校的自治权利；加强了对学生的管理，但提高了教授的待遇。其中最重要的一点是首次在大学哲学系建立了俄国史、俄国文学、俄国文学史教研室，进行本民族文化的宣传工作。

乌瓦罗夫毕竟深受欧洲启蒙精神熏陶，并不是顽固的蒙昧主义分子，这就决定了他鼓吹"官方民族性"的最终目的并非要回到彼得大帝改革之前的愚昧、落后状态。从今天来看，"东正教、专制和民族性"这三原则并非通常所谓的反动或蒙昧主义手段，它既有现实的意义，即保证俄国远离欧洲革命动荡；又有文化上的意义，即对这三原则的强调显然也是对俄罗斯民族特性的强调。这两种意义互为因果：为了要避免革命，所以要强调民族特性；俄罗斯民族的特性保证了它能远离西欧的革命动荡。如此公开声明自身与西欧的不同，这在整个俄国历史上恐怕也是第一次。②

---

① *Зорин А.* Идеология «православия-самодержавия-народности»: опыт реконструкции.// Новое литературное обозрение. 1996. No 26. C. 138.

② 另外需要指出的是：除了官方民族性之外，19 世纪初的沙皇政府为了塑造自身国际形象也费力甚多。针对法国作家、旅行家居斯廷（A. де Кюстин，1790—1857）在《1839 年的俄国》一书中描绘的专制、粗鲁、野蛮形象，尼古拉一世除了迅速将其列为禁书之外，还以官方名义邀请了普鲁士学者冯·哈克斯特豪森男爵（Baron August von Haxthausen，1792—1866）赴俄考察半年，最终在沙皇的资助下出版了两卷本的《俄罗斯帝国》，以对抗居斯廷著作的消极影响。

作为尼古拉一世统治时期的思想基础，"官方民族性"的提出显然对社会思潮造成了巨大影响。这种影响主要表现在诸多俄国文学家、思想家对俄国与西方关系的重新审视上，进而开始强调本国历史文化传统的优秀，对于西方资本主义彼时所体现出的弊端有了更多的认识。"俄国—西方""西方—俄国"成为当时许多作家、思想家考虑的问题。虽然我们不能说后来出现的"斯拉夫派"是"官方民族性"的产物，但两者之间的内在联系显而易见①。

著名作家果戈理不管是在与友人的通信中，还是在实际创作中，对"官方民族性"思想都持肯定态度。除了他大学教授历史时对"官方民族性"的高度重视外，果戈理也将"官方民族性"的某些理念运用到那一时期的文学创作之中。目前学术界所公认的果戈理晚期宗教神秘主义倾向，也能从这里找到最初的思想起源。作家晚年发表的《与友人书简选》一书，最鲜明不过地体现了"官方民族性"的特征，由此也遭到了别林斯基的极力批判。对于上述问题，下文将会有进一步的论述。无论如何，正像著名宗教哲学家津科夫斯基指出的："果戈理——是我国第一个回归完整宗教文化的预言家，是东正教文化的预言家。这是他的主要思想之所在，他对现代性的批判也是在这里得到展开并获得深化的。"②

---

① 值得一提的是，季明举教授在他关于斯拉夫派文论的著作中提及了"官方民族性"："很明显，乌瓦洛夫（即乌瓦罗夫——引者注）所精心构建的官方'人民性'意识形态体系是一种伪人民性，其出发点和动机在于神化沙俄专制制度和官方教会，将保守的官方文化秩序描绘为使得俄国可以由此避免欧洲大革命风暴的坚固'磐石'和'最后船锚'，将国民理解为虔诚的顺民。'官方人民性'实质上是一种极端保守的'反人民性'。作为沙俄帝国的官方意识形态，它几乎很少涉足文艺批评界域，却被御用文人布尔加林、舍维廖夫等用来攻击别林斯基等革命民主主义批评家。"参见季明举：《斯拉夫主义的文艺理论和文化批评》，北京：中国社会科学出版社，2015年，第54—55页。对于这一点，笔者认为尚有可商榷之处。

② ［俄］瓦·瓦·津科夫斯基：《俄国思想家与欧洲》，徐文静译，上海：上海三联书店，2016年，第62页。

　　除了文学界，"官方民族性"在学术界也得到了波戈金（М. П. Погодин，1800—1875）、舍维廖夫（С. П. Шевырев，1806—1864）等人的极力支持。在第一期《莫斯科人》杂志上，波戈金发表了题为《彼得大帝》的文章，其中提出了一个颇具新意的观点：如果说彼得大帝为俄国历史开辟了欧化阶段的话，那么尼古拉一世则在乌瓦罗夫的三原则之后开辟了俄国历史的民族化时期。在 1846 年出版的《俄国历史札记》中，波戈金又重申了这一点："亚历山大一世确立了俄国对欧洲的优势，终结了俄国历史的欧化时期；沙皇尼古拉的统治则开始了独特的（民族主义）的时期。"[①] 意思是尼古拉一世开始关注俄罗斯民族自身的特性，不再像以前的沙皇那样一味崇尚西方了。这就把"官方民族性"与俄国民族主义的兴起联系在一起了。

　　舍维廖夫是莫斯科大学语文系教授，他虽然不像波戈金那样是莫斯科大学第一位严格意义上的俄罗斯历史学教授，但他从教育学角度审视俄国—西方教育之优劣，在当时也着实发人深省。他的文章《一个俄罗斯人对现代欧洲教育的看法》（1841）发表在《莫斯科人》杂志创刊号上，因其立场鲜明、意义深远而被后人视为该刊纲领性文件。[②]

　　舍维廖夫先从拿破仑入侵俄罗斯一事谈起，认为："拿破仑想把自己的名字加诸现代人类之上，但他遇到了俄罗斯！"[③] 舍维廖夫说世界历史中往往出现一对一的角斗现象，如希腊与罗马，到现在是俄国与西方。"现代历史的戏剧是由两个名字体现的——其中之一温柔地召唤着我们的心

---

① *Погодин М. П.* Очерки русской истории.//*Погодин М. П.* Исторические отрывки. М.: 1846. С. 34.

② 值得一提的是，该文自 1841 年发表后，再也没有重版过。直到 2007 年才由俄罗斯教育科学院（РАО）的 Л. Н. Беленчук 发现后发表在《东正教圣吉洪人文大学导报》（Вестник ПСТГУ）2007 年第 3、4 期上。

③ Шевырев С. П. Взгляд русского на современное образование Европы.//Вестник ПСТГУ. 2007. Вып. 3. С. 148.

灵——西方与俄国，俄国与西方。这是从一切历史中得出的结果；这是历史的最新话语；这是面向未来的两种当下。"在提出了"俄国与西方"这一主题之后，舍维廖夫着重分析了四个国家的教育情况，不妨以其中的法德教育为例。舍维廖夫认为：法德是宗教改革和大革命的产物，两者都是一种疾病。"我们曾以为他们的病已经好了，已经走上健康发展的道路。不，我们错了……他们的传染病在我们与之热情拥抱时已经传染给我们了。我们被他们思想的奢侈所吸引，醉醺醺地痛饮思想之酒。"① 舍维廖夫把西方启蒙思想视为"传染病"，并指出了其可能带来的危害性，这显然与当时别林斯基等人的想法背道而驰。但如果联系到 19 世纪中后期波德莱尔、尼采等人对西方启蒙现代性的批判，我们会发现，舍维廖夫等人所推崇的反启蒙理念并不等同于反动和愚昧，在某种程度上还是一种思想的先驱之声。

在此基础上，舍维廖夫详细地阐述了他所理解的官方民族性，指出了它的重要意义："但是即使我们确实无可避免地从接触和学习西方的过程中沾染了一些陋习，另一方面，我们也保持着自己的特色和纯洁性。这三项基本的原则是俄国未来发展的重要推动力。我们保持着古老的宗教传统，在人们的生活中无处不在。第二项原则是俄国强大的保证，维护国富民强国家统一，使我们历史一直延续下来的美好传统。在欧洲大陆上，没有一个国家敢夸口吹嘘有着像我国一样如此和谐的政治环境。在当今西方各处都充斥着冲突动荡和民不聊生的情况下，我们该把这些原则作为法律坚决贯彻。只有在我国，沙皇和他的民众之间的关系牢不可破毫无芥蒂：这种关系是基于沙皇爱自己的子民而民众爱戴沙皇并愿意为之奉献一

---

① Шевырев С. П. Взгляд русского на современное образование Европы.//Вестник ПСТГУ. 2007. Вып. 4. С. 150.

切……我们的第三项原则是我们的民族意识，我们所接受的启蒙思想中真正源于我们国家的并被吸收和保留下来的。能够表达我们的民族思想和民族语言……因为这三项原则我们俄国才无坚不摧更加强盛。沙皇委员会中的政客们在接受了这官方民族性思想的教育之后，他们形成了引导和教育民众的基础。"①

历史已经证明了，尽管"官方民族性"是19世纪上半期俄国政府试图定位自我形象的第一次尝试，尽管它得到了部分保守主义、文学家政论家们在创作上和舆论上的支持，但从最终结局来看，"官方民族性"显然是不成功的。原因在于它及其支持者们强调了宗教和专制的合理性并将其上升到俄国民族特性的高度，这是当时深受西方启蒙思想影响的激进思想家们所不能容忍的。别林斯基致果戈理的公开信（1847）就直言不讳指出："皮鞭的宣扬者、愚民政策的使徒、蒙昧主义和黑暗势力的卫士、野蛮行为的歌手，您要干什么……看看您的脚下吧：您已面临深渊……一些伟大诗人，不管是真诚地还是非真诚地，一旦去为正教、专制和民族性理论效劳，很快就会声名扫地。"② 这种激烈的反应足以说明"官方民族性"理论在俄国社会所受到的反弹。1855年克里米亚战争失败的这一事实，更直接在现实生活中宣告了"官方民族性"的彻底破产。1880年5月，在给斯特拉霍夫的信里，托尔斯泰不无鄙夷地谈起了早已成为过去的"官方民族性"，虽然他这时针对的是阿克萨科夫："偶然的两种外在形式——专制制度和东正教，再加上已经毫无价值的民粹主义，被当成了理想。"③

---

① Шевырев С. П. Взгляд русского на современное образование Европы.//Вестник ПСТГУ. 2007. Вып. 4. С. 172–175.

② ［俄］别林斯基：《致果戈理的一封信》，殿兴译，载袁晚禾、陈殿兴主编：《果戈理评论集》，上海：复旦大学出版社，1993年，第174、177页。

③ 《列夫·托尔斯泰文集》第16卷，周圣等译，北京：人民文学出版社，2000年，第173页。

然而，真理有时的确会姗姗来迟。"官方民族性"中所包含的对东正教的认知，对专制制度的实质性把握，实际上是后来俄国文学家思想家们审视俄罗斯民族的切入口。就像跨入 21 世纪后中外学术界对《与友人书简选》的重新认识一样，作为一种对俄国在 19 世纪初面临的民族身份定位问题的解答，"官方民族性"在今天正在引起越来越多研究者的注意，也因此得以逐步改变它原有呈现在历史上的面貌。借用高尔基在论及 19 世纪保守主义作家们的评语："这些作者对俄国历史多多少少都有一些固定的、合乎逻辑的看法，他们也有自己的发展俄国文化的工作计划，而且我们没有理由否认，他们是真诚地相信祖国不能走另一条道路。"[1] 在今天看来，乌瓦罗夫对俄罗斯的定位或许并不完全准确，也显得粗糙或简单，但首先，他的出发点是"真诚的"，立足点是本土的；其次，这是俄罗斯历史上第一次国家层面上的形象自塑；再次，这一理论中所概括的俄国东正教思想与俄罗斯民族性的内在联系，在不久之后陀思妥耶夫斯基等人的创作中已得到了充分证明。仅此三点，"官方民族性"便值得我们今天详加分析，以便为中国的大国崛起形象定位提供某些有益的参考。

第二节　波戈金、佩平与"官方民族性"

1873 年，著名革命民主评论家车尔尼雪夫斯基的表弟，后来的彼得堡科学院院士佩平[2] 出版了名为《从 20 年代到 50 年代的文学观特征》的著作，该书第三章即以"官方民族性"命名："传统的因素得到了发展

---

① ［苏］高尔基:《论文学》续集，冰夷等译，北京：人民文学出版社，1983 年，第 97 页。

② 需要说明的是，"官方民族性"实际上是佩平在 1873 年赋予的名字。在此之前，它一般被称为"乌瓦罗夫公式"（Уваровская формула）或"体制"（Система）。本文为论述方便，便不作此区分了。

和完善，上升到了完美真理的高度，似乎成为一种以民族性命名的新体制。"① 作为一名著名的自由主义思想家，佩平对官方民族性及其所包含的内容基本上持否定态度。他把这一时期（1820—1850）俄国内政外交上的失败（尤其是克里米亚战争的失败）统统归咎为官方民族性在内部秩序、司法和行政等方面的诸多不足。并且，在佩平看来，官方民族性与斯拉夫派实际上是一回事。"说实话，体制（即官方民族性——引者注）常常并不认可斯拉夫派（同样它也不喜欢'思想'），但其实质时有相同之处，因构成其整体观点主要部分的是忠诚、保守主义、民族独特性及或多或少对欧洲的敌视态度。"② 佩平的这种论断引起了保守阵营的强烈不满，年逾古稀的莫斯科大学历史学教授波戈金立刻撰文《论斯拉夫派》予以反驳，由此引发了学术界对官方民族性的再度反思。从今天来看，佩平的认识存在着许多曲解，然而，恰恰是佩平在争论中的观点及态度直接影响到了整个苏联时期对官方民族性的接受，也影响到了波戈金等保守派人士在苏联时期的被接受情况。

波戈金是莫斯科大学第一位严格意义上的俄国历史学教授，他的教授职位即为乌瓦罗夫为了弘扬俄国文化，宣传俄国历史所提出设立。因此，在佩平及此后的研究者看来，波戈金自然而然就是"'官方民族性'思想最鲜明的表现者"③。不过，从历史上来说，波戈金一生身兼多职，著述等身，门生众多，尽管思想保守，又与沙皇政府有着千丝万缕的关系，但不

---

① *Пыпин А. Н.* Характеристики литературных мнений от двадцатых до пятидесятых годов. Исторические очерки. СПб.: 1873. С. 63.

② *Пыпин А. Н.* Характеристики литературных мнений от двадцатых до пятидесятых годов. Исторические очерки. СПб.: 1873. С. 87.

③ *Казаков Н. И.* Об одной идеологической формурле николаевской эпохи.//Контекст. Литературно–теоретические исследования. Наука., 1989. С. 7.

能简单地将其视为官方民族性的吹捧者。波戈金首先是一位历史学家，他对官方民族性的理解和阐释首先是通过他对俄国历史的研究来实现的。正是在这个意义上，他的学生之一、后来著名的斯拉夫派代表萨马林才深有体会地说："在波戈金之前，俄国史的主流趋势是在本国历史中寻找与西欧民族类似内容以作对比。据我所知，波戈金至少是第一个对我和我同伴指出有必要用俄国自己的标准解释俄国史的人。"[①] 独特的历史自然需要独特的标准来衡量。萨马林在此所强调的"俄国自己的标准"实际上为波戈金揭示俄国历史独特性铺设好了前提。

自19世纪30至70年代，波戈金陆续发表了几篇文章如《论世界通史：就任帝国莫斯科大学正式教授时的发言》（1834）、《历史格言》（1836）、《俄国史与西欧国家史的对比，相关因素》（1845）、《彼得大帝》（1846）以及晚年所写的《论斯拉夫派》（1873）来讨论俄国历史的独特性。概括地说，波戈金对历史有两个主要论断：第一，历史是有规律的；第二，俄国历史自有其独特性（即所谓"两个欧洲"的学说）。波戈金指出："一切哲学体系都只是思想的片面发展，所有的体系组成了一个逐步发展的整体。""真理只有一种，但所有人都是从自己的角度去看它。"[②] 上述观点不难看出19世纪三四十年代黑格尔哲学的影响，自然可以理解。后者则是波戈金极力强调的，从而为强调俄国文化特殊性做铺垫。在《俄国史与西欧国家史的对比，相关因素》这篇文章里，波戈金开篇就说："西欧国家将自己的起源归结为征服，它决定了此后一切历史，直至

---

① *Барсуков Н. П.*–Жизнь и труды М. П. Погодина. Книга 4. СПб.: 1891. С. 4–5.

② *Погодин М. П.* Исторические афоризмы//*Погодин М. П.* Избранные труды. М.: 2010. С. 119.

现在。"① 作者引用了法国史学家梯也尔的一段话，结合西欧国家形成的历史证明英法史学界对这一观点的普遍认同。有压迫者必然有反压迫者。在波戈金看来，西欧各国出现的封建主和农民阶级的对抗一直发展到现在法国大革命对暴力王权的颠覆，正是暴力征服的必然后果。这种暴力滥用的结果，最终必将导致西欧的衰落。正如波戈金用三部曲来归纳的："征服、阶级分化、封建制度，有中产阶级的城市，仇恨、斗争和城市的解放——这是欧洲三部曲的第一幕悲剧。专制政体、贵族阶级、中产阶级的斗争、革命——这是第二幕。法典、底层阶级的斗争——听天由命的未来。"②

但沙俄帝国自有国情在此，波戈金是从历史、地理和道德三方面来予以论述俄国历史特殊性。仔细说来，这三方面实际上与乌瓦罗夫所持的三原则非常接近，可以说把后者没有说清楚的一些问题从历史根源上予以澄清了。第一点，从历史来看，波戈金指出："从第一眼我们就注意到，在俄国历史的因素中绝对没有一点西方历史的形态。没有阶级分化，没有封建制度，没有可以躲避的城市，没有中产阶级，没有奴隶制度，没有仇恨，没有荣耀，没有斗争……说真的，我们有编年史的美好传说，我们的国家并非始于征战，而是邀请的结果。这是区别之根源！西方的一切源自征战，而我们却来自于邀请，无条件的占有，满怀爱意的约定。"③ 由于俄国历史的开端是和平的，最初的留里克大公和奥列格大公都是"受邀而来

---

① *Погодин М. П.* Параллель русской истории с историей западных европейских государств, относительно начала.//*Погодин М. П.* Избранные труды. М.: 2010. С. 250.

② *Погодин М. П.* Параллель русской истории с историей западных европейских государств, относительно начала.//*Погодин М. П.* Избранные труды. М.: 2010. С. 252.

③ *Погодин М. П.* Параллель русской истории с историей западных европейских государств, относительно начала.//*Погодин М. П.* Избранные труды. М.: 2010. С. 252.

和平的客人，人民希望的保卫者"①，因此他们与人民、与贵族的关系也是比较和谐的。波戈金接下来详细分析了大公与贵族、与人民之间的密切关系，一方面为自己所坚持的"诺曼起源说"做论证；另一方面也是强调沙皇专制在俄国存在的合理性。

第二点，波戈金突出强调俄国空间巨大、人口分布散等特点，以强调俄国专制的必要性。这一点，不仅之前的叶卡捷琳娜女王提到过，此后的史学家索洛维约夫（Соловьев С. М.，1820—1879）的著述中也多有提及，常被用以强调对沙皇专制在思想上的支持。第三点，波戈金强调的是道德上与西方的差异，这主要涉及基督教的问题。在波戈金看来："瓦良吉人接受了基督教并将其在斯拉夫人中传播开来，后者接受它也是根据自己的本性，并无阻碍，而在西方这一切正好相反。我们是外来者向本地人推广宗教，西方则是本地人向外来者推广。并且，我们接受的是在很大程度上与西方对立的东方信仰，西方的信仰来自罗马，我们的则来自君士坦丁堡。此处并非展示两种教会之区别的地方，我们只指出与上述政治区别相对应的一些情况。西方更努力向外，东方努力向内；他们有出卖，我们有保护；他们有运动，我们有安宁；他们有拷问，我们有宽容。因为致力于外，所以西方教会有必要与世俗政权争斗并有一段时间高居其上。我们则致力于内，放任世俗政权为所欲为。"② 必须承认，尽管波戈金在论述中对俄国历史做了不少美化，但他所指出的俄国史与西欧史的不同也确实存在。西方是基督徒以宗教征服了横扫西欧的野蛮民族；俄国则是在 988 年

---

① *Погодин М. П.* Параллель русской истории с историей западных европейских государств, относительно начала.//*Погодин М. П.* Избранные труды. М.: 2010. С. 254.

② *Погодин М. П.* Параллель русской истории с историей западных европейских государств, относительно начала.//*Погодин М. П.* Избранные труды. М.: 2010. С. 263.

由弗拉基米尔大公主动接受拜占庭帝国的正教，经历了罗斯受洗之后成为欧洲文化的一分子。这两者的主动被动关系不同，最终侧重点也不一样：西方强调外向型的暴力征服，俄国则讲究内向型的道德精神完善。因此，在波戈金看来，俄国历史的特殊性就为官方民族性的存在及发展提供了适宜的土壤。

当然，不能说俄国东正教果真如波戈金所说，充满"安宁""宽容"等，但在彼得大帝改革之前，俄国东正教与世俗政权确实存在着某种平衡。彼得的改革打破了上述平衡，也使得俄国与西欧两种史观在俄国进入一个矛盾对立、平行发展的时期，即俄罗斯的所谓"欧化时期"。当然，这种平行发展是以社会的极大分裂为代价的，即上流社会奉行的西欧史观，而底层民众则维护着传统的斯拉夫史观。这就涉及到史学家对彼得大帝的评价问题。譬如前文论及的卡拉姆津对彼得大帝就不甚看好，具有颇多批评之语。波戈金倒是不这么认为，他在 1846 年第 1 期《莫斯科人》杂志上发表了题为《彼得大帝》的文章，列举了俄国社会生活因彼得改革而发生的诸多改变，赞扬了彼得对俄罗斯的再造之功。"他看到了一切，想到了一切，干涉一切，赋予一切动力，或方向或生命。我重复一遍：无论我们想什么，说什么，做什么，更难或更易，更远或更近的一切都可以追溯到彼得大帝。他是钥匙或者锁。"[1] 波戈金继而认为：彼得大帝开辟了俄国的新时期，但不能把今天所有的崇洋媚外都归咎于他。此外，如果说彼得大帝为俄国历史开辟了欧化阶段的话，那么尼古拉一世则在乌瓦罗夫的三原则之后开辟了俄国历史的民族化时期。在稍后出版的《俄国历史札记》中，波戈金又重申了这一点："亚历山大一世确立了俄国对欧洲的优

---

[1]　*Погодин М. П.* Петр Великийй.//*Погодин М. П.* Избранные труды. М.: 2010. С. 233.

势，终结了俄国历史的欧化时期；沙皇尼古拉的统治则开始了独特的（民族主义）的时期。"① 换而言之，尼古拉一世开始关注俄罗斯民族自身的特性，不再像以前的沙皇那样一味崇尚西方了。

从以上几点不难看出，波戈金对官方民族性是肯定的，他本人所论述的一些观点从历史的角度对官方民族性做了深入的阐释和论证。这些论述不仅把官方民族性与俄国民族主义的兴起联系在一起，同时也为此后斯拉夫派思想的发展提供了某些进一步思考的出发点。他与斯拉夫派的这种联系直接为 1873 年佩平对他的批判埋下了伏笔。

亚历山大·佩平在那本《从 20 年代到 50 年代的文学观特征》里虽然对官方民族性做了彻底的批判。甚至作为一名知名的西方派，他也顺带批判了斯拉夫派。但实际上，佩平批判官方民族性，最终目的在于否定尼古拉一世的统治，否定整个沙皇专制制度。只不过在 1873 年这个时候，有些话不能说得过于直白，佩平只能先从舆论出发，把作为沙皇政府意识形态的官方民族性批倒。作者首先指出了它的重要性："要谈这一时期的文学思想，必须对官方宣称的民族性有概念。因其构成了思想生活发展之基础。这一思想生活对于文学与科学而言是必需的。"② 不过，何谓"民族性"？应该如何理解和把握它呢？佩平接下来做了详细的论述。他首先定了调子："许多优秀的同时代人早就开始怀疑这一体系的'民族'特征了。他们认为官方民族性满足了大众的忠诚；但又认定：在更宽泛意义上官方民族性完全不是民族的。因为就其最独特的特殊性而言，它没有给民族思

---

① *Погодин М. П.* Очерки русской истории.//*Погодин М. П.* Исторические отрывки. М.: 1846. С. 34.

② *Пыпин А. Н.* Характеристики литературных мнений от двадцатых до пятидесятых годов. Исторические очерки. СПб.: 1873. С. 63.

想和物质力量的发展提供出路，使得绝大部分人民处于奴隶制下；最后，即使是它的行事方式中占主流的也是借自西方的反动观点。"[①]佩平在这里所说，其实包括了一个前提：所谓"民族"的，须是有利于国家和人民的。根据这一个基本立场，他在后续论述里分别以外交、内政、宗教、教育、文学等一系列的事实来证明官方民族性的失败，即沙皇制度的失败。

在佩平看来，俄国曾是欧洲的拯救者，然而克里米亚战争却揭示了一个悲伤的事实：英法、撒丁王国、土耳其、奥地利、保加利亚等许多国家都对俄国以怨报德。根本原因在于官方大肆宣传的"正教、专制和民族性"事实上没有得到欧洲各国的承认，官方第一次塑造的自我形象并不成功，"'民族'因素只是赋予外交政策一种虚假而教条的形式"[②]。再看内政问题。官方民族性强调的"专制"事实上也没有起到积极作用。沙皇制度出于独裁的需要，强调中央集权，扼杀了社会舆论参与社会改革的活力。尼古拉一世所仰仗的官僚机构又思想僵化，不思进取，最终导致了克里米亚战争的失败。由沙皇及其官僚管辖的东正教会同样如此，限制共济会及圣经阅读团体，对分裂教徒的管理越发严格。在这样的背景下，教育事业止步不前，所谓的"人民教育"只是停留在上层社会中，农奴制的存在使得绝大多数农奴根本不可能上学。相应地，大学教育也陷入了停滞状态。沙皇及官僚们对大学自始至终充满警惕，禁止在大学开哲学课，以防大学成为革命思想的发源地和传播地。对于高层的这种认识，即便是开明如乌瓦罗夫者，即便他身居教育大臣之高位，但也无计可施。

---

① *Пыпин А. Н.* Характеристики литературных мнений от двадцатых до пятидесятых годов. Исторические очерки. СПб.: 1873. С. 65.

② *Пыпин А. Н.* Характеристики литературных мнений от двадцатых до пятидесятых годов. Исторические очерки. СПб.: 1873. С. 68.

在佩平看来，官方民族性对俄国整个文化界也有诸多消极影响。公共舆论因缺乏言论自由而导致衰落，如果说彼得大帝时代还因为学西欧，社会舆论可以对俄罗斯生活陋习提出诸多批判，那么到了尼古拉一世的时候，对独特性的过分尊崇已经使得许多人不敢公开嘲笑或批判俄罗斯生活了。果戈理写了《钦差大臣》，意在为官僚阶级照照镜子出出汗，结果遭致后者的全面抨击，使得果戈理出走国外，多年不归。原因就在于官方民族性是俄国社会主流对数十年来俄罗斯生活的认识："这一认识的实质就在于俄国是一个完全独特的国家和民族，不同于西方。"①俄国需要通过对这一特性的确认来塑造自己的国际形象，体现自己在文化上的成熟："俄罗斯生活被认为进入了自己最后的成熟期，被解释成不同于全欧洲的生活，甚至以宣称以独特性与后者对抗。这一独特性赋予俄罗斯生活独立于欧洲发展潮流之外的状态，完全不同于欧洲。"②换而言之，卫国战争的胜利使得俄罗斯被冲昏了头脑，在追求独特性的路上舍本求末，为了坚持所谓的独特性而放弃了国家、民族的基本利益。在文学上，普希金、果戈理等一批知名作家思想也发生转变，对官方民族性进行了各有侧重的阐释和宣传。尤其是果戈理，一下子从一位敢于批判农奴制黑暗的作家化身为宣扬东正教、鼓吹沙皇专制的作家。"政论几乎局限于文学趣味上；轻浮的故事或小说；肤浅的文学批评；冷漠的历史或其它文章；游记；各种趣闻材料构成了这一时期文学的实质内容。"③这是令佩平这样的自由主义者尤

---

① *Пыпин А. Н.* Характеристики литературных мнений от двадцатых до пятидесятых годов. Исторические очерки. СПб.: 1873. С. 82.

② *Пыпин А. Н.* Характеристики литературных мнений от двадцатых до пятидесятых годов. Исторические очерки. СПб.: 1873. С. 79.

③ *Пыпин А. Н.* Характеристики литературных мнений от двадцатых до пятидесятых годов. Исторические очерки. СПб.: 1873. С. 98.

为痛心的。

佩平的论述有许多深刻之处，代表的也是当时自由主义知识分子对沙皇统治意识形态的总体认识。不过，他谈论较多的是社会背景、政治、外交等问题，是从 70 年代的政治形势来回头审视 30—50 年代的官方民族性，政治色彩较浓，同时也不无一种事后诸葛亮式的"聪明"。更重要的是，佩平是自由主义的西方派，立场已经决定了立论。可见，佩平的文章充满了"我注六经"式的偏见，以至于他直接把斯拉夫派等同于"蒙昧主义的同伙"[①]，这是令波戈金极为不满的地方。佩平这种做法到了苏联后期也遭到了史学家的质疑。苏联历史学家卡扎科夫就指出："于是佩平将官方的、保守的个别思想要素和 19 世纪 50 年代末的斯拉夫派人为地剪接成自己的理论。由此，官方民族性理论就完全有理由看作是一种加工后的观点体系，这种观点自然指的是农奴主阵营一批顽固理论家的观点。"[②]

1873 年 3 月，由陀思妥耶夫斯基编辑的《公民》（Гражданин）分四期发表了波戈金的文章《论斯拉夫派》，对于佩平的批判做出了回应。波戈金首先把佩平对斯拉夫派的指责与分裂教徒对东正教徒的批判做了对比，两者都是怀着仇恨用歪曲的方式攻击了自己的对手。因此，波戈金说："在佩平的文章里有许多敏锐而坚实的观察，但总体上有大量错误，不准确以及居心叵测——更不必说他和他的读者都完全有权拥有的个人之见。"[③]

作为亲历者，波戈金在文章里详细介绍了斯拉夫派的起源与发展情

---

① *Пыпин А. Н.* Характеристики литературных мнений от двадцатых до пятидесятых годов. Исторические очерки. СПб.: 1873. С. 245.

② *Казаков Н. И.* Об одной идеологической формурле николаевской эпохи.//Контекст. Литературно-теоретические исследования. Наука., 1989. С. 7-8.

③ *Погодин М. П.* К вопросу о славянофилах.//*Погодин М. П.* Избранные труды. М.: 2010. С. 488.

况，并对佩平的指责做了逐一答复：如"斯拉夫派幻想着西方文明的没落及东方文明的崛起""斯拉夫派对西方有着极端的仇恨"[1] 等。波戈金认为这些说法都是不实之词，佩平本人也不认识任何一位现实中的斯拉夫派人士。事实上，早期的斯拉夫派比西方派更了解西方：霍米亚科夫对西欧文学如数家珍，对黑格尔也不陌生，他的《论英国书简》（1848）曾在俄国思想界激起反响。舍维廖夫更是精通多门语言，还写过关于莎士比亚、但丁等人的著作。相形之下，身为西方派的别林斯基仅能依靠俄国报纸和朋友的翻译来了解西方，即便后来更具代表性的赫尔岑对西方的关注也主要限于政治方面。相形之下，在波戈金看来，斯拉夫派对西方文明的把握其实更有依据，更为深刻，远非佩平自以为是的判断所能概括的。

谈到官方民族性，波戈金认为："佩平先生发明了一个非常好的词：官方的、国家的民族性。遗憾的是，他没有好好解释其中意味，反而过于随意地运用了这一词语。"[2] 波戈金认为，不能把官方民族性等同于乌瓦罗夫的"专制、正教和民族性"三原则。因为后者只是乌瓦罗夫本人向沙皇递交的一份报告，官方并无明确发文去宣传推广这一观点，尽管有"许多熟悉历史，熟悉人民，熟悉生活的严肃的俄国人"[3] 已经接受了三原则。波戈金在这里要强调的是，三原则本身是好的，但佩平硬给它加上"官方"的称呼，刻意强调它的官方色彩，而忽略了思想界对它真正的认可，这是一种混淆是非的做法，也是自由派攻击斯拉夫派时的常用手段。

---

[1] *Погодин М. П.* К вопросу о славянофилах.//*Погодин М. П.* Избранные труды. М.: 2010. С. 490.

[2] *Погодин М. П.* К вопросу о славянофилах.//*Погодин М. П.* Избранные труды. М.: 2010. С. 505.

[3] *Погодин М. П.* К вопросу о славянофилах.//*Погодин М. П.* Избранные труды. М.: 2010. С. 506.

作为波戈金晚年总结性的作品，波戈金在《论斯拉夫派》中还全文插入了一篇旧作《论古代俄罗斯》（1845），再度强调了俄国历史的独特性，与佩平西方派思想形成对话。作者认为："像西欧一样，我们也有中世纪，但只是以另一种方式存在。我们也像西方一样完成了同样的进程；完成了一样的任务，只是方法不同；达到了一样的目标，只是道路不同。对于那些善于思索的欧洲史学家、哲学家来说，这些不同尤其构成了俄国史的趣味性和重要性……无条件崇拜西方的时代已过去了，只有那些还没来得及学完旧课程的落伍者才会又去开始学新的。"[1] 波戈金的这段话看似离题，实际上仍然围绕着俄国历史道路的特殊性展开，不同的民族有不同的发展道路，成败得失也有不同的标准。这一点，跟官方民族性强调的俄国民族特性也是内在呼应的。

波戈金自称是一位"热爱祖国，对欧洲心怀感激又祝福人类"[2] 的俄罗斯人，这说明，他并非那种通常意义上眼光狭隘的保守派历史学家。他对官方民族性的阐释，对佩平及自由派史学家的反驳，在一定程度上虽然有为官方唱赞歌的嫌疑，但从今天来看，也是对俄罗斯民族性的一次历史阐释，并非简单的学术跟风之举。

俄罗斯民族性与专制、东正教的复杂关系，显然不是简单的"自由与反动"这样的范畴所能涵盖。不妨回忆一下英国的思想史研究者艾琳·凯利（Aileen Kelly）在为《俄国思想家》所写的导言开篇中所举的那个例子："为了向莫洛尔女士（Lady Ottoline Morrell）解释俄国革命，罗

---

[1] *Погодин М. П.* За русскую старину.//*Погодин М. П.* Избранные труды. М.: 2010. С. 246–247.

[2] *Погодин М. П.* Взгляд на положение европы после Парижского мира: Письмо в редакцию газеты «Le Nord»//*Погодин М. П.*//Статьи политические и польский вопрос(1856—1867), М.: 1876. С. 1.

素（Bertrand Russell，1872—1970）会说，布尔什维克专制虽然可怕，好像恰是适合俄国的那种政府：'自问一下，要如何治理陀思妥耶夫斯基（Dostoevsky）小说里那些角色，你就明白了。'"[①] 从这个意义上说，可不可以说波戈金早就洞察了这一切呢？

第三节　果戈理晚期创作中的"官方民族性"影响

对于果戈理晚期的创作尤其是《与友人书简选》（1847），评论界历来争议不断。既有别林斯基从社会批判的角度为之定调，称之为一本"有害的书"，从"这本书里散发出来的不是基督学说的真理，而是对死、鬼和地狱病态的恐惧"[②]。又有普列特尼约夫、舍维廖夫等人从宗教角度的阐释，认为这是"独特的思想在俄国的首次出现""向某一个最高点的过渡"。[③] 不过，假如我们联系19世纪上半期的社会背景来审视《与友人书简选》，不难发现书中所蕴含的民族主义情绪；同时也能对果戈理思想转型有更为深入的了解。

换而言之，作为一位写出了《钦差大臣》《死魂灵》这种极具批判性作品的作家，果戈理为何会转向推崇东正教、歌颂专制制度呢？《与友人书简选》中所包含的宗教神秘主义思想从何而来？笔者以为，对于上述问题的回答必须考虑到19世纪30—40年代俄国社会兴起的民族主义思潮，

---

① ［英］以赛亚·伯林：《俄国思想家》，彭淮栋译，南京：译林出版社，2001年，第1页。

② ［俄］别林斯基：《致果戈理的一封信》，殷兴译，载袁晚禾、陈殿兴编：《果戈理评论集》，上海：复旦大学出版社，1993年，第179页。值得一提的是，别林斯基的这一论断由于列宁在《俄国工人报刊的历史》（1914）一文中大加肯定，此后几乎成为苏联时期果戈理研究的定论。

③ 转引自［苏］米·赫拉普钦科：《尼古拉·果戈理》，刘逢祺等译，上海：上海译文出版社，2001年，第585、586页。

尤其是国民教育大臣乌瓦罗夫提出"官方民族性"的影响。

俄罗斯科学院哲学所的研究员拉扎列娃（Лазарева А. Н.）把果戈理一生分为三个阶段——早期是审美阶段，为了博得文坛大名，写了《狄康卡近乡夜话》之类幽默风趣又有乡土气息的作品；中期是道德批判阶段，随着知名度提高，作家开始为底层代言，批判社会诸多黑暗；晚期则是宗教神秘主义阶段，作家陷入自身的思想矛盾不得解脱，《死魂灵》第二卷手稿多次被焚就是一个例子[①]。具体从第二阶段到第三阶段的转变，学术界有多重说法。果戈理研究专家佐洛图斯基（И. П. Золотусский, 1930—）认为 1840 年夏天果戈理在维也纳生了一场重病，这是他思想转变的开始。"他为上帝把他从病中挽救出来并给予他继续创作的可能而唱的赞歌，已是一个历尽艰辛的人的赞歌……也正是在这个时候，果戈理的思想日趋成熟，他认为上帝所做的这一切不是无原因的，其中不仅包含着上帝的大慈大悲，也包含着对他个人的温情。他认为他是上帝选定的那些可以信赖的人，他的职责是在人世间体现上苍的旨意。"[②] 对于果戈理的疾病，梅列日科夫斯基在《果戈理与鬼》（1906）中予以这样的解释："果戈理的整个命运，不仅创作的、内省的，而且生活的、宗教的，都归结于这两个初始源头——多神教与基督教、肉体与精神、现实与神秘——的不均衡。"那么问题来了：又是什么引起了果戈理内心"两个初始源头"的不均衡，导致了"普希金的和谐变成了果戈理的不和谐"[③]呢？笔者以为，从道德批判走向宗教探索，原因很复杂，但其中不能不考虑到兴起于 19 世纪 30 年代的

---

① *Лазарева А. Н.* Духовный опыт Гоголя. М.: 1993.
② ［苏］伊·佐洛图斯基：《果戈理传》，刘伦振等译，天津：天津人民出版社，1982 年，第 393 页。
③ ［俄］梅列日科夫斯基：《果戈理与鬼》，耿海英译，北京：华夏出版社，2013 年，第 67 页。

"官方民族性"思潮影响。

19世纪30年代初的果戈理刚刚在文坛成名，对于乌瓦罗夫提出的三原则极为支持。作家本人对乌瓦罗夫很有好感。1833年12月底，他在给普希金的书信里夸奖这位启蒙教育活动家："乌瓦罗夫是很有经验的。从他匆匆提出然而充满智慧的意见和他对雨果生平观点的深刻思想使我更增加了对他的了解。且不说他关于六音步长短短格诗体的想法了，真是才思敏捷，语言知识富有哲理。我相信他在我们这里会做一番事业，要比吉佐在法国更强。"[1]果戈理当时为谋求基辅大学世界通史教研室的职务而四处找人，跟普希金说这番话也不排除讨好乌瓦罗夫的成分[2]，但从此后的表现看，他对乌瓦罗夫的佩服是由衷的。

果戈理还以一系列实际行动表达了他对"官方民族性"思想的支持。比如，他在1834年当上圣彼得堡大学历史系副教授之后，接连写了多篇论文（《论世界通史教学》《略论小俄罗斯的形成》《关于普希金的几句话》等），专论他对历史授课的设想，其主题明显与乌瓦罗夫所推崇的历史教学有关系。乌瓦罗夫很重视历史教育。他曾说："在人民教育中，历史教育是具有国家意义的事业……历史造就了公民，使之尊重自己的职责与权利；造就了理解司法代价的法官；造就了为祖国而战的公民；造就了经验丰富的官员们；造就了仁慈与坚定的沙皇。"[3]果戈理在《论世界通史教学》一文的末尾直接说出自己的目的："我的目的是用历史所展示的那丰富经验来培育年轻听众的心灵，这种历史是在其真正的伟大中加以理解的

---

[1] 《果戈理书信集》，李毓榛译，合肥：安徽文艺出版社，1999年，第103页。

[2] 当时普希金与乌瓦罗夫关系尚好，直到1835年才因为诗人写诗《题卢古鲁斯之病愈：仿拉丁诗人》讽刺乌瓦罗夫急于继承病重的谢列梅捷夫伯爵（Шереметев Д. Н., 1803—1871）家产一事而闹翻。

[3] *Уваров С. С.* Государственные основы. М.: Институт Русской цивилизации, 2014. C. 375.

历史；使年轻听众在自己的行为准则中坚定和刚毅，以便任何轻浮的狂信者和任何一时的冲动都不能使他们动摇。使他们成为伟大国君的恭顺、顺从、崇高、必需和有用的战友，以便无论祸福都不能使他们背叛自己的义务、信仰、崇高的荣誉和誓言，而成为忠于祖国和国君的人们。"①两人的观点几乎可以说是不谋而合了。从现实的角度看，欲要亡其国，必先灭其史。一个民族的团结与否，首先体现在对共同过去的认同和维护上。这一点，直到今天也仍具有现实意义。

此外，果戈理创作于这一时期的《塔拉斯·布利巴》（1833—1842）就主题来说，也是弘扬了俄罗斯人的爱国主义热情，尽管后来的研究者一般不太乐意将这部名作与臭名昭著的"官方民族性"连在一起。小说的主人公是乌克兰扎波罗热的哥萨克们，他们为了东正教，为了俄罗斯与侵略者做殊死的战斗。正如苏联研究者赫拉普钦科指出的："他（指果戈理——引者注）不但把哥萨克看作是一个在一定历史条件下产生的独特的社会机体，而且还看作是'俄罗斯天性'根本属性的体现。"②"俄罗斯天性"是什么？恐怕除了哥萨克部落里家长制作风和东正教信仰，在小说中找不出别的内容可以联系。老塔拉斯对于自己儿子命运的生杀予夺，在某种程度上与沙皇老爹对于民众的统治有异曲同工之妙。小说中儿子安德烈强调个性的独立与自由，认为："祖国是我们灵魂寻找的东西，是比一切都可爱的东西。我的祖国就是你！你就是我的祖国！"③与此针锋相对的

---

① 《果戈理文论集》，彭克巽译，合肥：安徽文艺出版社，1999年，第60页。
② ［苏］米·赫拉普钦科：《尼古拉·果戈理》，刘逢祺、张捷译，上海：上海译文出版社，2001年，第189页。
③ ［俄］果戈理：《塔拉斯·布利巴》，载果戈理：《米尔戈罗德》，陈建华译，合肥：安徽文艺出版社，1999年，第120页。

是老塔拉斯的那句："我生了你，我也要打死你！"①——如此强势的话语，跟强调自由平等的启蒙哲学思想完全无法形成对话。然而在果戈理的笔下，这种听起来霸道专制的话语恰恰是俄罗斯民族性的表征之一。

在著名宗教哲学家津科夫斯基看来，塔拉斯父子间的冲突属于审美与道德之间的矛盾："果戈理越是深刻地认识到人的灵魂中审美与道德在本质上的不可调和性的悲剧实质，美和艺术的主题于他而言就越来越成其为问题。"②虽然在《塔拉斯·布利巴》里，果戈理没有就此问题展开深入的探讨，但从书中对东正教的歌颂来看，作家显然是把东正教作为调解美与善之间矛盾的途径。因此，小说里特别强调了东正教思想的伟大。作者在小说里强调："众所周知，在俄罗斯大地上为信仰而奋起的战争是何等有力的战争，因为没有比信仰更强大的力量了。"③诸多扎波罗热哥萨克牺牲前的口号和塔拉斯·布利巴最后的呼吁也充分说明了这一点："等着吧，会让你们知道什么是正教的俄罗斯的信仰，这一天正在到来，并且一定会到来！如今远近四方的人们已经感觉到，俄罗斯的土地上正在出现自己的帝王，世界上将没有一种力量会不屈服于他的！"④这样对俄罗斯的热情赞扬，对东正教的热烈期待，在果戈理之前的文学作品中似乎很难听到。

如果说《塔拉斯·布利巴》强调的是东正教与俄罗斯特性的话，那么此后的另一部小说《罗马》（1842）则是通过一位年轻意大利公爵的眼睛，

① ［俄］果戈理：《塔拉斯·布利巴》，载果戈理：《米尔戈罗德》，陈建华译，合肥：安徽文艺出版社，1999年，第163页。
② ［俄］瓦·瓦·津科夫斯基：《俄国哲学史》（上卷），张冰译，北京：人民出版社，2013年，第185页。
③ ［俄］果戈理：《塔拉斯·布利巴》，载果戈理：《米尔戈罗德》，陈建华译，合肥：安徽文艺出版社，1999年，第187页。
④ ［俄］果戈理：《塔拉斯·布利巴》，载果戈理：《米尔戈罗德》，陈建华译，合肥：安徽文艺出版社，1999年，第195页。

描述了 19 世纪欧洲启蒙文化背后的肤浅和乏味。小说以巴黎的浮华和罗马的永恒为对比。巴黎象征着 19 世纪欧洲的时尚："它是永远沸腾着的火山口，是不停地喷射出新奇事物、文明、时装、高雅的审美情趣……"它的繁华及丰富令年轻的公爵如痴如醉。然而四年之后，公爵却逐渐意识到对于法兰西民族来说："宏大稳健的思想没有在这个民族中扎下根来。到处都有思想的印记，却没有思想；到处都有类似激情的东西，却没有激情。一切都是仓促而就，整个民族就像是一个光彩夺目的小花饰，而不是一幅名家巨匠的画。"[1] 于是他选择了回到罗马，回到意大利古老文化的怀抱，并最终获得了心灵的宁静。

果戈理在这里描写的法国文化，实质上就是 19 世纪流行的法国启蒙文化。小说中意大利年轻人对法国文化由全盘接受到反思怀疑乃至抛弃这一过程，在很大程度上也体现了作家本人对西方文化的看法转变，这一点在此后的《与友人书简选》里得到了佐证[2]。

作为果戈理的"精神遗嘱"，《与友人书简选》一书涉及的问题很多，既有为人处世的心得体会，也有治国安民的建议和希望，几乎包括了"修身齐家治国平天下"的内容。正如果戈理研究专家沃罗帕耶夫（Воропаев В. А.，1950— ）指出的："作为一部历史—哲学著作，果戈理的这本书同自己时代的种种文学—社会宣言是直接联系在一起的。俄罗斯对外政策的成就，国家的急速扩大，登上了世界舞台，这一切导致民族自

---

① ［俄］果戈理:《罗马》，载果戈理:《彼得堡故事及其他》，刘开华译，合肥:安徽文艺出版社，1999 年，第 292、299 页。

② 《死魂灵》的写作实际上也受到了"官方民族性"的影响，但因该作品的研究很多，本章限于篇幅，只能暂时略过不论。

觉意识的提高，这种提高体现在国家生活和文化的各个不同领域。"① 这就是上文论及的"官方民族性"出现的大背景，果戈理也是其中的拥护者之一。他在《与友人书简选》里对于东正教、专制制度和民族性这三方面的论述，可谓下足了功夫。也正因为如此，该书才遭到别林斯基等革命民主派的极力批判。

首先是东正教。历来的说法是果戈理使得俄国文学沉重起来，原因便在于他的著作中引入了宗教因素，使俄国文学背负上了使命感。在第8封信《略谈我国的教会和神职人员》中，果戈理谈到了他对东正教的理解。在回击了西方天主教对东正教的攻击之后，果戈理热情地赞扬了东正教的独特及其伟大："这个教会及其深刻的教义和极其细微的外在仪式好像为了俄国人民而直接从天上移了下来，它独自有能力解决一切疑团症结和我们的问题，它可以当着整个欧洲的面搞出前所未闻的奇迹，让我国的任何阶层、身份和职位走进其合理的界限和范围，并且在不改变国家里任何东西的情况下，赋予俄国一种力量，以教会迄今以来用来吓唬人的那种机构本身的协调严谨去震惊世界，而这个教会我们并不熟悉！"② 这段话虽然不长，却涉及到三方面：东正教的独特性；东正教的全能及民众对东正教的忽视。谈前面两方面时，果戈理充满自信（"搞出前所未闻的奇迹""赋予俄国一种力量"），但到底是什么样的奇迹、怎样的力量，作家却也语焉不详。这就证明了宗教哲学批评家瓦·罗赞诺夫（Розанов В. В.，1856—1919）的说法："陀思妥耶夫斯基呈现出的是极其复杂的思想的世界，这

① 转引自沈念驹主编：《果戈理全集》（第七卷）《与友人书简选》，吴国璋译，石家庄：河北教育出版社，2002年，第22页。
② ［俄］果戈理：《与友人书简选》，任光宣译，合肥：安徽文艺出版社，1999年，第45页。

一思想没有向《与友人书简选》的作者闪现，哪怕隐约地。"① 这个 "极其复杂的思想的世界"，在我们今天看来就是沉重而又深厚的俄罗斯东正教传统。果戈理只是开了一个头，具体的更深入更宽广的研究则是由斯拉夫派及陀思妥耶夫斯基、托尔斯泰等人去完成的。可能正是考虑到这一点，20 世纪的东正教大司祭格奥尔基·弗洛罗夫斯基才有以下观点："在俄国宗教发展史上，果戈理没有直接的影响。他仿佛是一个旁观者，他自己把自己排除在那一辈人的主题和兴趣之外，排除在当时的哲学争论之外。只是过了半个世纪之后，人们才承认他为宗教导师。"②

　　其次是专制制度，这在书中最鲜明地体现在《论我国诗人的抒情风格》一文中。从文章来看，果戈理显然把专制君主的职能分为以下三种：其一是指挥和管理。作家首先提到了诗人笔下 "那种崇高的抒情风格，即——对沙皇之爱"③。沙皇是什么？果戈理借用普希金的话说沙皇就像是一位乐队的指挥："指挥维持着共同的谐调，他让一切有声有色，是最高和谐的统帅！"④ 如果联系到东正教与拜占庭帝国的联系，我们不难发现沙皇作为 "乐队指挥" 这一比喻有着深厚的历史渊源。谢·布尔加科夫（Булгаков С. Н.，1871—1944）曾指出："教会与国家的关系在拜占庭基本是交响乐式的，也就是既保持了各自的独立性，又能够相互达成一致。"⑤ 其二是仁爱。"只有君主领悟到自己的崇高使命——成为那位本人就是大地上爱的

---

① ［俄］罗赞诺夫：《罗赞诺夫论果戈理》，载梅列日科夫斯基：《果戈理与鬼》，耿海英译，北京：华夏出版社，2013 年，第 152 页。

② *Флоровский Г. В.* Пути русского богословия. М.: 2009. С. 344.

③ ［俄］果戈理：《与友人书简选》，任光宣译，合肥：安徽文艺出版社，1999 年，第 56 页。

④ ［俄］果戈理：《与友人书简选》，任光宣译，合肥：安徽文艺出版社，1999 年，第 57 页。

⑤ ［俄］布尔加科夫：《东正教——教会学说概要》，徐凤林译，北京：商务印书馆，2001 年，第 196 页。

形象，在那里人民才会得到完全治愈。"① 沙皇是慈父的象征，他热爱自己的人民，也得到了人民的效忠，原因就在于其三：沙皇与人民的血脉相连。在俄国的历史上，农民伊凡·苏萨宁曾牺牲自己拯救了年轻的罗曼诺夫沙皇。因此，罗曼诺夫王朝的"开始就已是爱的业绩……爱流进我们的血液，并且建起了我们大家与沙皇的血缘联系"②。果戈理在这里弱化专制统治的残酷，极力渲染君主与臣民的和谐共处，主要也是从东正教的角度出发，努力建构出一个从上到下血脉相连、休戚与共的俄罗斯民族共同体形象。因此，对于果戈理这种崇拜沙皇的狂热，别林斯基愤怒地将其称为"宗教狂"，认为："一个人（甚至一个正常的人）只要患上精神病医生叫做 religiosa mania（拉丁文，意为宗教狂——引者注）的疾病，那他立刻就会对地上的上帝比天上的烧更多的香。"③

再次是民族性的问题。事实上，早在 1832 年，果戈理就在《关于普希金的几句话》里表达了他对"民族性"的定义，即"真正的民族性不在于描写萨拉凡，而在于民族精神本身"。④ 但问题在于："民族精神"又是什么呢？在《与友人书简选》第 31 封信《究竟什么是俄国诗歌的本质及其特色》中，果戈理一方面对自罗蒙诺索夫以来的俄国文学发展做了系统的梳理，另一方面也对俄国诗歌中的民族性做了一定的阐释。比如在罗蒙诺索夫笔下："俄罗斯只呈现出她的一般的地理轮廓……"⑤ 而到了杰尔查

① 〔俄〕果戈理：《与友人书简选》，任光宣译，合肥：安徽文艺出版社，1999 年，第 61 页。
② 〔俄〕果戈理：《与友人书简选》，任光宣译，合肥：安徽文艺出版社，1999 年，第 62 页。
③ 〔俄〕别林斯基：《给果戈理的信》，载《别林斯基选集》第 6 卷，辛未艾译，上海：上海译文出版社，2006 年，第 469 页。
④ 〔俄〕果戈理：《文论卷》，彭克巽译，合肥：安徽文艺出版社，1999 年，第 75 页。
⑤ 〔俄〕果戈理：《与友人书简选》，任光宣译，合肥：安徽文艺出版社，1999 年，第 216 页。

文，除了"国家的地理轮廓"，还有"人民及其生活"①成为作家关注的对象。在德米特里耶夫、茹科夫斯基之后，只有普希金才完全展示出了俄罗斯民族特性。但需要说明的是：这种"民族性"主要还是停留在现象的描述，尚未上升到理论的概括高度。这也是别林斯基所能理解的"民族性"概念："果戈理的中篇小说是最高度的民族性的……如果我们把民族性理解为关于某一民族、某一国家的风俗、习惯和性格的忠实描写的话。"②

在系统的论述之后，果戈理最后归纳了他理解的民族性：敏感性——即对自然的生动反应；对上帝造物的处处惊叹。作为"真正俄国的智慧"的"准确分寸感"，有助于各阶层之间的和谐共处；"稚嫩的勇敢和极想行善的大胆"，使得俄罗斯人团结一致。作家认为："我国诗人们所发现的这些特性，是我们的民族特性，在诗人们身上只有业已成熟的特性才看得更明显些，因为诗人们不是来自海外的某个地方，而是来自自己的人民。"③从今天来看，果戈理归纳的这几个特性并不完全能概括俄罗斯民族性，但他强调了上帝造物的伟大；强调了俄罗斯农民在专制君主面前的恭顺与谦卑；也表明了俄罗斯人勇敢大胆的特性。这几点，应该说与乌瓦罗夫所强调的官方民族性有相通之处。

在接下来的 1849 年 3 月 30 日的信里，果戈理进一步概括了他理解的俄罗斯民族性："做一个真正的俄罗斯人意味着什么？我们现在抛掉一切异质的、不成体统的、不合本性的东西，抢着发展的俄国气质究竟魅力何在？这需要仔细辨析。俄国气质的卓越特点在于它善于比其他民族更深刻

① ［俄］果戈理：《与友人书简选》，任光宣译，合肥：安徽文艺出版社，1999 年，第 217 页。
② *Белинский В. Г. Полное собрание сочинений в 13 томах.* М.: 1953. Том. 1. С. 295.
③ ［俄］果戈理：《与友人书简选》，任光宣译，合肥：安徽文艺出版社，1999 年，第 262 页。

地接受福音书话语，以走向人的完善。"① 在作家看来，俄罗斯民族性建立在宗教性的基础之上，社会问题的解决离不开东正教思想的指导，东正教也是俄罗斯民族最显著的标志，世俗与宗教在这里获得了完美的融合。

由此不难看出，果戈理对于俄罗斯文学的影响有多大。正如后来侨民批评家莫丘利斯基在《果戈理的精神之路》（1934）里所概括的："在道德领域果戈理是极有天赋的；他注定该使整个俄罗斯文学从美学急剧地转向宗教，从普希金的道上转到陀思妥耶夫斯基的道上。所有能说明已成为世界性文学的'伟大的俄罗斯文学'的性质特征都被果戈理勾勒出来了：她的宗教——道德体系、她的公民的觉悟和社会性、她的战斗性和实践性、她的预言的激情和'救世主'说。从果戈理起开始了广阔的道路、世界性的广阔天地。果戈理的力量是如此伟大，他做成了一件令人难以置信的事：使我国文学的普希金时代变成一个一去不复返也不可能复返的插曲。"②

需要指出的是，果戈理在创作初期受到的"官方民族性"影响，是比较直接也是非常明显的，这能够从他写于 19 世纪 30 年代的一些论文和文学作品看出来。但到了 19 世纪 40 年代后，果戈理的思想日益成熟也日趋复杂，他向宗教神秘主义的转向在更大的程度上是"官方民族性"、疾病等多重影响合力的结果。我们只能从"正教、专制及民族性"这三方面所包含的内容与果戈理晚期创作中的思想逐步对比，以求觅得其中的呼应之处。另外，必须考虑到的是果戈理毕竟是第一个把宗教思想引入俄罗斯文学的作家。在很多情况下，"第一"往往意味着作者的孤独以及某种程度

---

① *Гоголь Н. В.* Полное собрание сочинений и писем в 17 томах. Москва–Киев.: 2009. Том. 15. С. 169.

② *Мочульский К.* Духовный путь Гоголя. Paris.: YMCA Press. 1934. С. 86.

的肤浅。因此《与友人书简选》的面世遭到了方方面面的抨击，即使有少数赞成者，也多半是建立在误解的基础上。另外，即便在像《与友人书简选》这样的书信集里，果戈理对其秉持的宗教理念的阐释也谈不上过于深刻。他很多时候只是说"应该"，却很少解释"为什么"，这恐怕很大程度上是由他所处的时代决定的。

无论如何，正像津科夫斯基在他那本《俄国哲学史》里指出的："果戈理只活了 43 岁，但他却在有生之年，不但以其天才的创作丰富了俄罗斯文学，而且还为俄国生活引入了那样一个主题，它至今仍是俄罗斯探索的核心主题之一——即文化回归教会主题和建设新的教会世界观——即'东正教文化'的主题。"[①] 作为俄国文学中第一位执着于宗教探索的作家，果戈理晚期宗教思想的来源值得我们认真剖析，这其中，19 世纪三四十年代的"官方民族性"及由此产生的沙俄帝国民族主义应该得到更多的重视。

---

① ［俄］瓦·瓦·津科夫斯基:《俄国哲学史》(上卷)，张冰译，北京:人民出版社，2013 年，第 182 页。

第三章
《哲学书简》与“恰达耶夫悖论”

在 19 世纪的俄国思想史上，恰达耶夫（Чаадаев П. Я.，1794—1856）历来以“殉难者”面貌示人，这一形象的形成首先来自他在《哲学书简》中对俄国历史与现实的严厉批判，也与赫尔岑在《往事与随想》里的描述有关（“黑夜中发出的枪声”①）。然而需要指出的是：恰达耶夫在批判俄国社会的同时，也以其信奉的基督教思想为出发点努力建构心目中的理想社会。更少有人注意的是：恰达耶夫在晚年甚至改变了对东正教的原有看法，成为一名思想上保守的人物。这种矛盾的形象既是恰达耶夫思想深刻性复杂性的体现，也构成了研究界争论已久的命题：“恰达耶夫悖论”（Парадоксы Чаадаева）。有关这个问题，津科夫斯基早在 1946 年就指出：“赫尔岑把恰达耶夫归入（但却没有任何根据）‘革命者’阵营，而其他人却把他当做一位皈依天主教的转信者。某些人把恰达耶夫当做 30—40 年代自由主义最鲜明的代表人物，而另一些人却视他为神秘主义的代表人物。”②事实上，由赫尔岑树立的恰达耶夫形象在经过列宁在《纪念赫尔岑》（1912）中强调之后，直到 20 世纪末俄罗斯学界仍影响深远。随

① ［俄］赫尔岑:《往事与随想》中册，项星耀译，北京：人民文学出版社，1998 年，第 151 页。
② ［俄］瓦·瓦·津科夫斯基:《俄国哲学史》（上册），张冰译，北京：人民出版社，2013 年，第 151 页。

着公开性改革之后，才出现了一些争论。老一辈的恰达耶夫专家卡缅斯基（Каменский З. А.，1915—1999）与新一辈的塔拉索夫（Тарасов Б. Н.，1947— ）、沃尔金（Волгин И. Л，1942— ）等人在 1988 年之后分别撰文争论恰达耶夫到底是十二月党人的继承者、沙皇政府的反抗者还是思想复杂、摇摆不定的宗教哲学家 ①。

实际上，无论是对俄国的批判，还是对理想国家形象的构想，恰达耶夫的思想与宗教始终密切相连。天主教以及东正教在他思想形成中起到了什么作用，其间如何转变，这些问题由于受到苏联时期反宗教思想的影响，加上恰达耶夫的著作长期未能出版，因而在很长一段时间里为俄苏学界所忽视，因而也造成了思想家本人在历史上模糊又矛盾的形象。正如弗洛罗夫斯基在《俄国神学之路》（1939）中指出："恰达耶夫的形象至今模糊不清，最模糊的就是他的宗教性。"② 要捋清这一问题，首先需要回到恰达耶夫的作品本身。

第一节 《哲学书简》的历史背景

《哲学书简》创作于 1829—1830 年，由 8 封信组成，影响最大的是第一封信，也是恰达耶夫生前唯一发表的书信 ③。第一封信以法文写于

---

① 详情参见 Петр Чаадаев: Pro et contra. Личность Петра Чаадаева в оценке русских мыслллей и исследователей. Антология. СПб.: РХГИ. 1998. 几位作者的文章。

② Флоровский Г. В. Пути русского богословия Русская цивилизация. М.: 2009. С. 316.

③ 从版本学的角度看，恰达耶夫的《哲学书简》在俄国公开出版的仅有第一封信。后来赫尔岑在西欧出版了该作的法文全本。20 世纪初，著名思想家格尔申宗主持出版了两卷本恰达耶夫文集，搜集了大部分恰达耶夫的著作；到 30 年代，另一位学者沙霍夫斯基（Шаховской Д. И.，1861—1939）将法文版的《哲学书简》译为俄文，1935 年由《文学遗产》刊登了后 5 封信，但这一研究过程随着沙霍夫斯基死于大清洗而被中断。真正的俄文版恰达耶夫文集是到了 1989 年才由塔拉索夫组织出版的；随后卡缅斯基又在 1991 年推出了两卷本的学术版，这也是目前为止恰达耶夫作品最完整的一个版本，尽管其中仍然存在着不少错误和疏漏。

1829 年，以俄文发表于 1836 年 9 月份的《望远镜》杂志。可以说，恰达耶夫此后的一身荣辱皆系于此。从俄国国家形象的塑造过程来看，我们可以注意到，俄国形象的塑造与反思在 18—19 世纪之交经历了一个否定之否定阶段。卡拉姆津否定了自己对西欧的崇拜，也否定了以西欧模式改造俄国的想法；立足本民族的君主专制和农奴制现实，打造一个不同于启蒙视角下的俄国形象。乌瓦罗夫及其官方民族性则是在 1812 年卫国战争和十二月党人事件的刺激之下，为了避免西欧的革命思潮，有意推出"正教、专制和民族性"三原则与"自由、平等及博爱"的启蒙原则抗衡。

因此如果考虑到上述背景，我们不难发现恰达耶夫书信里的批判蕴含着作者对俄罗斯民族性、国家形象的深刻反思，它与稍早出现的"正教、专制和民族性"（所谓"官方民族性"）呈现出一种论战的架势，也一起构成了 1812 年卫国战争后俄国社会各界对本民族历史、文化的反思，并为此后斯拉夫派与西欧派的分野拉开了序幕。

弗洛罗夫斯基曾指出："在 1812 年及其'全民经验'以后，在与欧洲发生了军事的和非军事的接触之后，就已经有了足够的理由和动机来思考俄罗斯的命运问题（或俄罗斯的使命问题）。在欧洲的俄罗斯——这是亚历山大时代十分活跃的历史主题。"[①] 侨民哲学家津科夫斯基对此也有类似的见解。在他的《俄国哲学史》里，津科夫斯基指出："可以理解的是，在 1812—1814 年战争以后，希望鲜明表达民族自我认识的心理需求，有了急遽伸长。那个年代里的自由派和保守派们，唯独在这个问题上高度一致——在所有的小组里，认识到俄罗斯的力量和'成熟'成为一种共

---

① *Флоровский Г. В.* Пути русского богословия. М.: 2009. С. 314–315.

识。"① 在哲学方面，斯拉夫派的代表基列耶夫斯基便说："德国哲学不可能在我们这里扎根。我们的哲学应该从我们的生活中得到发展，应当基于现实的问题，基于我们民族与个人生活的主要利益得到创造。创造的途径则在于对基督教进行俄国式阐释的基础上推翻德国式的思维方式。"② 不难看出，此时的哲学界对建立俄罗斯民族哲学有着热切的期盼。

史学方面的情况也是如此。正如上文所论述的：在此之前的 1803 年，卡拉姆津在亚历山大一世的授命下已开始撰写十二卷本的《俄罗斯国家史》（1803—1826），试图从对历史的梳理之中寻求俄罗斯民族的特性。这不是俄国的第一部历史，却因为卡拉姆津的巨大声誉与官方的大力宣传而成为俄国流传最广、影响最大的史学著作。著作第一卷出版之时，三千册在一个月之内售完。在卡拉姆津看来，俄罗斯的历史就是俄罗斯国家的历史，国家是由帝王将相们建立的，因此历史学家通过对历史文献及资料的考察，在著作里向那些建立伟大帝国的俄罗斯民族英雄表示敬意。这一点恰恰与后来恰达耶夫的观点形成鲜明对照。或者可以说，恰达耶夫正是对此展开了反驳。因此在《哲学书简》第一封信发表之后，著名的诗人维亚泽姆斯基（Вяземский П. А.，1792—1878）立刻致函乌瓦罗夫指出："恰达耶夫的信就其实质而言，无非是对卡拉姆津真实描写下的俄国的否定，也就是说，对以乌瓦罗夫三原则为基础的俄国的否定。"③ 应该说，维亚泽姆斯基的理解还是非常准确的。

---

① ［俄］瓦·瓦·津科夫斯基:《俄国哲学史》，张冰译，北京：人民出版社，2013 年，第 129—130 页。

② *Киреевский И. В.* Обозрение русской словесности 1829 года.//*Киреевский И. В.* Критика и эстетика. М.: Искусство. 1979. С. 68.

③ *Вяземский П. А.* Проект письма к С. С. Уварову.//П. Я. Чаадаев: Pro et contra. Личность Петра Чаадаева в оценке русских мыслией и исследователей. Антология. СПб.: 1998. С. 120.

从发表时间来看，恰达耶夫的第一封信撰写和发表的时间相差 7 年，其原因在于当他在写这封信的时候，他面对的是卡拉姆津《俄罗斯国家史》中那种民族主义思潮；但真正促使他发表这封信的直接原因是 19 世纪 30 年代的国民教育大臣乌瓦罗夫提出的"官方民族性"观念[1]。作为一个俄罗斯人，他或许可以接受卡拉姆津的民族主义思想，但他无论如何都不能接受乌瓦罗夫对俄国形象的这种塑造。正如后来的佩平院士所指出的："就自身总体意义而言，恰达耶夫的文章有一种有趣的历史意义，它出现在一个官方民族性体制得以完全发展的时期，然而却对这一体制提出了最极端的反对。"[2]

乌瓦罗夫在 1831 年针对十二月党人事件后俄国社会思想界的混乱，秉承尼古拉一世之意，提出"东正教、专制和民族性"是俄罗斯国家的奠基石：东正教是俄罗斯的传统；专制制度是俄罗斯的现状；独特的人民性是他们屹立于强国之林的未来。从今天来看，上述三原则并非通常所谓的反动或蒙昧主义口号，它既有现实的意义，即保证俄国远离欧洲革命动荡；又有文化上的意义：对这三原则的强调自然可看作对俄罗斯民族特性的强调。这两种意义互为因果：为了要避免革命，所以要强调民族特性；俄罗斯民族的特性保证了它能远离西欧的革命动荡。

但对于恰达耶夫来说，情况完全不是如此。恰达耶夫成长于法国大革命期间，彼时俄国正值叶卡捷琳娜女王在位，启蒙思想影响余波未消。亚历山大一世的登基又加强了俄国社会自上到下的自由主义势力。1812 年，

---

① 促使恰达耶夫发表书信还有另一个现实原因，即尼古拉一世登基 10 周年庆典。当时报刊上出现了不少阿谀之词，吹捧尼古拉的统治。这对于身为十二月党人朋友的恰达耶夫来说尤为不能接受。

② *Пыпин А. Н.* Характеристики литературных мнений от двадцатых до пятидесятых годов. Исторические очерки. СПб.: 1873. С. 157.

他随沙皇前往巴黎，见识了革命之后法国人民的精神面貌。在这样的经历之后，恰达耶夫对于专制不可能像卡拉姆津那样有发自内心的热爱。恰达耶夫自 1821 年从军队辞职之后先旅居国外（1823—1826），虽因此错过了 1825 年的十二月党人事变，但诸多好友的不幸遭遇也使他对沙皇制度更为憎恨。此外，国外的游历尤其是与德国哲学家谢林的相识对恰达耶夫思想形成影响甚大。正如赫尔岑回忆道："在德国，恰达耶夫与谢林来往密切；后来他之倾向神秘主义哲学，大概谢林的影响是一个主要原因。他的革命的天主教即来源于这种哲学，并成为他终生的信仰。"①1826 年回国后，恰达耶夫又在乡间隐居了 5 年，思考俄罗斯哲学的一些命题。1831年，他最终形成了自己在哲学、宗教、政治等方面的基本看法，于是走出书斋，开始四处宣扬自己的天主教救国理念。维亚泽姆斯基回忆说："恰达耶夫总是关注自身，沉迷于自我个性的剖析，反思自己所说的话。他是个有点教条主义的人，像随着带着一个流动教研室的老师，从一个沙龙到另一个沙龙。"② 在"官方民族性"大行其道之后，恰达耶夫也按捺不住辩论之心，将哲学书简第一封信发表在《望远镜》杂志上，由此酿成了思想史上的一次公共事件。

　　虽然只是一封信，但在俄国社会引起的轰动不亚于一颗大炸弹③。要知道，这是在 1812 年卫国战争胜利后的俄国社会，上到沙皇，下至平民，

---

① ［俄］赫尔岑：《往事与随想》中册，项星耀译，北京：人民文学出版社，1998 年，第 157 页。

② *Вяземский П. А.* Старая записная книжка. Ленинград: Издательство писателей в Ленинграде. 1927. С. 156.

③ 当代俄罗斯思想史研究者克里莫娃（Климова С. М.）指出："恰达耶夫思想的意义不在于他强调了在历史哲学与天命论背景下俄国民族主义自我认知特点这一问题，更可能在于《哲学书简》第一封信的发表一下子把早已存在的问题主题讨论区域提升到广泛的社会层面话语。"见 Климова С. М. Интеллигенция в поисках идентичности. Достоевский и Толстой. Санкт-Петербург.: 2018. С. 32–33。

无不沉浸在俄国作为欧洲强国的自我想象之中。现在，恰达耶夫却把这种美好的想象打得粉碎，向民众揭露出俄国历史、现状的丑恶一面。忠言逆耳，何况对于多数人来说，恰达耶夫所说的算不算忠言还是个问题，借用普希金评价拉吉舍夫的话说："他们不是与政府作战，而是和俄罗斯作战。"①

事实上，恰达耶夫对俄国的这种批判在当时也并不新鲜。譬如法国旅行家居斯廷在考察俄国后写的《1839年的俄国》里，就提出了不少与恰达耶夫类似的看法："十字军的有益影响就像天主教信仰的传播一样，未能超出波兰之外……在几百年的为圣棺而战之后，欧洲接受了基督教的精神，而俄国继续像从前一样以狡猾和欺骗向来自希腊帝国的拉丁十字军借鉴艺术、道德、科学、宗教和政治，同时却厌恶他们。在此之后，他们又向以乌兹别克人为首的伊斯兰教徒进贡……当整个欧洲的奴隶制度被消灭的时候，曾在欧洲占据主流的绝对专制却在俄国建立起来了。"②居斯廷在这里提到俄国与西方的隔阂，以及受拜占庭帝国的影响，跟恰达耶夫可谓英雄所见略同。问题在于居斯廷毕竟是法国人，赞成他观点的俄国人本来就不算多。恰达耶夫却反而与之立场相同，一起批判俄国历史、文化等，难免令人会产生崇洋媚外的联想。

因此，几乎整个俄罗斯起来抨击恰达耶夫，官方更是直接宣布他为疯子。津科夫斯基在《俄国思想家与欧洲》里记录了小说家奥多耶夫斯基（Одоевский В. Ф., 1803—1869）的看法："恰达耶夫在自己的通信中涉及到了对那时来说最痛苦的问题——关于西方与俄国的关系问题。1836年

---

① 转引自［俄］维·费·沙波瓦洛夫:《俄罗斯文明的起源与意义》，胡学星等译，南京：南京大学出版社，2014年，第165页。

② *Кюстин А. де.* Россия в 1839 году. СПб.: Крига, 2008. С. 75.

奥多耶夫斯基写信给舍维廖夫:'恰达耶夫关于俄国所说的,相反正是我现在要说欧洲的。'而实际上当时所有人都站在了奥多耶夫斯基这边。"[①]

当然,支持恰达耶夫的也有,譬如年轻的赫尔岑。他后来回忆《哲学书简》对他的影响:"我往下读,《书简》变得高大了,成了对俄罗斯的阴森逼人的控诉书,一份历尽忧患、想把心头积压的一切吐露一部分的志士的抗议书。"[②]这里需要指出:赫尔岑看到的只是《哲学书简》的第一封信而已,他的"控诉"是对沙皇政府的控诉,可这控诉未必是恰达耶夫的本意。白银时代的思想家格尔申宗(Гершензон, М. О., 1869—1925)就说:"显然,作者的情绪和读者的情绪是相吻合的,而读者甚至没有疑心到,作者的情绪是以与他自己完全不同的另外的原因为前提的。赫尔岑说:'这是在黑夜里发出的枪声',是的,但是赫尔岑并没有查问是谁对谁射击,立刻就决定是同盟者,并且是对着共同的敌人射击的。而所谓共同也仅仅是情绪、痛苦和责备。"[③]由于恰达耶夫作品后来在沙俄时期出版困难,许多人对他的理解都是以《哲学书简》的第一封信为基础,这就造成了对恰达耶夫的一种误读。经赫尔岑及其《钟声》渲染之后,恰达耶夫自此就给读者留下了一个"殉难者"的形象。

格尔申宗倒是从另一个角度做了解释。他认为:"恰达耶夫为民族的自我欺骗而忧伤,他嘲笑斯拉夫派的倒退的空想,以及他们对西欧的轻视态度等等……然而他攻击的主要目标不是斯拉夫派的历史错误,也不是他们的反动的热望,使他最害怕的是他们使社会陷入其中的那种民族自满的

---

① [俄]瓦·瓦·津科夫斯基:《俄国思想家与欧洲》,徐文静译,上海:上海三联书店,2016年,第45页。

② [俄]赫尔岑:《往事与随想》中册,项星耀译,北京:人民文学出版社,1998年,第152页。

③ *Гершензон, М. О.* П. Я. Чаадаев. Жизнь и мышление. СПб.: 1908. C142.

气氛。他在俄国所热爱的只是它的未来，即它可能的进步，因而当他看到这种根本敌视任何进步运动和歪曲民族特性的精神上的满足时，不能不感到痛苦。在他看来，思想界的这种情绪是一个势必使俄国民族失去整个未来的致命的病症，因而他不倦地注视着它的表现，注视着它对整个社会和个别社会成员的有害作用。"① 格尔申宗认为恰达耶夫批判的是当时俄国社会的自满心理，看到官方民族性对当时民众的误导，这一后来者的视角自然要较赫尔岑更为高明。

事实上，对恰达耶夫来说，对俄国的批判只是一个出发点，他要做的是以俄国这个欧洲的边缘国家为反面教材，构建他心目中的大同世界实现之路。在这个问题上，弗洛罗夫斯基倒是看得比较准确："恰达耶夫不是本来意义上的思想家。他是一个聪明人，具有十分明确的观点，但是在他那里寻找'体系'是徒劳的，他有原则，但这不是体系。这一原则就是基督教历史哲学的设想。对他来说，历史就是在世界上建立天国。只有通过建立这样的国才能进入历史。"② 相比之下，赫尔岑及后来的激进派仅仅把恰达耶夫视为反抗沙皇制度的人物，显然是低估了他思想的复杂性。正如格尔申宗也提到的："这里表现了关于比政治更大的——即关于永恒真理、关于内部自由的模糊的猜测，对于内部自由说来，外部自由即政治自由固然只是一块踏板，但却是如此天然地必需，正像空气对于生命一样……在这方面恰达耶夫曾反复地谈到精神的崇高任务，他创造了人类曾经想达到的最深刻的历史概括之一，因此他是值得后代纪念的。"③ 另外也需要注意到，尽管恰达耶夫的俄国观只是他思想的表象，只是一个出发点，但作为

---

① *Гершензон М. О.* П. Я. Чаадаев. Жизнь и мышление. СПб.: 1908. С. 176–177.

② *Флоровский Г. В.* Пути русского богословия. М.: 2009. С. 316.

③ *Гершензон, М. О.* П. Я. Чаадаев. Жизнь и мышление. СПб.: 1908. С. Ⅲ – Ⅳ.

他"最有名的学说，甚至或许还是恰达耶夫所曾写过的东西中，旗帜最鲜明、锋芒最毕露的学说"①，恰达耶夫的俄国观仍然有重新审视的必要性，舍此，则他的大同世界之梦就成了无根之木、无源之水。

第二节 《哲学书简》里塑造的俄国形象

和卡拉姆津及乌瓦罗夫等人对俄国的推崇不同，恰达耶夫对俄国几乎是抱着绝望的心情。在他看来，俄罗斯仿如人类文明的弃子，孤独而保守，落后而愚昧。

他在信中写道："我们独特的文明之最悲哀的特征之一就是，我们刚刚发现的真理，在其他一些地方，甚至是在那些于许多方面都远远落后于我们的民族中间，都早已成了老生常谈。这是因为，我们从未与其他的民族携手并进；我们不属于人类的任何一个大家庭；我们不属于西方，也不属于东方，我们既无西方的传统，也无东方的传统。我们似乎置身于时间之外，我们没有被人类的全球性教育所触及。"②

为什么会有这样的情况呢？恰达耶夫认为这是由俄罗斯的野蛮历史所决定的。在他眼里，俄国的历史呈现出如下的悲惨景象："首先是野蛮的不开化，然后是愚蠢的蒙昧，接下来是残暴的、凌辱的异族统治，这一统治方式后来又为表们本民族的当权者所继承了，——这便是我们的青春可悲的历史……它除了残暴以外没有兴起过任何东西，除了奴役以外没有温暖过任何东西。在它的传说中，既没有迷人的回忆，也没有为人民所怀念的优美形象，更没有强大的教益。请看一看我们所经历过的所有年代，看

---

① ［俄］瓦·瓦·津科夫斯基：《俄国哲学史》，张冰译，北京：人民出版社，2013年，第157页。
② ［俄］彼得·恰达耶夫：《哲学书简》，刘文飞译，北京：作家出版社，1998年，第33页。

一看我们所占据的所有空间吧，——您找不到一段美好的回忆，找不到一座可敬的纪念碑，它可以庄严地向您叙述往事，它可以在您的面前生动地、如画地重现往昔。我们仅仅生活在界限非常狭隘的现在，没有过去和未来，置身于僵死的停滞。"①简单地说，俄国历史上除了"残暴"和"奴役"之外一无所是，这是对俄国历史的全盘否定。恰达耶夫甚至认为，俄罗斯民族的使命就是试验品："它的存在仅仅是为了给世界提供一个严正的教训。"②

恰达耶夫的激进观点还不止于此。再看看俄罗斯的现在："在我们的脑袋中绝无任何共同的东西；其中的一切都是个人的，都是不稳固、不充分的。"③又及："如果说，我们具有一些年轻的、不发达的民族所具有的美德，那么，那些成熟的、高度文明的民族所具有的长处，我们却一个也不具备。"④恰达耶夫的这种思想，后来在屠格涅夫的小说《烟》（1867）那里得到了进一步发展。小说里的波图金也是这般全盘否定了俄国对人类社会的贡献。他的名言便是："……假如下一道命令，凡是从地球上消失的民族必须立即把自己的发明创造统统搬出水晶宫，那么我们的祖国，信奉东正教的俄罗斯，肯定会惭愧得无地自容，因为俄罗斯连一只钉子，一枚别针都无法带走，一切都会原封不动地留在原地，因为即使像茶炊、树皮鞋、车轭和鞭子这些著名的产品也不是我们发明的。"⑤这种贬低自我的言

---

① ［俄］彼得·恰达耶夫：《哲学书简》，刘文飞译，北京：作家出版社，1998年，第36、37页。
② ［俄］彼得·恰达耶夫：《哲学书简》，刘文飞译，北京：作家出版社，1998年，第38页。类似观点后来在陀思妥耶夫斯基的《少年》一书中得到了回响。
③ ［俄］彼得·恰达耶夫：《哲学书简》，刘文飞译，北京：作家出版社，1998年，第40页。
④ ［俄］彼得·恰达耶夫：《哲学书简》，刘文飞译，北京：作家出版社，1998年，第41页。
⑤ ［俄］屠格涅夫：《烟》，徐振亚译，载《屠格涅夫全集》第4卷，石家庄：河北教育出版社，2000年，第94页。

论，甚至连赫尔岑都看不下去。他在给作家的信里说："我必须承认，你的波图金使我讨厌，你为什么不删去一半的废话？"[1] 历史自然已经证明，无论是恰达耶夫还是他的后辈屠格涅夫，言论之中都有矫枉过正之处。但在当时公开提出这一问题，确实有振聋发聩之效。

那么，俄罗斯为什么会有如此惨淡的历史和毫无希望的未来呢？恰达耶夫将责任归咎为拜占庭及东正教："屈从于我们凶恶的命运，我们转向了可怜的、为上述民族深为蔑视的拜占庭，他们蔑视拜占庭的精神法则，那一法则却成为我们教育的基础。由于一位爱虚荣的人的意志，这一诸民族的大家庭刚与整个世界相分离，我们便随之接受了一种被人类的激情所歪曲的思想。在欧洲，当时一直盛行着生机勃勃的统一原则。一切都来自这一原则，一切都归向这一原则。那一时代所有的智慧运动，都朝向人类思维的统一；所有的动机都扎根于这一压倒一切的需求，即寻找一种能成为新时代天才鼓舞者的全球性思想。"[2] 作为一位在启蒙时代的西欧见多识广的思想家，恰达耶夫讨厌拜占庭的君主专制，自然也讨厌学习并接受拜占庭文化的俄国社会。

事实上，从今天的角度来看，拜占庭文化对俄国社会影响甚大（利哈乔夫院士等人就认为东正教对俄罗斯文化有推动作用），并不是如恰达耶夫所想的那么陈腐不堪，甚至阻碍了俄国社会的发展道路。说到底，这只是恰达耶夫本人作为一位西欧派、一位天主教徒的思想在起作用。因为很快他就提出了改变这一切的对策："我们首先要做的，就是用一切可能的手段来复兴我们的信仰，给自己真正基督教的动机，因为，西方的一切

---

[1] *Герцен А. И.* Полное собрание сочинений в 30 томах. М.: Т. 29. Кн. 1. 1963. С. 102.

[2] ［俄］彼得·恰达耶夫:《哲学书简》，刘文飞译，北京：作家出版社，1998 年，第43—44 页。

都是由基督教造就的。"① 相比之下，东正教及其教会只是给俄国带来了奴隶制度。"为什么恰恰相反，俄国人只是在成了基督徒之后，只是在戈都诺夫和舒伊斯基的朝代，才开始了奴隶制？让东正教会来解释这一现象吧。"② 恰达耶夫在这里将天主教和东正教做了对比，前者给人带来仁慈和自由，后者则是带来了奴隶制和落后。一褒一贬，意义非常明显。

　　与西欧其他国家相比，在俄国农奴制之下的奴隶也有某种特殊性：普遍性。除了沙皇之外，包括统治阶级在内的贵族，本质上都是沙皇的奴隶。"……俄国的农奴虽说是真正意义上的奴隶，可是外在地看，他们却没有背负奴隶制的印记。无论是就权利而言，还是就种族差异而言，他们与社会上其他阶级的差异并不大，社会舆论也是这样看的……在俄国，一切东西——道德、理想、教育，直到自由——都带有奴隶制的标记，而在这样的环境中，可能实现的也许只有自由。"③ 恰达耶夫这里说的是俄国农奴，实质指出了俄国社会普遍存在的奴役关系。许多年之后，普列汉诺夫（Плеханов Г. В.，1856—1918）在《俄国社会思想史》里也提到了这一点："莫斯科国与西方国家的区别，在于它不仅奴役了最低的农民阶级，而且奴役了最高的官宦阶级……"④ 从上到下的奴役关系使俄国变成了一个世界上最大号的奴隶主庄园，几千万人被沙皇一个人的意志所统治。这便是当时恰达耶夫心目中的俄国形象。

　　那么如何来改变俄国形象呢？恰达耶夫在第一封信开头就提及要如何认识民族："当然，我不想说，我们所有的全都是恶习，而欧洲各民族所

---

① ［俄］彼得·恰达耶夫：《哲学书简》，刘文飞译，北京：作家出版社，1998 年，第 48 页。
② ［俄］彼得·恰达耶夫：《哲学书简》，刘文飞译，北京：作家出版社，1998 年，第 63 页。
③ ［俄］彼得·恰达耶夫：《箴言集》，刘文飞译，昆明：云南人民出版社，1998 年，第 185 页。
④ ［俄］普列汉诺夫：《俄国社会思想史》第 1 卷，孙静工译，北京：商务印书馆，1996 年，第 89 页。

有的全都是美德。上帝饶恕我！但是，我是在说，为了对各个民族做出正确的评判，就必须研究那构成它们生活本质的普遍精神，因为只有这种精神，而不是各民族其他的性格特征，才可能将各民族带上精神完善和不停发展的道路。"① 从接下来的几封书信来看，这种"普遍精神"应该是宗教，《哲学书简》的 2—5 封书信讨论的都是宗教问题。恰达耶夫认为宗教，尤其是他信奉的天主教在当时来说涵盖了一切人文学科，只有在天主教的引导下，俄国才能走向进步，整个世界才能发展。作者认为："在基督教中，应该区分出两种完全不同的东西：它对单个个人的作用和它对普遍理性的影响。"② 正是在基督教的影响下，西欧才能在长达 15 个世纪的时间里保持分而不散、持续进步的态势。俄国需要做的，就是尽量学习天主教，确立一个统一的精神旗号，进而融入欧洲文明。这种看法在今天看来显然是比较极端的，也是片面的，它体现了恰达耶夫历史观中主题先行的问题。

当代俄罗斯哲学家梅茹耶夫（Межуев В. М.）曾比较过卡拉姆津与恰达耶夫历史观的不同："卡拉姆津与恰达耶夫代表了两种对待俄罗斯历史的不同方法：史学的和哲学史的。前者建立在对一手材料——历史文献及遗物——的关注之上；后者则来自于某种固定的历史思想，来自对历史普遍意义和使命的理解。"③ 因此，卡拉姆津的写作具有实证考古的性质，他需要沙皇在经济和权力等各方面的支持，以方便实地考察。恰达耶夫则不然，他是概念先行的沙龙常客，先以西欧的标准来审视俄国，得出俄国野蛮落后的判断，在此基础上再去寻找相应的材料来证实他的观点。而在当

① ［俄］彼得·恰达耶夫：《哲学书简》，刘文飞译，北京：作家出版社，1998 年，第 41 页。

② ［俄］彼得·恰达耶夫：《哲学书简》，刘文飞译，北京：作家出版社，1998 年，第 47 页。

③ *Межуев В. М.* Н. М. Карамзин и П. Я. Чаадаев: два лика русского консерватизма// Философские науки. 2016. № 11. С. 13.

时俄国那种落后的环境下，社会现实本身确实能够为他的立论提供大量的材料。可是，材料与观点的吻合就可以证明了作者所言不虚吗？恐怕未必。因为同样有其他的材料可以反驳恰达耶夫的观点。换句话说，恰达耶夫在引用有关俄国落后、社会黑暗的材料时是有选择的。这就使得他的论述虽然从逻辑上来说并无问题，但实质上并不客观和全面。这是我们今天在看《哲学书简》时需要注意的。

因此，仅仅从第一封信来看，恰达耶夫笔下的俄国显然乏善可陈：封闭的状态、野蛮的历史以及毫无希望的未来，造成这个形象的起因就在于来自拜占庭的东正教，要改变这一切的出路就在于西方的基督教。正如利哈乔夫指出的："恰达耶夫把他那个时代流行的对俄罗斯的评价搬用于整个俄罗斯，包括他同时代的俄罗斯，而且毫不客气地赋予负面意义。这就是他对古罗斯的看法与斯拉夫派对古罗斯的看法的重大差别之一。"[①] 不过，如果仅仅这样来概括恰达耶夫，思路固然是清晰了，但也容易失之简化。事实上从整个《哲学书简》来看，恰达耶夫并非那种特别偏激的批评者。相反，他对俄国文化的特殊性有着较为清醒的认识。这种认识使得他在后面的几封信里的立场时常出现反复，甚至是矛盾，也因此出现了所谓的"恰达耶夫悖论"。

第三节　《哲学书简》之后的思想转折

正如上文所述，《哲学书简》第一封信发表的时机有一定的偶然性，虽然充满了对俄国的各种批判，但未必是恰达耶夫那时思想的完整写照。根据普列汉诺夫的研究，俄国教育家雅斯特烈布佐夫（Ястребцов И. И.，

---

① ［俄］利哈乔夫:《俄罗斯思考》下，杨晖等译，北京：军事译文出版社，2002 年，第 37 页。

1776—1839）再版于 1833 年《论适合于当代儿童的、为最有教养的阶级规定的科学体系》（О системе наук, приличных в наше время детям, назначаемому к образованнейшему классу общества. М.）一书里就包含了恰达耶夫对未来俄国的看法："俄国的情况是这样：它在许多方面同欧洲比较起来是年轻的，正像北美一样，可以无代价地承继欧洲文化的财富……俄国的最大的好处不仅在于它能取得外人劳动的成果，而且在于它能充分自由地进行选择，没有任何东西来妨碍它，它可以接收好的，扔掉坏的。有着丰富过去的民族则没有这种自由，因为民族的过去的生活深刻地影响着它的整个的存在。"[①] 这段话据恰达耶夫说是由他口述给雅斯特烈布佐夫的，可以视为恰达耶夫本人思想的流露。由此可见，恰达耶夫对待俄国文化的看法存在着矛盾之处。一方面他认为俄国孤立、封闭、落后，但同时他又意识到这种一张白纸式的现状有可能成为俄国未来发展的优势，可以画出最美丽的图画。所以，一方面对一片空白大加批判，另一方面却又认为空白也未必是坏事。这就是恰达耶夫的悖论之一。而且我们可以看到，在恰达耶夫思想发展中始终存在着俄国文化的特殊性这一概念。

譬如，在《哲学书简》第一封信发表的前一年，即 1835 年的 5 月 1 日，恰达耶夫在写给十二月党人屠格涅夫（Тургенев А. И.，1784—1845）的信中就提及："您知道我有下列观点：俄国负有从事巨大的智力事业的使命，它的任务是：将来解决在欧洲引起争论的所有问题。俄国没有像欧洲那样得到快速发展，（但）欧洲的这种发展耗费了才智，它命中注定获得了要在未来揭开人类之谜的任务。"[②]

---

① 转引自［俄］普列汉诺夫：《彼·雅·恰达也夫》，刘若水译，载《普列汉诺夫哲学著作选集》第 4 卷，汝信等译，北京：生活·读书·新知三联书店，1974 年，第 851 页。

② *П. Я. Чаадаев* Статьи и письма. М.: 1989. С. 237.

此后，恰达耶夫在另一封信里再次强调："……我们不必照抄西方，因为我们自己并不是西方。俄罗斯只要领会了自己的使命，它就应积极倡导推行各种伟大的思想，因为它不具有欧洲的情结、热情、观念和兴趣。那么我为什么不可以这样说：俄罗斯为实行民族政策，其能力绰绰有余，它在世界上的事业是人类的政策……亚历山大皇帝对此心领神会，而这则构成他个人最大的光荣，天意已使我们成为利己主义者，它已使我们超越了民族利益并肩负起人类利益；我们在生活、科学、艺术中的所有思想都应以此为出发点和归宿，而这将是我们的未来，我们的进步……这将是我们长久孤独的逻辑结果：一切伟大之物均来自荒漠。"[①]不难看出，早在《哲学书简》发表之前，恰达耶夫就对俄罗斯文化的特殊性、俄罗斯的使命有所认识，并没有一味地强调它的阴暗面。从这个意义上说，他在第一封信里的激烈之词，或可看作是针对官方民族性思想和当时舆论界过分吹捧尼古拉一世的驳斥，而并非恰达耶夫思想已经成熟到要推翻沙皇专制的地步。20世纪初的俄国文学史家西波夫斯基这样评价恰达耶夫的书信："恰达耶夫的《哲学书简》充斥着历史错误与幻想，但其中也包含着许多真实，尽管表达过于强烈。但它们的主要意义不在于历史内容，而在于对当时俄国社会盛行的爱国主义'幻觉'的怀疑态度。恰达耶夫的《书简》在俄国自我认知史上是一座桥梁，连接了亚历山大和尼古拉两个时代的自由思想。"[②]

对于成熟的思想家来说，矫枉过正毕竟只是一时之举。尤其是像恰达耶夫这样始终处于自我反思和自我否定的人物，不可能一直处于批判社会的状态。在1846年11月15日给萨马林（Самарин Ю. Ф.，1819—1876）

---

① *П. Я. Чаадаев* Статьи и письма. М.: 1989. С. 240.

② *Сиповский В. В.* История Русской словесности. Часть 3, Выпуск 1, СПб.: 1910. С. 66.

的信里，恰达耶夫坦言："我的人生较为独特，几乎自孩童期始我便与我周围的一切处于矛盾之中。这一点不能不反映在我的身体里。在我现在的年纪，除了接受我的一生及其必然后果外，我已别无所有。"① 当书信引起的舆论喧嚣过去之后，恰达耶夫自然会结合之前对俄国文化特殊性的思考，从而做出否定之否定的转变。

20世纪的俄国侨民哲学史家洛斯基（Лосский Н. О., 1870—1965）在他的《俄国哲学史》里记录了恰达耶夫的转变过程："恰达耶夫在他的第一封《哲学书信》中对俄罗斯表达出来的那种强烈否定态度，由于受到奥多耶夫斯基公爵和其他友人的影响而多少缓和下来。恰达耶夫于1837年写了《一个疯人的辩护》，该文在他死后由俄国犹太籍公爵加加林在巴黎发表。恰达耶夫得出结论：俄罗斯历史过往的一事无成，在一定意义上是因祸得福。俄罗斯人民由于未受僵死生活形式的桎梏而拥有实现未来伟大任务的自由精神。东正教教会完好地保存了原初纯形态的基督教的本质。东正教因此能够赋予已被过分机械化了的天主教教会机体以生命。俄罗斯的使命就在于实现最终的宗教综合。俄罗斯如果能够吸取欧洲一切有价值的东西，它就能够成为欧洲精神生活的中心，并开始实现上帝赋予它的使命。"② 因此，如果说恰达耶夫在《哲学书简》第一封信里体现出对俄罗斯全方位批评的话，那么也应该看到，到了他创作后期，他的这种批判有所缓和。他对俄国文化特殊性的强调逐渐占了上风，这一点在《一个疯人的辩护》里表现得尤为明显。

《一个疯人的辩护》是恰达耶夫一篇未完成的文章，写于1836年末至1837年初，虽未完稿，但较之于此前的《哲学书简》，思路比较清晰。

---

① *П. Я. Чаадаев* Статьи и письма. М.: 1989. С. 309.
② ［俄］洛斯基：《俄国哲学史》，贾泽林等译，杭州：浙江人民出版社，1999年，第58—59页。

首先，考虑到《哲学书简》第一封信发表后带来的各种抨击，恰达耶夫为自己做了辩护："对祖国的爱，是一种美好的感情，但是，还有一种比这更美好的感情，这就是对真理的爱。"[①] 作者认为，自己是在追求真理，并非为了批判政府。文章的发表以及由此引出的公共舆论，实在是一个意外。因为"我的思想，本不是面向这一世纪的，本不打算说给当今的人们听……"[②] 这一说辞可以理解为恰达耶夫在面对公众抨击时的自我辩解，但也可以视为作者表露心意的一次尝试。

在此之后，恰达耶夫以彼得大帝改革为例，分析了俄国一个多世纪以来的西化过程。值得注意的是，他并未像此前《哲学书简》里那样对俄国的历史和文化大加抨击，而是强调了改革对俄国的意义："应当意识到，彼得大帝的这一创举是壮丽的，这一强大的思想左右了我们，将我们推上了我们注定要在其上出色行走的那条道路。"[③] 作者一方面承认："我们的历史面貌最深刻的一个特征，就是在我们的社会发展中缺乏自由的创举。"另一方面却又认为："存在着一些伟大的民族，它们也像那些伟大的历史人物一样，是难以用自己的理性的正常法则来对它们加以解释的，但是，它们暗中却受到了天意之最高逻辑的左右。"[④] 这就是俄国文化的特殊性体现。它与西方不一样，但西方的"理性的正常法则"无法解释它，只有"天意之最高逻辑"才能左右。这显然与多年以后丘特切夫的那句名诗有相似之处："理性不能了解俄罗斯，用一般的标准无法衡量俄罗斯；在

---

① ［俄］彼得·恰达耶夫：《哲学书简》，刘文飞译，北京：作家出版社，1998 年，第 194 页。

② ［俄］彼得·恰达耶夫：《哲学书简》，刘文飞译，北京：作家出版社，1998 年，第 196 页。

③ ［俄］彼得·恰达耶夫：《哲学书简》，刘文飞译，北京：作家出版社，1998 年，第 197 页。

④ ［俄］彼得·恰达耶夫：《哲学书简》，刘文飞译，北京：作家出版社，1998 年，第 199—200 页。

它那里存在着的是独特的东西，对俄罗斯唯有信仰。"① 于是问题就转到了信仰方面来了。

19 世纪 40 年代，恰达耶夫进一步对天主教及东正教进行了深刻的反思。在他的《箴言集》里，他如此理解天主教的意义："你愈多地思考基督教对社会的影响，就会愈深地相信，在天启的普遍计划中，西方社会是在人类社会发展的各种形式中被造就出来的，其全部的历史不过是其内部一种构成元素的逻辑结果。"② 对于东正教，思想家的评价也有所改变："无论如何，我们国家历史上那些最美好的篇章都归功于这个教会，这个如此谦卑、如此恭顺、如此屈辱的教会，而且我们国家的完整也应归功于它。"③ 这里可以看出，无论是对俄国的历史，还是对在历史进程中起作用的东正教会，恰达耶夫都不再一概否认，而是承认其中也有"最美好的篇章"，即教会也曾为国家的统一、民族的团结做出贡献。

随着对俄国东正教会的逐步认可，晚年的恰达耶夫对于宗教与社会生活之间的界限似乎也看得不是那么要紧了。格尔申宗说："恰达耶夫以自己思想的总和对我们说，各民族的政治生活力求达到自己暂时的和物质目的，实际上只是永恒道德观念的部分实现，即是说，任何一种社会事业究其实质说，都不比信教者的热烈祷告的宗教性更少。他向我们谈到社会生活：请进去吧，上帝在此；但是他补充说：请记住，上帝在此，你们要为他服务。"④ 宗教固然重要，但社会事业也值得肯定。恰达耶夫对两者一视同仁，并不像中年时那样一切唯西方天主教马首是瞻，正好反映了他作为

① *Тютчев Ф. И.* Полное собрание сочинений и письма в 6–т. Т. 2. М:. 2003. С. 165.
② ［俄］彼得·恰达耶夫：《箴言集》，刘文飞译，昆明：云南人民出版社，1998 年，第 192 页。
③ ［俄］彼得·恰达耶夫：《箴言集》，刘文飞译，昆明：云南人民出版社，1998 年，第 192 页。
④ *Гершензон М. О.* П. Я. Чаадаев. Жизнь и мышление. СПб.: 1908. С. IV.

一位启蒙思想家的基本立场。

总体来说，作为"或多或少反映了谢林之影响的第一位思想家"①，恰达耶夫对俄国的批判就其内容来说并无多少新意，就其自身思想发展来说，也未必是他的根本思想。"恰达耶夫悖论"实质上体现的是启蒙思想家在面对19世纪初急剧变化的现实时所体现出的思想矛盾、对立、无体系状态，一方面要批判丑恶的现实，另一方面又要从这现实中寻求寄托，构建美好未来图景。然而，恰达耶夫以公开发表的方式将"什么是俄国""俄国何为"这样的问题公开摆到了大家的面前。上至沙皇，下到民众都不得不面对这一事实，反思俄国的命运及形象等问题。就像当代文论中的"元小说"概念一样，恰达耶夫提出的也是俄国思想史、文学史的"元命题"。对这个问题的不同解答，成为俄国社会不同思想流派划分的标准。正如后世有论者评价的："他的文字虽然篇幅不大，却使他在俄国思想史中占据重要一席，因为，无论我们对其结论持何种看法，他毕竟以独特的历史视野和无情的勇气提出诸多有关俄国历史和俄国文明的最核心问题。"②

① ［俄］瓦·瓦·津科夫斯基：《俄国哲学史》，张冰译，北京：人民出版社，2013年，第150页。
② ［俄］德·斯·米尔斯基：《俄国文学史》，刘文飞译，北京：商务印书馆，2020年，第219页。

第四章
M. H. 卡特科夫及其《俄国导报》

对于俄国文学爱好者来说，卡特科夫的名字其实并不陌生。翻开 19 世纪作家的书信集，我们总能看到他的名字被诸多的文学名家如赫尔岑、别林斯基提及，更不用说后来的小说三巨头：有人喜欢他，有人敌视他，可没有人能忽视他。然而，卡特科夫对于我们来说又是很陌生的。因为在很多著作中他仅仅作为上述文学大师的对立面出现，我们知道他主编《俄国导报》《莫斯科新闻》等著名的刊物，还发表了屠格涅夫、陀思妥耶夫斯基等人的作品，也知道他利用这些舆论媒体大肆攻击车尔尼雪夫斯基等人，但对他本身的思想状况，甚至生平都缺乏深入的了解，更谈不上研究。①

卡特科夫去世后，学术界对他及《俄国导报》的评价呈两极分化趋势。一方面，他的亲朋故友如柳比莫夫（Любимов Н. А.）等人写《卡特科夫》（圣彼得堡，1889），言辞中多有为尊者讳之意。另一方面如自由派思想家谢缅特科夫斯基（Сементковский Р. И.）在《卡特科夫：生平及文学活动》（圣彼得堡，1892）里认为卡特科夫为私利谄媚沙皇当

---

① 2013 年，吉林大学李振文的硕士学位论文以《M. H. 卡特科夫的社会经济思想》，虽然该文重在分析卡特科夫的经济学思想，但这可以视为国内学术界在卡特科夫研究方面的一种开创。

局，乏善可陈。这种观点也影响到了革命导师列宁。他在《飞黄腾达之路》（1912）指出："卡特科夫—苏沃林—'路标派'，这是俄国自由资产阶级从民主派转向拥护反动派，投靠沙文主义和反犹太主义的几个历史阶段。"① 这一权威论断直接使卡特科夫的著作在整个苏联时期被禁止出版，研究者寥寥，偶有提及，基调也以批判性为主，视之为别、车、杜的对立面。

仅笔者资料所及，苏联时期能较为客观地评价卡特科夫及刊物的著述大致有以下几种：1972 年，契塔耶夫（Китаев В. А.）出版了《从反抗到保守：19 世纪五六十年代俄国自由主义思想史论》（莫斯科，思想出版社，1972），该书虽总体上对卡特科夫持批判态度，但能以翔实的资料来论述卡特科夫与赫尔岑等人的交往，从而分析俄国自由主义分道扬镳的原因。其中也多处涉及到《俄国导报》在其中所起的作用。1973 年，坎托尔的文章《卡特科夫与自由主义美学的毁灭》从美学角度探索卡特科夫思想的发展及其最终为政治所束缚的结局。1978 年，特瓦尔多夫斯卡娅（Твардовская В. А.）出版了《改革时期的专制意识形态：卡特科夫及其出版物》（莫斯科，科学出版社，1978），重在研究卡特科夫社会经济思想、"反动的改良主义""为反改革辩护"等问题，材料很丰富，立论也较为公允，因而直至今日仍是卡特科夫研究的必备书目，可惜该书对于文学涉猎不多。

从 2010—2012 年，俄罗斯陆续出版了由科学院研究员尼克留金（Николюкин А. Н.）主编的卡特科夫文集 6 卷本，这是十月革命后第一次以文集形式出版卡特科夫的著作。该文集篇幅浩大，每卷基本上在

---

① ［俄］列宁：《飞黄腾达之路》，载列宁：《论文学与艺术》，北京：人民文学出版社，1983 年，第 191 页。

七八百页以上，有的甚至厚达一千多页。这不但体现了当代学术界对他的重视，也说明了卡特科夫思想文化遗产的丰富。此外，俄罗斯国家图书馆（РГБ）已将所有《俄国导报》原版杂志扫描制作成电子资源，这当然有助于卡特科夫研究进一步深入发展。

自 20 世纪 90 年代以来，俄罗斯学界已陆续出现了一些研究卡特科夫及《俄国导报》的博士、副博士论文，在此基础上出版了一些著作，但主要侧重思想史方面，围绕着卡特科夫与保守主义等问题展开，从文学史、国家形象建构研究角度进行解读的不多。例如，奥廖尔大学的桑科娃教授接连出版了两本关于卡特科夫的专著:《没有国务职位的国务活动家：作为国家民族主义思想家的卡特科夫》（圣彼得堡，2007）、《寻找定位的卡特科夫：1818—1856》（莫斯科，2008）。桑科娃教授的著作材料丰富，论述也很翔实，但最大的问题也在于此：材料过于堆砌在某种程度上掩盖了她的观点。又如，由俄罗斯战略研究院（РИСИ）首席研究员波波夫与维利戈诺娃（Попов Э.А.，Велигонова И.В.）两位合著的《当言语操控帝国：卡特科夫与改革时期俄国社会国家政策的新技术》（莫斯科，2014）以卡特科夫及其刊物为研究对象，分 6 章篇幅分析了卡特科夫的定位（"进步的反动派"）、卡特科夫对公众舆论的操纵、卡特科夫对古典中学的贡献等，书中不乏真知灼见。但该书篇幅不大，而且并非以《俄国导报》为主要研究对象。再如，圣彼得堡大学的科托夫（Котов А.Э）所著的《卡特科夫的"沙皇之路"：1860—1890 政论中的官僚民族主义意识形态》（圣彼得堡，2016）最大的创新在于作者跳出了以卡特科夫为中心的研究视野，注意到了卡特科夫的编辑部同仁（Любимов Н.А.，Леонтьев М.П. 等），正是他们与卡特科夫一起构成了一个名为"官僚民族主义"的思想潮流。

第一节　卡特科夫与东正教思想

1818 年，卡特科夫生于莫斯科的一个小官员家庭，五岁时丧父，母亲去监狱做看守，勉强挣钱抚养其兄弟成人。从出身来说，卡特科夫属于平民知识分子，幼时便深知生活不易。1834 年，卡特科夫通过个人努力考上了莫斯科大学，在校期间为了挣钱糊口，他不停地写文章、做翻译。他翻译过《罗密欧与朱丽叶》以及歌德、海涅等文学家的作品。其中海涅的《两个掷弹兵》译文最为人称道，被收入各种俄译诗选。尤为值得一提的是，他翻译的德国美学家罗特舍尔（Heinrich Theodor Rötscher，1803—1871）的文章《论文学作品中的哲学批评》，发表于 1838 年《莫斯科观察者》杂志，文章首次向俄国读者介绍了黑格尔的美学，这在俄国的黑格尔接受史上显然具有跨时代意义。由于他的勤奋，卡特科夫不但成了《祖国纪事》的固定作家，也吸引了当时莫斯科大学的许多青年才俊，其中最著名的就是别林斯基。

别林斯基比卡特科夫大 7 岁，但因不懂德文，常请卡特科夫做翻译以掌握西欧的思潮。在 1837 年 11 月的一封信里，别林斯基极为高兴地告知巴枯宁："卡特科夫读黑格尔的《美学》读得兴高采烈，想为杂志翻译整个导言……头脑清醒，心灵纯洁——这就是卡特科夫。"[1]根据当时文坛另一位名流巴·安年科夫（П. В. Анненков，1813—1887）的回忆，别林斯基甚至对他说过："失去卡特科夫这样一个人，那可是莫大的不幸。"在安年科夫那篇《辉煌的十年》里，卡特科夫同样给安年科夫留下了不错的印象："卡特科夫的评论文章确实向人们宣布了一个具有最新思想、风格多

---

① 转引自 *Катков М. Н. Собрание сочинений*: В 6 т. Т. 1. Заслуга Пушкина: О литераторах и литературе. СПб.: ООО«Издательство "Росток"», 2010. С. 13.

样和颇有魅力的天才的出现……"①难怪别林斯基要把他称为"科学和俄罗斯文学的伟大希望"②了。

按照卡特科夫的出身及人生发展来说，他完全有可能成为车尔尼雪夫斯基那样的平民知识分子领袖，但最终却成了俄国保守派的领袖。原因何在呢？有研究者指出了对卡特科夫保守主义思想形成的两个要素，即古都莫斯科和虔诚的母亲："卡特科夫的世界观表露了与俄罗斯东正教王国古都的密切联系。一位虔诚的母亲——瓦尔瓦拉·阿基莫芙娜（1778—1850）的影响力也具有决定性的作用。她是个寡妇，尽管有物质上的困难，但她不仅为儿子提供了扎实的道德教育，而且还让他接受了最好的古典教育。"③除此之外，莫斯科作为俄罗斯的"心脏"（阿波隆·格里戈里耶夫语），历来与作为"头脑"的圣彼得堡相对立，很大程度上体现了俄罗斯精神追求的传统。正如陀学专家波诺马廖娃（Пономарёва Г. Б.）指出的："莫斯科在人民意识中还是历史和东正教的圣地。它有着民族意识上升和精神生活高昂时期所特有的特征。"④克里姆林宫和各种大教堂无不展示着俄罗斯民族复兴的辉煌以及东正教的强大影响。卡特科夫自 1818 年出生到 1887 年去世，基本上在莫斯科度过了一生。一方水土养一方人。可以想见，他在此成长、学习、创业、成家，作为"第三罗马"的莫斯科给予了他多少精神支持。

当然，除了上述两个因素之外，卡特科夫的出国访学经历也不容忽

---

① *Анненков П. В.* Литературные Воспоминания. Москва.: 1983. C. 175.

② *Белинский В. Г.* Полное собрание сочинений: в 13 томах. Т. 11. М.: 1956. C. 509.

③ *Гаврилов И. В.* Михаил Никифорович Катков как охранитель традиционных русских начал// Русско–Византийский вестник № 1（2）, 2019. C. 205.

④ ［俄］波诺马廖娃：《陀思妥耶夫斯基：我探索人生奥秘》，张变革等译，北京：商务印书馆，2011 年，第 309 页。

视。[①]1840 年，卡特科夫赴普鲁士柏林大学进修一年半，其间得到谢林的热情接待和指导。他的日记和柏林时期的信件反映了他宗教哲学观的形成过程："因此，对逻辑的学习不仅仅是学习，它是向创造者传达信息，是最高的神圣行动；这一影响力涵盖了整个人，并且在每一步中，都必须变得更清晰，更有价值。"[②]

正如通常所说的要爱国必先出国一样，国外的经历及对谢林宗教哲学的深入学习加强了他的信仰并使他更加接近自己的祖国："我常常想起和憧憬俄罗斯，每一次我都会更能感觉到我与同胞联系在一起纽带的力量，我知道，我知道，但我仍然坚信——将来哪怕我能带来一点益处，这也是我所有工作最好的奖赏了。"[③]奥廖尔大学的桑科娃教授据此指出："在谢林结合了唯心主义和圣经的关于启示哲学的演讲中，卡特科夫找到了与自己世界观一致的看法，他的观念还未完全形成，但基本上是保守的。"[④]

1842 年回国后，在朋友们的眼里，卡特科夫变化很大。按旧相识巴纳耶娃的话说："在他身上，从前那个落拓不羁的大学生的影子一点都没有了，相反地，他露出一副庄严的沉思的神气。"[⑤]需要指出的是，巴纳耶娃的回忆录写于 19 世纪 80 年代，那时卡特科夫在进步人士中的形象已然不佳，回忆录作者自然不会给他太多好话。事实上，卡特科夫回国之后，

---

① 卡特科夫的同时代人赫尔岑在国外目睹了 1848 年革命之后，对西方颇为失望，后期逐渐转向俄国村社思想。相形之下，车尔尼雪夫斯基等人是出身教会司祭家庭的平民知识分子，去过伦敦拜访赫尔岑等，但没有在国外学习和长期生活的经历。

② *Катков М. Н.* Из писем к матери и брату//Русский вестник. М.: 1897. № 8. С. 162–163.

③ *Катков М. Н.* Имперское слово. М.: 2002. С. 11.

④ *Санькова С. М.* Обучение М. Н. Каткова в Берлинском университете как переломный момент в становлении его мировоззрения//Вестник РГУ им. И. Канта. Серия: Гуманитарные науки. Вып. 12. Калининград.: 2008. С. 25.

⑤《巴纳耶娃回忆录》，蒋路等译，上海：上海译文出版社，1981 年，第 88 页。

面临最大的变化就是原先的朋友圈不复存在。原先与之交好的别林斯基思想日益激进，斯拉夫派的那一套主张他也不太有兴趣。1845 年，别林斯基写信给赫尔岑："我为自己寻得了真理——在'上帝'和'宗教'这些词汇中我看到愚昧、昏暗、锁链和鞭子，现在我喜欢这两个词汇后面紧跟着这四个词。"① 这种想法与在国外对东正教保持虔诚的卡特科夫显然是背道而驰。但碍于面子，卡特科夫也不可能与别林斯基去争辩。在这种情况下，保持沉默、潜心学术或许是与故友们相处的最好办法。

　　1845 年，他以《论斯拉夫俄语中的原理和形式》一文通过了硕士学位论文答辩。考虑到他的写作日期，这在俄语研究史上显然是一部先驱性的著述。此后他以助教身份执教于莫斯科大学哲学系，开设哲学史、逻辑学及心理学课程。那个时候，卡特科夫上课颇得学生好评。有当事者回忆说："卡特科夫极为从容地开始讲话，他平静、坚定又洪亮的声音回荡在教室中。他生动的开场白吸引了学生们极大的注意力。学生们倾听着这充满趣味的演讲，并在最后报以热烈的掌声，善良的学监无论如何也不能使掌声平息。"② 这种描写或有溢美之词，但至少说明卡特科夫口才不错，适合传经授道。

　　可是好景不长，正当卡特科夫在向学者之路迈进的时候，1848 年欧洲革命最终影响到了俄国。尼古拉一世为了怕学生受到西欧哲学思潮的蛊惑，于 1850 年下令关闭各大学的哲学系，卡特科夫一时之间又面临着生存危机。幸亏当时莫斯科大学的校报《莫斯科新闻》主编无人，莫斯科大学督学斯特罗加诺夫（С. Г. Строганов, 1794—1882）推荐他出任，这一事件成了卡特科夫一生的转折点，不但解决了他的生存问题，而且为他

---

① *Белинский В. Г.* Полное собрание сочинений: в 13 томах. Т. 12. М.: 1956. С. 205.

② *Бороздин К.* Памяти М. Н. Каткова//Новое Время. 1887. № . 27. С. 1.

今后主编《俄国导报》奠定了基础。斯特罗加诺夫此后也成为卡特科夫在官方的保护人之一。在接下来的几年里，卡特科夫不但解决了终身大事（他娶了作家沙里科夫（П. И. Шаликов，1768—1852）的女儿），还完成并出版了他的博士学位论文《古希腊哲学概论》。这段时期是卡特科夫的崛起时期，他为此付出了极大的努力。正如后来苏联学者谢列兹尼奥夫（Ю. И. Селезнёв，1939—1984）描写的那样："没有谁像他那样拼命工作，毫不怜惜自己，常常熬夜。导致后来换了长期失眠症，他还为睡不长感到高兴呢。吃饭也是有一顿没一顿，经常是人们直接把菜汤给他端到书桌上，这样可以节省时间。他就这样从上午到晚上，再从晚上到清晨一动不动地坐在书桌旁。"①

1855 年是俄国的多事之秋，从尼古拉一世的突然去世到克里米亚战争的失败，种种事件扰得人心不安，社会上流言满天飞。随着战争的失败，曾经作为军事强国的俄罗斯帝国，充分暴露了农奴制的落后和蒙昧，由此在西欧乃至世界的舞台上形象一落千丈。卡特科夫同样看到了这一点。正是从这个时间点开始，他致力于重新塑造俄罗斯帝国的形象：一方面引进介绍西欧（主要是英国）的君主立宪体制，一方面努力在俄罗斯社会中挖掘传统道德因素以作为社会的根基。这其中，东正教所提供的思想资源就是其中极为重要的一个来源。如此一来，刊物就成为他宣传民族主义思想、塑造帝国光辉形象的重要舞台。

卡特科夫在这一年的 5—8 月接连给教育部呈文，要求创办名为《俄国记事者》（Русский Летописец）的杂志（后更名为《俄国导报》）。他在呈文中说："我们当今的局势让人想起 1812 年的伟大时期，但我们却没

---

① ［苏］谢列兹尼奥夫：《陀思妥耶夫斯基传》，刘涛等译，郑州：海燕出版社，2005 年，第227—228 页。

有一个类似于《欧洲导报》和《祖国之子》的杂志，这种杂志让人联系起爱国主义的回忆。如今一切头脑都忙于伟大的战争，上帝将帮我们祖国怀着永恒时期的荣耀那样走出这场战争。最好我们现今社会中占主流的崇高激情能在文学中找到独特的刊物加以表达。这份拟在莫斯科出版的刊物将由两个基本部分组成：政治与文学。"①

1856 年初，《俄国导报》正式出版，当时加盟者既有契切林、米留京、卡维林这样的自由派，也有波别多诺斯采夫、阿克萨科夫这样的保守派；既有维尔纳茨基、佩平这样的学者，也有俄国文学三巨头。该刊初为双周刊，后改为月刊，内容丰富，在当时属于"厚重杂志"（Толстый журнал）。每卷两期篇幅都在七八百页，甚至超过一千页。在 1862 年，该刊订数已达到 5700 册，这在当时来说是个不小的印数，仅次于《现代人》杂志。②该刊的人气，主要来自于卡特科夫的自由主义立场以及当时相对宽松的政治局面。卡特科夫在 19 世纪 40 年代与别林斯基等人交好，又或写或译发表了许多文章，在知识分子中有一定知名度。1852 年 2 月，果戈理去世后，屠格涅夫写下悼念文章，但彼得堡书刊检查官不准发表。卡特科夫则冒险将其发表在《莫斯科新闻》上，虽然因此受官方惩罚，但无疑赢得了进步人士的拥护。此时的卡特科夫给多数人的印象是一位崇拜西欧民主的自由派。

1855 年尼古拉一世去世后，俄国思想文化界迎来了"解冻时期"。卡

---

① *Катков М. Н.* Идеология охранительства. М.: Институт русской цивилизации, 2009. С. 14–15.

② 《现代人》当时的订数是 7000 册，《祖国纪事》和《俄罗斯言语》的订数都是 4000 册。参见 *Сементковский Р. И.* М. Н. Катков: его жизнь и литературная деятельность. С–Петербург.: 1892. С. 34. 不过陀思妥耶夫斯基在 1865 年 3 月底说："一直拥有五千名经常订户的《现代人》现在只有两千三百户左右。"参见陀思妥耶夫斯基:《书信选》，北京：人民文学出版社，1986 年，第 134 页。

特科夫利用这一机会，在报刊上积极组织讨论各种时政问题，一方面吸引了大量读者，另一方面也扩大了自己及刊物的知名度。很快，《俄国导报》因其立场之进步性而被视为"政治自由主义的著名阐释者及向社会灌输立宪思想之主要渠道"[①]。卡特科夫的自由主义立场，甚至得到了当时激进派的代表车尔尼雪夫斯基的首肯："《俄国导报》所表达的观点是在准备让人民接受我们所宣传的观点。"[②]

1861 年，随着农奴制改革的即将实行，卡特科夫及其《俄国导报》越来越将关注焦点放到社会问题上。在名为《为现代记事说几句话》一文中，卡特科夫公开宣称自己杂志的倾向变化："我们并不拒绝作为文学警察的义务，我们会尽力帮助善良的人们去揭发那些放荡不羁的流浪汉和小偷。但我们不是为了艺术而艺术，而是为了事业和荣誉。"[③]《现代记事》是《俄国导报》新增的副刊，卡特科夫试图用以专门讨论一些时事热点问题，自然其中也包括文学。在这篇文章里，他非常鲜明地表露了自己及刊物在关注重点上的转变。同时也需要指出的是，《俄国导报》在创办之初虽然得到了许多人的支持，但时隔不久，这些著名人物纷纷与该报及卡特科夫分道扬镳。

对于这个问题，他的论敌车尔尼雪夫斯基倒在《论战之美》中说了一句实话："我们觉得，民族思想既然得到了发展，信念既然变得更明确了，因此，一些本来手挽手站在一起的人，就必须分手，他们的见解也发生了分歧，而跟着，一些在想法和行动上本来一致的人，他们中间也产生了斗

---

① 转引自 Richard Pipes: *Russian conservatism and its critics–a study in political culture.* Yale university press, 2005. P123.

② *Н. А. Любимов.* М. Н. Катков и его историческая заслуга. СПб.: 1889. С. 127.

③ *М. Н. Катков* Собрание сочинений: В 6 т. Т. 1. Заслуга Пушкина: О литераторах и литературе. СПб.: ООО«Издательство "Росток"». С. 313.

争，因为当问题还不是这么多，当问题还不是这样明确地提出来的时候，对问题的回答也不可能像在社会生活继续发展的情况下那么分歧。"[①]分歧源自于亚历山大二世上台后整个社会气氛的宽松，原先期刊考虑最多的是如何隐晦地谈论问题，避免书刊检查官的审核。现在，各家期刊可以公开谈论政治经济、思想文化等问题，这必将导致认识的深刻化，最终引起各类知识分子的分裂。但是正如车尔尼雪夫斯基指出的："我们觉得，不管我们的文学状况如何可怜，但是左右着其中同情以及反感的，还是一种比较巨大，比较崇高的力量，而不是金钱上的算计。"[②]可见，此时的卡特科夫至少在革命民主派代表的眼里，仍然是为了崇高事业而与之出现分歧，并未被视为沙皇政府的鹰犬。事实上，终其一生，卡特科夫尽管与两位沙皇保持了密切的私人关系，但在刊物出版方面始终与政府保持了相当的距离。他的一个同时代人曾说："卡特科夫实质上是最鲜明的反对派代表，他几乎就没有对感到圣彼得堡满意的时候。当然，我们认为，圣彼得堡对他满意的时候更少。"[③]

与此同时需要指出的是，卡特科夫此时已经流露出较为强烈的宗教思想。在个人生活中，"莫斯科都知道卡特科夫是个笃信上帝的人。他像教堂创造者和礼拜堂的领班一样受人尊敬。广为人知的是，在任何时候他都会步行到奥斯托珍卡街上的礼拜堂进行祈祷，而在教堂的建堂日里卡特科夫会和家人一起去那里欢度节日"[④]。卡特科夫不仅是东正教的信徒，还是

---

① ［俄］车尔尼雪夫斯基:《论战之美: 第一次汇集》，载《车尔尼雪夫斯基论文学》下卷（二），辛未艾译，上海：上海译文出版社，1983 年，第 256 页。

② ［俄］车尔尼雪夫斯基:《论战之美: 第一次汇集》，载《车尔尼雪夫斯基论文学》下卷（二），辛未艾译，上海：上海译文出版社，1983 年，第 255—256 页。

③ *Скальковский К. А.* Наши государственные и общественные деятели. СПб.: 1890. С. 145.

④ *Изместьева Г. П.* Михаил Никифорович Катков//Вопросы истории. М.: 2004. № 4. С. 89.

教会虔诚的一分子，积极参加各种公共教会组织。譬如，他是东正教传教协会的成员、莫斯科神学院的名誉会员（他甚至在信中称神学院为"故乡的栖身之处，今后在斗争中，在低落的时刻我能够从那里寻求活力与增强力量"①）。

这种对东正教的虔诚非常鲜明地体现在他自己的文字及他主持的刊物上。正如当代俄罗斯研究者加弗利洛夫（Гаврилов И. В.）所说："东正教主题是卡特科夫的新闻撰稿和出版物中的中心主题之一。其中很多材料都能证明东正教出版者深切的个人信仰以及持久的忠诚。"②譬如，在1867年的一篇文章《俄罗斯的民族教会》里，卡特科夫就指出："俄罗斯有国教。我们的教会之所以被称为俄罗斯国教，不是因为它享有国家特权，而是因为它起始于我们悠久历史的诞生之初，即我们国家的诞生之初。一旦我们记得自我，它就会在黑暗中闪耀，并在历史生活的所有沧桑变迁中陪伴着我们。它支持并拯救了我们；它渗透了我们存在的每一个角落，所有事物上都挂着它的印记。我们所有的记忆都和它联系在一起，所有的故事都是它书写的。"③这可以看作是他对东正教的基本态度。

除此之外，卡特科夫还利用主编的权力广泛约稿，以小说、特写等形式广泛报道俄国人民的宗教生活，借此唤醒俄国社会对教堂以及精神和道德问题的关注。一方面，他不断地对文学的创作提出种种干预，《罪与罚》《群魔》以及托尔斯泰的《安娜·卡列宁娜》等都曾遭受过他的无情删减。

---

① *Перевалова Е. В.* Защита Православия в изданиях М. Н. Каткова: журнале «Русский вестник» и газете «Московские ведомости»//Проблемы полиграфии и издательского дела. М.: 2016. № 4. С. 74.

② *Гаврилов И. В.* Михаил Никифорович Катков как охранитель традиционных русских начал//Русско–Византийский вестник № 1（2），2019. С. 209.

③ *Катков М. Н.* В России есть национальная Церковь.//*Катков М. Н.* Идеология охранительства. М.: Институт русской цивилизации, 2009. С. 412.

另一方面,《俄国导报》也善于树立正面人物或道德模范。此后陆续出版的一些古典文学名著都有对牧师、僧侣、长老等东正教人物正面性的描写（例如《卡拉马佐夫兄弟》里的佐西马长老和列斯科夫的长篇小说《大堂神父》里的那位祭司）。各种鲜活的文学形象显然有助于东正教思想的传播。

卡特科夫对东正教思想的宣传不仅仅停留在书面,他还尽量借助政府的力量,将宗教思想灌输到教育部门去。自19世纪60年代中期起,卡特科夫同教育大臣托尔斯泰（Толстой Д. А., 1823—1889）一起大力推动古典中学章程改革。1871年7月30日,教育部颁布了新中学章程,规定所有男子中学改成古典中学,为中等普通教育的唯一形式,其余实科中学学生取消进大学深造资格;全部课程中的拉丁语和古希腊语占全部教学课时的41.2%;俄语教学仅注重语法及18世纪以前的俄国文学;自然科学课程大量减少,仅设简易常识课作为选修。卡特科夫甚至把公立学校的发展与东正教教会联系在一起:"公立学校不能与教会毗邻。只有神职人员主要可以请来担任公共老师。因此,教会是公立学校的真正支柱。"[1] 可见,卡特科夫不同于一般的文人、思想家,他对东正教的宣传和维护具有实践性。他不但在报刊媒体上宣传东正教,而且以各种实际行动推进东正教在社会中的传播,将之视为与西方思潮对抗的有力武器。一百多年后,卡特科夫的努力终于得到了后来人的肯定。莫斯科的阿尔捷米·弗拉基米洛夫大司祭（Протоиерей Артемий Владимиров）在纪念卡特科夫诞辰190周年的大会上指出:"我要把卡特科夫称为俄罗斯民族真正的教育者,因为他数十年来执掌《莫斯科新闻》,亲自撰文,的确培养出了民族的世界

---

[1] *Катков М. Н.* Церковь и народная школа//Московские ведомости. М.: 1882. № 290.

观。"①

　　这里赘言一句，长期以来，1871 年改革章程被视为对 1864 年俄国教育改革的大倒退。因为从表面上来看，这一章程不但在课程上脱离实际，而且大大减少了平民子弟受高等教育的机会。此外，在科技不断进步的 19 世纪，卡特科夫居然去推崇古典和宗教，这简直就是蒙昧主义的化身。但 20 年后白银时代的文化繁荣，虽不能完全归功于古典教育，但梅列日科夫斯基、勃洛克等诸多大师的博古通今想必与幼年时所受的拉丁语、希腊语教育不无关系吧？当然，卡特科夫之如此热衷于推广古典教育，倒未必是考虑到此深远影响，他更多的是针对当时年轻人缺乏人文素养和独立判断，以高昂之热情盲目追随某些理论，从而沦为可悲的牺牲品。如果说西方的各种理论是毒药的话，那么东正教就是他用来对付这些理论、拯救某些中毒知识分子的解药。他对知识阶层的这种反思以及随后展开的批判，在 19 世纪末 20 世纪初的白银时代得到了进一步的回应，《唯心主义问题》《路标》文集等一系列知识阶层反思文集就是非常典型的代表。

　　1881 年，素有"解放者沙皇"之称的亚历山大二世遇刺身亡。卡特科夫再度迎来了他人生的转折点：如果说波兰事件使卡特科夫由自由主义转向保守主义；那么沙皇遇刺则使他由保守转向彻底的反动（这里的"反动"应该属于中性词）。怒不可遏的卡特科夫接连写了多篇文章在他自己的《莫斯科新闻》报上发表，公开指责知识阶层在思想上的肤浅、政治上的背叛，指责官方的软弱无能。

　　卡特科夫首先批判的是社会中某些知识分子丧失传统价值观念，盲目

---

① *Протоиерей Артемий Владимиров* Слово о Каткове.//Катковский вестник: религиозно-философские чтения: к 190-летию со дня рождения М. Н. Каткова. М.: Прогресс-Плеяда, 2008. С. 9.

崇洋媚外。他在《我们洋知识阶层中的野蛮行径》（1878）中指出："我们的野蛮不在于人民大众缺乏教育。大众依然是大众，但我们完全能自豪确信：没有哪个民族具有我们民族那般精神与信仰力量，而这已不是野蛮了……不，我们的野蛮在于我们的洋知识阶层。我们之中真正的野蛮不在于灰大衣，更多在于燕尾服甚至白手套。"① 卡特科夫还用《泰晤士报》上英国人与法国人的争论为例，劝告俄国知识阶层，不要以欧洲文明人自居，迷信所谓"欧洲文化"。事实上，"作为政治术语的欧洲只是和社会主义的妄想及各种形式的乌托邦一样，是种假象"②。在卡特科夫看来，确立国与国之间关系的并非所谓的正义公理，而是赤裸裸的利益。俄国知识阶层即使有更高的道德追求，但其根本出发点仍然是，也必须是俄国本身的利益。冬宫爆炸案的发生不是偶然的，恐怖主义背后有着自由派知识阶层在推波助澜。他们抛弃了俄罗斯的传统价值观念，不顾俄国国情，鼓吹西欧的自由民主等观念，实质上是对民众暴力行为不负责任的放纵。"我们的部分上流社会、我们的部分知识阶层居然把这种懦弱、这种精神上的堕落命名为自由主义……这就鼓励了叛乱，给予了叛乱者勇气……是时候说清这种虚伪的自由主义并取缔它对未成年人的权威了。"③

针对新任内务部长洛利斯－梅里霍夫（Лорис-Мнриков М. Т.，1824—1888）上台后发表《致首都居民书》（К Жителям столицы），大搞自由化改革的行为，卡特科夫又发表议论说："听说，政权应该向社会

---

① Московские Ведомости. — № 106. — 28. 04. — 1878.

② Московские Ведомости. — № 106. — 28. 04. — 1878.

③ Московские Ведомости. — № 37. — 07. 02. — 1880. 卡特科夫在这里对知识阶层的批判，令人联想起陀思妥耶夫斯基在《卡拉马佐夫兄弟》里塑造的伊凡·卡拉马佐夫形象。须知，正是在伊凡的无意鼓吹宣传下，斯梅尔佳科夫才动了弑父的念头。卡特科夫这种思想与陀思妥耶夫斯基文学创作之间是否有关联，这是一个颇为值得探讨的话题。

求助并在其中为自己寻得依靠。但是向何等社会呢？我们社会知识阶层环境中，政府本可仰仗以成为担当民众福祉及俄国命运之大国的因素何在？此时何处可见这些因素：莫非在彼得堡的沙龙里；莫非在彼得堡报纸上的小品文中；莫非在我们的科学中；科学何在？其成果在哪里？如今政府只有以严格的纪律方能从上至下有序完成自身任务……社会受教育阶层中的爱国主义，这就是所需要的，也必须要关心的。"[①]在卡特科夫看来，虚无主义及那些暗中同情反政府宣传的合法出版物，统统都是"这个知识阶层的产物"[②]。令卡特科夫失望的是，洛利斯-梅里霍夫没有采用他的建议，而是试图通过传统观念的重塑来争夺民心，打击四处搞暗杀的民意党人，进而以绥靖的方式与对方达成一致。

然而，卡特科夫的一片好心并未被社会所接受。他的那些抨击之词不但为他在社会上赢得了"最嚣张、最顽固的反动派代表人物"[③]的称号，也给他招来了朝廷内某些高官的不满，尤其是沙皇的兄弟康斯坦丁亲王。失去了高层保护的卡特科夫终于陷入了困境。对于他的这一处境，卡特科夫的思想同道梅谢尔斯基（Мещерский Н. П., 1829—1901）后来回忆说："一部分人迁怒于他表面上的因循守旧；另一部分人则指责他观点的多变……他是公敌，卡拉姆津在他的时代也遭受过他的命运。宫廷要人们（包括康斯坦丁·巴甫洛维奇亲王，当然因为波兰的意见）认为他是雅各宾派；彼得堡和莫斯科的雅各宾派们则认为他是宫廷要人。"[④]既站在官方

---

① Московские Ведомости. — № 37. —07. 02. —1880.

② Московские Ведомости. — № 79. —19. 03. —1880.

③ ［俄］彼得·拉甫罗夫：《历史和俄国革命者》，载 Вл. 索洛维约夫等编：《俄罗斯思想》，贾泽林等译，杭州：浙江人民出版社，2000 年，第 203 页。

④ *Катков М. Н.* Собрание сочинений: В 6 т. Т. 6. Pro et Contra. СПб.: ООО «Издательство "Росток"», 2012. С. 450、458.

替官方说话，又站在民间代表着社会舆论，卡特科夫似乎成了夹在中间两面受气的人。

事实上，在19世纪做一名保守派要比做激进派更难。像卡特科夫这样的舆论领袖，既要面对某些高官显贵乃至皇室人员的肆意妄为；又要宣传宗教，借以调节民众的各种不满。他所要做的就是利用手里的一报一刊化解这类矛盾，引导社会尽可能和谐发展。从结果来看，包括陀思妥耶夫斯基等人在内的知识分子多半被吸引到保守派那一边去了，即便是自由派的屠格涅夫也不赞成革命，并且到了19世纪末，"革命"更成了大多数知识分子需要告别的对象。但底层的矛盾仍未解决，并随着经济的发展而越发严重，加上世界大战这一外在刺激，俄国终于爆发了革命，此时卡特科夫已去世快二十年了。

卡特科夫是一位虔诚的东正教徒，也是一位杰出的舆论工作者、出版人。他自称为"国家的警犬"（Государственный сторожевой пёс[①]），一生秉持爱国主义与保守主义立场，努力维护俄罗斯国家利益。尽管从今天来看，其中许多观点甚至许多做法都有可商榷的地方。但是从俄国人自己的角度来看，卡特科夫显然是俄国传统价值观、俄国国家利益的忠实捍卫者。他对俄国国家利益的呼吁，对俄国社会公共舆论的建立，都起到了不可替代的作用。他对于俄罗斯东正教的宣传和推广，为当时俄国社会思想的稳定起到了很大的作用。时任英国驻俄大使曾经说过："俄国……有两位帝王：亚历山大二世与卡特科夫。"[②] 米尔斯基也说："在俄国历史上，政府从未如此专注地倾听过一位杂志人的意见，换言之，一位杂志人从未如

① *Любимов Н. А.* М. Н. Катков и его историческая заслуга. М.: 1889. С. 16.

② *Феоктистов Е. и др.* За кулисами политики. М.: 2001. С. 50.

此频繁地影响到政府的决策。"① 卡特科夫之影响，由此略见一斑。正是因为卡特科夫的爱国主义，才使得他在 21 世纪的今天重新走进了俄国学术界的视野，成为当下重点被挖掘的保守主义思想来源之一。

不妨借用著名政论家，正教院总监波别多诺斯采夫（Победоносцев К. П., 1827—1907）的评价来总结卡特科夫对俄国的意义："卡特科夫是一位才华横溢的评论家，睿智，对真正的俄国利益保持敏感，具有坚定的保守主义信仰。作为评论家，他对身处艰难时代的俄罗斯及政府提供了宝贵的帮助……卡特科夫所有的力量在于他作为俄国的，况且是唯一的政论家，成为杂志活动的核心，因为其他的要么无足轻重，要么毫无用处，要么是讨价还价的小商铺。"② 站在俄罗斯人的立场上，这样的评价还是中肯的。时至今日，卡特科夫目前已成为俄罗斯思想界、史学界研究的热点之一，便说明了这一点。

第二节　《俄国导报》与国家形象的再塑造

"厚重期刊"是 19 世纪俄国文学诞生及争论的一个重要平台。正是在各个派别的文学期刊上出现了绝大多数俄国文学经典，也出现了各种涉及文学、政治等问题的争论。正是通过厚重期刊所提供的平台，通过诸多的文学经典，以及由此诞生的各式文学争论，各式各样的俄国国家形象被逐渐确立起来了。这其中，起到重要作用的期刊之一就是卡特科夫及其《俄国导报》。

---

① ［俄］德·斯·米尔斯基:《俄国文学史》，刘文飞译，北京: 商务印书馆，2020 年，第 297 页。

② *Катков М. Н.* Собрание сочинений: В 6 т. Т. 6. Pro et Contra. СПб.: ООО «Издательство "Росток"», 2012. C. 255.

当代俄罗斯学者叶戈罗夫（Егоров Б. Ф.，1926—）指出：卡特科夫的《莫斯科新闻》和《俄国导报》是"全国一切保守力量的组织中心"[①]。仅以小说三巨头为例：屠格涅夫六部长篇中的三部（《前夜》《父与子》《烟》）；托尔斯泰的《哥萨克》《战争与和平》《安娜·卡列宁娜》；陀思妥耶夫斯基晚年五大长篇中的四部（除《少年》之外）都发表于该刊。在当时的各种期刊中，《俄国导报》是唯一能与激进的《现代人》《俄罗斯言论》等刊物相抗衡的杂志。或许正因为卡特科夫这种在保守主义方面巨大的凝聚力，直到 20 世纪的六七十年代，由苏联百科全书出版社学术委员会与苏联科学院历史学部联合编写的《世界历史百科全书》中仍然把卡特科夫称之为"亚历山大三世政府恐怖制度的幕后鼓动者"[②]。

然而，我们并不能只看到卡特科夫与思想对手们的争论，更要透过这种争论去把握卡特科夫试图达到而最终没有达到的目的。这个目的就是将东正教传统思想资源与西欧现代的君主立宪制相结合、重新整合，通过期刊报纸这一现代媒体，打造一个现代化的俄罗斯帝国形象。这一过程按时间来看，始于 1855 年，在 1863 年及 1881 年各有重大变化，到他 1887 年去世时，强大而又爱好和平的俄罗斯帝国形象已在西欧各国再度确立（那位身材魁梧却又爱好和平，在位期间从不打仗的亚历山大三世便是极佳的国家形象代言人）。

在 19 世纪大名鼎鼎的《俄国导报》并非卡特科夫首创。早在 1808—1824 年间，莫斯科就有格林卡出版的《俄国导报》，旨在与卡拉姆津的

[①] *Егоров Б. Ф.* Избранное. Эстетические идеи в России ⅩⅨ века. М.: Летний сад, 2009. С. 609.

[②] 苏联百科全书出版社学术委员会、苏联科学院历史学部编：《世界历史百科全书：人物卷》，北京：商务印书馆，1992 年，第 540 页。

《欧洲导报》进行论战。格林卡在为《俄国导报》写的发刊词里说："出版《俄国导报》，我意在为读者提供与俄国有直接关系的一切。所有我们的练习、活动、情感和思想都应该以祖国为目标……所有与祖国及我们同胞有关的一切，对我们热爱祖国的心灵来说都弥足珍贵……《俄国导报》献给俄罗斯人。"[①] 卡特科夫的《俄国导报》创立于 1855 年，作为一名爱国者，卡特科夫的《俄国导报》自然也是献给俄罗斯人，期望为国家、社会略尽绵薄之力。彼时的俄国，正值克里米亚战争失败，俄国在军事上的失败暴露了它在政治上的落后与无能，曾经流行的官方民族性已遭到越来越多人的质疑。在国际舞台上，俄国也从曾经的"欧洲宪兵"变成了落后愚昧又封建保守的老大帝国。这是令卡特科夫感到万分焦虑的事情。

1861 年，随着农奴制改革的即将实行，卡特科夫及其《俄国导报》越来越将关注焦点放到社会、政治问题上。1861 年 3 月，根据车尔尼雪夫斯基的提议，在卡特科夫家中召开了首都出版家会议，通过了致政府的《俄国文学家报告》(Записка русских литераторов)，执笔者便是卡特科夫。此外，他还创办了《现代记事》作为《俄国导报》新增的副刊，卡特科夫试图用以专门讨论一些时事热点问题，自然其中也包括俄国国家形象问题。从文学的角度来看，卡特科夫及其《俄国导报》对这一问题的思考是通过与赫尔岑的论战开始的。

1862 年第 2 期的《俄国导报》上，除了有屠格涅夫的《父与子》，还发表了卡特科夫的一篇文章《我们属于哪个党派？》。该文虽然不长，但却被后来的研究者们视为卡特科夫及其刊物的一份政治声明（"理解卡特

[①] *Лупарева Н. Н.* Русский Вестник.//Русский консерватизм середины XVIII –начала XX века: энциклопедия. М.: 2010. С. 418.

科夫及其公共立场的社会政治观的纲领"①）。它出现的时机不免令人联想起批评家对《父与子》的评论。当时的俄国社会面临着诸多争论：父与子、新与旧、保守与进步等，由此也形成了不少派别。作为一份关注时政的刊物，它属于什么派别，这是杂志首先要澄清的。

卡特科夫在文中首先对社会上流行的"进步人士"（прогрессист）和"保守派"（консерватор）做了描述：进步人士是"人类之友，时刻准备建功立业，为全人类和每一个人的启蒙、自由和幸福做出一切牺牲"。保守派则是"蒙昧主义者、农奴主、恨世者，最小团体的敌人、卑鄙的家伙以及狗崽子"。② 但是，卡特科夫指出："真正的进步倾向在本质上应该是保守的，只要他懂得自己的使命，并真正想达到自己的目标。改革越是深入，行动越是坚决，社会所赖以支撑的因素就越应该巩固，没有这些因素，进步就会化为影子的空想游戏。"③ 卡特科夫在这里抨击的是当下的进步人士，实质上也指出了未来俄国之希望所在，即"真正的进步倾向在本质上应该是保守的"，俄国说到底还是要以保守主义立国。

然而对于激进分子来说，他们对于所谓的"进步"与"保守"理解混乱，因此俄国并不存在什么严肃的党派，所谓的政治生活也毫无意义，包括十二月党人起义，各种读书小组说到底都是"影子般的空想游戏"（воздушная игра теней）。在社会现实令人眼花缭乱之际，卡特科夫认为刊物不能盲目跟风，必须保持一种"超党派性"（внепартийность）极为

---

① *Климаков Ю. В.* Комметарии.//*Катков М. Н.* Идеология охранительства. М.: Институт русской цивилизации, 2009. С. 747.

② *Катков М. Н.* К какой принадлежим мы партии?//*Катков М. Н.* Идеология охранительства. М.: Институт русской цивилизации, 2009. С. 102.

③ *Катков М. Н.* К какой принадлежим мы партии?//*Катков М. Н.* Идеология охранительства. М.: Институт русской цивилизации, 2009. С. 107.

重要，他公开宣称："我们从来也不寻求归属于我们某个党派的荣幸；我们也不会成为某个集团的喉舌。不管是进步人士的称呼，还是保守派的称呼对我们来说都不包含令人陶醉的东西。"①

然而卡特科夫在文章中对激进民主派的揶揄，对改革的嘲笑大大地激怒了远在伦敦的赫尔岑。1862年的4月，赫尔岑发表了《致新闻界的参议员和三等文官》，文中列举了十二月党人被镇压、斯坦凯维奇小组、别林斯基等遭受迫害的大量事实，借以讽刺了卡特科夫对俄国现状装聋作哑、故意回避政治斗争的做法。②赫尔岑的讽刺立刻招来了卡特科夫的反击：他把赫尔岑称为"自由的演员"，"企图把俄罗斯变成共产主义实验的舞台"，认为赫尔岑躲在伦敦警察的背后，为了自己的虚名派遣一批又一批的年轻人回国策动革命，而其最终结局不过是单人监禁室或西伯利亚。更有甚者，卡特科夫甚至别有用心地把当年夏天彼得堡发生的火灾与赫尔岑联系起来（根据国民教育大臣戈洛夫宁的命令，这场大火导致《现代人》杂志从1862年5月15日起被停刊8个月）。1862年5月29日，亚历山大二世下旨，允许对《钟声》的文章公开进行反驳。卡特科夫继而写了一篇《〈钟声〉出版者札记》（《俄国导报》1862年，第6期）予以反击："《钟声》的出版者们问我们他们是什么样的人。我们说，无论如何也不能称之为诚实的人。因为他们的耻辱只有一个借口——疯狂。"③

最终使卡特科夫打败赫尔岑的是1863年的波兰事件。波兰事件是卡

---

① *Катков М. Н.* К какой принадлежим мы партии?//*Катков М. Н.* Идеология охранительства. М.: Институт русской цивилизации, 2009. С. 104.

② *Герцен А. И.* Сенаторам и тайным советникам журнализма.//*Герцен А. И.* Полное собрание сочинений в тридцати томах том 16. М.: 1959. С. 91.

③ *Катков М. Н.* Заметка для издателя «Колокола»//*Катков М. Н.* Идеология охранительства. М.: Институт русской цивилизации, 2009. С. 345.

特科夫思想的转折点，也是他确立大国形象的开端。用列宁的话说："同情英国资产阶级和英国宪法的自由派地主卡特科夫，在俄国第一次民主高潮时期（19世纪60年代初），投靠了民族主义、沙文主义和猖狂的黑帮。"[①] 这个描述应该说是准确的。

1863年1月初，波兰爆发了独立运动，最终波兰军队在十倍于己的兵力围困下陷于失败。对于这次事件，文学界一开始并没有明显的声音。根据斯特拉霍夫的回忆："彼得堡文学界自起义之日始，几乎一致沉默，这或是因为不知说什么好，或甚至由于从自己抽象的观点出发，准备直接同情起义者的要求。这种沉默激怒了莫斯科的爱国者和政府中有爱国情绪的人。他们感到社会上存在着一种与此刻国家利益相敌对的情绪，因而对这种情绪怀着正当的愤怒。"[②] "准备同情起义者的"自然指崇尚西方理念的车尔尼雪夫斯基等人。不过限于当时官方的高压政策，《现代人》被迫保持着沉默。只有远在欧洲的赫尔岑在《警钟》上发文，批判沙皇政府对波兰的武力镇压，甚至对向沙皇捐献金币以表支持的屠格涅夫大加讽刺。"爱国者"自然指像卡特科夫、大诗人费特、批评家波特金等一帮人。这种知识界的沉默令卡特科夫大为震惊，他没有想到俄国的知识阶层在国家利益受到侵犯的时候居然保持沉默，甚至站在敌人那一边说话。只有少数人如骑兵军官出身的费特在愤慨之下，甚至摩拳擦掌，想亲自去参与镇压起义，波特金则对此表示支持。两人都坚信："为国家的巩固，为俄罗斯

---

① ［俄］列宁:《飞黄腾达之路》，载列宁:《论文学与艺术》，北京：人民文学出版社，1983年，第190页。

② *Страхов Н. Н.* Биография, письма и заметки из записной книжки Ф. М. Достоевского. СПб.: 1883. С. 246.

所起的作用，它必须控制波兰。"①

斯特拉霍夫是较早对波兰事件发出评论的人，他所发表的《致命的问题》一文，虽有一定深度，但因观点模糊在俄国社会引起了轩然大波。卡特科夫紧接其后，接连写了十余篇文章，有表态，有分析，有对策，不但对斯特拉霍夫的模糊态度表示谴责，也从历史、现状等多角度分析波兰问题。在当时官方尚未有定论，各大媒体保持沉默之际，卡特科夫的这些论述从某种意义上说，正如著名思想史研究者特瓦尔多夫斯卡娅（Твардовская В. А., 1931—）指出的"具有政府行为的特点"②，"在大国观念的一切共性方面，不但斯拉夫派的《时报》，或者自由派的《圣彼得堡消息》，甚至官方的《俄国残疾人》在起义之初都未像卡特科夫的报纸那样持有如此好战，如此不妥协的立场"③。应该说，卡特科夫的文章虽有言辞激烈之处，但在当时确实起到了统一思想、团结民众的作用，这也是此后亚历山大二世极为器重他的原因之一。

跟斯特拉霍夫侧重文化考察的角度不同，卡特科夫的关注焦点侧重于现实政治角度，在发表于《俄国导报》的《波兰问题》一文中，卡特科夫一开始就说："在政治世界里没有比普遍原则和抽象公式更具有欺骗性的。"④所谓"普遍原则和抽象公式"，就是指当时欧洲盛行的"民族权利"和"不干涉原则"。波兰自从被俄普奥三国瓜分后，有密茨凯维奇、肖邦

---

① ［俄］苏·阿·罗扎诺娃编：《思想通信——列·尼·托尔斯泰与俄罗斯作家》上册，马肇元等译，北京：文化艺术出版社，1997年，第387页。

② Твардовская В. А. Идеология пореформенного самодержавия（М. Н. Катков и его издания）. М.: Издательство «Наука», 1978. С. 27.

③ Твардовская В. А. Идеология пореформенного самодержавия（М. Н. Катков и его издания）. М.: Издательство «Наука», 1978, С. 26.

④ Катков М. Н. Польский вопрос.//Катков М. Н. Идеология охранительства. М.: Институт русской цивилизации, 2009. С. 179.

等人为之大洒亡国之泪，因而在 19 世纪的欧洲历来是受压迫的象征，也因此形成了所谓的"波兰问题"。正如有研究者指出的："自维也纳会议以来，波兰的压迫者就成了奥地利、俄国和普鲁士的民主主义和民族主义的传统对手。法国和英国因为在欧洲没有统治隶属民族，所以他们可以自由地通过同情受人统治的波兰人来满足自由派的感情。各国的民主主义者都一致起来猛烈地谴责奥地利、俄国和普鲁士的专制统治。波兰蒙受的不公正待遇给这种谴责提供了再好不过的场所……在 19 世纪民主主义者手中，波兰的事业成了国际正义的象征。"① 由此可见，各国对波兰问题的关注实际上都并非出自公心，波兰只是各国借机寻求各自利益的一个工具罢了。"整个 19 世纪，'波兰问题'都阴魂不散地萦绕在欧洲各国的外交界，这个问题无论对波兰的朋友还是敌人，都同样麻烦……然而每当这一问题开始危及欧洲的稳定时，他们就只能用一堆伪善的辞藻把这个问题在表面上掩盖过去。"② 什么"普遍原则"，什么"抽象公式"，在国家和民族的利益面前都不值一提。

卡特科夫看透了这一点，他进而认为：俄国对波兰王国的宽容胜过对待本国民众。早在 1815 年的维也纳会议之后，亚历山大一世就为波兰王国制定了一部堪称当时欧洲最先进的宪法，使波兰成为一个君主立宪制的自治国家。但今天看来，恰恰是这种宽容或者说放纵，导致了暴乱。

这种暴乱的性质，正如卡特科夫另一篇文章标题所表明的:《波兰起义不是人民起义，而是小贵族与神职人员的起义》。在这篇文章里，卡特

---

① ［英］爱德华·哈利特·卡尔:《巴枯宁传》，宋献春等译，北京：中国人民大学出版社，1985 年，第 142—143 页。

② ［波］亚当·扎莫伊斯基:《波兰史》，郭大成译，北京：中国友谊出版公司，2019 年，第 275 页。

科夫不但指出了波兰起义的性质，更指出了造成今天这种局面的原因首先在于俄国社会的冷漠和退让；其次在于波兰小贵族和神职人员的贪婪、欺骗。"在此有责任的是我们整体生活的方式，它导致了对公众利益的冷漠。"① 这种冷漠和由此而来的退让更激发了波兰阴谋家们的野心。"波兰人不想要自己纯粹的波兰王国；他们试图重建它，但有个必要条件即立刻征服立陶宛和俄罗斯。对我们来说，波兰问题具有民族特点；对于波兰贪权者来说，这个问题涉及到使俄罗斯民族臣服于尚待重建的波兰王国。"② 卡特科夫进一步指出，在这种目的下，俄国势力在立陶宛、白俄罗斯及乌克兰受到削弱：土地被波兰人收买，俄罗斯官员受到波兰人排斥，影响渐弱。

在分析完波兰起义的原因和性质之后，卡特科夫趁热打铁继续发表了《我们对波兰怎么办？》一文，直接为政府当局的善后出谋划策。卡特科夫列举了三种方案：像 1815 年那样，赋予波兰特殊地位，继续与俄国合并；让波兰独立；将波兰一视同仁合并入俄国。卡特科夫认为，历史已证明：第一条路是行不通的。第二条路是做不到的，因为这事实上对俄国未来发展不利。因此，俄国只有第三条路可选：必须严厉镇压波兰的地主及贵族。收缴其土地，将其转手给俄罗斯地主，以加强俄罗斯人在波兰及西部省份的影响。卡特科夫之意在于通过所谓的"非波兰化"及"俄罗斯化"将多民族的帝国转化为现代化的公民国家。这一提议的实际效果，或可从俄裔美国史学家梁赞诺夫斯基的研究略知一二。农奴制改革到 1905

---

① *Катков М. Н.* Польское восстание не есть восстание народа, а восстание шляхты и духовенство.//*Катков М. Н.* Идеология охранительства. М.: Институт русской цивилизации, 2009. С. 192.

② *Катков М. Н.* Польское восстание не есть восстание народа, а восстание шляхты и духовенство.//*Катков М. Н.* Идеология охранительства. М.: Институт русской цивилизации, 2009. С. 193.

年彻底废除农奴所需偿还债务为止，俄国南方和北方的农奴主们获得的补偿基本上超过其土地本身价值。"只有西部省份的波兰或者波兰裔的地主是例外，他们获得的补偿要少于他们土地的实际价值。"①这应该不是市场自发调节的结果，而是政府对波兰力量的故意打压。

从今天的角度来看，卡特科夫对波兰的看法自然有他大国沙文主义的一面。但具体到当时的历史环境中，卡特科夫作为一个爱国者，其言论并无出格之处，这也是他在当时能受到上至宫廷，下到普通民众支持的原因之一。值得一提的是，当时波兰总督是亚历山大二世的哥哥康斯坦丁·尼古拉耶维奇亲王，卡特科夫一味抨击帝国在波兰的种种失误，这实际上也为他后来的人生悲剧埋下了种子。

从俄国跟波兰的历史渊源来看，波兰从叶卡捷琳娜女皇时期开始，通过多次瓜分，已被并入俄国多年，在多数俄罗斯人心目中已是俄国领土的一部分。早在1830年，波兰爆发反抗俄国的起义，俄军因残酷镇压而遭致西欧各国之谴责，普希金却用诗歌为俄罗斯辩护，认为沙俄对波兰的镇压只是"斯拉夫人之间古老的家庭争端"，并且提出：

> 是让斯拉夫的条条小溪汇入俄国之海，
>
> 还是一任大海干涸？

在获悉俄军重占华沙之后，诗人更作诗《鲍罗金诺周年纪念》（1831），将之誉为俄国历史上反抗拿破仑的鲍罗金诺战役：

> ——在鲍罗金诺日，
>
> 我们的战旗又一次破阵闯入
>
> 再度陷落的华沙城的缺口；

---

① ［美］尼古拉·梁赞诺夫斯基等：《俄罗斯史》第7版，杨烨等译，上海：上海人民出版社，2007年，第344页。

波兰好像一团奔逃的士兵，

血染的战旗丢弃在尘埃之中，

被镇压的反叛便默不作声。①

事实上，1863 年的波兰起义，是在 1855 年克里米亚战争之后爆发的。克里米亚战争以俄国的失败而告终，这样的背景使当时很多俄国人都将波兰起义看作是英法为首的西方国家对俄国策划的又一次打击②，爱国主义情绪高涨是非常正常的。恰如陀思妥耶夫斯基曾指出的："一切俄罗斯人首先是俄罗斯人，然后才属于某个阶层。"③大敌当前，俄罗斯人自然要一致对外，像赫尔岑这种号召支持波兰的人反而成了另类甚至是叛国者。在这个问题上，罗马教廷也参与到了欧洲政治斗争之中。

1863 年 4 月，罗马教皇庇护九世特地给亚历山大二世致函，要求波兰和俄国的天主教会脱离俄国政府而独立，成为"国中之国"。这进一步加深了俄国知识界对西方势力干涉俄国内政的反感。正因为如此，卡特科夫才特别强调波兰天主教司铎在波兰起义中的恶劣作用，强调天主教文化与东正教的对立。例如在稍后写的文章《论心灵自由与宗教资源（罗马天主教）》（1863）中，卡特科夫坦言罗马天主教成了罪恶之源："在俄罗斯的罗马天主教正在成为事实上的波兰民族机构，如上所述，这导致我国的罗马天主教会和波兰人民都产生假象。每个人都知道波兰天主教教士在当前动荡中起的作用。即使是我们的波兰士兵也很难不受仇外精神的影响，在这种情况下，宗教话语被民族口号所憎恶，民族口号被宗教权威的混杂

① 卢永选编：《普希金文集》第 2 卷，乌兰汗等译，北京：人民文学出版社，1995 年，第 317 页。

② 事实上，确有现代史家持此观点。英国史学家泰勒认为：克里米亚战争，"不管战争的根源是什么，它实质上是西方对俄国的入侵"。详见［英］A. J. P. 泰勒：《争夺欧洲霸权的斗争：1848—1918》，沈苏儒译，北京：商务印书馆，1987 年，第 106 页。

③ Ф. М. Достоевский. Полное собрание сочинений в 30 т. Т. 18. Л.: Наука. 1978. С. 57.

所强化。我们对波兰拉丁教士的功绩，他们所犯下的恐怖黑暗行径感到愤慨，他们是罪魁祸首，与任何基督教会的精神都不相符。"[1] 至于东正教，卡特科夫则认为："俄罗斯人民不可能背弃东正教，这是他们的灵魂所在，是民族的神圣之地。他们在此之上生长、受教、独立自主，东正教包含了俄罗斯的整个未来。东正教是我们人民的教会，这就是它必须保持的样子。"[2] 应该说，这种对天主教的批评，对东正教意义的强调，在卡特科夫以后的政论文章里会一再出现。

总的来说，1863 年的波兰事件不但激发了卡特科夫捍卫祖国利益，保卫君主制的热情，也对他今后的人生起到了决定性的作用。用传记作者的话说："1863 年的到来把卡特科夫带到了荣誉的最高峰，他不但在国内，而且在西方都知名度大增，他政论活动的特点也由此定格。"[3] 在笔者看来，卡特科夫经波兰事件之后奠定了他对俄罗斯未来发展的基本构想，即采用"俄罗斯化"的方式，加快俄罗斯各民族、各地区之间的融合，把俄罗斯建设成团结一致的斯拉夫民族大家庭。在这个过程中，政府要做到双管齐下：一方面要坚决捍卫沙皇的君主专制，塑造沙皇亲民形象；另一方面要利用东正教的精神力量，感化波兰在内的斯拉夫民族。从历史来看，波兰经 1863 年起义之后，直到 1917 年脱离沙俄帝国为止，始终保持了对沙俄的忠诚，没有发生大规模的起义。这说明，卡特科夫以"俄罗斯化"为基

---

[1] *Катков М. Н.* О свободе совести и религиозный свободе (римско-католическое исповедание)//*Катков М. Н.* Идеология охранительства. М.: Институт русской цивилизации, 2009. С. 449.

[2] *Катков М. Н.* О свободе совести и религиозный свободе (римско-католическое исповедание)//*Катков М. Н.* Идеология охранительства. М.: Институт русской цивилизации, 2009. С. 447.

[3] *Сементковский Р. И.* М. Н. Катков: его жизнь и литературная деятельность. С–Петербург.: 1892. С. 33.

础的帝国构想收到了实际效果。

卡特科夫是以崇尚英国的自由派崭露头角的。俄裔美籍史家拉耶夫（Marc Raeff，1923—2008）早年曾有文章论述卡特科夫的自由主义思想，拉耶夫将其称为"反动的自由派"，认为卡特科夫一方面羡慕英国的君主立宪体制，另一方面又执迷于俄国沙皇的特殊意义，这本身就是一种矛盾。这种矛盾使得卡特科夫外表鼓吹自由主义，而骨子里却坚持沙皇专制。"由此可见，卡特科夫代表了19世纪俄国政治思想中悲剧性的悖论。经济与社会领域中自由与个性的鼓吹者整体上却是保守过时的政治体制的捍卫者。"① 拉耶夫此言是就卡特科夫一生而言，事实上，卡特科夫对自由的追求与对专制的维护看似矛盾，其实不然。它们在爱国主义这个环节上得到了较好的统一，归根结底，一切为了俄罗斯。1891年，列昂季耶夫在给修道士约瑟夫·富德尔（Иосиф Фудель）的信里提到过卡特科夫的爱国主义："卡特科夫个人给我留下的印象是他是一个最不直接，最虚假和不令人愉快的人；但是……我毫不怀疑，卡特科夫会为了俄罗斯像个英雄一样把头放在砧板上；如果事实上这是有必要的话。"②

这种以爱国主义为皈依的自由主义，正如自由主义思想家契切林（Чичерин Б. Н.，1828—1904）所说的是"保守的自由主义"："其实质在于自由的因素与权力法则的因素得以调和。在政治生活中，他们的口号是：自由的尺度与强大的权力……"③ 1863年之前的卡特科夫之所以高调

---

① Marc Raeff, A Reactionary Liberal: M. N. Katkov. *Russian Review*. Vol. 11, № . 3（June., 1952）p. 167.

② *Леонтьев К. Н.* Переписка К. Н. Леонтьева и И. И. Фуделя（1888–1891）//Леонтьев К. Н. . Полное собрание сочинений и писем: в 12 т. Приложение. Кн. 1. СПб.: 2012. С. 281.

③ *Чичерин Б. Н.* Различные виды либерализма. См. Просвещённый консерватизм: Российские мыслители о путях развития Российской цивилизации, М.: ГРИФОН, 2012. С. 39.

谈论自由，其出发点也是为了促进祖国的强大。在他看来，国家需要发展，就必须学习西方（尤其是英国的君主立宪）。1863 年之后的卡特科夫之所以呼吁保皇思想，其落脚点也是在于俄国的强大。在他看，俄罗斯的强大离不开一位开明君主的统治。失去君主的强权，自由便得不到保障。

不难发现，在君主专制这个问题上，卡特科夫跟此前的卡拉姆津、乌瓦罗夫等人在思想上都是一脉相承。因此，从自由主义到保守主义的转变过程中，东正教对于卡特科夫来说，始终发挥着思想根源和基础的作用。卡特科夫充分意识到了这一点：东正教不仅是真正俄罗斯人的信仰，还是促进祖国强大的巨大精神力量，因此他才三番五次地强调宗教在社会生活、教育中的重大意义。

第三节　卡特科夫论国民诗人普希金

就其本身而言，卡特科夫并非职业的文学批评家，但他首先是作为一位批评家、翻译家走上文坛，《俄国导报》在他任主编时期也刊发了包括《罪与罚》《安娜·卡列宁娜》等在内的大量名著。作为杂志的负责人，卡特科夫对这些作品的意见和建议，虽谈不上字字珠玑，但也在一定程度上影响了作家的创作构思。此外，鉴于卡特科夫在当时俄国保守主义阵营里的影响力，这些观点显然不能等同于一般性的文学批评。2010—2012 年，圣彼得堡的罗斯托克（Росток）出版社推出 6 卷本卡特科夫文集，第 1 卷就是文学批评专论。从整体来看，卡特科夫的文学批评大致可分为两方面：一是关于经典作家如普希金、屠格涅夫等人的论述；二是在此基础上的进一步发挥，批判文学中的虚无主义。就卡特科夫的一生而言，普希金研究既是他学术生涯的源头，也是他一生评价文学创作的标准。

　　然而，或许是作为政论家的卡特科夫光芒太过于耀眼，以至几乎遮蔽了作为文学批评家的卡特科夫。在卡特科夫去世到 1917 年十月革命前，学术界有不少回忆、评价卡特科夫的文字，但仅目前资料所及，关于文学批评家卡特科夫的仅有两三篇①。整个苏联时期，卡特科夫的名字几乎是一个禁忌，极少有人提及，偶尔出现也多是作为批判的靶子，如特瓦尔多夫斯卡娅的《改革时期的君主专制思想：卡特科夫及其出版物》（ *Твардовская В. А.* Идеология пореформенного самодержавия: М. Н. Катков и его издания, М.: 1978 ）。苏联解体后，随着官方意识形态向保守主义靠拢，卡特科夫的著作得以再版，也出现了一批研究著作，但仍然集中在保守主义政论家、外交家、出版人卡特科夫上，对他的文学批评遗产关注极少。仅就本文主题而言，迟至 2015 年，才有喀山大学的比克 - 布拉托夫发表了《卡特科夫政论中的普希金主题》。据作者自述，该文是俄国历史上第一篇研究卡特科夫政论和文学批评的文章②。

　　卡特科夫通过对普希金的研究走上文坛，正如后来研究者指出的："在巨大的卡特科夫遗产中，普希金主题占有特殊的位置。"③早在 1839 年，《祖国纪事》就刊发了德国学者瓦尔哈根·冯·恩泽（ К. А. Варнгаген фон Энзе ）的文章《外国人对普希金的评价》，译者即为卡特科夫。根据译者

---

①　比如 Лобов Л. К. 所写的 К характеристике М. Н. Каткова (Катков как литературный критик)。原文发表于 1904 年第 1 期的《斯拉夫新闻》(Славянские Известия) 杂志，现收录到 Воспоминания о Михаиле Каткове/Отв. ред. *О. А. Платонов.* М.: Институт русской цивилизации, 2014. 此外还有 Трубачев С. С. 编写的 Пушкин в русской критике: 1820—1880. СПб. 1889. 中也提到卡特科夫这篇文章，但寥寥数语，意义不大。

②　若考虑到上述沙俄时期的两三篇文章，可知此论不确。另外，该文聚焦于卡特科夫创作中的普希金主题，较为全面，与本文重点分析《普希金》一文有所不同。*А. Ш. Бик-Булатов* Публицистическая Пушкиниана М. Н. Каткова//Учёные записки Казанского университета (Гуманитарные науки)，2015, том 157, кн. 4.

③　*Катков М. Н.* Идеология охранительства. М.: Институт русской цивилизации, 2009. С. 17.

在前言里的介绍，该文首发于黑格尔创办的《科学评论年鉴》（Jahrbücher für wissenschaftliche Kritik）杂志上，充分体现了德国学术界对俄罗斯文学的重视，证明普希金已走出了国门。卡特科夫在此揭示出了普希金的世界性意义，其中有一句话值得一记："我们坚定地相信，明确意识到：普希金——不是某一个时代的诗人，而是全人类的诗人；不是某一个国家的诗人，而是整个世界的诗人；不是像许多人想的那样是疗伤的诗人、痛苦的诗人，而是幸福与内在和谐的伟大诗人。"[①] 类似评价，在今天看来并不新鲜。但若我们联系到当时评论界对于普希金的看法，卡特科夫评论的意义或许就比较清楚了[②]。

　　普希金去世后，俄国文坛爆发了一场"普希金还是果戈理"的争论。别林斯基甚至断言："普希金最好的中篇小说——《上尉的女儿》远比不上果戈理任何一部优秀的中篇小说，甚至也比不上他的《近乡夜话》。"[③] 在《1847年俄国文学一瞥》（1848）中，别林斯基进一步论证和捍卫了果戈理流派，并认为这将是俄国文学发展的方向[④]。不过，总体来说，别林斯基只是强调果戈理的现实性和重要性，对普希金尚无进一步的贬低乃至攻击。何况，别林斯基的批评界领袖地位也使得暂时无人敢于挑战他的论

---

① *Катков М. Н.* Собрание сочинений: В 6 т. Т. 1. Заслуга Пушкина: О литераторах и литературе. СПб.: ООО«Издательство "Росток"》, 2010. С. 55.

② 值得一提的是：1937年，苏联比较文学大家 М. П. 阿列克谢耶夫对这篇文章予以高度评价，并不具名地表扬了卡特科夫的译介贡献，这也从另一个角度说明了卡特科夫的学术眼光。参见 *М. П. Алексеев*. Пушкин на западе//Пушкин: Временник Пушкинской комиссии/АН СССР. Ин-т литературы. М–Л.: Изд-во АН СССР, 1937. — [Вып.] 3. — С. 132—133。

③ ［俄］别林斯基：《一八四三年的俄国文学》，载《别林斯基选集》第5卷，辛未艾译，上海：上海译文出版社，2005年，第363页。

④ 可以说，果戈理的文坛盟主地位在很大程度上得益于别林斯基的阐释和宣传，这或许可以解释为什么别林斯基在看到果戈理发表《致友人书简选》这样的著作后，如此大动肝火，以至不顾重病缠身，坚持写信痛斥。

断。真正令文坛掀起轩然大波的导火线是 1855 年 П. В. 安年科夫主编的 6 卷本普希金文集出版，由此引发了车尔尼雪夫斯基等人的更多批评。

在 1854 年，车尔尼雪夫斯基在《诗论》一文中就提出了这样的问题：谁更高——普希金还是果戈理？在上述普希金文集出版后，车尔尼雪夫斯基接连写了 4 篇文章，分别从普希金作品编辑体例、普希金的文学史意义、19 世纪 20—30 年代批评界论普希金以及别林斯基论普希金这四方面展开论述。仅以其中第 2 篇为例，车尔尼雪夫斯基固然提及了普希金在艺术上的造诣，却认为诗人没有对生活的看法，所以只能将才能运用在诗歌的形式上。"但是的确，普希金作品的最重要意义——就是它们是美的，或者用现在的话来说，它们是富于艺术性的。普希金并不是一个像拜伦似的对生活有一定看法的诗人，甚至也不像一般的思想诗人，像歌德与席勒似的。"① 换而言之，普希金只有形式，没有思想。在这样的立论上，车尔尼雪夫斯基进一步提出，普希金时代的俄国文学其实只是后来果戈理时期的一种准备："俄国文学继续发展的一切条件已经准备好了，其中的一部分还是普希金所准备的。"②

既然如此，俄国文学的发展方向便很明确了，这便是车尔尼雪夫斯基随后在《俄国文学中的果戈理时期》一文中所指出的果戈理方向。普希金在其中作为果戈理的对立面，遭到了某些非议。譬如，车尔尼雪夫斯基认为："然而重要的是——果戈理是站在散文家的普希金之前的。"③ 杜勃罗留

① ［俄］车尔尼雪夫斯基：《普希金》（断片），载《车尔尼雪夫斯基论文学》（中卷），辛未艾译，上海：上海译文出版社，1979 年，第 252 页。

② ［俄］车尔尼雪夫斯基：《普希金》（断片），载《车尔尼雪夫斯基论文学》（中卷），辛未艾译，上海：上海译文出版社，1979 年，第 255 页。

③ ［俄］车尔尼雪夫斯基：《俄国文学果戈理时期概观》（第一篇），载《车尔尼雪夫斯基论文学》（上卷），辛未艾译，上海：上海译文出版社，1978 年，第 23 页。

波夫也指出："普希金在天性上是一个不深刻，但却很活跃、轻快、容易感受，并由于持久教育的缺乏，容易受表面上吸引的人，他和拜伦完全不相像。"① 类似说法在文坛引起了强烈的反响。

对于这种过于强调普希金思想及社会意义的论调，普希金文集的主编安年科夫深感不满。他在《论文艺作品对社会的意义》（1856）中指出："如今，对普希金的模仿者以及他那个时代的诗人整个地、逐一地指责已经成了一种风气。"② 为什么要批评普希金呢？在安年科夫看来，原因在于批评者没有意识到普希金真正的意义，一味试图从普希金的作品里寻找他的思想立场。然而，作为近代俄国文学之父，普希金偏偏是一位立场不那么鲜明的作家。安年科夫在《普希金评传》中指出普希金之所以没有某种特定倾向的原因在于："诗歌创作在普希金似乎是对于生活中的激情的矫正。它缓解了生活中的激烈现象，消除了这些现象中偶然出现的一切粗暴的、不正确的和生硬的东西，从而使它们变得高尚。"③ 因此，在批评家看来，普希金的意义就在于："通过普希金，俄罗斯读者不仅像某些批评家开始认为的那样，认识到了诗的优美，而且认识到了思想方式的优美。"④ 在安年科夫看来，普希金不仅仅是一位诗人，也是一位兼顾形式与内容和谐一致的大师。这一点正是卡特科夫要进行论述的基础。

安年科夫是卡特科夫的好友，早在柏林留学时，安年科夫就在经济上

---

① ［俄］杜勃罗留波夫：《俄国文学发展中人民性渗透的程度》，载《杜勃罗留波夫选集》（2），辛未艾译，上海：上海译文出版社，1983年，第182—183页。

② ［俄］安年科夫：《论文艺作品对社会的意义》，张铁夫译，载张铁夫编选：《普希金研究文集》，南京：译林出版社，2014年，第50—51页。

③ ［俄］安年科夫：《普希金评传》，冯春译，载冯春编选：《普希金评论集》，上海：上海译文出版社，1993年，第305页。

④ ［俄］安年科夫：《论文艺作品对社会的意义》，张铁夫译，载张铁夫编选：《普希金研究文集》，南京：译林出版社，2014年，第51页。

给予了卡特科夫极大的帮助。卡特科夫刚接手《莫斯科新闻》的时候，安年科夫接连赐稿以示支持。更何况，两人在对文学的看法上颇有英雄所见略同之感。因此，无论于公于私，卡特科夫都必须要站出来表明自己的立场。借着《俄国导报》创刊之际，卡特科夫也撰写了关于普希金的长文，这篇最有分量的文章①发表在1856年初创的《俄国导报》前三期。此时《俄国导报》刚刚创刊，这篇关于普希金的长文可以视为其本人及杂志文学观点的体现。

　　该文虽以"普希金"命名，但在具体论述时却超越了这个范围。为了驳斥激进派文学批评对普希金的功利性利用，卡特科夫在一开始就谈到了文学的使命和诗人的职责："文学就是对于社会本身及个人的认知。"②对于读者来说，"认知"是一种主动的行为。读者从作品中得到某些知识或感悟，这是自然而然的事情，它有别于某些作家作品对读者有意识地施加影响。既然认知是自然的事情，那一部优秀的作品就不该有过多刻意的思想。因此，"诗歌首先是我们认知的形式之一。这是思维的特殊方式，这是智力行为。但若某一种思想越是强大地控制我们的心灵，我们越是以巨大的精力去献身某种事业，那么为我们一切其他思想，一切别的活动所留的空间和力量就会越小"③。这可以被视为卡特科夫普希金观的立论基础：文学不能脱离现实，但又不能局限于现实。由此进一步发挥：文学不能没有思想，但又不能仅仅是思想的载体。这种中庸的立场看起来无甚新意，

---

① 事实上，这也是卡特科夫在文学批评方面的最重要著述，随着他在出版事业上的成功及随之而来影响力的增大，文学主题在他的论著中所占比例越来越小。该文分六大部分，《俄国导报》分3期才连载完。

② *Катков М. Н.* Собрание сочинений: В 6 т. Т. 1. Заслуга Пушкина: О литераторах и литературе. СПб.: ООО«Издательство "Росток"», 2010. С. 246.

③ *Катков М. Н.* Собрание сочинений: В 6 т. Т. 1. Заслуга Пушкина: О литераторах и литературе. СПб.: ООО«Издательство "Росток"», 2010. С. 252.

却也是在当时语境下较能为人所接受的观点。

接着回到普希金这个主题。"普希金因忠实于艺术的目标而遭到责备。作为艺术家他得到赞扬，但也因仅仅是艺术家而遭到责备。"[1] 显然，这是针对上述车尔尼雪夫斯基、杜勃罗留波夫等人的言论而发。在接下来的论述中，卡特科夫重点谈了艺术的思想性、目的性和诗人的使命问题。他首先坦言：创作是一个理性的过程，其中必然包含着各种思想。"创作的灵感不仅不与认知相悖，而且相反是它的紧张状态。"[2] 在这里，卡特科夫不是反对谈普希金的思想，他反对的是将思想摆得比艺术本身还高这种做法："若是普希金竭力在自己的古俄罗斯生活随笔中放入某种思想，若是他想在其中证明什么，那么表达的真理就消失了，我们得到的不是生活的真理，而可能完全是我们不需要的普希金的想法，我们就会得到谎言和相对的艺术、相对的真实。"[3] 因此，车尔尼雪夫斯基等人从思想性的角度去否定普希金，这种立场显然有失偏颇。卡特科夫指出："艺术应该有自己内在的目的，就像世间万物一样。这是一切组织，一切独立存在物，一切具有人的天性的活动所具有的普遍法则。"但这个目标不应该是现实的、功利性的，它应该服务于真理。恰恰是真理而不是美构成了艺术的"第一也是必要的基础"[4]。这实际上也呼应了前面提出的"艺术是一种认知"的出发点。

---

① *Катков М. Н.* Собрание сочинений: В 6 т. Т. 1. Заслуга Пушкина: О литераторах и литературе. СПб.: ООО«Издательство "Росток"》, 2010. С. 250.

② *Катков М. Н.* Собрание сочинений: В 6 т. Т. 1. Заслуга Пушкина: О литераторах и литературе. СПб.: ООО«Издательство "Росток"》, 2010. С. 252.

③ *Катков М. Н.* Собрание сочинений: В 6 т. Т. 1. Заслуга Пушкина: О литераторах и литературе. СПб.: ООО«Издательство "Росток"》, 2010. С. 303.

④ *Катков М. Н.* Собрание сочинений: В 6 т. Т. 1. Заслуга Пушкина: О литераторах и литературе. СПб.: ООО«Издательство "Росток"》, 2010. С. 254.

　　长文中很重要的一点是确立普希金作为俄罗斯诗人的世界性意义。正如英国有莎士比亚，德国有歌德，伟大的国家需要伟大的诗人作为文化形象代言人。在当时，普希金被称为"Первый народный поэт"，这可以从两个方面来理解：民族诗人和人民诗人。前者注重诗人的民族特性，后者则是强调诗人与人民的关系，即从阶级的角度来论述。杜勃罗留波夫就说："可是要真正成为人民的诗人，还需要更多的东西：必须渗透着人民的精神，体验他们的生活，跟他们站在同一的水平，丢弃等级的一切偏见，丢弃脱离实际的学识等等，去感受人民所拥有的一切质朴的感情，——这在普希金却是不够的。"① 可见，革命民主派更多的是从思想与政治的角度来阐释普希金。

　　对于这两层意义的理解，其实早在 1839 年翻译德国学者冯·恩泽的论文中，卡特科夫就已有所提及，他在译文注释里特别强调了"人民的"（народный）和"民族的"（национальный）区别："应该把源于人民的自然状态，精神与实质融为一体的状态的一切称为人民的。民族的——作为全人类有机部分的某个民族被打上自我认知和发展精神的印记的一切。"②

　　针对车尔尼雪夫斯基所谓"描写人民生活"的诗人，卡特科夫颇不以为然，他指出："他的确是人民诗人，尽管不是就从最狭义的人民生活中为自己作品选取目标而言。众所周知，普希金在这个意义上不是人民的。一般地称呼他为人民诗人，是因为他作品中有特殊的力量可以感受到俄罗

---

① ［俄］杜勃罗留波夫：《俄国文学发展中人民性渗透的程度》，载《杜勃罗留波夫选集》（2），辛未艾译，上海：上海译文出版社，1983 年，第 184 页。

② *Катков М. Н.* Собрание сочинений: В 6 т. Т. 1. Заслуга Пушкина: О литераторах и литературе. СПб.: ООО«Издательство "Росток"», 2010. С. 61.

斯词语中思想的生动与独特。"① 换句话说，普希金的人民性不是体现在作品题材的采用，更多地表现为民族语言的运用，即所谓"俄罗斯词语中思想的生动与独特"。在卡特科夫看来，普希金对于俄国文学语言的最大贡献就在于："普希金第一次轻松自如地把教会斯拉夫语、民间语言、俄语外来词、不属于任何一种语言但在表达上却等同于一切语言的语言融为一体。"② 这种融合的结果就使得"语言的本能成为一种有意识的力量"③。联系到 18 世纪末 19 世纪初发生在卡拉姆津与希什科夫（Шишков А. С.，1754—1841）之间的争论，普希金的这个"第一次"意义就很明显了。众所周知，彼时的俄国尚处于法国文化的强势影响下（不妨回忆一下《战争与和平》就是以宫廷女官舍列尔的一段法语谈话开始的），上流社会耻于讲俄语，更少用俄语写作。学术界为此展开了各种争论。卡拉姆津要摆脱斯拉夫语，多用外来语；后者则持相反立场。只有到了普希金这里，这个问题才以融合的方式得以解决。正因为如此，苏联著名语言学家维诺格拉多夫（В. В. Виноградов，1895—1969）才在他的大作《普希金的语言》（1935）里把普希金视为俄国近代标准俄语的创立者，并且说："不解决普希金语言研究这一任务，就不能理解 19 世纪俄国文学语言史及 19 世纪上半期书面语口语叙述风格语言史。"④ 卡特科夫能在 19 世纪的 50 年代就意识到这个重要性，并将它看作是诗人民族性的表现，这不能不说是批评家的远见。

① *Катков М. Н.* Собрание сочинений: В 6 т. Т. 1. Заслуга Пушкина: О литераторах и литературе. СПб.: ООО«Издательство "Росток", 2010. С. 280.

② *Катков М. Н.* Собрание сочинений: В 6 т. Т. 1. Заслуга Пушкина: О литераторах и литературе. СПб.: ООО«Издательство "Росток", 2010. С. 275.

③ *Катков М. Н.* Собрание сочинений: В 6 т. Т. 1. Заслуга Пушкина: О литераторах и литературе. СПб.: ООО«Издательство "Росток", 2010. С. 276.

④ *Виноградов В. В*. Язык Пушкина. М–Ленинград.: 1935. С. 11.

语言说到底是一种艺术表达的形式。因此，卡特科夫对普希金语言的强调，实际上是从艺术的角度来看待普希金的独特性了，考虑到当时革命民主主义派在文学批评界的强势，这不妨视为卡特科夫一种不得已而为之的做法。但是强调艺术性并不表示思想的次要。当时的安年科夫、德鲁日宁等人主张唯美派批评，强调"为艺术而艺术"。他们以《诗人与群氓》（1828）中的诗句来证明普希金是一位真正的"唯美诗人"："不是为了生活中的费神劳累，不是为了战斗，不是为了贪心，我们生来就是为了灵感，为了祈祷和美妙的琴音。"① 德鲁日宁曾说："普希金的心灵是一个不陷入流俗的、精神成熟的、富有爱心的、修养高深的人的心灵，因此他的著作才这样优美，因此他的生活经验才不会结出痛苦的果实。"② 正如卡特科夫的文章一开始就提到的：诗歌是一种认知，因此对于上述唯美派主张，他也并不赞成。在他看来，一个伟大的诗人，他的艺术性和思想性应该是圆满结合在一起的："对艺术的首要要求是真实……世界上的每一种艺术都是为了捍卫某种自己的事业，因此也是某种伟大共同事业的武器。不要像普希金在《群氓》中说的那样逼着诗人去拿起'扫帚'，要知道这样不会有什么好处。相反，就让他做自己的事情，留着他的'灵感'、他的'甜蜜的呼唤'、他的'祈祷'。如果只有灵感是真实的，那么他就是有益的。"③

在这个基础上，卡特科夫提出了他对普希金的定位："就自己天才的特殊本质而言，普希金是瞬间的诗人。他的才能在于描绘心灵的个别状

---

① 《普希金文集》第 2 卷，乌兰汗等译，北京：人民文学出版社，1995 年，第 183 页。

② ［俄］德鲁日宁：《普希金及其作品的最新版本》（节选）智量等译，载张铁夫编选：《普希金研究文集》，南京：译林出版社，2014 年，第 82 页。

③ *Катков М. Н.* Собрание сочинений: В 6 т. Т. 1. Заслуга Пушкина: О литераторах и литературе. СПб.: ООО «Издательство "Росток"», 2010. С. 247.

态，生活的个别场景。"① 笔者以为，这里的"瞬间"重点在于诗歌的偶然性，用卡特科夫的话说："诗歌掌握了这一瞬间，并将才能赋予普遍意识。对于我们的生活来说，没有比走出孤独发现生活更大的快乐了，这种意识目标越是个人化，越是特殊化，我们的快乐就越深刻。在这种个体感基础上确立了艺术的魅力。"② 卡特科夫在这里强调诗歌的偶然性，以个别抗拒普遍，以个性化体验对抗"人民""自由"等宏观叙事，在某种程度上标志着对诗歌泛意识形态化的有意疏离。卡特科夫的这种看法，从矫枉过正的角度来说，也不是没有道理。要知道，T.S.艾略特到20世纪初还在自己的博士学位论文里提到："所有重要的真理都是个人性的真理。"③ 当然，艾略特在这里强调的是现代性的个人体验，这较之于卡特科夫的反启蒙思想还有所不同。

在文章的第五部分，卡特科夫谈到了普希金作品的某些不足，尤其是涉及对普希金小说的评价，认为："他的小说很大一部分都是沉闷而平淡的。"④ 这也引起了后来者的某些非议，认为他缺乏敏锐眼光。但实际上，至少在卡特科夫那个时代，学术界的确很少有人注意到普希金小说的价值问题，比如车尔尼雪夫斯基说《别尔金小说集》"并没有巨大的艺术价值"⑤。安年科夫在他的《普希金评传资料》里就指责《别尔金小说集》内

---

① *Катков М. Н.* Собрание сочинений: В 6 т. Т. 1. Заслуга Пушкина: О литераторах и литературе. СПб.: ООО«Издательство "Росток"》, 2010. С. 286.

② *Катков М. Н.* Собрание сочинений: В 6 т. Т. 1. Заслуга Пушкина: О литераторах и литературе. СПб.: ООО«Издательство "Росток"》, 2010. С. 281.

③ T. S. Eliot *To Criticize the Critic and Other Writings*. Faber and Faber Ltd, 1965. p. 60.

④ *Катков М. Н.* Собрание сочинений: В 6 т. Т. 1. Заслуга Пушкина: О литераторах и литературе. СПб.: ООО«Издательство "Росток"》, 2010. С. 287.

⑤ ［俄］车尔尼雪夫斯基：《俄国文学果戈理时期概观》（第一篇），载《车尔尼雪夫斯基论文学》（上卷），辛未艾译，上海：上海译文出版社，1978年，第24页。

容空泛。有关这方面的评价直到 1859 年才在 Ап. 格里戈里耶夫的文章中得到扭转。此后，德鲁日宁等人接受了格里戈里耶夫的看法，认为《别尔金小说集》"是一部秀丽多姿、晶莹剔透，引人入胜的书"①。卡特科夫对普希金小说持批评态度，个中原因很复杂，既有个人眼光问题，但更主要的是俄国小说的崛起本身就比较晚，批评界对它的接受也需要时间来完成。当时如《别尔金小说集》这样的作品，由于在描写对象、语言、情节设置上打破了传统浪漫主义文学的传统，批评界一时难以接受，这实际上是整个俄国文学大背景的问题。加上卡特科夫并不是那种在学术上特别敏锐的人物，因此对普希金部分创作判断失误，在今天看来，也是在情理之中。

长文的第 6 部分也即最后部分是卡特科夫对普希金创作的一个历史分期。他把 1820—1825 年看作是诗人创作的转折期，之前是形成期，之后则是成熟期。虽然可能出于书刊检查的原因，评论家没有解释为什么恰恰是 1820 年和 1825 年。但 1820 年普希金被沙皇流放到南俄；1825 年发生了十二月党人起义。这两件事都对普希金的思想与创作产生了重大影响，这已经成为目前学术界的公论。另外，卡特科夫着重指出："对普希金的最终评价应该以成熟时期的作品为基础。"因为："正是在这里我们才遇到了真正的普希金，在这时期的作品里他才展示了天赋与才华的一切可能性！"②卡特科夫之所以持此论，主要是他认为普希金早期的诗作乏善可陈，多以模仿为主。这一论断到了 20 世纪初遭到了批评。罗波夫（Лобов Л. К.）就认为："卡特科夫对普希金的最初评论在今天以其非同寻

---

① ［俄］德鲁日宁：《普希金及其作品的最新版本》（节选）智量等译，载张铁夫编选：《普希金研究文集》，南京：译林出版社，2014 年，第 80 页。

② *Катков М. Н.* Собрание сочинений: В 6 т. Т. 1. Заслуга Пушкина: О литераторах и литературе. СПб.: ООО«Издательство "Росток"», 2010. С. 297.

常的放肆口吻、随意及对自己所述真理那种不容反驳的自信令读者吃惊。这些特点未必是对待我们文学骄傲——普希金时所希望有的态度，但对卡特科夫来说却很平常。"[1] 在这里，我们不能否认卡特科夫对待普希金确有某些随意甚至矛盾之处，比如他一方面说早期的普希金以模仿为主，但在后面又称赞普希金一生创作的独特性。但我们同样要考虑到作为普希金的同时代人，卡特科夫对待诗人还没有 20 世纪初那样将其视为高高在上的神话。因此，后人对卡特科夫的批评似乎也可说明普希金在俄国文化中的逐步被神化过程。

在今天看来，卡特科夫的《普希金》有两大意义：

其一是对于普希金本身的研究。卡特科夫的文章里直接论及了诗人的民族意义，将普希金列为世界级的伟大诗人，这在 19 世纪 50 年代来看显然有先见之明。由此，卡特科夫还引申出对俄国文化特性的强调。"对独特性的渴望不管是在我们文学中，还是在我们社会中都极为突出，无疑是一种令人安慰的现象。"[2] 不妨回过头来想想：为什么偏偏在 19 世纪的50 年代，普希金成为了整个俄国文坛争论的焦点？除了普希金的定位涉及到俄国文学发展方向外，普希金的定位同样意味着如何看待俄国文化的世界影响问题。如果按照"别车杜"等人的想法，普希金只是拜伦的模仿者，甚至在思想深度上还不如拜伦。因此，俄罗斯还得继续学习西方，学习他们的资产阶级革命，同时也包括资产阶级的启蒙文化。但按照卡特科夫的看法，普希金创造了近代标准俄语，他的创作真正体现了俄罗斯文学

---

[1] *Лобов Л. К.* К характеристике М. Н. Каткова.//Воспоминания о Михаиле Каткове/Отв. ред. О. А. Платонов. М.: Институт русской цивилизации. 2014. С. 197.

[2] *Катков М. Н.* Собрание сочинений: В 6 т. Т. 1. Заслуга Пушкина: О литераторах и литературе. СПб.: ООО«Издательство "Росток", 2010. С. 247.

的特性，完全可与莎士比亚等人并肩。这种看法，就其实质而言是俄罗斯民族文化意识觉醒的体现。作者谈论的不仅是国民诗人普希金，也是打破西方成见，塑造俄罗斯国家形象的初步尝试。俄国的历史文化有自己的独特性，何必非要以西方为榜样。联系卡特科夫以后的诸多观点，不难发现《普希金》或许就是他的保守主义思想起点。

其二是《普希金》一文中所涉及的文学创作原则，比如艺术是一种认知；形式与思想并重；对俄国文化特性的强调等，都对于卡特科夫及其《俄国导报》在此后刊发文学作品有着潜在而重大的影响。作为同时代人的车尔尼雪夫斯基对此有较为准确的把握。他在 1856 年 4 月的《杂志短评》里特地指出了这一点："卡特科夫先生的文章《普希金》似乎以对其读者而言大致足够清晰的意图决定了《俄国导报》旨在评价我们文学史问题上指导性的整体观点。"[①] 虽然在长文《普希金》之后，卡特科夫并未再写过关于这方面的长篇论著，但他此后对屠格涅夫和托尔斯泰、陀思妥耶夫斯基等人作品的评论中，我们不难发现他在《普希金》一文中所秉持的某些批评原则的影响。

不妨以陀思妥耶夫斯基为例。卡特科夫和陀思妥耶夫斯基最直接的分歧可能在于《群魔》被删除的那一章《在吉洪那里》。作为一位主编，卡特科夫对文学的社会意义有着非常明确的认识。当斯塔夫罗金的忏悔过于骇人听闻（强奸幼女）时，他更多的还是要考虑到刊物的立场和品位，考虑到作品的社会影响，而不是陀思妥耶夫斯基所认为的形象必须具有的典型性和完整性。因此，尽管作家对此做了较大的让步："所有过于淫秽的

---

① *Чернышевский Н. Г.* 〈Заметки о журналах〉//Чернышевский Н. Г. Полное собрание сочинений: В 15 т. Т. 3. М.: Гослитиздат, 1947. С. 642.

东西都已删掉，主要的东西已删节……"[1] 但最终仍然被卡特科夫否决掉，成为失落的一章，直到 20 世纪才重见天日。[2] 事实证明，这一章拿掉之后，使得主人公斯塔夫罗金的内在性格发展不再完整，缺乏多利宁所说的"整部小说最高潮的顶点"[3]，也与前后文的某些情节缺乏对应，成为小说结构上的一个败笔[4]。这当然是卡特科夫在文学鉴赏力上的一个失误，或者说，他对文学的思想性要求高过了艺术性。但是，考虑到当时俄国社会的情况，文学的思想性也是至关重要的。一份文学杂志必须旗帜鲜明地提倡什么、反对什么，纯文学在俄国似乎并无多大市场。卡特科夫之所以坚持要删除这一章，一方面固然是考虑到杂志自身的声誉，另一方面多少也是为作家的名誉着想。毕竟，作家的探索无禁区，但发表起来还是要讲究社会影响。后来的事实也确实证明了卡特科夫的先见之明：作家的遗孀会在陀思妥耶夫斯基去世之后迟迟不愿发表这一章；作家的好朋友斯特拉霍夫拿这件事大做文章，来怀疑作家的人格有问题。

　　为了呼应 1880 年 6 月的普希金纪念大会，卡特科夫再度发表了名为《普希金的功绩》一文，作者将普希金与拯救俄国的米宁与波扎尔斯基相提并论，简要地指出了普希金对俄国文学，对整个俄国历史的伟大贡献。

---

[1]　陈燊主编：《费·陀思妥耶夫斯基全集》第 22 卷，石家庄：河北教育出版社，2010 年，第 866 页。

[2]　《群魔》在《俄国导报》刊登时没有发表《在吉洪那里》；1873 年出单行本时也没收录这一章；直到 1922 年才由莫斯科中央档案出版社在《关于文学史与舆论的材料》第一期中刊出（Документы по истории литературы и общественности, вып. 1, Изд. Центрархива, М.: 1922, С. 3–40.），参见：*Ф. М. Достоевский*. Полное собрание сочинений в 30 т. Т. 12. Л.: Наука., 1975. С. 157。

[3]　多利宁认为斯塔夫罗金的这段自白是"整部小说最高潮的顶点，斯塔夫罗金一生的所有三个方面凝集的综合：事件性的、心理的和精神的"。参见：*Ф. М. Достоевский*. Полное собрание сочинений в 30 т. Т. 12. Л.: Наука., 1975. С. 239。

[4]　国内有学者谈及这个问题，参见陈训明：《〈群魔〉反恐怖主义意义和它不该被删的一章》，载《贵州社会科学》2003 年第 6 期，第 81—85 页。

"他虽然没有从敌人手里拯救祖国，但却丰富了、提高了、赞美了自己的祖国。"[①] 不过，若是将卡特科夫前后期关于普希金的文章略作比较，便可发现其实两者相差不大，作者并没有在普希金研究的新形势下做出新的立论。正如有评论家指出的："如此，对于普希金的世界意义这个心爱的问题，卡特科夫两次在不同场合下提出并予以同样的回复。"[②] 之所以出现这种情况，实际上跟 1856 年之后俄国政治的发展及卡特科夫个人兴趣点的转移有关。换句话说，他从文学批评走向政治批评，文学只是他用以评价政治的一个工具。不过这也恰恰说明了卡特科夫对普希金作为国民诗人的评价是一以贯之，影响终生的。

---

① *Катков М. Н.* Собрание сочинений: В 6 т. Т. 1. Заслуга Пушкина: О литераторах и литературе. СПб: : ООО«Издательство "Росток"», 2010. С. 700.

② *Лобов Л. К.* К характеристике М. Н. Каткова.//Воспоминания о Михаиле Каткове/Отв. ред. О. А. Платонов. М.: Институт русской цивилизации. 2014. С. 199.

第五章
H．H．斯特拉霍夫对俄国文化特性的思考

　　斯特拉霍夫成名的 19 世纪 60 年代，恰恰是俄国社会在各方面走向现代化的时期。斯特拉霍夫关注最多的正是这种转型背后的西方思潮——虚无主义，而这也正是他与诸多文学大师在思想上的契合之处。批评家在晚年自称为"疯狂者中的清醒者"[①]，以笔者之见，所谓"疯狂者"，恰如陀思妥耶夫斯基笔下的"群魔"，即疯狂迷恋西方思潮之人[②]，这一思潮在思想界的突出表现即所谓的虚无主义。可以说，无论是思考还是论战，批评家的一生都是围绕着"虚无主义"这一主题展开的，为此他曾戏称自己的专业是"追踪虚无主义"[③]。在 1882 年 3 月 31 日给托尔斯泰的信中，斯特拉霍夫这样总结自己的斗争历程："前一时期的历史中充满着的全部运动——自由主义运动、革命运动、社会主义运动和虚无主义运动——在我看来总是只有一种否定的性质。否定它，我就否定了一种否定。"[④] 这段话深刻地揭露出他反虚无主义的实质："否定之否定"。

---

① *Грот Н. Я*. Памяти Н. Н. Страхова: к характеристике его философ. миросозерцания. М.: Типо–лит. т–ва И. Н. Кушнарев и К0, 1896. С. 8.

② 斯特拉霍夫有作品取名为《我们文学中与西方的斗争》（基辅，1897 年），大致也包含了这个意思。

③ *Страхов Н. Н*. Из истории литературного нигилизма 1861–1865. СПб.: 1890. С. 309.

④ Переписка Л. Н. Толстого с Н. Н. Страховым: 1870–1894. СПб.: 1914. С. 292.

不过，反对虚无主义只是斯特拉霍夫文学批评的一个基本倾向，只是对俄国文学中一种社会思潮的否定。但是，作为一位富有创见的批评家、思想家，又是生活在 19 世纪素以"为人生"而著称的俄罗斯文学环境中，斯特拉霍夫的文字除了否定，还需要提供出路。虽然从纯文学的角度来说，文学的使命更多地在于提出问题，而不是解决问题。但考虑到文学在 19 世纪俄国的特殊地位，文学家及文学批评家肩负的使命绝对不可能止步于对社会现状做某些批判和否定。这就要求斯特拉霍夫必须提出某些积极的、建设性的东西来取代俄国文学中流行的虚无主义倾向。事实上，这其实也是一个问题的两个方面：俄国特色的民族文化是否定虚无主义的基础；否定虚无主义是为了更好地继承和发扬俄国民族文化。所以，从斯特拉霍夫的政论来看，他始终关注的、思考的是俄国特色的民族文化建设。这主要表现在 19 世纪下半期的两次争论上。

第一节　《致命的问题》及其影响

1863 年 1 月 22 日，波兰爆发了旨在反抗俄国统治、争取民族独立的运动，沙皇政府大为震惊，调集重兵剿灭，最终波兰军队在十倍于己的兵力围困下陷于失败。对于这次事件，除了卡特科夫及其《俄国导报》马上发表时事评论之外，俄国思想界一开始并无明确观点，大家都在等待官方表态。

真正引发"波兰问题"讨论的是斯特拉霍夫。他在 1863 年 4 月份的《时报》（Время）上发表了署名为"俄罗斯人"的文章：《致命的问题》。虽然这不是思想界第一篇关于波兰事件的文章，但作者所持的立场引起了众多争议。文章从当前实际出发，指出思想界关于"波兰问题"的讨论只是停留在表面，舆论界都认为这是俄罗斯与波兰的民族主义之争，而问题的实质在于文化。"波兰人起来反对我们就是有文化的民族反对文化低，甚至没文化的民族……波兰一开始与欧洲其他地区是平等的。它和西方民族一样接受了天主教，与其他民族一样发展自己的文化生活。在科学、艺术、文学及所有文明的领域，波兰常常关注欧洲其他成员国家并与之竞争，却从未把那些落后的、异端的国家视为自己人。"① 在这里，所谓"落后的、异端的国家"指的就是俄国，这也成了后来有人攻击作者不但亲波兰，而且攻击俄罗斯之依据。

斯特拉霍夫认为"波兰问题"可从两方面来看：波兰人看俄国与俄国人看波兰。波兰人之所以非要从斯拉夫大家庭中分离出来，其主要原因便在于它认为自己从文化上隶属于欧洲，它不屑与俄国这种"野蛮落后"的国家为伍。作者认为波兰人的这一看法并非没有根据：首先，波兰接受的是天主教，有别于俄国的东正教，就在欧洲影响而言，前者显然要高于后者。其次，"在科学、在艺术、在文学及在文明展现的一切中，它与欧洲大家庭中其他国家既友好又竞争，从未落后于其他国家或显得生疏"②。再次，由于波兰发达的文化及其天主教背景，使之成为西欧文化东扩的先锋，在历史上也发挥了重要作用，比如对于乌克兰等地区的影响。因此，在批评家看来，"波兰问题"究其根本在于两种文化的矛盾，在于文明与野蛮的对抗，在于西方与东方的冲突。"波兰人满怀真诚地自认为是文明的代表，他们与我们数世纪的斗争直接被视为欧洲文化与亚洲野蛮的斗争。"③ 值得一提的是，1869 年的《朝霞》杂志刊载了丹尼列夫斯基的《俄

---

① *Страхов Н. Н.* Роковой вопрос//*Страхов Н. Н.* Борьба с Западом. М.: 2010. С. 38.

② *Страхов Н. Н.* Роковой вопрос//*Страхов Н. Н.* Борьба с Западом. М.: 2010. С. 38.

③ *Страхов Н. Н.* Роковой вопрос//*Страхов Н. Н.* Борьба с Западом. М.: 2010. С. 44.

罗斯与欧洲》，斯特拉霍夫正是该文的编辑。《致命的问题》所阐述的"文明冲突论"在丹尼列夫斯基的这部书里得到了更为完整的论述。

批评家认为，当时在与波兰人的斗争中，我们俄罗斯人把什么作为依靠呢？"我们只有一样：我们建立了、捍卫了我们的国家，巩固了它的统一，我们组织了巨大而牢固的国家。"① 俄国的力量在于其军事力量。自从1812年卫国战争以来，俄国历来被视为欧洲的强国，甚至成为镇压1848年革命的"欧洲宪兵"。可在文化的冲突中，仅仅依靠国家的军事力量是不够的。在斯特拉霍夫看来，一个军事上强大的国家"只是为独立生活提供了可能性，还远非生活本身"②。就文化层面来说，俄国文化始终摆脱不了模仿的痕迹，从法国的古典主义、启蒙思想到德国的黑格尔哲学，思想上的俄国更多的是在模仿西方，独创性甚至比不过波兰，所以才出现了波兰的反抗。在今天看来，国家军事力量的强大和文化上的盲目崇外是19世纪俄罗斯的一个主要悖论，俄罗斯之所以被长期视为"欧洲的野蛮人"，其缘由也多半在此。批评家继而认为，俄国要最终解决波兰问题，首先要在文化上强调自己的特质，要告诉波兰人："你们误会了自己的伟大意义，你们被自己的波兰文明蒙蔽了双眼；在这种蒙蔽中你们不愿或不能看到，与你们斗争竞争的不是亚洲的野蛮，而是另一种文明，更坚定顽强的俄罗斯文明。"③ 在批评家看来，波兰并不像有些革命民主派说的那样值得同情，因为它明明是斯拉夫国家，却偏偏去寻求西欧文化作为自己的精神根基，因此它亡国了。但它的命运可成为俄国的前车之鉴：一个大国的兴起，至少在文化上必须独立自主，走适合自己的道路。

---

① *Страхов Н. Н.* Роковой вопрос//*Страхов Н. Н.* Борьба с Западом. М.: 2010. С. 40.

② *Страхов Н. Н.* Роковой вопрос//*Страхов Н. Н.* Борьба с Западом. М.: 2010. С. 40.

③ *Страхов Н. Н.* Роковой вопрос//*Страхов Н. Н.* Борьба с Западом. М.: 2010. С. 45.

正因为如此，斯特拉霍夫指出："我们应当以我们的文化发展来对抗波兰文化。我们的文化蕴藏了深厚的力量，它捍卫着我们的独特性和保障国家强盛。"又说："不，我们必然应该相信我们有独特文化的深厚根源，相信这一文化的力量曾是也一直是我们历史生活的主要推动力。我们多世纪以来与波兰人的斗争不单单是一系列战争，它也是两种文化的斗争：其中一种文化缓慢地发展着但更深厚，另一种虽更清楚闪耀但也更脆弱。"① 从政治之战到宗教之战，再到最后的文化之战，斯特拉霍夫对波兰事件的解读越发深入，在今天看来也颇有见地。不过斯特拉霍夫在这里同时也意识到，尽管从19世纪40年代的斯拉夫派以来，思想界对于俄国文明及其前景一向态度乐观，但这种光明前景的依据在哪里，从何实现，却很少有人去考虑。斯特拉霍夫说："我们的一切都处在萌芽时期，一切处于初始的模糊的形式，一切都孕育着未来，但现在却模糊不定。"② 当然，在批评家看来，这种"模糊不定"正是今日俄国文化界、思想界努力之所在。

斯特拉霍夫的本意是借波兰事件为契机，反思俄国文化身份的问题，作者在事后的解释中一再强调："波兰问题也是我们的内部问题，它应该启发我们的认识，应该清楚地教会我们：我们应该以什么为荣；对什么寄予希望；害怕什么。这是我文章的主要观点。"③ 但这一意图却因为他写作风格的问题未能实现。要知道，斯特拉霍夫历来不是那种观点明确，文字清晰明了的批评家。批评家自己后来也承认："杂志查封之后，费奥多尔·米哈伊洛维奇（即陀思妥耶夫斯基——引者注）对我的文章在叙述的枯燥和抽象性方面稍有微词，对于这种批评我当时有点委屈，不过我现在

---

① *Страхов Н. Н*. Письмо к редактору «Дня».//*Страхов Н. Н*. Борьба с Западом. М.: 2010. С. 56.

② *Страхов Н. Н*. Роковой вопрос.//*Страхов Н. Н*. Борьба с Западом. М.: 2010. С. 45.

③ *Страхов Н. Н*. Письмо к редактору «Дня».//*Страхов Н. Н*. Борьба с Западом. М.: 2010. С. 55.

乐意承认他的意见是正确的。"① 或许是爱之深，责之切，斯特拉霍夫在文章中过于强调波兰文化的先进，却对俄国文化批评较多。在那种敏感的舆论氛围中，这种言词很容易被人误解。陀思妥耶夫斯基在 6 月 17 日致屠格涅夫的信里为这篇文章做了辩解："文章（作者是斯特拉霍夫）的中心思想是：波兰人居然像对待野蛮人那样蔑视我们，以自己的欧洲文明在我们面前自命不凡，因此他们和我们在道义上的（即最牢固的）长期妥协几乎是难以预计的……很有意思的是：许多激烈反对我们的正派人都承认没有读过我们的文章。"②

为了弥补自己的过错，也为了挽救《时报》，斯特拉霍夫本人也致函卡特科夫，请他在他主编的另一个刊物《莫斯科新闻》（Московские ведомости）上刊登斯特拉霍夫的辩解之词："我努力表明，在谴责波兰人的同时，如果想要有充分理由地谴责，我们也应当将我们的谴责延伸到比一般更深的地方，应当将它延伸到他们最大的圣地上，延伸到他们从西方引入的文明上，延伸到他们从罗马接受的天主教上。相反地，我也努力表明，我们在为自己自豪的同时，如果想要有充分理由的自豪，应当将自豪延伸到比一般更深的层次，也就是说不停留在国家辽阔和要塞层面上的爱国主义，而是将自己的虔诚转向俄罗斯民族起源，转向俄罗斯民族的那些精神力量，而这些精神力量毫无疑问地决定着国家力量。"③ 此外，斯特拉霍夫还致信阿克萨科夫的《日报》（День）指出："这篇文章发自于纯粹的爱国情感变化；而这就是我对您真诚的保证，我没有理由也希望永远不要

---

① ［俄］尼·尼·斯特拉霍夫：《回忆费奥多尔·米哈伊洛维奇·陀思妥耶夫斯基》，雷光译，载《回忆陀思妥耶夫斯基》，北京：人民文学出版社，1987 年，第 248 页。

② ［俄］陀思妥耶夫斯基：《书信选》，冯增义等译，北京：人民文学出版社，1993 年，第 110 页。

③ *Страхов Н. Н.* Письмо в редакцию «Московских ведомостей».//*Страхов Н. Н.* Борьба с Западом. М.: 2010. С. 50–51.

有理由否认哪怕是它的一句话。文章的全部过错在于它未说完全、未表达充分，而并不在于它其中写了什么违反俄国人感情的东西。"[①] 多年以后，别尔嘉耶夫一语道破了文化冲突的本质："斯拉夫内部发生了东方和西方的冲突。斯拉夫西方感到自己更文明化，是唯一的欧洲文化的代表；斯拉夫东方以自己的文化和生活的固有精神类型来对抗西方。"[②]

但文人的辩解与抱怨抵挡不住政府的压力。在官方的干预下，刊登此文的《时报》杂志被勒令停刊，斯特拉霍夫也遭到处罚：15 年内不得在任何杂志上担任编委[③]，这极大地影响了批评家的正常生活。但是，从另外一个角度来说，正是这种抽象性、超越性使得斯特拉霍夫成为 19 世纪俄国思想家中较早从文化的高度来看待波兰问题的人，也使他成为较早提出建设俄国特色的文化之路的思想家。

第二节　民族的还是世界的——与索洛维约夫的争论

1869 年，丹尼列夫斯基的名著《俄罗斯与欧洲》首先以连载方式在斯特拉霍夫主持的《朝霞》杂志出版，1871 年出版了单行本。1888 年，哲学家索洛维约夫在《欧洲导报》（Вестник Европы）第 2、第 4 期上发表文章《俄罗斯与欧洲》，对丹尼列夫斯基的著作进行了严厉的批判。针对这一情况，作为作者好友兼著作出版编辑的斯特拉霍夫自然责无旁贷，必须著文迎战。1888 年第 6 期的《俄国导报》上刊登了斯特拉霍夫的文

---

① *Страхов Н. Н.* Письмо к редактору «Дня».//*Страхов Н. Н.* Борьба с Западом. М.: 2010. С. 54.

② ［俄］别尔嘉耶夫：《俄罗斯的和波兰的灵魂》，载《俄罗斯灵魂：别尔嘉耶夫文选》，陆肇明等译，上海：学林出版社，1999 年，第 100 页。

③ *Страхов Н. Н.* Биография, письма и заметки из записной книжки Ф. М. Достоевского. СПб.: 1883. С. 250.

章《我们的文化与全世界的统一》。此后，双方唇枪舌剑，你来我往，争论持续了 6 年之久。那么，对于一本出版于 17 年前的旧作，索洛维约夫为何会大动肝火，专门拿出来点名批判呢？

要回答这个问题，首先要考虑《俄罗斯与欧洲》一书的写作背景。该书创作时期正值克里米亚战争结束，一度因击败拿破仑而自信心满怀的尼古拉一世在悲愤中去世；新沙皇亚历山大二世在国内动荡、根基不稳的情况下只得与英法签下了屈辱的《巴黎和约》。俄国曾经因卫国战争的胜利而不可一世，尼古拉一世时期曾推出过以"正教、专制、民族性"三位一体的"官方民族性"以弘扬本民族文化传统，然而这一切都在塞瓦斯托波尔的沦陷中化为泡影。面对对外战争的失败，亚历山大二世政府做了深刻的反思，决定要实行改革，改变俄罗斯落后的面貌。面对这个时代主题，思想界分成了不同的派别展开论战。激进的革命民主派认为之所以战争会失败，是因为学习西方还不够彻底，需要实行进一步的、全方位的改革。保守派则认为欧洲文明本身也有很多的问题，应该从本民族的传统文化中去发掘救世的良方。

在这个问题上，斯拉夫派主要代表基列耶夫斯基（Киреевский И. В, 1806—1856）的看法比较有代表性："欧洲文明获得了充分的发展，其独特意义对一些旁观者而言也是十分明显的。然而，这个充分的发展，发展结果的这种清晰性却导致了一种普遍的不满和失望的感觉。西方文明陷入不能令人满意的境地，并不是因为科学在西方丧失了自己的生命力，相反，各门科学看来比任何时候都更加昌盛；也不是因为某种外部生活形式统治了人际关系或妨碍了其中的主流关系的发展。相反，与外部阻力的斗争只能加强对所喜爱的人际关系方向的偏爱；外部生活似乎从来没有如此地顺从人际关系的理智要求，如此地与之和谐一致。不满和忧郁空虚之感潜入到人们的内心深处，但他们的思想没有局限于暂时的狭隘利益，这恰好是因为欧洲智慧的胜利自身暴露了其基本追求的片面性：尽管在各门科学里的个别发现和成就十分丰富，可以说，这些发现和成就具有重大意义，但是，从全部知识中所获得的普遍结论对人的内在意识而言却只有否定意义；尽管生活变得丰富多彩，其外表完善而舒适，但是，生活自身却丧失了实质意义，因为在这种生活中没有任何共同的和强大的信念，它既不能被崇高的希望所装点，也不能被深深的同情所温暖。几个世纪的冷酷分析破坏了欧洲文明从发展之初就建立在其上的全部基础，所以，欧洲文明从其中生长起来的那些基本原则成了对它而言是外在的、异己的、与其最高成就矛盾的。"[①] 基列耶夫斯基的话非常典型地表达了斯拉夫派乃至于整个保守主义思想界对西欧文明的看法：西欧文明是发达的，但发达并不一定意味着进步，形式上的发达掩盖不住精神上的空洞。

可以说，19 世纪 50—60 年代的俄罗斯上下都对欧洲充满了上述矛盾的心态：一方面承认西欧在科技、理性方面的进步，另一方面也对西欧文明的不足、俄罗斯文明的不足进行深刻的反省，1863 年波兰事件及随之而来英法的干涉使得俄国国内民族主义情绪更为高涨。

其次，我们要看《俄罗斯与欧洲》到底写了什么。该书目前在国内虽尚无中译，但也有研究者进行了介绍。正如国内有学者所概括的："《俄罗斯与欧洲》开篇伊始，作者丹尼列夫斯基便开宗明义阐述了对欧洲在 1853 年克里米亚战争和 1864 年普鲁士丹麦战争中截然相反的态度表现出了强烈的抗议及深层次的分析，进而指出欧洲敌对俄罗斯的立论；并提出俄罗斯文明既不属于东方也不属于西方及俄罗斯独特性的观点；进而对俄

---

① ［俄］基列耶夫斯基：《论欧洲文明的特征及其与俄罗斯文明的关系》，张百春译，载《世界哲学》2005 年第 5 期，第 70—71 页。

罗斯与欧洲从政治、宗教、文化、历史发展进程等方面进行比较研究，进一步佐证俄罗斯与西欧的不同；同时又对俄罗斯 19 世纪面临国内外的一系列重大问题，如彼得改革以来的欧化问题、东方问题进行了论述，观点可谓独到，发人深省；此外有提出了泛斯拉夫联盟的政治构想；最终得出俄罗斯既不属于西方也不属于东方，俄罗斯为独特的斯拉夫文化历史类型的结论。并将世界各民族划分为四个等级：宗教、文化、政治及社会经济。共计十种类型，即"1.埃及 2.中国 3.巴比伦—腓尼基 4.印度 5.伊斯兰 6.犹太 7.希腊 8.罗马 9.新闪米特或阿拉伯 10.日耳曼—罗马或欧洲。"① 丹尼列夫斯基的这种划分在今天看来，自然有机械的一面，但它提出了俄罗斯文化历史类型的独特性，并将其与西方文化相比较，这在当时很有创意，也引起了不少争论。

《俄罗斯与欧洲》的副标题是《对斯拉夫世界与日耳曼—罗曼世界的文化和政治关系的观点》，换而言之，丹尼列夫斯基主要分析的是以俄罗斯为代表的斯拉夫世界和与英法德为代表的西欧世界的关系。这种关系，从书中的章节标题就能反映出来。该书第一章即名为《1864 及 1854 年，代导言》，熟悉俄国史的都知道这两个年份恰恰是俄国与西欧正处于敌对时期，即克里米亚战争和波兰事件之后。再以第二章《为何欧洲敌视俄罗斯》为例，作者首先介绍了欧洲（即西欧）对俄罗斯的敌视：其一是俄罗斯不断扩张，给欧洲的安宁和独立造成了危险；其二是俄国似乎是某种政治黑暗势力的代表，仇视进步与自由。接着作者便分析俄国领土之扩张完全不是西方意义上的暴力征服，而是对无人居住地的和平开发（此论从国人的角度来说实在是大谬）；俄国对西欧政治的几次介入，完全是为了维

① 张志远：《丹尼列夫斯基史学思想研究》，东北师范大学博士学位论文，2011 年，第 44 页。

护西欧的安宁。比如 1812 年卫国战争后推翻拿破仑；比如 1848 年镇压西欧革命。丹尼列夫斯基的结论就是俄罗斯为欧洲挡住了蒙古的入侵；打破了拿破仑的野心；扑灭了 1848 年的革命之火，然而欧洲却始终没有把俄国乃至整个斯拉夫民族视为自己的一分子，由此他批判了欧洲中心主义，继而阐发了自己的"文化历史类型理论"。可见，《俄罗斯与欧洲》一方面是强调对西欧的敌视（或者说西欧对俄罗斯的敌视）；另一方面是强调俄罗斯文化的独特性，这是丹尼列夫斯基著作的两个基本论点。

　　除此之外，丹尼列夫斯基还特别指出："在我们的头脑中，西方和东方、欧洲和亚洲是某种相互对立的两极。作为西方的欧洲，代表进步和不断完善、不断前进的一极；作为东方的亚洲，则代表令现代人憎恶的落后和停滞的一极。"[①] 然而，这种所谓的"进步与落后"之区分，完全是人为的。丹尼列夫斯基指出："因此，进步并不是西方或欧洲专有的特权，而停滞也不是东方或亚洲特有的烙印；无论进步还是停滞，都只是一个民族所处的那个年龄段的特征，不管这个民族在何处生活，在何处发展了它的国家制度，也不管它属于哪个族群。所以，如果说亚洲和欧洲、东方和西方确实构成了轮廓清晰的独立整体，那么属于东方和亚洲文明就不该被排斥和歧视。"[②] 所谓"进步"，要看是何种进步、谁之进步，每个国家、每个民族都有属于自己的进步，不可以西方的进步标准来衡量一切。在萨义德"东方主义"已成学界共识的今天来看，这一观点并无不妥之处，反而因其预言性而得风气之先。事实上，当时包括陀思妥耶夫斯基等人在内的许

---

① ［俄］尼·雅·丹尼列夫斯基：《欧洲文明等于全人类文明吗？》，载霍米亚科夫等：《俄国思想的华章》，肖德强等译，北京：人民出版社，2013 年，第 91 页。

② ［俄］尼·雅·丹尼列夫斯基：《欧洲文明等于全人类文明吗？》，载霍米亚科夫等：《俄国思想的华章》，肖德强等译，北京：人民出版社，2013 年，第 95 页。

多俄国文学家、思想家也作如是观。

1869年3月，当《俄罗斯与欧洲》还在杂志上连载的时候，陀思妥耶夫斯基跟斯特拉霍夫说："在我看来，丹尼列夫斯基的文章越来越重要，越来越有价值。须知在今后很长的时间里它将是所有俄罗斯人的一部案头必备书。其所以如此，在很大程度上得益于它的语言明晰、通俗，虽然其方法是严格的、科学的。"① 另一位思想界的名家康斯坦丁·列昂季耶夫则说："尼·雅·丹尼列夫斯基曾经说过：'俄国是正在出现的新世界的主导；法国是正在消逝的旧世界的代表'；他说得很正确、很简洁、很漂亮。"② 那么，面对这么多思想同道的支持之声，索洛维约夫的批判是基于什么原因呢？在笔者看来，这场争论实质上是宗教与民族之争，是普世性与民族性之争，即普世的天主教价值观与俄国的东正教民族主义思想之间的矛盾。

索洛维约夫在《俄罗斯与欧洲》的一开始，就列举了丹尼列夫斯基的两部作品：《俄罗斯与欧洲》《达尔文主义》，以及斯特拉霍夫的《俄国文学中与西方的斗争》，这就表明作者的论战对手是上述两人。行文伊始，索洛维约夫便从各个层面列举了丹尼列夫斯基所谓的"俄罗斯—斯拉夫文化历史类型"特色之虚无。其一，所谓"公正地保障了民众社会生活的经济制度"——农村公社与农村份地，完全不是斯拉夫文化所特有，而是"全人类历史的远古遗迹"。③ 其二，在一度被寄予厚望的科学领域，索洛维约夫的概括是："我们看到的不是完整的科学大厦，而是杂乱分布的一

---

① 陈燊主编：《陀思妥耶夫斯基全集》第22卷，张羽等译，石家庄：河北教育出版社，2010年，第641页。

② ［俄］康·尼·列昂季耶夫：《欧洲人是破坏世界的典范》，载霍米亚科夫等著：《俄国思想的华章》，肖德强等译，北京：人民出版社，2013年，第123-124页。

③ ［俄］索洛维约夫：《俄罗斯与欧洲》，载索洛维约夫：《俄罗斯与欧洲》，徐凤林译，石家庄：河北教育出版社，2002年，第124、125页。

堆堆科学材料，科学家的著作日益变成了手工业者的粗活。"①其三，哲学领域的表现更差："我们在出色地理解和把握他人的哲学思想的时候，在这个领域没有创造出任何意见重要作品，一方面只停留在片断的素描上，另一方面，以滑稽可笑的和粗鲁的方式重复着欧洲思想的某些极端性和片面性。"②其四，令人赞叹的俄罗斯文学黄金时代呢？索洛维约夫认为："这个成就已经只是我们逝去的荣耀的巨大回声了。"综上，他的结论是："具有特殊的科学、哲学、文学和艺术的特殊的、欧洲之外的俄罗斯—斯拉夫文化类型，只是随意的希望和猜测的对象，因为我们的现实没有给这种独特的新文化提供任何具体保障。"③

皮之不存，毛将焉附。既然俄罗斯—斯拉夫文化类型并不存在，那么丹尼列夫斯基对各种文化的划分意义何在呢？因此，索洛维约夫又详细地驳斥了丹尼列夫斯基对各种文化的划分，指出他的历史文化类型理论"不能理解佛教，也不能理解伊斯兰教，更令它发愁的是，它也完全不能理解具有世界历史意义的基督教"④。实质上，哲学家如此否定俄罗斯民族文化之独立存在可能性，究其因不过是为了批判丹尼列夫斯基著作中的民族主义倾向。索洛维约夫后来在《斯拉夫主义及其蜕化》（1889）里揭示了这一阶段斯拉夫主义反对西方的实质："……在宗教基础上进行反对真正的

---

① ［俄］索洛维约夫：《俄罗斯与欧洲》，载索洛维约夫：《俄罗斯与欧洲》，徐凤林译，石家庄：河北教育出版社，2002年，第129页。

② ［俄］索洛维约夫：《俄罗斯与欧洲》，载索洛维约夫：《俄罗斯与欧洲》，徐凤林译，石家庄：河北教育出版社，2002年，第131页。

③ ［俄］索洛维约夫：《俄罗斯与欧洲》，载索洛维约夫：《俄罗斯与欧洲》，徐凤林译，石家庄：河北教育出版社，2002年，第136、137页。

④ ［俄］索洛维约夫：《俄罗斯与欧洲》，载索洛维约夫：《俄罗斯与欧洲》，徐凤林译，石家庄：河北教育出版社，2002年，第157页。

西方的精神斗争。"①

事实上，索洛维约夫起初对民族主义也并非完全持批判态度。在1877 年俄土战争爆发前的《三种力量》（东正教评论，1877）一文中，他就大力宣扬俄罗斯民族的特殊性："只有斯拉夫民族，特别是俄罗斯，没有受到这两种低级力量的约束，因此，能够成为这三种力量的历史向导。与此同时，前两种力量已经形成了自我表现的势力范围并引导其领属下的人民走向了精神死亡和瓦解。因此，我再说一遍，这或许是历史的终结，或许是整个第三种力量的不可避免的崭露头角。斯拉夫民族或俄罗斯民族，可以成为这一力量的唯一体现者。"②然而，到了19 世纪80 年代之后，索洛维约夫的"普世神权政治"（Вселенная теократия）理念已经形成，"诸教会——东正教会与天主教会的联合，依他所见，这正是一项迫切需要解决的任务"③。在这样的背景下，原先作为民族文化特色的东正教自然也就变了性质。

在索洛维约夫看来，民族主义把俄罗斯的东正教信仰作为推行大国沙文主义的工具："它在我们这里找到了安身立命的资本，同时又不公开背弃俄罗斯民族固有的宗教天性。它不仅承认俄罗斯民族是信仰基督教的民族，而且大言不惭地宣称，它尤其是信仰基督教的民族，教会是我们民族生活的真正基础。但是所有这些都只不过是为了肯定，只有我们这里才有教会，我们具有基督教生活和信仰的垄断权。可见，实际是宇宙统一和团

---

① 但索洛维约夫认为斯拉夫派所理解的宗教并非真的东正教，"而是人为的假东正教，它与俄罗斯人民的真正信仰很少有共同之处"。［俄］索洛维约夫：《斯拉夫主义及其蜕化》，载索洛维约夫：《俄罗斯与欧洲》，徐凤林译，石家庄：河北教育出版社，2002 年，第 199 页。

② *Соловьев В. С.* Три силы.//Соловьев В. С. Сочинения в двух томах. Т. 1. М.: Правда, 1989, С. 30.

③ ［俄］阿·弗·古雷加：《俄罗斯思想及其缔造者们》，郑振东译，南京：南京大学出版社，2018 年，第 123 页。

结的坚若磐石的教会，对俄国来说则成了狭隘民族分立主义的保护神，有时甚至是利己主义和复仇政策的消极工具。"① 在索洛维约夫的眼里，丹尼列夫斯基及斯特拉霍夫对俄罗斯东正教特殊使命的强调是一种狭隘民族主义观的体现，长此以往，终将发展成为君临天下的"大俄罗斯主义"，这是强调"普世价值"的索洛维约夫所不能接受的。

正如他痛心疾首地指出的："大俄罗斯主义是十足的民族罪孽，是压在俄罗斯良心上的重负，它导致俄罗斯的精神力量陷于瘫痪。"因此，"对自己的历史罪恶痛心疾首，满足正义的要求，在抛弃大俄罗斯主义政策并无条件承认宗教自由之后，弃绝民族利己主义，这对俄国来说，才是得以展示和实现其真实民族思想的惟一手段。不应当忘记，这个思想不是抽象的思想或盲目的宿命，而首先是道德义务。我们知道，俄罗斯思想不可能是别的什么，而只能是基督教思想的某个特定的方面。只有当我们洞悉基督教的真正意义时，我们才能够认清我们的民族使命"②。因此，俄罗斯只有抛弃自己的民族特色，融入基督教之中（这里实际上指的是西欧的天主教），成为它的一部分，俄罗斯民族才能得到真正的拯救。

索洛维约夫继而指出：俄罗斯民族是根深蒂固的基督教民族，"以基督为楷模的基督教俄国，应当使国家政权（圣子的皇权）服从宇宙教会（圣父的神甫们）的权威，赋予社会自由（圣灵的影响）以应有的地位。囿于自己的专制主义的俄罗斯帝国，只能构成争斗和无穷战祸的危险。愿意敬奉宇宙教会和服务社会组织事业并保护它们的俄罗斯帝国，将把和平

---

① ［俄］Вл. 索洛维约夫：《俄罗斯思想》，载 Вл. 索洛维约夫等编：《俄罗斯思想》，贾泽林等译，杭州：浙江人民出版社，2000 年，第 169 页。

② ［俄］Вл. 索洛维约夫：《俄罗斯思想》，载 Вл. 索洛维约夫等编：《俄罗斯思想》，贾泽林等译，杭州：浙江人民出版社，2000 年，第 176 页。

和幸福带给民族大家庭"。他说："一个人很难生存。"对各个民族来说也是如此。"俄罗斯思想，俄国的历史义务，要求我们承认，我们与基督的宇宙大家庭有着不可分割的联系，我们要把我们民族的天赋和我们帝国的一切力量，用于彻底实现社会三位一体。在那里：三个主要有机统一体中的每一个——教会、国家和社会，都是绝对自由的和强大的，而且与另两个密不可分；它不会吞噬或消灭它们，而是无条件地巩固与它们的内在联系。使上帝的圣三位一体这个真实形象在尘世重现，这就是俄罗斯思想的真谛。"①

综上所述，索洛维约夫的思路就是：俄罗斯民族文化没什么特色，也不可能有什么特色；过分强调俄罗斯民族文化的特色，不但是荒谬的，也是有害的；大俄罗斯主义是俄罗斯民族得到拯救的障碍。俄罗斯民族必须要与西方天主教文化结合，加入"基督的宇宙大家庭"。因为按照批评家的说法："人间的一切权力和原则，社会和个人的一切力量都应该服从宗教的原则，在人间由精神社会即教会所代表的神的王国应该统治此世的王国。"② 这个观点不免令人想起恰达耶夫在《哲学书简》第一封信里的慷慨陈词。

俄国科学院历史所研究员巴鲁耶夫（Балуев Б. П.，1930—2007）对比了丹尼列夫斯基和索洛维约夫的观点之后指出前者观念的创新性："丹尼列夫斯基得出了一个重要结论，在当时历史学科中完全属于新的话语，对其未来发展而言是一个伟大发现：在人类历史中没什么单线程的、单一方向的进化进程——这是一种人为的图解。民族，也像个体的人一样，有

---

① ［俄］Вл. 索洛维约夫:《俄罗斯思想》，载 Вл. 索洛维约夫等编:《俄罗斯思想》，贾泽林等译，杭州：浙江人民出版社，2000 年，第 185 页。

② ［俄］Вл. 索洛维约夫:《神人类讲座》，张百春译，北京：华夏出版社，2000 年，第 15 页。

着自己的产生、发展、繁荣与衰败。一些民族形成了文化——历史类型，另一些则成为历史的民族志材料。这种历史观不再是从欧洲文明史观出发，而是从宇宙的高度，同时也是从上帝创造万物的角度来审视人类世界及其周围的一切。"①换而言之，丹尼列夫斯基立意很高，视角很大，并不像索洛维约夫所说的那么狭隘。

斯特拉霍夫完全不能接受索洛维约夫的批评，尽管他们曾经是关系比较密切的朋友，尽管他此时刚刚还在与俄国自然科学家季米利亚泽夫（Тимирязев К. А., 1843—1920）进行关于达尔文主义的争论。对于斯特拉霍夫而言，丹尼列夫斯基是"俄罗斯最杰出的人之一"②。在此前为《俄罗斯与欧洲》一书所写的序言《丹尼列夫斯基的生平与创作》（1888）一文中，斯特拉霍夫便已针锋相对地提出："丹尼列夫斯基的主要思想极富原创性，也非常有趣。他赋予历史的建构一种新的公式，一种更具有普遍性质的定义，他的这种新定义无疑比以前的更公正、更科学、更有利于抓住事物的真相。正是他推翻了人类发展过程具有统一线路的说法，否定了历史是某种普遍智慧、普遍文明进步的思想。丹尼列夫斯基明确指出，这种普遍文明是不存在的，只存在许多个体的文明、存在个别文化历史类型的发展。"③需要看到的是，当时自由主义刊物的数量在俄国社会中远远多于保守主义的刊物，加上托尔斯泰对斯特拉霍夫的劝告，使得在整个论战里，斯特拉霍夫的文字远远不如索洛维约夫发表得多，但他所要表达的

---

① *Балуев Б. П.* Споры о судьбах России. Н. Я. Данилевский и его книга "Россия и Европа". Тверь.: 2001. С. 90.

② *Страхов Н. Н.* Полное опровержение дарвинизма. Русский весник. М.: 1887. Т. 187. Январь-февраль. С. 10.

③ *Страхов Н. Н.* Жизнь и труды Н. Я. Данилевского//*Страхов Н. Н.* Борьба с Западом. М.: 2010. С. 379.

观点非常明确：第一，肯定丹尼列夫斯基理论的原创性；第二，在此基础上，表达对西欧文明中心论的某种抗拒。

在索洛维约夫《俄罗斯与欧洲》发表后，斯特拉霍夫很快发表了《我们的文化与全世界的统一：论索洛维约夫文章〈俄罗斯与欧洲〉》（《俄国导报》，1888）予以回应。文章很长，大致分9个部分，主题先后为"指控""民族性因素""作为有机体的人类""历史中的自然系统"等，对索洛维约夫的批评做了一一回应。

斯特拉霍夫首先指出了索洛维约夫指控的用心所在："起初似乎作者的主要目的是与'民族特殊性'论战，但很快这一论敌让位给另一个——丹尼列夫斯基的书《俄罗斯与欧洲》。问题已经不是关于该书对'民族特殊性'的有害意图，而是要在书中找出'思想的疏忽''对资料的生疏''任意的捏造'，总而言之，在书中剔除一切学术的优点……似乎正是随着这本书的被消灭，我们的一切'民族特殊性'也就灭亡了。"[1]斯特拉霍夫认为，丹尼列夫斯基著作最主要的价值是提出了"文化历史类型理论"，这一理论在当时具有绝对的原创性，书中对俄罗斯—斯拉夫文化类型的强调最终也是服务于这一理论。然而，索洛维约夫却攻其一点，不及其余，对《俄罗斯与欧洲》一书作了偏颇的攻击。这种蓄意歪曲原作观点的态度令斯特拉霍夫极为恼火，因此他判断这场论战实际上就是民族的与普世的文化观、价值观之争，就是俄国社会中保守主义与自由主义思潮之争（争论的平台就是保守主义的《俄国导报》和自由主义的《欧洲导报》《俄罗斯思想》等，界限分明）。索洛维约夫的主题先行决定了他的论述中充满着对俄罗斯的各种攻击。斯特拉霍夫因而指出："所有的人大概可以

---

① *Страхов Н. Н.* Наша культура и всемирное единство//*Страхов Н. Н.* Борьба с Западом. М.: 2010. С. 387.

一致认为，他的这种说法不能是说机智和准确的，其中更多的是不友善；可以肯定，没有人会在索洛维约夫的这篇文章中来了解俄罗斯科学和艺术的状况。"①

具体到如民族性问题，斯特拉霍夫以生动的例子说明了民族性的积极部分："因此，火灾当然是一种极大的不幸，但火本身无论如何都不是罪恶，而是一种伟大的、不可替代的财富。至于说到民族性因素，那么它的积极面也很明显。这里的积极法则就是这样：各个民族互相尊重互相热爱！不要寻求对另一个民族的统治，也别干涉它的事务！"②联想到此前1853年的克里米亚战争、1863年的波兰事件，斯特拉霍夫此言应该也是有感而发。

总地来说，斯特拉霍夫在这场论战中显得较为克制，这与托尔斯泰的劝诫不无关系。早在斯特拉霍夫与季米利亚泽夫争辩时，托尔斯泰就奉劝他不要花时间在这种事情上。在索洛维约夫《与西方的虚假斗争》(《俄罗斯思想》，1890)发表之后，1890年9月3日，托尔斯泰在安慰的同时也劝告暴跳如雷的斯特拉霍夫："我想的跟你一样。那就趁我们还活着的时候，做一些力所能及的事情吧。为此，首要的就是不要回复索洛维约夫了。我浏览过他的文章，很吃惊：他受什么刺激了？从基调来看显然他不正确。就事情实质来说，我不知道。但说实话，我也不感兴趣。"③不过当时斯特拉霍夫已经写好了回应文章《反对丹尼列夫斯基著作的新举

---

① *Страхов Н. Н*. Наша культура и всемирное единство//*Страхов Н. Н*. Борьба с Западом. М.: 2010. С. 389.

② *Страхов Н. Н*. Наша культура и всемирное единство//*Страхов Н. Н*. Борьба с Западом. М.: 2010. С. 395.

③ *Л. Н. Толстой-Н. Н. Страхов*: Полное собрание переписки в двух томах. том. 1. Slavic Research Group at the University of Ottawa and State L. N. Tolstoy Museum, Moscow.: 2003. С. 833.

动》(《新时代》，1890)，所以仍发表了。不过当索洛维约夫的下一篇应战文章《斯特拉霍夫的幸福思想》(《欧洲导报》，1890)刊载之后，斯特拉霍夫听从了托尔斯泰的忠告，对此保持了沉默。不过他的沉默却让索洛维约夫认为他已无话可说，于是就宣称辩论以自己的胜利而告终。其实，他的所谓"胜利"有很大一部分是建立在彼时俄国自由主义势力兴盛的基础之上。自由主义报刊给他提供了不少发表的阵地；出版于1890—1907年的著名的布罗克豪斯－埃夫隆百科词典（Энциклопедический словарь Брокгауза и Ефрона，缩写为"ЭСБЕ"）又为索洛维约夫提供了编撰哲学词条的机会，使得他有机会对丹尼列夫斯基、斯特拉霍夫任意批判。如此种种，给予时人的印象便是斯特拉霍夫已无力辩驳。

有关这一点，斯特拉霍夫曾对托尔斯泰抱怨："不久前索洛维约夫宣称他战胜我了，迫使我沉默了。这已是他攻击我并没有听到我答复以来的第三篇文章了。您看看，我听从了您。关于这个事我需要您的建议。"[1] 稍后索洛维约夫发表了《德国原著及俄国赝品》(《欧洲导报》，1890)，其中提出了丹尼列夫斯基理论涉嫌抄袭德国学者的看法之后，斯特拉霍夫被对方对亡友的攻击激怒，终于按捺不住在亚斯纳亚波利亚纳庄园写了《吕凯尔特的历史观点及丹尼列夫斯基》(《俄国导报》，1894)，这也是该场论战中斯特拉霍夫的最后一次回复，此后他就因病耽误了写作，一年多之后去世。

然而从今天来看，索洛维约夫对丹尼列夫斯基及斯特拉霍夫的批判并不完全准确，他所提出的解决之道——神权政治也并不具有现实中的可操

---

① *Л. Н. Толстой–Н. Н. Страхов*: Полное собрание переписки в двух томах. том. 1. Slavic Research Group at the University of Ottawa and State L. N. Tolstoy Museum, Moscow.: 2003. C. 873.

作性。且不说索洛维约夫对中国文化的批判是大谬 [①]，即便他对俄国文化的认知也有不少偏激之处 [②]。斯特拉霍夫去世于 1896 年，索洛维约夫去世于 1900 年，两人都应该或多或少地感受到了白银时代俄国文化已经喷发出来的旺盛生命力和创造力。不知索洛维约夫面对"俄国文化的文艺复兴"时，如何还能坚持以往"俄罗斯文化没有前途"这一论断？

　　从索洛维约夫提出的解决方案来看，教会的联合最终不过归结为善良的意志行为；能够体现第三力量的俄罗斯民族的所有努力也不过是被简单地归结为放弃自己的民族利己主义，仅此而已。至于为何放弃、如何放弃、放弃了之后又如何，种种问题，均未有确切的答复。他的神权政治方案，正如别尔嘉耶夫说："他的神权政治是真正的宗教乌托邦，它非常唯理性化地按照沙皇、最高主教和先知三方的结构建造。" [③] 索洛维约夫对神权政治大一统的认识，很大程度上体现了他的美好愿望，但考虑到当时欧洲及世界各国民族主义兴起的背景，这一见解未免有些不合时宜。譬如，当时的教宗利奥十三世对《俄罗斯思想》一书就认为："思想非常好！但

---

① 索洛维约夫认为："伟大的中华帝国（尽管丹尼列夫斯基对它颇为同情）没有赋予，也许也不会赋予世界以任何高尚思想和任何伟大功绩；它没有也不会给人类精神的共同财富作出任何永恒的贡献，但这并不妨碍中国成为十分独特的和很善于发明的民族。"参见［俄］索洛维约夫：《俄罗斯与欧洲》，徐凤林译，石家庄：河北教育出版社，2002 年，第 138 页。这一观点显然来自黑格尔在《历史哲学》里对中国的看法。

② 比如，索洛维约夫的中学同学，后来的科学院通讯院士卡列耶夫（Кареев Н. И.，1850—1931）就在 1884 年华沙的演讲中公开强调了俄罗斯科学的民族性："这里我想使你们相信：正是俄国科学具有最大的冷静和视野极大开阔的特点。这并不是什么把幻觉当成真实的那种盲目爱国主义，我把幻想与现实区别开来，我谈的与其说是从前和现在的俄国科学，不如说是有关它的未来发展。"参见［俄］卡列耶夫：《论俄国科学的精神》，载 Вл. 索洛维约夫等编：《俄罗斯思想》，贾泽林等译，杭州：浙江人民出版社，2000 年，第 144 页。

③ *Бердяев Н. А.* Русская идея. Париж.: YMCA–Press. 1971. C. 127.

如果没有奇迹出现的话，这是不可能实现的。"①

罗扎诺夫在1902年的时候专门撰文回顾了这个问题并做了以下结论："遗憾的是，弗·索洛维约夫对于人的心理的种种复杂性——这实际上也是人类历史的复杂性——采取了一种过于简单和肤浅的态度，就像一名手持执行文书的法警。他直接而明确地要求'能够转变成所有人的'俄罗斯人，哪怕首先变成天主教徒也行。结果他受到了无情的嘲笑和严厉的驳斥，从此他的声望和威信开始下降。"②所幸，索洛维约夫在1900年去世了，未能看到罗扎诺夫所说的这一局面，倒是另一位宗教哲学家舍斯托夫的话为罗扎诺夫做了证明："索洛维约夫接受斯拉夫派的思想，因为他在他们身上找到了最高真理，他把对这个真理的探索看作是自己生活的意义和使命。然而，当良心提出要求时，他果断地离开了他们。因此，索洛维约夫被称为变节者和叛徒。"③此外，后来的俄国思想家中也有站在索洛维约夫一边批评丹尼列夫斯基等人的，譬如别尔嘉耶夫就认为："民族主义的无限追求使它变得更为局限，更为狭隘，使它脱离了普济主义，丧失了它的创造精神。卡特科夫和达尼列夫斯基的民族主义便是如此。"④

到底是普世性还是民族性，这个问题直到今天也没有一个确切的解答，因此也不好简单地说斯特拉霍夫与索洛维约夫到底孰对孰错。当代著

---

① 参见弗·索洛维约夫1888年12月28日致兄长米哈伊尔的信。转引自俄罗斯科学院高尔基世界文学研究所编：《俄罗斯白银时代文学史》第2卷，兰州：敦煌文艺出版社，2006年，第244页。

② ［俄］瓦·瓦·罗扎诺夫：《陀思妥耶夫斯基与索洛维约夫之间的龃龉》，载弗·谢·索洛维约夫等：《精神领袖：俄国思想家论陀思妥耶夫斯基》，徐振亚等译，上海：上海译文出版社，2009年，第244页。

③ ［俄］舍斯托夫：《思辨与启示》，方珊等译，上海：上海人民出版社，2005年，第3—4页。

④ ［俄］别尔嘉耶夫：《民族主义和弥赛亚主义》，载《俄罗斯灵魂：别尔嘉耶夫文选》，陆肇明等译，上海：学林出版社，1999年，第100页。

名的俄国思想史研究者孔达科夫的看法或许可以有助于我们今天加深对这一问题的思考：

"但是，无论就民族文明涵义还是宇宙政治涵义而言，俄罗斯和俄罗斯文化参与世界'大一统'（Вл.索洛维约夫语）文化的理解并不是一致的。俄罗斯文化及其相对于世界的'外位性'（按照 Вл.索洛维约夫的观点，它是与东西方并存的'第三种力量'），同时也囊括了整个人类（陀思妥耶夫斯基称之为'普世的同情心'）。著名的俄罗斯侨民思想家 Г.费多托夫把'俄罗斯性'（即俄罗斯民族心态）描绘成椭圆形，具有双中心，这是不无道理的。在心态上，俄罗斯觉得自己既属于西方，又属于东方。它对东西方因素兼容并蓄，它直接'插入'世界人类共同体，尽管它本身具有民族和社会文化多样性的矛盾，是'五彩斑斓的复杂性'的范例（K.列昂季耶夫语），展现出各种因素之间的'不可分割性和不可融合性'（A.勃洛克）。就这样，俄罗斯成为一个无形的完整世界，而这个整体就是由东方和西方，或者说是东西方因素叠加而成的。俄罗斯就是'大世界中的小世界'，就是一个完整的人类的世界，从这个意义上说，它不啻为'多种矛盾的大一统'，一个'完整的世界'。

"作为一个整体的俄罗斯文化（而且这是一种多民族文化）就其结构和涵义的复杂程度来说，完全可以与世界文化相提并论。一些俄罗斯思想家反思本民族文化的时候，总乐于发现俄罗斯文化中具有世界历史规模和意义的一些现象。这些现象不仅反映并丰富了全人类的文化经验，而且为全人类开辟了新的道路（如伊拉里昂、费洛菲伊、H.果戈理、B.别林斯基、A.赫尔岑、Л.托尔斯泰、Ф.陀思妥耶夫斯基、H.丹尼列夫斯基、B.索洛维约夫、Д.梅列日科夫斯基、H.别尔嘉耶夫等）。还有一些人认为，俄罗斯文化和社会经验的独特性在于，俄罗斯出色地摆脱了东西方传统。这不仅使俄罗斯在各种民族文化中脱颖而出，而且在世界文化中也独树一帜（如阿瓦库姆、Ю. 克里扎尼奇、Н. 卡拉姆津、П. 恰达耶夫、Н. 车尔尼雪夫斯基、К. 列昂季耶夫、Д. 皮萨列夫、В. 克柳切夫斯基、В. 罗扎诺夫、В. 列宁、Л. 舍斯托夫）。"①

孔达科夫在这里以略嫌啰唆的报菜名方式列举了俄国思想史上对"俄罗斯与世界"这一问题的多重解答。那么，到底是民族的，还是世界的；或者说，越是民族的，就越是世界的？时至今日，这个曾令无数思想家绞尽脑汁的问题似乎也没有一个完美的定论。

从今天来看，《俄罗斯与欧洲》一书以及围绕该书展开的这场争论，其意义倒是在于凸显了俄罗斯文化的独特性，将学术界对"俄罗斯思想"这一范畴的认识推进了一大步。至于谁对谁错，倒反而不一定是最重要的。正如有学者指出的："究竟俄罗斯如何定位的问题变得尤为突出。著名泛斯拉夫主义思想家丹尼列夫斯基从俄罗斯所处国际环境以及外交形势出发，将俄罗斯视为一种独特的文化历史类型，在与世界上其他文化历史类型相比较中提升俄罗斯在世界中的重要性、强调俄罗斯的优越性。其主张俄罗斯不应该干涉与自身利益无关的欧洲事务，而应专心于斯拉夫联盟的巩固，从而向求索中的俄罗斯人开启了新的视野。至此，俄罗斯思想这一命题不再纠缠于俄罗斯是属于东方还是属于西方的陈旧话题，缠绕在俄罗斯精神的藩篱也迎刃而解。故'俄罗斯思想'取得了新的发展，迎来了新的时期。"②从前文所述来看，这也是斯特拉霍夫借助这一论战所试图达到的目的之一。

---

① ［俄］И. 孔达科夫：《东西方之间的俄罗斯》，郭小丽译，载《俄罗斯研究》2010年第4期，第7—8页。

② 张志远：《丹尼列夫斯基史学思想研究》，东北师范大学博士学位论文，2011年，第72页。

第三节　理想的俄罗斯人——斯特拉霍夫论托尔斯泰

斯特拉霍夫传记的作者琳达·格斯坦因（Linda Gerstein）曾指出：
"作为一位作家，他的主题是俄国必须从西方文化的统治下获得解救，从
而发掘自身的个性。"[①]这一点在批评家的身后遗作《我们文学中与西方的
斗争：历史与批评随笔》[②]中得以鲜明体现。在笔者看来，这个主题分为两
步：其一是"破"——摆脱西方思想的影响；其二是"立"——确立俄罗
斯文化自身的特性。从反虚无主义到根基主义，实际上正是这个主题的具
体体现。

19世纪50年代末，正在为《明灯》（Светоч）杂志撰稿的斯特拉
霍夫认识了从西伯利亚流放归来的陀思妥耶夫斯基，在其鼓励下开始
积极参与文学评论工作，成为"根基派"（Почвенничество）的著名理
论家之一[③]。从这个时期开始，斯特拉霍夫与格里戈里耶夫（Аполлон
Григорьев，1822—1864）、陀思妥耶夫斯基兄弟等一起，参与了60年代
俄国思想界的多次争论，对虚无主义思潮做了有力的反驳。客观地说，斯

---

① Linda Gerstein, *Nikolai Strakhov*, Harvard University Press, 1971, p. 102.

② 该书共3卷，出版于1882—1895年间，基本收入了1870年代后斯特拉霍夫在文学、文
化方面的文章。1969年，海牙的莫顿出版社出了影印版，2010年莫斯科俄罗斯文明学院
（Институт Русской Цивилизации）又出版了同名选集，但内容有较大变化。

③ 著名哲学家弗拉基米尔·索洛维约夫将斯特拉霍夫称为"不仅是一个西方主义者，而且
是一个极端的和片面的西方主义者"。参见［俄］弗拉基米尔·索洛维约夫：《俄罗斯与欧
洲》，徐凤林译，河北教育出版社，2002年，第172页。笔者以为索洛维约夫这句话更多
地出于与斯特拉霍夫论争的缘故，同时也强调了斯特拉霍夫的自然知识背景，但事实上
未必准确。因为斯特拉霍夫后来自己说："作为根基派，阿波隆·格里戈里耶夫和陀思妥
耶夫斯基常常强调他们既非西欧派，亦非斯拉夫派……我认为很有必要将我自己直接定
义为斯拉夫派。"参见 Н. Пиксанов и О. Цехновицер ред. Шестидесятые годы. М–Л.: 1940.
С. 256. 他的这番表白表明了他最终的立足点还是在俄国文化本身。此外，斯特拉霍夫也
跟托尔斯泰表白过自己的思想立场："我们是保守派，是斯拉夫派及诸如此类，我们只知
道什么事不要去做。"参见 Переписка Л. Н. Толстого с Н. Н. Страховым. СПб.: 1914. С. 72.

特拉霍夫并不全盘否定虚无主义。然而在他看来，一种有价值的否定最终要以某种更具积极性的价值观为寄托，否则容易陷入否定的怪圈。在他看来，"否定、怀疑、好学——这只是自由思想工作的第一步，不可避免的条件。之后将是第二步：以积极的思考走出否定，将认识提高到更高的层次。"① 如果说，虚无主义只是 60 年代俄国文化思潮并不成熟的一种走向，那么反虚无主义最终需要提出更有建设性的思想方能取而代之。在这个问题上，斯特拉霍夫提出了以本民族文化为本，借鉴西欧文化，走有俄罗斯特色的文化建设之路。这种观点，在上文提及的政论文章《致命的问题》中得到完整的表达。

文化不是一个空洞的名词，它必须有具体内容来做支撑。对于批评家来说，若无本土作家的创作实践作为依据，坚持本土文化立场便是一句空话。因此，俄国精神的独特性必须在文坛找到合适的代言人。此时，在文坛上声名鹊起的托尔斯泰进入了批评家的视野，此时托尔斯泰已发表了《塞瓦斯托波尔故事》《战争与和平》等一系列作品，隐隐有大师之相。更重要的是，作家在作品中所流露出的生命意识与民族精神唤起了批评家的共鸣。因此斯特拉霍夫以此为契机，开始了他对托尔斯泰的阐释之路。这种阐释的意义，正如斯特拉霍夫本人坦言："不在于我最早宣称托尔斯泰为天才并将其归之于伟大俄国作家之列，更主要的在于我对作家精神的理解，与其内在的共鸣为大家揭示了作品的深度。请读者来判断，我对托尔斯泰意义的理解是否正确完整。"②

---

① *Страхов Н. Н.* Критические статьи об И. С. Тургеневе и Л. Н. Толстом（1862–1885）Издание четвертое. Киев.: 1901. С. IX.

② *Страхов Н. Н.* Критические статьи об И. С. Тургеневе и Л. Н. Толстом（1862–1885）Издание четвертое. Киев.: 1901. С. III.

虽然今天对托尔斯泰作为史诗诗人和心理诗人的评价已成定论[①]，其发明权也公认属于车尔尼雪夫斯基。但值得一提的是，当时文坛有激进派与唯美派论战，出于争取托尔斯泰的需要，车尔尼雪夫斯基在文章中避而不谈作品的思想内容，仅谈作为艺术手法的"心灵辩证法"。斯特拉霍夫则突破了这一约束，除了强调作家的创作特色在于"异常细腻和真实的心灵活动的描绘"之外，更进一步提出："诗人追求的是什么？""答案只有一个：艺术家追求留存在人的心灵中的美——追求每一个描绘的人物身上天赋的人的尊严，总之，努力找到并确切地断定，人的理想的企求在现实生活中如何以及在多大程度上得到实现。"[②]"人的尊严""人的理想的企求"——这一切以人为本的理念构成了斯特拉霍夫论述托尔斯泰的最初切入点。由此，他进入了托尔斯泰的创作世界。

在批评家看来，托尔斯泰的天才创作力量来源于"生活的信念"和"对人民的热爱"。有了"生活"和"人民"，一个作家就有了根本的创作根基。在第一篇关于托尔斯泰的文章《列·尼·托尔斯泰伯爵的著作》（1866）里，批评家首先介绍了屠格涅夫的小说《够了》（1865）及皮谢姆斯基的《俄国的骗子》（1865），前者体现了屠格涅夫深深的颓废乃至虚无；后者则反映了作家愤世嫉俗的心态。斯特拉霍夫认为：相较于前两者，"只有托尔斯泰伯爵直接提出了令我们关注的任务，即直接描绘那些人，他们缺乏理想却努力追寻思想与情感的美好表达，并在这种追寻中为

① 俄国批评家奥夫夏尼克 - 库利科夫斯基曾说托尔斯泰既是荷马，又是莎士比亚。参见倪蕊琴编选：《俄国作家批评家论列夫·托尔斯泰》，北京：中国社会科学出版社，1982年，第198页。当代苏联批评家赫拉普钦科也说："史诗性叙事和心理描写，这是托尔斯泰反映生活的两个不同的，但有时又是相互紧密联系的方面。"参见［苏］赫拉普钦科：《艺术家托尔斯泰》，刘逢祺等译，上海：上海译文出版社，1987年，第446页。

② *Страхов Н. Н.* Критические статьи об И. С. Тургеневе и Л. Н. Толстом（1862–1885）Издание четвертое. Киев.: 1901. CC. 195、196.

之痛苦"①。换言之，在当时那么多文学家揭露社会阴暗面，甚至对社会产生绝望的时候，托尔斯泰作品的人物努力追寻生活的意义，这一点首先就值得肯定。"托尔斯泰伯爵的人物究竟干些什么呢？他们的确在世上游荡，怀着自己的理想，寻找生活美好的一面。"②所谓的"生活"（жизнь），也可以译为"生命"。这一概念是斯特拉霍夫用以与虚无主义的"理论"（теория）相对立的。在接下来的几篇文章里，"生活"这个概念将会一再出现。③

批评家的第二、第三篇文章是《论〈战争与和平〉1—4卷》（1869），主题仍然是生活，尤其是俄国人的生活。值得注意的是，尽管小说以1812年战争为背景，但斯特拉霍夫没有像同时代人那样将该作视为历史小说或者自然派所谓的"揭露小说"。这固然与他看问题喜好抽象有关，但也确实体现了批评家的独到眼光。按照斯特拉霍夫的理解，1812年战争之所以被选作小说背景，只因为这个阶段是俄罗斯民众生命力迸发的最明显时期。作家的描写对象就是俄罗斯人的这种生命意识。在小说中，它被表现为："纯正的俄罗斯英雄主义，在生活的一切领域内的纯正的俄罗斯式英雄行为，——这就是托尔斯泰伯爵所赐予我们的，这也就是《战争

---

① *Страхов Н. Н.* Критические статьи об И. С. Тургеневе и Л. Н. Толстом（1862–1885）Издание четвертое. Киев.: 1901. С. 151.

② *Страхов Н. Н.* Критические статьи об И. С. Тургеневе и Л. Н. Толстом（1862–1885）Издание четвертое. Киев.: 1901. С. 168.

③ 斯特拉霍夫对"生活"的强调，实质上成为后来托学研究的一个切入点。苏联著名的托学专家米·赫拉普钦科便说："对生活的史诗式的反映和对待生活现象的有鲜明个性的态度相结合，是托尔斯泰的一个巨大的创作成果。"参见［苏］米·赫拉普钦科：《艺术创作，现实，人》，刘逢祺等译，上海：上海译文出版社，1999年，第136页。本研究将根据论述需要将其译成"生命"或"生活"。

与和平》的主要对象。"① 俄罗斯人的生命意识具体表现在"纯朴、善良和真实"这三个方面。小说的意义也正是在于："纯朴、善良和真实在1812年战胜了违反纯朴，充满了恶和虚伪的力量。"② 在斯特拉霍夫看来，"俄罗斯的精神境界比较纯朴、谦逊，它表现为一种和谐，一种力的平衡"③。与此相比，19世纪下半期的西欧已找不到这种"和谐"与"平衡"。斯特拉霍夫此种观点虽有民族情感在内，但他对西欧文化的评论却非空穴来风。它上可追溯到赫尔岑对西欧市民阶级的批判及斯拉夫派对俄国村社的赞美，下可联系至尼采、斯宾格勒对欧洲文明堕落的抨击。时隔不久，就有尼采高呼"上帝死了""回到酒神精神"与之遥相呼应。上帝因何而死，西方为何没落，不正是由于科学理性的过度发展，打破了原有的和谐与平衡吗？

不过在批评家看来，仅仅提出"生活"这个概念并指出其意义是不够的，还必须在文学作品中找到具体的形象表现，就好像《父与子》中的巴扎罗夫成为虚无主义者的代名词。于是在批评家看来，《战争与和平》中的卡拉塔耶夫就成了俄罗斯民族生命力的真正展示者。批评家指出："涉及到士兵卡拉塔耶夫的少许章节在整个故事的内部联系上有着极为重要的意义，几乎盖过了我们描写平民百姓内心生活和日常生活的所有文学作品。"④ 小说本身对卡拉塔耶夫着墨不多，但所写之处却意义重大，他是促

① *Страхов Н. Н.* Критические статьи об И. С. Тургеневе и Л. Н. Толстом（1862–1885）Издание четвертое. Киев.: 1901. С. 282.

② *Страхов Н. Н.* Критические статьи об И. С. Тургеневе и Л. Н. Толстом（1862–1885）Издание четвертое. Киев.: 1901. С. 281.

③ *Страхов Н. Н.* Критические статьи об И. С. Тургеневе и Л. Н. Толстом（1862–1885）Издание четвертое. Киев.: 1901. С. 282.

④ *Страхов Н. Н.* Критические статьи об И. С. Тургеневе и Л. Н. Толстом（1862–1885）Издание четвертое. Киев.: 1901. С. 270.

使主人公皮埃尔发生思想转变的原因之一。这个人物"作为最深刻、最宝贵的记忆和作为一切俄罗斯的、善良的、圆满的东西的化身，永远铭记在皮埃尔的心中"。正是在卡拉塔耶夫的影响下，皮埃尔"觉得，原先那个被破坏了的世界，现在又以新的美，在新的不可动摇的基础上，在他的灵魂中活动起来"①。作为俄国"平民百姓"的代表，卡拉塔耶夫魅力之所在，正在于他没有那么多的理论来对现实表示不满乃至否定，他对生活充满着感恩之心。② 所以，卡拉塔耶夫的人生是简单的，也是充实的，因为它建立在热爱生活的基础之上。与此相对应的，有的人物即使满怀高尚的理论，在生活中甘于自我牺牲，但因脱离了真正的生活，在作家看来也算不上"真正的人"。罗斯托夫家的表妹索尼娅便是如此，她主动放弃婚约，成全罗斯托夫与玛丽亚的婚事。这样的人却被作家视为"一朵不结果的花"，丧失了真正的生命力。

然而，如果仅仅将托尔斯泰看作是俄罗斯民族生活的展示者，那么作家的世界性意义仍未得到揭示，1812 年卫国战争也只是沦落为作家笔下重现俄国特性的一次历史事件。斯特拉霍夫对托尔斯泰阐释的意义便在于：他不但揭示了作家创作的核心概念——生活，而且进一步指出这种"俄罗斯的生活"是俄罗斯民族存在的根基。从该书的创作史也可知道，作家之意不仅在于追述历史上的贵族人物，更在反思当下的俄罗斯社会，为俄罗斯民族确立当代英雄的典范。罗曼·罗兰指出："的确，《战争与和平》一书底光荣，便在于整个历史时代底复活，民族移殖和国家争战底追

---

① 《列夫·托尔斯泰文集》第 8 卷《战争与和平》，刘辽逸译，北京：人民文学出版社，2000 年，第 1276 页。

② 巴赫金说："卡拉塔耶夫，这就是单纯。"又说单纯就是"对不必要的复杂化的揭露"。参见:《巴赫金全集》第七卷，万海松等译，石家庄：河北教育出版社，2009 年，第 54 页。

怀。"① 可以说，《战争与和平》是俄国人寻找民族自我、发掘民族根基的最初尝试。在批评家看来，这种努力的结果——《战争与和平》就是"与西方斗争的一种新武器"②。在小说中，斗争焦点在于民族的对抗，即1812年的卫国战争，尤以波罗金诺战役为最。

斯特拉霍夫认为："战争从俄国这方面来说是防卫性质，因此具有神圣的民族特征；从法国那方来讲是进攻性的，具有暴力和非正义的特征……法军代表了一种世界主义思想，他们动用暴力，杀戮其他民族；俄军代表了一种民族的思想，他们热心捍卫一种独特的天然形成的生活制度和精神。正是在波罗金诺这个战场上提出了民族的问题，俄国人赞成民族性并首次解决了这个问题。"③ 法国所代表的近代西方世界，信奉的是不断扩张，努力进取的"浮士德精神"，他在发展自身的同时，却也给世界带来灾难。相应地，俄罗斯民族强调的是热爱生命，与世界的和谐共存，其根基便在于"独特的天然形成的生活制度和精神"，这种根基的外在体现便是那种"纯朴、善良和真实"的"俄罗斯英雄主义"。批评家不厌其烦地多次指出："《战争与和平》的全部内容似乎就在于证明谦恭的英雄主义比积极的英雄主义优越，积极的英雄主义不但到处遭到失败，而且显得可笑，不仅软弱无力，而且极为有害。"④ 看似憨憨傻傻的库图佐夫打败了横扫欧洲不可一世的拿破仑，这是俄罗斯民族特性最有力的表现。事实上，这种与西方世界全然不同的民族特性，在斯特拉霍夫等"根基派"看来，

① ［法］罗曼·罗兰:《托尔斯泰传》，傅雷译，北京：商务印书馆，1998年，第47页。

② *Страхов Н. Н.* Критические статьи об И. С. Тургеневе и Л. Н. Толстом（1862–1885）Издание четвертое. Киев.: 1901. С. 296.

③ *Страхов Н. Н.* Критические статьи об И. С. Тургеневе и Л. Н. Толстом（1862–1885）Издание четвертое. Киев.: 1901. С. 213.

④ *Страхов Н. Н.* Критические статьи об И. С. Тургеневе и Л. Н. Толстом（1862–1885）Издание четвертое. Киев.: 1901. С. 284–285.

恰恰成为了俄罗斯能拯救世界、成为"第三罗马"的原因之一。托尔斯泰晚年提倡的托尔斯泰主义，在很大程度上也是建立在俄罗斯民族这种纯朴善良、善于忍耐的基础之上。

斯特拉霍夫这个观点甚至得到了陀思妥耶夫斯基赞同。后者在信中予以高度评价："正是您在读到波罗金诺会战时所说的一番话既表达了托尔斯泰思想的全部实质，也表达了您对托尔斯泰的看法。似乎不可能比这表达得更清楚了。民族的俄罗斯的思想几乎表述得淋漓尽致。"[①] 在批评家看来，《战争与和平》不但体现了俄罗斯思想与西方思想的斗争，这部作品本身的出现，就标志着"俄罗斯文学在长期偏离正道，将各种病毒带入肌体并引发各种症状之后，最终恢复健康"[②]。而决定其健康的根源便在于生活，尤其是俄罗斯的生活。只有与俄罗斯生活建立直接的联系，才能避免西方的影响，避免虚无主义，这是斯特拉霍夫的最终结论。

事实上，斯特拉霍夫的阐释在某种意义上恰恰体现了俄罗斯东正教的根本精神。谢尔盖·布尔加科夫认为："西方更有实践性，东方更有静观性。东方基督教把基督最爱的门徒、被圣母收为义子的'爱的使徒'约翰当作第一使徒。而西方基督教则更具有另外两个最高使徒的精神——使徒彼得的精神（在天主教中）和使徒保罗的精神（在新教中）。约翰的基督教追求的是贴在老师的胸前，而彼得的基督教所关心的则是两把刀和建立教会。"[③] 可见，东正教与天主教、新教所崇拜的使徒精神不同，前者更重

---

① 陈燊主编：《费·陀思妥耶夫斯基全集》第22卷，张羽等译，石家庄：河北教育出版社，2010年，第619页。

② *Страхов Н. Н.* Критические статьи об И. С. Тургеневе и Л. Н. Толстом（1862–1885）Издание четвертое. Киев.: 1901. С. 308.

③ ［俄］С. Н. 布尔加科夫：《东正教：教会学说概要》，徐凤林译，北京：商务印书馆，2001年，第189页。

视温和谦恭，相对保守平和；后两者则较为积极进取，更关心通过俗世的努力以彰显主的荣耀。正是在这个意义上，布尔加科夫才认为："东正教道德在面对多种多样的实践生活问题是无能为力的，因此天主教和新教在此显得更具有优越性，天主教更为灵活和实际……新教有其日常诚信的世俗伦理学。"① 因此，可以说斯特拉霍夫这里谈的不仅是民族文化精神，也是独特的东正教文化精神。

《战争与和平》体现了俄罗斯民族最旺盛的生命力，具有最鲜明的民族色彩，创造了这一切的托尔斯泰自然也成为俄国文学民族性的体现者。1884 年法国批评家沃盖（Вогюэ）在《罗斯》（Русь）报上发文谈及托尔斯泰②，针对他的某些观点，斯特拉霍夫进行了详尽的剖析。在文章最后，斯特拉霍夫指出："宗教，的确是我们民族的灵魂，而圣人则是它的最高理想。我们的力量与我们的救赎就在于这深刻的民族生活之中……列·尼·托尔斯泰显然是其直接的表达者和代表者之一，因此对我们来说，无论他的创作怎样模糊，片面甚至错误，都极为重要并富有教诲。"③

在这个问题上，批评家甚至与相知多年的老朋友陀思妥耶夫斯基发生了争执。④ 在 1868 年底给斯特拉霍夫的信里，陀思妥耶夫斯基指出："我发现，您非常崇敬列夫·托尔斯泰。我同意，他有他自己的话说，不过少了一点。话还得说回来，我认为，在所有我们这些人中他已经说出了最独特

---

① ［俄］С.Н.布尔加科夫：《东正教：教会学说概要》，徐凤林译，北京：商务印书馆，2001 年，第 191 页。

② 此文两年后成为沃盖专著《俄国小说》的一部分。此书声誉颇佳，促进了欧洲知识界对俄国文学的认识。

③ *Страхов Н. Н.* Критические статьи об И. С. Тургеневе и Л. Н. Толстом（1862–1885）Издание четвертое. Киев.: 1901. С. 387.

④ 由于国外学界至今没有整理出斯特拉霍夫与陀思妥耶夫斯基的通信集，所以我们只能根据陀思妥耶夫斯基的回信来猜测斯特拉霍夫的评论。

的话，因此关于他还是值得一谈。"① 作家在这里提出两点：其一，托尔斯泰是独特的；其二，托尔斯泰的独特性尚不明显。这显然是对斯特拉霍夫将托尔斯泰推崇为俄国文学民族性体现者的一种有限认可。陀思妥耶夫斯基这一看法终生未变，尤其在后来斯特拉霍夫将托尔斯泰与伏尔泰、普希金等大师相提并论时，陀思妥耶夫斯基更是无法接受："您文章中有两行谈及托尔斯泰的文字是我所不能完全同意的。您说，列夫·托尔斯泰堪与我国文学中一切伟大现象相媲美。绝对不能这么说！"② 当然，两人对托尔斯泰评价的不同，是否也有作家文人相轻的成分，这是另一个值得探讨的问题③。

俄国学者马尔切夫斯基（Н. Мальчевский）认为斯特拉霍夫是在"别车杜"等人的"革命性"哲学与 19 世纪与 20 世纪之交的"宗教性"哲学之间另辟了一条属于自己的理性主义哲学之路。对于他来说，斯特拉霍夫是"独立俄国哲学的第一批代表之一"④。笔者以为，这条独特的理性主义之路，就其文学层面而言，最充分地表现于对托尔斯泰的论述之中。从对作家作品中生命意识的发掘，到将生命意识确立为俄罗斯民族的根基之所在，最终确立托尔斯泰作为民族根基的表现者。这便是斯特拉霍夫对托尔

---

① 陈燊主编:《费·陀思妥耶夫斯基全集》第 21 卷，石家庄：河北教育出版社，2010 年，第606 页。

② 陈燊主编:《费·陀思妥耶夫斯基全集》第 22 卷，石家庄：河北教育出版社，2010 年，第723 页。

③ 俄苏学者如多利宁（А. С. Долинин）、基尔波京（В. Я. Кирпотин）等人在两位作家的关系问题上，多数强调斯特拉霍夫在其中的负面作用，认为他故意不让两人会面，尤其考虑到在陀思妥耶夫斯基去世后斯特拉霍夫在给托尔斯泰的信中诋毁前者。国内学者在此问题上，基本附和了俄苏学者的看法，如李明滨:《俄国文坛的一件公案：陀思妥耶夫斯基身后的不白之冤终于昭雪》，载《俄苏文学》1986 年第 2 期。但笔者以为，托尔斯泰未能遇到陀思妥耶夫斯基，更多在于两位作家的道不同不相与谋，斯特拉霍夫只是代人受过而已。

④ *Мальчевский Н*. К истории русской философии//Логос: С–Петерб. чтения по филос. Культуры. Кн. 2 Руссий духовный опыт. СПб.: 1992. С. 34.

斯泰的阐释之路，也是他寻找俄罗斯民族特性的努力之路。

　　在回顾自己对《战争与和平》的阐释时，斯特拉霍夫曾说："我不仅因迅速理解《战争与和平》的无限伟大价值而被奖赏，我想我还配得上得到更重要的奖赏：在某些方面我把握了这部作品的灵魂；我找到了那些观点，那些范畴，由此可以判断，我揭示了历史与我们文学进程的联系。"①这份历史，在今天看来就是俄罗斯民族意识觉醒的历史，就是俄罗斯国家形象塑造的历史；托尔斯泰的作品，便是这份历史的最生动见证。当然，这两者之间的联系，是由斯特拉霍夫来揭示的。

　　考虑到斯特拉霍夫的写作时间是 19 世纪 60 年代末，彼时的俄国主流评论界尚未意识到托尔斯泰的伟大意义。自由派批评家安年科夫用欧洲历史小说的标准来看待《战争与和平》，认为作品人物性格发展停滞，"全部作品的根本缺陷就是缺少小说的情节发展"②。另一位激进派批评家皮萨列夫则干脆从阶级的角度来分析其中的贵族形象。在这种背景下，斯特拉霍夫对托尔斯泰创作意义的阐释，本身就具有一种创新的意义。同时也正是在他的阐释下，托尔斯泰及其创作的世界性意义逐渐为俄国文化界所接受；俄罗斯国家形象以及俄罗斯人的正面形象也逐渐为世界所接受。正是在这个意义上，我们才能理解后来的美国斯拉夫学者埃娃·汤普森对小说的评价："《战争与和平》满足了俄国对帝国史诗的需求。这部作品促成了帝国本质的政治神话，构思出了适用于帝国成功的影像；在俄国文化语境范围之内，这部作品使得在言辞上反抗帝国的行动即使并非不可能，也是

---

① *Страхов Н. Н.* Критические статьи об И. С. Тургеневе и Л. Н. Толстом（1862–1885）Издание четвертое. Киев.: 1901. С. 312.

② ［俄］安年科夫：《论列·尼·托尔斯泰伯爵长篇小说〈战争与和平〉的历史与美学问题》（1868），高伶敏译，载倪蕊琴主编：《俄国作家批评家论列夫·托尔斯泰》，北京：中国社会科学出版社，1982 年，第 71 页。

十分困难的。这部小说创造的形象是，俄国作为一个国家是十分仁慈的，没有重大的过失，住满了在'真实'的历史中行动极为优秀的公民，所以对它展开根本性的批评几乎是不可能的。"①

联系到 19 世纪中后期俄国文学在世界文坛的崛起，我们完全可以认为：斯特拉霍夫的这种阐释不是单纯的作家作品分析，这更是对俄国文化独特性的挖掘，对俄国国家形象的积极塑造，这是俄国批评界在摆脱了西方思想影响后的创造性思考。正如哲学家格罗特（Грот，Н. Я.，1852—1899）在悼文中所说："斯特拉霍夫之伟大之处，便在于他是尤为热情鲜明地号召俄国人独立思考的人之一。"② 进入 20 世纪之后，革命与战争的硝烟很快将这位哲学家、文学批评家带入云雾之中，这不能不说是一种悲哀。然而，遗忘不等于消灭，理论同样可以长青。跨入 21 世纪后的俄国思想界流行文化"寻根热"，今人试图从中觅得"俄罗斯思想"复兴的力量。在经历了近一个世纪的雪藏之后，斯特拉霍夫的名字又再度被提及，再度得到高度评价。借用某研究者的话说："我希望，对斯特拉霍夫思想张力的审视将展示 19 世纪俄国精神生活之某种丰富与复杂。"③

---

① ［美］埃娃·汤普森：《帝国意识：俄国文学与殖民主义》，杨德友译，北京：北京大学出版社，2009 年，第 100 页。

② *Грот Н. Я.* Памяти Н. Н. Страхова.//Вопросы философии и психологии，кн. 32，1896г.，С. 40.

③ Linda Gerstein，*Nikolai Strakhov*，Harvard University Press，1971，Introduction. p. XI .

第四节　向东正教的回归？——斯特拉霍夫论赫尔岑

在东正教与俄罗斯文学中国家形象构建问题的探讨中，尼古拉·斯特拉霍夫关于赫尔岑的研究虽极少为人注意，但却值得关注。因为这不仅为学界如何评价作为文学家的赫尔岑提供了有价值的参考，更为我们揭示了以赫尔岑为代表的俄罗斯知识分子是如何坚持民族精神和信仰，由想象西方到回归俄罗斯的精神历程。

在尼古拉·斯特拉霍夫整个的文学批评遗产中，关于赫尔岑的评论占据了一个极为突出的位置。批评家晚年的三大卷《我们文学中与西方的斗争》第一卷就以近三分之一的篇幅分析了赫尔岑。然而因为资料及意识形态等原因，国内外学术界对这一问题甚少关注[①]。从今天来看，斯特拉霍夫与赫尔岑的关系非常值得深思。诚如斯特拉霍夫传记的作者、美国学者琳达·格斯坦因（Linda Gerstein）指出："作为一位作家，他的主题是俄国必须从西方文化的统治下获得解救，从而发掘自身的个性。"[②]换言之，斯特拉霍夫的主题是俄国要摆脱西方文化的影响，确立起自身的文化特性。如果说，斯特拉霍夫对托尔斯泰的几篇评论树立了作家作为俄国文学民族性的体现者地位；那么他对赫尔岑的评价则勾勒了一位资深的西欧派想象西方的破灭。这一破一立，不但形成了斯特拉霍夫文学批评中一个重要的主题："俄国文学中与西方的斗争"；同时也体现了斯特拉霍夫对俄国文化独特性的最终认识。

---

① 俄罗斯学术界较早关注这一问题的是著名陀学家多利宁，但也只是寥寥数语。参见 Долинин А. С. Последние романы Достоевского. М.: Л.: 1963. С. 226, 334–335. 此后萨拉托夫大学教授安东诺娃在她的专著里也有提及，但仅限于斯特拉霍夫对赫尔岑前期小说的评价问题。可参见 *Антонова Г. Н.* Герцен и русская критика 50–60-х годов ХIХ века. Саратов.: 1989. С. 160–169。

② Linda Gerstein, *Nikolai Strakhov*, Harvard University Press, 1971, p. 102.

　　1870 年 1 月 21 日，赫尔岑在巴黎去世。消息传至俄国，却无太多反响，即使有提及者，也多半聚焦于政治活动家赫尔岑。毕竟，作为一位老牌的流亡派，赫尔岑的黄金时代早已过去。在 1863 年波兰事件之后，赫尔岑及其《警钟》因为支持波兰独立而在俄国民众中声望大跌。赫尔岑在《往事与随想》里回忆说："1863 年底，《警钟》的发行量从 2500 份、2000 份，跌到了 500 份，从此再也没有超过 1000 份。"① 列宁后来论及此事时曾说："赫尔岑挽救了俄国民主派的名誉。"② 这话也从反面证实了赫尔岑等人在当时的孤立状况。然而，赫尔岑毕竟是在俄国思想史、文学史上留下重大影响的人物，对于他在 1848 年革命后的思想转变，此时的俄国仍然有人在默默关注并加以认真的研究，斯特拉霍夫便是其中的一位。1870 年第 3、第 4、第 12 期的《曙光》（Заря）杂志很快发表了他的长文《赫尔岑》③，全文共分三章，按 1887 年的单行本版本来看，长达 168 页，分别题为《赫尔岑的文学作品》《对西方丧失信念》以及《与西方思想的斗争·对俄国的信念》。从标题不难看出：在斯特拉霍夫的阐释中，赫尔岑走过了从流亡到回归的道路：抨击俄国—抨击西方—回归俄国。这个过程，体现了赫尔岑对俄国及西方思想的逐步认识，斯特拉霍夫将其解读为："与欧洲观念的斗争是赫尔岑主要的任务与功绩。"④

---

① ［俄］赫尔岑：《往事与随想》（下），项星耀译，北京：人民文学出版社，1998 年，第 412 页。

② ［俄］列宁：《纪念赫尔岑》，载列宁：《论文学与艺术》，北京：人民文学出版社，1983 年，第 130 页。

③ 斯特拉霍夫这篇长文有两个版本：一是 1870 年在《曙光》（Заря）杂志上发表的名为《赫尔岑》，具有悼文的性质；二是 1887 年在圣彼得堡出版的三卷本《我们文学中与西方的斗争》第 1 卷中名为《赫尔岑的文学活动》。本文引用的是后一版本，为论述方便，文中简称《赫尔岑》。

④ *Страхов Н. Н.* Борьба с Западом в Нашей литературе.: Исторические и Критические Очерки. Книжка первая. Киев.: 1897. С. 122、120.

　　文章一开篇就指出时人对赫尔岑的诸多误解：都将其看作一位政治活动家，而忽略了他作为文学家的一面。斯特拉霍夫将赫尔岑身份定位为"文学家与宣传家"，并且"赫尔岑不是简单的宣传家；他首先是文学家，即著名思想和观点的持有者，对他来说，说出这些思想观点才是主要的基本使命。宣传家的角色只是部分与其观点相合，大部分与之激烈冲突"①。需要指出的是：虽然斯特拉霍夫将赫尔岑首先定义为文学家，但他的关注点却并不在文学方面，而是在他所谓的"著名思想和观点"上。在这样的前提下，《赫尔岑》的第一章便是批评家对赫尔岑主要文学作品的逐一点评，概括其中蕴含的思想历程，最终得出作者的一个基本认识：赫尔岑是一位悲观主义者。

　　批评家从《一个青年人的回忆录》（1840）开始谈起。重点在于主人公与波兰人特伦任斯基关于歌德的不同看法，在这里响起了作者怀疑主义的第一声叹息。特伦任斯基见过两次歌德，这对崇拜歌德的"我"来说显然非同寻常。但事实正好相反：歌德给人留下的是一副不问苍生疾苦，高高在上的形象。正如斯特拉霍夫指出的："故事的意义与赫尔岑的诸多内心渴望一致，是相当多元的。第一，有对权威的否定……第二，有对现实利益，对于诗人和思想家相对立的活生生的人的同情。"② 在斯特拉霍夫看来，赫尔岑此时已意识到了生活（жизнь）与理论（теория）之间的冲突性：如果强调理论至上，那就需要像歌德一样回避生活，如此方能取得理论的纯粹性；反之则必然导致痛苦，因为生活的丰富多彩是任何一种理论

---

① *Страхов Н. Н.* Борьба с Западом в Нашей литературе.: Исторические и Критические Очерки. Книжка первая. Киев.: 1897. С. 2.

② *Страхов Н. Н.* Борьба с Западом в Нашей литературе.: Исторические и Критические Очерки. Книжка первая. Киев.: 1897. С. 13.

都无法涵盖的。正如歌德在《浮士德》里所说："理论全是灰色，敬爱的朋友，生命的金树才是常青。"①

在对《谁之罪？》的分析中，斯特拉霍夫进一步指出了赫尔岑创作的主题：生活的偶然性与人性的荒诞。对于上述主题，赫尔岑在《关于一部戏剧》里提出了三种解决方案：一是斯多葛派的形式主义；二是宗教；三是公共利益。斯特拉霍夫最赞赏的是宗教："这个方案显然是最完整的、最清晰的也是最令人满意的。"正如赫尔岑所言："宗教走向另一个世界，尘世的热情可藏匿其中……宗教是人控制热情的唯一的、自由的宝贵道路。"②宗教使得人的心灵打破了个人的封闭，与永恒世界结合起来。然而，在宗教的永恒世界与个人的心灵世界之间存在着一个现实的社会。个人如何通过社会与永恒联系，这是一个新的问题。这就涉及到第三点，即公共利益。将个人与社会福祉相联系，这是启蒙时代以来较有代表性的一种思想观念。然而在赫尔岑这个时代，"周围的一切都遭到批评家质疑的目光。这是过渡时代的病症"③。一切都在变动，包括公共利益本身。这就注定了所谓的个人投身于公共利益的方案在当时注定是一种纯理论上的解决方案④。可能正出于此，斯特拉霍夫才说："赫尔岑的公式具有过于宽泛的意义因而毫不能概括他个人的思想。"⑤

---

① [德]歌德：《浮士德》，钱春绮译，上海译文出版社，1999年，第106页。

② *Страхов Н. Н.* Борьба с Западом в Нашей литературе.: Исторические и Критические Очерки. Книжка первая. Киев.: 1897. С. 31.

③ *Страхов Н. Н.* Борьба с Западом в Нашей литературе.: Исторические и Критические Очерки. Книжка первая. Киев.: 1897. С. 35.

④ 这就像伏尔泰的《老实人》最后说"种自己的园地要紧"；歌德塑造的浮士德最后在改造自然、填海造田的伟大事业中找到了人生的意义一样，都体现了启蒙方案在理论中的可能性。因为在当时的欧洲环境下，哪里的园地可以自由耕作？哪里的海边可以围海造田？

⑤ *Страхов Н. Н.* Борьба с Западом в Нашей литературе.: Исторические и Критические Очерки. Книжка первая. Киев.: 1897. С. 35.

斯特拉霍夫接下来还分析了《克鲁波夫医生》等作品，但主要观点还是与上文所述一致，即他在论文第一章最后一节《赫尔岑的主要发现》概括的："我们至此分析的主要是赫尔岑的文学作品，因而在其中体现的是他对生活的总体看法，总体倾向。我们认为我们已经清楚地证明了这一倾向的主要特点是悲观主义。"[①]

第二章《对西方丧失信念》首先谈的是"何为西方"或者说俄国知识分子想象西方的由来。斯特拉霍夫在这里先后评论了斯拉夫派及黑格尔主义的问题，实际上介绍了赫尔岑思想的成长背景。值得一提的是，斯特拉霍夫在这里指出："在所有无休止谈论西方，拜倒在西方的人之中，赫尔岑是一个真正成熟的人，对于西方作出了独立的评价。对于格拉诺夫斯基和别林斯基来说，西方是融合了自己想象的遥远的他者世界；对于赫尔岑来说，西方就是他的祖国，他满怀自信、毫不怯弱地谈论它并生活于其中。"[②] 这就使得赫尔岑的西方想象在当时的俄国知识界更具有真实性和代表性。然而恰恰是这样的祖国在1848年之后给予了赫尔岑重重一击，使他一下子不知所措，这一点在他的《彼岸书》里流露得特别明显："长期以来我们研究了欧洲衰落的机制——在它的所有阶层所有地方都发现了死亡的气息，只有远处偶尔听到预言。我们起初也希望过，相信过、努力地去相信。垂死的斗争如此迅速地改变了一个又一个的特点以至于不能自我欺骗了。生活像黎明前窗户里透出的最后一丝灯光渐渐熄灭了。我们被打败了，被吓坏了。对于死亡的可怕成就我们袖手旁观。我们在二月革命中

[①] *Страхов Н. Н.* Борьба с Западом в Нашей литературе.: Исторические и Критические Очерки. Книжка первая. Киев.: 1897. С. 52.

[②] *Страхов Н. Н.* Борьба с Западом в Нашей литературе.: Исторические и Критические Очерки. Книжка первая. Киев.: 1897. С. 62.

看到了什么？完全可以说，两年前我们还年轻，而现在却老了。"①这应该是赫尔岑对自己多年来思想的一个总结，从中不难看出他的悲观乃至绝望心态，而这恰恰是斯特拉霍夫在下文所要揭示的："由此，赫尔岑走向了完全的绝望。这是我们第一个对西方绝望的西方派。"②然而人毕竟还要生存，绝望方能促生希望。正是在绝望的逼迫下，赫尔岑思想有了一个质的转变，即第三章的题目《与西方思想的斗争·对俄国的信念》。

这一章实际上也是斯特拉霍夫论述的重点，因为他要借赫尔岑的选择提出俄国文化的出路问题。因此第一节的题目就是《我们问题中最本质的一个问题》——"我们的精神独特性问题。我们俄罗斯人是什么人？我们在思想和道德方面是否形成一个独特的民族，能在自己的历史里发现特殊的元素以供创造特殊的文化？或者我们应该保留相同的主张，一切服从欧洲，就像比利时对法国的关系？"③所以，斯特拉霍夫谈的是赫尔岑，真正着眼的是俄国文化独特性的问题。赫尔岑的抉择对这个问题做了最好的回答，用他的话说是："对俄国的信念——在道德崩溃的边缘拯救了我。"④

那么，什么是"俄罗斯信念"呢？斯特拉霍夫借助赫尔岑的《彼岸书》（1851）做出了解释。首先，斯特拉霍夫指出："在赫尔岑的一生中没有什么事件比这次斗争更重要；在他的作品里，没有哪一本书可与《彼岸

---

① *А. И. Герцен* Полное собрание сочинений в тридцати томах том 16. М.: 1959. ，С. 116–117.

② *Страхов Н. Н.* Борьба с Западом в Нашей литературе.: Исторические и Критические Очерки. Книжка первая. Киев.: 1897. С. 97.

③ *Страхов Н. Н.* Борьба с Западом в Нашей литературе.: Исторические и Критические Очерки. Книжка первая. Киев.: 1897. С. 106.

④ *Страхов Н. Н.* Борьба с Западом в Нашей литературе.: Исторические и Критические Очерки. Книжка первая. Киев.: 1897. С. 111.

书》相提并论。"^① 其次，"在这本书里，他论述了自己对俄国人民的一些斯拉夫派的观点。他指出了东正教高于天主教，指出了俄国缺乏封建主义却保存了农村村社等方面"^②。换而言之，"俄罗斯信念"体现在东正教的优越性，体现在村社的独特性等方面。对于东正教的问题，赫尔岑谈得比较含糊："我觉得在俄国生活中有一种高于社会，强于国家的东西。这种东西不可言传，更难阐明。我说的是那种内部的，没有完全意识到的力量。它如此神奇地挽救了金帐汗国和德国官僚桎梏下的俄国人民，他们被东方鞑靼人的鞭子和西方下士的棍棒折磨。这种内部力量保存了俄国农民在农奴制状态下受到侮辱性压迫之后仍具有完美的开朗的特性，和活跃的头脑。这种力量使得一百年之后俄国社会仍能以普希金这一伟大现象来回应沙皇发布的命令。最后，这是一种活跃在我们心中的力量和信念。"^③

虽然文中并没有提到东正教，但结合俄罗斯文化发展的历史，似乎除了东正教也没什么精神力量可以起到如此之大的作用。不妨比较一下东正教哲学家谢·布尔加科夫对东正教心灵的论述："这颗心灵所寻求的神圣性（俄罗斯人民在'神圣的罗斯'这个名称中表达了自己的追求）就是最大的容忍和自我牺牲……此神圣性中有一种最内在的，同时也是英雄主义的成分：宗教意志和修行的全部力量就在于力图脱掉自己的自然形象，戴上基督的形象。"^④ 同样是受苦受难，同样是创造英雄事迹，两位思想家在

---

① *Страхов Н. Н.* Борьба с Западом в Нашей литературе.: Исторические и Критические Очерки. Книжка первая. Киев.: 1897. С. 277.

② *Страхов Н. Н.* Борьба с Западом в Нашей литературе.: Исторические и Критические Очерки. Книжка первая. Киев.: 1897. С. 278.

③ *Страхов Н. Н.* Борьба с Западом в Нашей литературе.: Исторические и Критические Очерки. Книжка первая. Киев.: 1897. С. 278–279.

④ ［俄］С. Н. 布尔加科夫：《东正教：教会学说概要》，徐凤林译，北京：商务印书馆，2001 年，第 188 页。

这里论述的是同一个对象。虽然东正教没有天主教那样注重外在的仪式，但它所具有的强大精神力量是俄国人民的力量源泉。东正教这种不可言说的神秘性，一方面构成了它的特色，另一方面也是它高于天主教的优越之处："在诸多宗教类型中，东正教的特点是没有充分的现实性和外部表现，但正因如此，其中基督启示的天上真理最少被歪曲。"[①]

既然意识到了俄罗斯信念的特殊（或者说优越）之处，那么俄罗斯该往何处去？俄罗斯文化的特殊性在哪里？答案也就呼之欲出了。在1854年2月所写的《旧世界与俄罗斯》一文中，赫尔岑提出："自然产生了一个问题——俄国是否应该重复欧洲发展的一切阶段？或者它应该走一条不同的革命道路？我坚决反对重复欧洲人的老路……人民不需要重新开始这种痛苦的努力，他们为什么要为那些我们遇到的、只能是引起其他问题和激起其他渴望而无法彻底解决的问题而流血呢？"[②] 赫尔岑的结论是回到俄国本身，走一条有俄国特色的政治、文化建设之路，就像别尔嘉耶夫在多年后所说的赫尔岑"越出了西方主义的营垒而捍卫了俄罗斯的特殊道路"[③]。这一点，正是斯特拉霍夫写作本文之用意。

在赫尔岑去世之后，为了防止激进派刊物借机宣传赫尔岑，引起社会思想混乱，彼得堡书刊检查委员会急匆匆出台了通知："对于有关赫尔岑去世消息的文章，委员会若在书刊检查出版物中发现有同情赫尔岑这一公认的国家罪人全部活动者，当认为完全不宜出版。委员会只允许文章谈到

---

① ［俄］别尔嘉耶夫:《东正教的真理》，转引自［俄］C. H. 布尔加科夫:《东正教：教会学说概要》，徐凤林译，北京：商务印书馆，2001年，第4页。

② *А. И. Герцен* Полное собрание сочинений в тридцати томах том 16. М.: 1959. С. 186.

③ *Бердяев Н. А.* Русская идея Париж.: YMCA–Press. 1971. С. 66.

赫尔岑去世这一事实及他在俄国出版过的著作。"① 这一通知使得当时对赫尔岑的评论文章多半停留在对他政治活动的批判上。斯特拉霍夫的长文却别具一格，跳出了政治论争的束缚，不仅打破规定提到了赫尔岑在国外出版的各种著作，而且不厌其烦地加以解读他的思想。其用意一方面在于通过赫尔岑的历程展示俄国应该走的发展道路，另一方面也隐藏着斯特拉霍夫对虚无主义问题的深刻思考。从破灭到回归，这是一件问题的两个方面。虚无主义的破灭就必然为回归俄国，立足俄国土壤创造条件。赫尔岑是虚无主义的典型代表，解读他的思想历程，就等于是剖析了虚无主义从诞生到破灭的全过程。事实上，斯特拉霍夫对虚无主义这一问题的关注由来已久。

在题为《我们文学的贫困》（1868）的系列文章中，斯特拉霍夫以专节论述了"虚无主义。它产生的原因及力量"。他首先指出虚无主义与生活的对立："虚无主义者：既否定俄国生活，同时也否定欧洲生活。"在接下来的分析中，斯特拉霍夫逐步对虚无主义追根溯源："虚无主义首先是某种西欧主义。""其次，虚无主义不是别的，正是极端的西欧主义，即彻底发展并达到顶点的西欧主义。"以上是就来源而言；再次，"虚无主义是对一切已形成的生活方式的否定"②。相应地，在斯特拉霍夫看来，赫尔岑的虚无主义就是这种极端崇拜西欧导致的后果，是"纯粹的虚无主义""否定、完全纯粹的虚无主义构成了赫尔岑直至生命最后一息的思想

---

① 转引自 *Пекарь М. К.* Отклики русской печати на смерти А. И. Герцена//Общественная мысль в России 19 в. Л.: 1986. С. 110。

② *Н. Н. Страхов.* Бедность нашей литературы, критический и исторический очерк. СПб.: 1868. С. 45–54.

倾向"①。可以说，批评家对虚无主义及赫尔岑西方想象的把握极为准确，但就像医生治病一样，仅仅把握病情是不够的，还需要提出治疗方案。这就涉及批评家与宗教的问题。

学术界对于斯特拉霍夫与宗教这一问题历来众说纷纭②。考虑到他的自然科学出身及浓重的黑格尔哲学信徒色彩，有些学者认为斯特拉霍夫并非虔诚的东正教教徒，最多是个"宗教怀疑论者"。根据俄国文化活动家乌赫托姆斯基公爵（Князь Э. Э. Ухтомский，1861—1921）回忆："他从未听斯特拉霍夫提过一个字的宗教，他觉得后者更像是'伏尔泰主义者''18世纪的思想家'。"③但实际上，作为一位从小在教会学堂长大的人，斯特拉霍夫骨子里的宗教情结是根深蒂固的。1886年8月，他在写给托尔斯泰的信里坦言："要是我能最后再写一本关于如何寻找上帝、想方设法颂扬上帝、竭尽所能去认识上帝的书，那我就心满意足了。"④另一个更直接的证据是：1890年，斯特拉霍夫的学生、思想家罗赞诺夫曾直接问前者，"我在文章里将您的思想、学术和文学探索的中心定义为宗教性的，对吗？"斯特拉霍夫的回答是："我不知道您如何写我的宗教性，但当然您是对的，因为一切严肃的探索最终都会走向宗教。"⑤正如罗赞诺

① *Страхов Н. Н.* Борьба с Западом в Нашей литературе.: Исторические и Критические Очерки. Книжка первая. Киев.: 1897. C. 142.

② 关于斯特拉霍夫与宗教的问题，可参考当代俄国学者法捷耶夫的文章：Фатеев В. А. Религиозные воззрение Н. Н. Страхова.//*С. М. Климова* и др. Н. Н. Страхов в диалогах с современниками. Философия как культура понимания. СПб.: 2010。

③ *Лукьянов С. М.* Запись бесед с Э. Э. Ухтомским//Российский Архив. М.: 1992. Вып. II–III. C. 398.

④ *Л. Н. Толстой–Н. Н. Страхов*: Полное собрание переписки в двух томах. том. 2. Slavic Research Group at the University of Ottawa and State L. N. Tolstoy Museum, Moscow.: 2003. C. 712.

⑤ *Розанов В. В.* Литературные изгнанники. Н. Н. Страхов. К. Н. Леонтьев. М.: 2001. C. 60.

夫后来总结的：斯特拉霍夫作品是以东正教为中心的，"只不过他是一位哲学家—观察者，不但害怕对信仰问题做出绝对的结论，而且害怕做直接的详尽揭示的结论"[①]。罗赞诺夫的说法自然不是定论，但若考察斯特拉霍夫的著述，我们不难发现批评家与宗教关系极为密切，这种关系自然也体现在他的文章里。

就以上述关于赫尔岑的文章为例，斯特拉霍夫对赫尔岑所提及的以宗教来解决生活偶然性和人生荒诞性问题颇为推崇，以至他在文中还特地插入了对托尔斯泰《战争与和平》中的士兵普拉东·卡拉塔耶夫形象的论述，认为"他代表了对赫尔岑为之痛苦的那个任务生动的解决"[②]。斯特拉霍夫后来专门指出："涉及到士兵卡拉塔耶夫的少许章节在整个故事的内部联系上有着极为重要的意义，几乎盖过了我们描写平民百姓内心生活和日常生活的所有文学作品。"[③]原因就在于卡拉塔耶夫是富有东正教色彩的俄罗斯精神化身。托尔斯泰描写他总是把"农民"这个词说成"基督徒"这种小小的暗示之外，更重要的是卡拉塔耶夫所体现的"聚和性"（Соборность）因素："照他看来，他的生活作为个别现象，就没有意义。他只有作为他经常感觉到的那种整体的一部分，才有意义。他的语言和动作从他身上流出来，正像香味从花上分泌出来那样均匀、必然和直接。"[④]聚和性因素强调在保持个性的基础上达到同一。个人的生活如果不跟集体结合在一起就没有意义。在著名的思想家霍米亚科夫（Хомяков А. С.，

① *Розанов В. В.* Литературные изгнанники. Н. Н. Страхов. К. Н. Леонтьев. М.: 2001. С. 117.

② *Страхов Н. Н.* Борьба с Западом в Нашей литературе.: Исторические и Критические Очерки. Книжка первая. Киев.: 1897. С. 34.

③ *Страхов Н. Н.* Критические статьи об И. С. Тургеневе и Л. Н. Толстом（1862–1885）Издание четвертое. Киев.: 1901. С. 270.

④ 《列夫·托尔斯泰文集》第8卷《战争与和平》，刘辽逸译，北京：人民文学出版社，2000年，第1279页。

1804—1860）看来，"这种结合是建立在爱上帝及其真理和爱上帝者之间互爱基础之上的，在天主教那里只有统一而无自由；而在新教那里只有自由而无统一，在这些宗教信仰中实现的仅是外在统一和外在的自由"①。在小说里，卡拉塔耶夫正是这样一位既爱上帝和真理，又爱同伴的聚和性精神化身。当然，换一个角度看，正是因为卡拉塔耶夫身上的思辨性过于突出，因此这个人物在其他批评家眼里也有不同意见。譬如米尔斯基就认为："我觉得卡拉塔耶夫更难接受。他尽管对小说的思想而言十分重要，可他却十分突兀。他与整体调调不符，他别有他声。他不像小说中另两位理想化的'自然人'主人公娜塔莎和库图佐夫那样，是最富有人性的人。他是一种抽象，一个神话，其维度和法则均不同于小说中的其他人物，他未能融入整体。"②

不过，即使卡拉塔耶夫在小说中多么格格不入，即使他在别人的眼里只是一个最最普通的士兵，唯独他对于皮埃尔却有着超乎寻常的意义，正是因为在皮埃尔身上有着赫尔岑般的绝望。这种绝望只有在与卡拉塔耶夫那种知天应命、与世无争的精神和谐对照下才显得有意义。因此，正是在卡拉塔耶夫的影响下，皮埃尔"觉得，原先那个被破坏了的世界，现在又以新的美，在新的不可动摇的基础上，在他的灵魂中活动起来"③。这是来自俄罗斯传统宗教精神的召唤，这是向俄罗斯传统的回归，这难道不是虚无主义者西方梦碎之后的最好结果吗？

根据档案记录，《赫尔岑》一度令当时圣彼得堡的书刊检查官陷入进

---

① ［俄］H. O. 洛斯基:《俄国哲学史》，贾泽林等译，杭州：浙江人民出版社，1999年，第31页。

② ［俄］德·斯·米尔斯基:《俄国文学史》，刘文飞译，北京：商务印书馆，2020年，第353页。

③ 《列夫·托尔斯泰文集》第8卷《战争与和平》，刘辽逸译，北京：人民文学出版社，2000年，第1276页。

退两难的境地。因为就文章所涉及内容而言，该文违禁之处甚多，不但对赫尔岑没有大加批判，而且引用了大量赫尔岑在海外发表的文字。但从另一个角度来看，《赫尔岑》最终目的并非为逝者做宣传。该文最终经国家出版事务主管委员会委员叶列涅夫（Еленев Ф. П., 1827—1902）及福克斯（Фукс В. Я., 1829—1891）一致肯定后才予以通过。应该说，两人看到了斯特拉霍夫文章的意义，比如叶列涅夫就指出："文章目的是要证明赫尔岑在自己文学政治生涯的最后对民主的革命的欧洲表示失望，他坚信俄国生活中的民族因素……尽管这一观点与赫尔岑整个活动明显矛盾因而并不准确，但这篇文章政治倾向并非有害……所引用的赫尔岑著作只是证明文章作者的预设观点……"① 因此，文章在发表后并未受到官方的打击。但应当指出，在《赫尔岑》发表之后的很长一段时间里，评论界的关注焦点却并未落在"与西方斗争"这一核心观点上。

对于文章首先做出反响的是侨居国外的陀思妥耶夫斯基。1870 年 3 月 24 日，陀思妥耶夫斯基致斯特拉霍夫的信中提及了后者关于赫尔岑的文章："我极其满意地读完了《曙光》第 3 期，迫不及待地等待着读您的文章的续篇，以便全部理解其中所谈的东西。我预感到，您主要是想把赫尔岑表现为一个西欧派，并在与俄罗斯相对比中谈谈西方，是吗？您极其成功地展示了赫尔岑的主要观点——悲观主义。"② 陀思妥耶夫斯基抓住了《赫尔岑》一文的关键之处，即一个西欧派与俄罗斯的关系。但是，陀思妥耶夫斯基并非完全支持斯特拉霍夫的观点。在同一封信中，他提出了以

---

① 转引自 *Пекарь М. К.* Отклики русской печати на смерти А. И. Герцена//Общественная мысль в России 19 в. Л.: 1986. С. 119。
② 陈燊主编：《费·陀思妥耶夫斯基全集》第 22 卷，郑文樾、朱逸森译，石家庄：河北教育出版社，2010 年，第 720—721 页。

下问题:"顺便说说（虽然这并不包含在您的文章的题目之中），在判断和确定赫尔岑的全部活动的主要实质上是否还存在着另一种观点，即认为他时时处处主要是一个诗人。"[①] 然而斯特拉霍夫在文章中提到，他写作的目的是"恢复赫尔岑文学活动的意义"[②]。换而言之，他要指出文学活动背后的意义，即赫尔岑与西方斗争的意义。这一点，恐怕是陀思妥耶夫斯基没有想到的。因为他更多地侧重于赫尔岑与本国"土壤"的脱节:"历史仿佛注定要通过赫尔岑这个最鲜明的人物类型表明我们的有教养阶层中的大多数人与人民之间的这种裂痕。"[③] 尽管存在着上述分歧，陀思妥耶夫斯基仍然表示"极其满意"，甚至在《少年》中塑造了一个赫尔岑式的人物以示回应。[④]

可能因为陀思妥耶夫斯基及诸多朋友的表扬，斯特拉霍夫本人对这篇文章也颇为自得，以至他主动向托尔斯泰推荐:"关于赫尔岑的文章以其理解的深刻性令那些熟知赫尔岑并爱着他的人大为惊讶……"[⑤] 斯特拉霍夫的朋友列昂季耶夫对这篇文章也颇为推崇。他在给朋友的信里专门指出:"一切关于赫尔岑的问题您可以在斯特拉霍夫的《与西方的斗争》（第一

---

① 陈燊主编:《费·陀思妥耶夫斯基全集》第 22 卷，郑文樾、朱逸森译，石家庄：河北教育出版社，2010 年，第 721 页。

② *Страхов Н. Н.* Борьба с Западом в Нашей литературе.: Исторические и Критические Очерки. Книжка первая. Киев.: 1897. С. 54.

③ 陈燊主编:《费·陀思妥耶夫斯基全集》第 19 卷，张羽译，石家庄：河北教育出版社，2010 年，第 8 页.

④ 有关维尔希洛夫与赫尔岑的对应关系，可参见 *Долинин А. С.* Последние романы Достоевского. М.: Л.: 1963. С. 104–112. 以 及 *Кантор В.* Трагические герои Достоевского в контексте русской судьбы（Роман «Подросток»）//Вопросы Литературы 2008–г. № 6. С. 119–151。

⑤ *Л. Н. Толстой–Н. Н. Страхов*: Полное собрание переписки в двух томах. том. 1. Slavic Research Group at the University of Ottawa and State L. N. Tolstoy Museum, Moscow.: 2003. С. 134.

卷）找到完美的论述。"①

　　较之于陀思妥耶夫斯基，托尔斯泰倒是强调了赫尔岑与西方的斗争问题，因而更贴近斯特拉霍夫的原意。1888 年，托尔斯泰在致切尔特科夫的信里提到赫尔岑，其看法明显带有斯特拉霍夫的影响："我在读赫尔岑，非常愉快但也痛心地看到他的作品被禁止出版。第一，作为一位文学家，他即使不高于，也相当于我们的一流作家；第二，假如他的作品从五十年代起就成为年青一代思想中不可分割的部分，那我们就不会有什么革命虚无主义者了。证明革命理论的毫无根据，只要阅读赫尔岑就行了，就像一切的暴力只需用暴力的目的来否定罢了。"②赫尔岑是俄国社会对西方革命理论的解药，这种理解跟斯特拉霍夫在文章中提出的观点如出一辙。什克洛夫斯基在他为托尔斯泰写的传记里看到了这一点："根据托尔斯泰的意见，赫尔岑之所以重要，是因为他是一个同'西欧革命理论'斗争的人。这是托尔斯泰的一种解释：他想把赫尔岑变成他的同路人。"③

　　在整个苏联时期，赫尔岑研究者们极少提及斯特拉霍夫的这篇长文。1922 年，多利宁写了《陀思妥耶夫斯基与赫尔岑》，其中涉及到斯特拉霍夫对赫尔岑的评价，但也只是寥寥数语一带而过。其余赫尔岑研究者即便偶尔提及，也都认为斯特拉霍夫过于夸大了赫尔岑的悲观主义情绪。④ 因为按照列宁的基调，尽管赫尔岑有诸多不足，但毕竟是属于"19 世纪前

---

① *Свящ И. Фудель* Культурный идеал К. Н. Леотьева//К. Н. Леонтьев: Pro et Contra. СПб.: Изд–во Русского Христианского гуманитарного института, 1995. Кн. 1, С. 165.

② *Толстой Л. Н.* Полное собрание сочинений: в 90 т. М.; Л.: 1928–1959. Т. 86. С. 121–122.

③ ［苏］什克洛夫斯基：《列夫·托尔斯泰传》，安国梁等译，郑州：海燕出版社，2005 年，第583 页。

④ "赫尔岑的悲观言论在斯特拉霍夫的论述中显得过多了并转变为他思想的主要特点。"参见 *М. И. Гиллельсон, Е. Н. Дрыжакова, М. К. Перкаль*. А. И. Герцен. Семинарий. М.–Л.: 1965. С. 86。

半期贵族地主革命家那一代的人物"①，完全将其归结为"悲观主义"显然不利于塑造赫尔岑的革命家形象。除此之外，马克思主义也是来自西欧的理论，借助于传统的东正教思想高喊与之斗争岂不是彻头彻尾的反动分子吗？不过，远在大洋彼岸的琳达·格斯坦因倒是指出了斯特拉霍夫这篇文章的独到之处。在文初提及的那本传记里，格斯坦因除了指出"对俄罗斯人来说，赫尔岑是'与西方斗争'的完美典范"之外，还认为"斯特拉霍夫是第一位看到赫尔岑身上斯拉夫主义一面的人"②。倒是老一辈学者之一的图尼曼诺夫（Туниманов В. А.，1937—2006）对《赫尔岑》说了几句公道话："斯特拉霍夫的这部著作属于批评家最有才气最鲜明的著作。斯特拉霍夫完全有权力为他关于赫尔岑的文章及同时代人对此的反响而骄傲……"③ 不过那也是 1987 年的话了。

　　进入 21 世纪之后，俄国社会保守主义思潮再度兴起，斯特拉霍夫以其鲜明的反西方立场进入了读者的视野。2010 年由俄罗斯文明学院出版的文集即以《与西方的斗争》为名，并以《赫尔岑》一文为主干，这充分体现了俄国思想界对斯特拉霍夫这篇文章的认可。

　　正如本文开篇所说，斯特拉霍夫以赫尔岑为典型，试图论述的是一位资深西方派想象西方的破灭。因为是"破灭"，所以《赫尔岑》一文事实上并未提出太多建设性的结论。对于斯特拉霍夫而言，赫尔岑的思想转向只是一个引子，文章重点在于指出赫尔岑对西方想象的形成过程、原因以及最终的破灭。至于转向之后如何，斯特拉霍夫在这里只是简单涉及，并

---

① ［俄］列宁:《纪念赫尔岑》，载列宁:《论文学与艺术》，北京：人民文学出版社，1983 年，第 125 页。

② Linda Gerstein, *Nikolai Strakhov*, Harvard University Press, 1971, p. 128.

③ *Туниманов В. А.* «Вольное слово» А. И. Герцена и русская литературная мысль XIX века// Русская литература. 1987. № 1. C. 104.

未做进一步的论述。20 世纪的宗教哲学家瓦·津科夫斯基看到了这一点："斯特拉霍夫毕竟还只是刚刚走在走向这一目标的半路上，他首次出现在神秘主义的'根基性'里，已经越来越与理性主义的残余相安并处。"① 这种论述的不完整性，或者说开放性，实际上也构成了斯特拉霍夫一贯的文学批评风格，恰如罗赞诺夫所指出的："'简论''概要'或者如他两次用来命名自己文章的'正确提出问题的尝试'——这是用以表达其思想最常见也是最方便的形式。"②

　　从今天的角度来看，斯特拉霍夫对赫尔岑的转向可能存在着某些"过度阐释"的地方：比如对于东正教的理解，对于斯拉夫派思想的认同，有些并不符合赫尔岑本人在《往事与随想》中的表述。但问题显然不仅仅在斯特拉霍夫身上。要知道，赫尔岑本人就是一个相当矛盾的人，在不同时期对某些问题的矛盾性表述，这既可以看作是思想家复杂个性的体现，也可以视为他本人思想的不断自我否定和发展。1852 年，赫尔岑在给好友赖赫尔（Рейхель М. К.，1823—1916）的信里坦言："是的，我终生都保持着那种运动着的、革命的天性，'始终在运动'（原文为拉丁文），就像我在报上说的。这种痛苦的、流浪的因素将我从悲剧和可怕的事件中拯救出来了。"③

　　赫尔岑受 1848 年革命失败的影响，因而对西欧失去信心转而寄希望于俄国的村社，这是不争的史实。对这一历史事件最权威的解释是："1848 年以后，赫尔岑的精神破产，他的深厚的怀疑论和悲观论，是表明

---

① ［俄］瓦·瓦·津科夫斯基：《俄国哲学史》（上卷），张冰译，北京：人民出版社，2013 年，第 458 页。

② *Розанов В. В.* Литературные Изгнанники: Воспоминания. Письма. М.: Аграф, 2000. С. 12–13.

③ *Герцен А. И* Полное собрание сочинений в тридцати томах том 24. М.: 1961. С. 374–375.

资产阶级的社会主义幻想的破产……当他在 60 年代看见了革命的人民时，他就无畏地站到革命民主派方面来反对自由主义了。"① 从这个角度看，斯特拉霍夫攻其一点，不及其余，主要强调赫尔岑晚年思想转向中的俄国性（更确切地说，东正教因素），实际上是把握了他一生思想的核心部分，可谓极具思想前瞻性。有关这一点，20 世纪的谢·布尔加科夫、津科夫斯基等思想大家都对此予以承认："赫尔岑终其一生实质上都是一个宗教思想家罢了，因为对于宗教定向而言（而且只是对于它而言），在对存在的理解中理论和价值因素在内在论上是不可分割。因此在研究赫尔岑时应当从分析其宗教意识和宗教理念出发，推导和重构其理念系统。"② 最后，虽然在斯特拉霍夫的思想探索生涯中，《赫尔岑》只是他反思俄国民族文化特性、塑造俄国国家形象的阶段成果之一，但在今天看来，如何破除对西方文化的盲目崇拜，在本国的土壤上建设有民族特色的文化，这种思路对崛起中的中国来说同样富有现实参考意义。

---

① ［俄］列宁：《纪念赫尔岑》，载列宁：《论文学与艺术》，北京：人民文学出版社，1983 年，第 126、131 页。
② ［俄］瓦·瓦·津科夫斯基：《俄国哲学史》（上卷），张冰译，北京：人民出版社，2013 年，第 305 页。

第六章
К.Н.列昂季耶夫与"拜占庭主义"

康·尼·列昂季耶夫（Константин Николаевич Леонтьев，1831—1891）是一个充满复杂性的人物，他的一生不仅身份变化多端——医生、外交官、哲学家、宗教思想家、政论家、社会学家、作家、文学批评家，晚年又以"克莱蒙特"的名字剃度为修士——而且著作等身，1912年就推出了9卷本的文集，进入21世纪后，他作品的出版更是如雨后春笋，目不暇接。不过，正如传记作者哈图采夫（Хатунцев С. В.）所指出的："列昂季耶夫首先是作为政论家和宗教思想家而出名的。"[①] 在极为庞杂的文化遗产中，列昂季耶夫的政治和宗教著述是他一生思想与创作的主体，反映了他有机多样而又复杂矛盾的思想体系。

然而作为一流思想家和二流文学家的列昂季耶夫在世的时候接受度并不高。正如别尔嘉耶夫所说的："这个具有强烈肉欲并渴望强大生命力的人，有时不可思议地、神秘地向往对立的极端，向往僧侣生活的美好。对民主和庸俗的幸福，对享乐主义文化的美学的仇恨，对忧郁的僧侣生活的向往，使列昂季耶夫对过去历史时代的爱慕达到浪漫主义的地步，达到神

[①] *Хатунцев С. В.* Константин Леонтьев: Интеллектуальная биография. 1850–1874 гг. СПб.: Алетейя, 2007. C. 5.

秘主义的反动的地步。他不能容忍温和与中间，达到极端的残暴，成为暴力、压迫、鞭笞和绞刑的鼓吹者。"① 尽管别尔嘉耶夫对列昂季耶夫并无太多恶意，但上述这些描述仍然代表了俄国思想界主流在很长一段时间内的看法。

列昂季耶夫在晚年时曾说："我认为，总有一天人们会注意到我的思想。"② 历史证明了他的话。在 20 世纪的八九十年代，随着苏联社会推行的"新思维"改革，列昂季耶夫终于迎来了他的"复活"。

20 世纪的最后十年中，苏联解体后造成的思想真空急需新的思想资源填补。列昂季耶夫作为俄国文化史、思想史上见识卓越、思想敏锐的思想家再次进入读者的阅读视野。列昂季耶夫的著作以各种方式大量出版，主要有以下一些版本：1993 年出版的《康斯坦丁·列昂季耶夫：我们的同时代人》，同年出版的《康斯坦丁·列昂季耶夫书信选（1854—1891）》（圣彼得堡，1993）。1995 年，俄罗斯基督教人文科学院出版社出版的《康斯坦丁·列昂季耶夫：赞成与反对》两卷本。从 2000 年开始，俄罗斯科学院俄国文学研究所（普希金之家）陆续推出《列昂季耶夫全集》大致分为四类：（1）政治和宗教思想论述；（2）文学作品；（3）文学批评文章；（4）回忆录。不过该全集自 2000 年开始由圣彼得堡的弗拉基米尔·达里出版社出版，名义上是 12 卷本，但实际上有的卷分为一、二卷，并且仍在持续出版，真正数目尚不确定。

著作的大量出版带动了学术研究的繁荣。广义上的列昂季耶夫研究成

---

① ［俄］别尔嘉耶夫：《К.列昂季耶夫：反动浪漫主义哲学家》，载《别尔嘉耶夫文集》第一卷《文化的哲学》，于培才译，上海：上海人民出版社，2007 年，第 174 页。

② *Поселянин Е. Леонтьев. Воспоминания.//К. Н. Леонтьев: Pro et Contra. СПб.: Изд-во Русского Христианского гуманитарного института, 1995. Кн. 1, С. 196.*

果更为丰富，内容涉及他的哲学、历史、地缘政治等多方面，此处仅举数例。俄国科学院哲学所研究员多尔戈夫（Долгов К. М.）是较早研究列昂季耶夫的学者，早在20世纪90年代就出版过专著《登上圣山：康斯坦丁·列昂季耶夫的生活与世界观》（莫斯科，1995、1997、2008），该书"叙述了天才俄罗斯思想家列昂季耶夫的生活与世界观……展示了其与个性和正确的宗教世界观的形成紧密联系的基本创作思想的产生与发展"[①]，并得以多次再版。2003年，多尔戈夫还出版了《康斯坦丁·尼古拉耶维奇·列昂季耶夫：外交报告、书信、札记及总结，1865—1872》（莫斯科，2003），这是对批评家在外交方面遗产的专门化梳理。2007年，沃罗涅日国立大学历史系的哈图采夫（Хатунцев С. В.）推出了列昂季耶夫的思想传记，但在时间跨度上仅限于1850—1874，即传主生平前期。该书旁征博引，以极为翔实的材料论证了列昂季耶夫思想转变的历程，对于我们认识列昂季耶夫审美主义及保守主义的来龙去脉颇有帮助。2012年，俄国文学研究所（普希金之家）的费季先科（Фетисенко О. Л.）研究员接连推出两部大作：《七种修辞家：康斯坦丁·列昂季耶夫，他的对话者与门徒》（圣彼得堡，2012）；《拜占庭主义的先驱们：К. Н. 列昂季耶夫与Т. И. 菲利波夫通信集》（圣彼得堡，2012）。这两部著作篇幅均有700多页，从多个角度对列昂季耶夫的思想进行了阐释，内容极为丰富。2013年，系列丛书"名人传"收录了莫斯科大学哲学系教授沃尔科戈诺娃撰写的传记《康斯坦丁·列昂季耶夫》，该书按时间顺序梳理了列昂季耶夫从审美主义到宗教和谐的发展历程，也分别介绍了他与同时代人在思想上的争论、交流。俄罗斯作家奇若夫（Чижов М. П.）的《康斯坦丁·列昂季耶夫》（莫

[①] *Долгов К. М.* Восхождение на Афон: Жизнь и миросозерцание Константина Леонтьева М.: Изо-во Отчий дом, 2008. С. 2.

斯科，2016）将批评家的成长轨迹与思想发展并行叙述，但涉及其文学批
评思想的内容并不多，主要集中在第八部分第四章《关于文学与文学家》，
该部分介绍了列昂季耶夫文学批评的基础——等级观、保守主义观点以
及"属于严格的东正教正统派分子"，还介绍了列昂季耶夫的文学批评准
则——"写作需要坦率、简单、讲究，不要使用深刻、伪民族的词汇"，
并简述了列昂季耶夫对 19 世纪作家及作品的评价①。

　　具体到文学研究方面，虽然列昂季耶夫著作中文学创作及批评所占
比例不大，但仍出现了不少研究著作，俄罗斯科学院高尔基世界文学研
究所研究员博恰洛夫（Бочаров С. Г.，1929—2017）是这方面研究的开
拓者和领头人，自 20 世纪 70 年代起，围绕着列昂季耶夫的文学批评发
表了许多文章。博恰洛夫将批评家的基本立场定义为"审美保守主义"
（Эстетическое охранение）②，这实际上揭示了列昂季耶夫思想的两大分
支：审美主义和保守主义。在此后的研究中，博恰洛夫总体来说坚持了上
述观点③。1988 年，他在杂志《文学问题》第 12 期上发表了文章《康·列
昂季耶夫的美学论著》，谈及了列昂季耶夫批评在诗学的理论法则和美
学的心理方面对于传统文艺学有重要意义，强调了研究这些问题的现实
性。④1999 年，博恰洛夫出版的专著《俄罗斯文学主题》中收录了论列

---

① *Чижов М.* Константин Леонтьев. М.: Институт русской цивилизации, 2016. СС. 540–572.

② 博恰洛夫认为："审美保守主义是反动浪漫派列昂季耶夫的片面立场，使之在俄国思想史中
孤立起来。"*Бочаров С. Г.* «Эстетическое охранение» в литературной критике//Контекст–77.
1978. С. 146.

③ 事实上，博恰洛夫的观点可能受到了此前 П. П. 盖坚科题为《反历史进程》的文章影响。
盖坚科尝试绘制出列昂季耶夫文学批评创作的完整图景，并将其文学批评方法分为两个
主题：美学方法与宗教方法。参见 *Гайденко П. П.* Наперекор историческому процессу К.
Леонтьев— литературный критик.//Вопросы литературы, 1974. № 5, С. 159–205。

④ *Бочаров С. Г.* Эстетический трактат К. Н. Леонтьева.//Вопросы литературы, 1988. № 12. С.
188–200.

昂季耶夫的三篇文章，在其中一篇《康斯坦丁·列昂季耶夫的文学理论》里，博恰洛夫分阶段对列昂季耶夫的文学理论发展和文学批评作品进行了详细的研究，指出："在列昂季耶夫的文学批评中（尤其是后期，80 年代时），我们观察到了独特的分裂，即分裂为两条独立的轨迹——政论批评与'纯美学的'批评……且毫无疑问，在他的字典里'美学'是最重要的词，几乎是他信仰的象征。"在这方面，"《分析、风格和潮流》是其纯美学批评的主要代表"①。

　　在此之后，列昂季耶夫研究开始走入更多学者的视野，甚至成为许多博士学位、副博士学位论文的选题：如 Л. И. 米诺奇金发表的文章《19 与 20 世纪之交对俄罗斯批评家角色的新看法（康·列昂季耶夫与瓦·罗赞诺夫）》（《车里雅宾斯克大学学报》，1997）；О. Г. 帕纳埃托夫的《多样性题材和聚和性作为诗学的范畴：陀思妥耶夫斯基和列昂季耶夫》（克拉斯诺达尔，1998）；Л. Н. 津琴科的论文《"俄罗斯时期"列昂季耶夫的散文诗学》（巴尔瑙尔，1999）；Н. А. 科维什尼科娃的《白银时代文化中列昂季耶夫的思想》（莫斯科，2000）。随着互联网技术的发展，还有人专门创建了列昂季耶夫的研究网站（http://knleontiev. narod. ru），收录了大量的文献研究资料。从此，列昂季耶夫逐渐回归到大众视线中。

　　进入 21 世纪之后，对列昂季耶夫文学批评思想的研究获得了突飞猛进的发展，出现了不少以此为选题的博士学位、副博士学位论文，略举数例。高尔基世界文学研究所斯拉温（Славин И. К.）的副博士学位论文《康斯坦丁·列昂季耶夫的文学批评活动》（莫斯科，2004）论述了列昂季耶夫文学批评的独特性与原创性、思想体系的形成及批评范畴——"在列

---

① *Бочаров С. Г.* Литературная теория Константина Леонтьева.//*Бочаров С. Г.* Сюжеты русской литературы. М.: Языки русской культуры, 1999. С. 276–340.

昂季耶夫的书（《分析、风格和潮流》）中可以确定其对待资料的基本方法是历史的（潮流）、心理的（分析）、美学的（风格）"，称"列昂季耶夫的文学批评中充满了许多独特的、勇敢的思想……是新颖的问题与矛盾的首创者"①。科斯特罗马大学维诺格拉多夫（Виноградов А. А.）的副博士学位论文《康斯坦丁·列昂季耶夫：文学批评观点》（科斯特罗马，2006）"创新点在于列昂季耶夫的文学批评观首次被作为系统从形成、发展、特点方面来进行研究，通过批评家的美学、伦理学和前象征主义观点对文学批评创作进行阶段划分……并研究列昂季耶夫的'个人诗学'基础"②。除了学位论文之外，研究列昂季耶夫文学批评的学术论文和著作更是数不胜数。如叶夫多基莫娃（Евдокимова Е. А.）2006年发表在杂志《开端》上的文章《康斯坦丁·列昂季耶夫阐释中的俄罗斯文学》对列昂季耶夫的文学批评进行了一些介绍，总结出列昂季耶夫的文学批评方法与传统文艺学中运用的方法不同："他的论断以心灵的回应和美学的鉴赏力为基础，不涉及平行轨道的建立，没有表现出特别的提喻和逆喻，只是思想的活动。"③克拉休科娃（Красюкова. Ю. А.）的《康斯坦丁·列昂季耶夫的文学批评观点》（《伏尔加格勒国立大学学报》，2013）"尝试将列昂季耶夫不同来源的美学原则系统化，并将其观点与其同时代人和晚于其的思想家的观点进行比较"，强调其"生活的美学高于艺术的美学"原则。④拉科夫斯卡娅（Раковская Н. М.）的《康·列昂季耶夫悖论性批判反思中的俄罗斯

① Славин И. К. Литературно-критическая деятельность К. Н. Леонтьева. Дис. канд. Филол. Наук., М.: 2003. С. 89.

② Виноградов А. А. К. Н. Леонтьев: литературно-критическая позиция. Дис. канд. филол. наук., Кострома.: 2006. С. 16.

③ Евдокимова Е. А. Русская литература в интерпретации К. Н. Леонтьева.//Начало, 2006. № 15.

④ Красюкова. Ю. А. Литературно-критические взгляды К. Н. Леонтьева.//Вестник ВолГУ, Серия 9, Вып. 11, 2013. С. 135.

经典》(《乌拉尔语文学学报》，2016)，着重指出了"列昂季耶夫对19世纪俄罗斯文学评论的核心是哲学、美学和心理思维三个角度结合而成的整体"以及在这种条件下形成的"不从美的角度出发进行批评，而是从'庸俗的世界的日常'来看待（文学）"的反传统批评观以及俄罗斯古典作品在此种批评观下的新解读，并认为"列昂季耶夫的研究使其有可能被称为俄罗斯现代主义先驱者"①。

尽管列昂季耶夫生平的多变及思想的复杂性使其一生充满了孤独感与疏离感，以至很少有人能够意识到其天赋之独特性："列昂季耶夫是一个独特的现象。需要特殊的品味才能爱上并且评价他。"②但综上所述不难发现，自苏联解体以降，列昂季耶夫得到了越来越多的关注，在接受程度和研究广度与深度方面较之前相比均得到了很大的提高。不过也应该看到，列昂季耶夫文化遗产极为丰富，想要对他进行全面的论述实非笔者能力所及。弱水三千，吾只取一瓢。本研究将主要关注他对俄罗斯国家形象的塑造，围绕这种塑造的理论来源（即拜占庭主义，Византизм）、具体体现（即他对19世纪俄国文学及其代表托尔斯泰作品的另类解读）来展开论述。这期间挂一漏万之处，必然难免。

第一节　列昂季耶夫的"拜占庭主义"

"俄罗斯文化中的拜占庭因素"历来是一个较有学术价值也较为复

---

① *Раковская Н. М.* Русская классика в парадоксальной критической рефлексии К. Леонтьева.// Уральский филологический вестник, № 3, 2016. C. 55.

② *Бердяев Н. А.* Константин Леонтьев: Очерк из истории русской религиозной мысли.//К. Н. Леонтьев: Pro et Contra. СПб.: Изд–во Русского Христианского гуманитарного института, 1995. Кн. 2. C. 29–228.

杂的选题。正如津科夫斯基在《俄国哲学史》（1948—1950）中所指出的：“拜占庭对俄罗斯的影响是非常巨大和深刻的，然而它还未得到彻底的研究与公正的评价。”[1] 正是在 988 年的罗斯受洗之后，俄罗斯在弗拉基米尔大公的带动下，全民皈依东正教，从上到下学习拜占庭文化，甚至在 1453 年拜占庭帝国灭亡之后还产生了“莫斯科—第三罗马”这样的理念。在津科夫斯基之后的半个多世纪以来，包括利哈乔夫院士在内的大批俄苏学者对于这一主题已有了较为丰富的研究成果[2]。从现在来看，拜占庭在俄国文化形成中的意义已经得到了学术界的公认。利哈乔夫院士就指出：“拜占庭帝国赋予古罗斯基督教文化及特点，而斯堪的纳维亚主要赋予古罗斯军事和公国侍卫体制。如果不算古罗斯民间文化和多神教文化，在俄罗斯文化形成的过程中，拜占庭帝国和斯堪的纳维亚发挥了决定性作用。”[3]

　　根据当代史家考证，列昂季耶夫是 19 世纪第一位使用“拜占庭主义”一词的人[4]，他的成名作《拜占庭主义与斯拉夫民族》（1875）把拜占庭主义正式纳入了俄国思想界的讨论范围之中，引起了学术界的极大关注。索洛维约夫在提到俄罗斯东正教文化传统时这样认为：“俄罗斯从拜占庭所接受的东正教，是 10 世纪和 11 世纪的拜占庭基督教形式；俄罗斯在接

---

[1]　*Зеньковский В. В.* История русской философии. М.: 2001. С. 38.

[2]　详情参见 Византийская цивилизация в освещении русских ученых. 1894–1927. М.: «Ладомир», 1999. 以及 *Скотникова Г. В.* Византийская традиция в русском самосознании. Опыт историко-культурологического исследования. СПб.: 2002. 或者 *Зорина А. А.* Византийское наследие в искусстве средневековой Руси. Отечественная историография второй половины XIX –начала XX веков. Казань.: 2005. 等相关著述。

[3]　［俄］德米特里·利哈乔夫：《俄罗斯千年文化：从古罗斯至今》，焦东建等译，北京：东方出版社，2020 年，第 15 页。

[4]　*Северикова Н. М.* Константин Леонтьев и Византизм.//Вопросы философии 2012 № 6. С. 86.

受基督教的同时，也接受了拜占庭精神，也就是教会的永恒的本质形式同暂时的偶然形式的混合物，教会的普世传统和地方传统的混合物。"①

　　但由于列昂季耶夫的"反动浪漫主义哲学家"（别尔嘉耶夫语）的身份，中外学术界在很长一段时间内对他以及他与拜占庭主义的关系缺乏深入研究。这一情况到了苏联解体前后有所改变。20世纪90年代初陆续出版了批评家的几种文集以及一些研究材料。21世纪后有所改观。上文提及的费季先科研究员在2012年整理出版了列昂季耶夫通信集，仅从标题里的"拜占庭主义的先知"便可看出他与拜占庭主义的关联②。

　　那么什么是"拜占庭主义"呢？列昂季耶夫在著作一开头就给出了明确的回答："拜占庭主义首先是某种有自己特定标志、共同的、明确的、鲜明的、合理的起源、有某种历史影响的文明或文化。"③在批评家看来，拜占庭主义不是当时流行的某种政治意识形态，它首先是一种具有悠久传统的文明或者文化。在这一总的定义之后，列昂季耶夫分别从"国家""宗教""道德""哲学和艺术"这四个方面来论述拜占庭主义。用他的话说："我们只有三件东西是强大有力的：拜占庭的东正教、我们世代相传、不受限制的君主制度，可能还有农村土地的村社制度。"④首先就国家层面而言，拜占庭主义即君主专制，它能够为发展原创、独特的民族文化创造必要的条件。在批评家看来，强有力的国家政权是对付自由主义的

---

① ［俄］索洛维约夫：《俄罗斯与欧洲》，徐凤林译，石家庄：河北教育出版社，2002年，第56页。

② *Фетисенко О. Л.* Пророки Византизма Переписка К. Н. Леонтьева и Т. И. Филиппова. СПб.: 2012.

③ *Леонтьев К. Н.* Византизм и славянство.//Леонтьев К. Н. Славянофильство и грядущне судьбы России. М.: 2010. С. 34.

④ *Леонтьев К. Н.* Византизм и славянство.//*Леонтьев К. Н.* Славянофильство и грядущне судьбы России. М.: 2010. С. 56. 列昂季耶夫在这里特地声明不拟论述村社。

唯一办法。只有国家拥有了强大集中力量，新的社会生活形式才有可能得以稳定和巩固。在这里，我们似乎听到了卡拉姆津及乌瓦罗夫等人思想的回响。

其次，在加强国家政权的一切机构中，东正教不仅凝聚了全民族，而且塑造了俄国人民的道德面貌。基督教之所以有吸引力，是因为它包含"在所有其他宗教信仰中强大、美好的一切"，特别是温柔、对他人的怜悯和严厉的教义，对自身的禁欲主义态度。在列昂季耶夫的构想中，教会的作用有两个：其一为与政权携手，共同建立一个和平与和谐、政权与民众良好互动为主导的完整社会，只有在这一联合中才能形成俄罗斯未来理想国家。这几乎就是列昂季耶夫式的乌托邦梦想。其二是对外方面。拜占庭东正教徒以及由俄国领导的"伟大的东方基督教联盟"可以成为与俄罗斯"普遍自由主义传染病"作斗争的坚强堡垒。东方斯拉夫民族与俄国人更加接近：他们还没有"感染对人类有害的欧洲主义"。当然，列昂季耶夫从多年的外交官经验中认识到，建立纯粹的斯拉夫联盟并不容易，它受到许多因素的阻碍：斯拉夫民族分散各地，信奉不同的宗教，彼此之间经济发展亦有差距，极个别如波兰者，甚至一味崇拜西欧，根本无视斯拉夫民族的同胞情谊。

再次，拜占庭主义在道德方面主要体现为在宗法制基础上强调家庭的重要性，不鼓励过于追求个性。批评家认为：一个拥有父权制特征的牢固传统家庭，以及多元、相互联系和自我完善的文化应该是社会的道德纽带。

最后，从文化层面看。作为一位博学多识的外交官，列昂季耶夫可谓站在当时的"文化最高峰"：他既了解东方的文化，同时又高度赞赏欧洲文艺复兴时期的文化，认为拜占庭主义在艺术甚至美学领域有杰出的表现，值得学习。在他看来，东方与西方经由俄罗斯这个中介被连接到了一起，俄罗斯文化就应该是连接东西方继而使之日趋完善的文化。这是俄罗斯文化存在最独特的特征，也是拜占庭主义思想体系中必不可少的部分。俄罗斯文化的形成与拜占庭主义有着密切的联系："拜占庭的思想和情感融入到半野蛮状态的罗斯躯体之中。拜占庭主义给予我们力量忍受住了鞑靼人的洗劫及随之而来长期的纳贡。拜占庭救世主的形象在荒野上笼罩了德米特里大公军旗下的信徒大军。我们第一次向鞑靼人展示莫斯科罗斯已不再是以前那个分裂的破碎的罗斯！拜占庭主义给予我们同波兰人、瑞典人、法国人和土耳其人斗争的全部力量。在它的旗帜下，如果我们忠诚于它，当然有力量经受住整个欧洲联合世界的进攻。这个欧洲世界毁灭了自己一切美好的东西，有一天也胆敢向我们传播散发着腐臭的渺小的，事关俗世幸福，世间极端卑鄙的新法规。"[①] 可见，拜占庭主义自立国之初便已进入俄罗斯文化，作用之大，影响之深，实在是不可忽视。

为何批评家如此强调拜占庭文化的重要性呢？这就涉及到批评家对人类社会发展的一个基本概念——"三位一体进程"（Триединый процесс）。在《拜占庭主义与斯拉民族》一书中，列昂季耶夫阐述了关于历史发展过程的基本理论，按罗赞诺夫的说法，这个理论是"整个列昂季耶夫的核心"[②]。列昂季耶夫做过医生，对于当时科学知识的发展较为熟悉。从医学角度来说，自然界的有机生命体在自然法则的作用下具有一定的生命跨度，包括三个明确的发展阶段：诞生、成长至成熟、衰败死亡。他继

---

① *Леонтьев К. Н.* Византизм и славянство.//*Леонтьев К. Н.* Славянофильство и грядущне судьбы России. М.: 2010. С. 56–57.

② *Розанов В. В.* О Константине Леонтьеве.//К. Н. Леонтьев: Pro et contra: антология: в 2-х кн. Кн. 1. СПб.: РХГИ, 1995. С. 412.

承了达尼列夫斯基在《俄罗斯与欧洲》中的"文化—历史类型理论",并
将这种方法运用到了人文社会科学层面,用自然观将国家及其框架内相伴
而生的社会、宗教与文化等的发展进行了阶段性划分。即一个国家及相伴
而生的社会、宗教与文化等方面结合而成的整体相当于一个自然界的有机
生命体,在一定的时期之内,也会经历三个明确的发展阶段,即"原始的
单纯(первичная простота),繁荣的复杂(цветущая сложность),再
次的、混合的简单化(вторичное смесительное упрощение),这是一个
'三位一体'的过程"①。这种从有机发展的视角来看待社会进步的理论明显
受到了根基派阿波隆·格里戈里耶夫有机批评理论的影响。

批评家以人类的一生为例:"人类都老了,难怪他的悟性越来越高,
而他的想象力、敏感度、创造力,甚至意志也越来越弱。"②智慧的增长伴
随着有机体的衰弱进行,个人如此,世界也不例外。在列昂季耶夫看来,
他所处的世界已经走上了毁灭的道路,欧洲文化已经到达了繁荣的顶峰,
正逐渐走向没落。就像作者在《东方事物书信》(1882)中所想象的未来
场景:"当摩西进入西奈,古希腊人建造自己优雅的卫城,罗马人进行布
匿战争,头戴羽毛盔的天才美男子亚历山大越过格勒奈克斯河,在阿尔比
勒城下鏖战,使徒们在传教,苦行者在受苦,诗人在歌唱,画家在写生,
骑士在比武,只是为了身着奇装异服的法国、德国或俄国的资产阶级,能
够在这往日辉煌的废墟上'独自地'或'集体地'悠闲自得,能不令人

---

① *Леонтьев К. Н.* Полное собрание сочинений и писем в двенадцати томах К. Н. Леонтьева
Том 7(Ⅰ). СПб.: Владимир даль, 2005. С. 382..

② *Леонтьев К. Н.* Восток, Россия и славянство: философская и политическая публицистика.
Духовная проза(1872–1891). М.: Республика, 1996. С. 680.

不寒而栗，愤愤不平吗？"①当然，从历史的角度来看，这个毁灭过程是漫长的，至少会持续几个世纪。而且，列昂季耶夫认为这个过程可以得到缓解，以至于有机会将旧文明的胚芽放入新文明之中，从而促进新的最高尚的世界文明的诞生，而这种文明能将世界的终结延伸到千年之后。列昂季耶夫坚信"三位一体"的发展过程具有普遍性，无论是一般的生命有机体，还是整个人类社会，甚至是文学的发展，都逃脱不了这一规律。

既然社会发展大势如此，俄罗斯应该怎么办呢？答案就在于拜占庭主义。拜占庭主义是俄罗斯未来整个国家制度的基础。其中的东正教将有助于加强俄罗斯的国家制度。创造应该是使俄罗斯成为强大国家的要素——这是俄罗斯民族思想的精髓。按照这一思路，拜占庭主义是解救俄罗斯文明的出路，而俄罗斯文明则是解救欧洲文明的出路。这一思路，跟此前卡拉姆津、乌瓦罗夫、恰达耶夫等人强调俄罗斯文明的特殊性，强调俄国与西方的对立，有一脉相承之意。

列昂季耶夫指出，由于近百年来受到西方自由主义等思潮的影响，俄罗斯的拜占庭主义影响力明显减弱：西方的自由主义和激进主义的广泛传播加剧了斯拉夫社会—拜占庭世界的对立，"自由、平等、博爱"的口号逐渐掩盖了不同民族、不同宗教的多样性。欧洲趋向大一统式的进步过程被列昂季耶夫视为文化结构的简化，是整个文明社会的衰落。联想到20世纪斯宾格勒所著《西方的没落》一书，不难看出列昂季耶夫的先见之明。别尔嘉耶夫后来写道：列昂季耶夫"不仅预见了世界革命，而且预见了全面战争。他预言了法西斯主义的出现。他已经生活在对历史灾难性步

① *Леонтьев К. Н.* Письма о восточных делах.//*Леонтьев К. Н.* Полное собрание сочинений и писем в двенадцати томах. Том 8 Кн. 1. Владимир даль, СПб.: 2007. С. 90.

伐的预感之中"①。这也是构成列昂季耶夫后半生悲观心态的一个原因。

那么进一步来看，拜占庭主义要如何拯救俄罗斯呢？这涉及列昂季耶夫对俄国东正教的看法。列昂季耶夫非常重视宗教在人类社会社会中的作用。他曾说："社会生活中的宗教就像生物机体中的心脏。这是民族的生死问题。"②在批评家看来，俄罗斯人骨子里就有宗教基因："在俄罗斯人的性格中，有一些很像土耳其人、鞑靼人和其他亚洲人的重要特征……我们更懒，更相信宿命论，更服从权威，更鲁莽草率，更与人和善，更疯狂勇敢，更反复无常，更倾向宗教神秘主义。"③除此之外，俄罗斯还有源自拜占庭的东正教信仰，以及行之有效的君主专制制度。这三者的结合，正是此前乌瓦罗夫所论述的官方民族性，本来完全可以使俄国避开西方自由主义革命的风险，成为动荡世界中的一个避风港。

但俄罗斯民族能够担负起拯救世界的重任吗？列昂季耶夫的回答是否定的。对于这一点，有俄罗斯学者做过比较详细的论述："列昂季耶夫认为，俄罗斯不可能发展成一个新的世界文明。首先它和欧洲文明一样衰老，其次在千年历史中，俄罗斯没有创造出任何崭新的、原创的、独特的东西，能被视为一种伟大的文明，或是丹尼列夫斯基术语中一种独立的文化历史类型。总的来说，列昂季耶夫对斯拉夫人的创造力，尤其是俄罗斯人的创造力评价很低。"④从这个角度来看，列昂季耶夫的想法似乎和

① *Бердяев Н. А.* Константин Леонтьев. Очерк из истории русской религиозной мысли//К. Н. Леонтьев: Pro et contra: антология: в 2-х кн. Кн. 2. СПб.: РХГИ, 1995. С. 95.

② *Леонтьев К. Н.* Религия –краеугольный камень охранения.//*Леонтьев К. Н.* Славянофильство и грядущне судьбы России. М.: 2010. С. 334.

③ *Леонтьев К. Н.* Восток, Россия и славянство: философская и политическая публицистика. Духовная проза（1872–1891）. М.: Республика, 1996. С. 356.

④ *Лихоманов И. В.* «Восточный проект» К. Н. Леонтьева и евразийство.//Идей и идеалы. № . 2（28）, 2016. С. 144.

此前的恰达耶夫颇有相似之处，即都不看好俄罗斯思想的原创性。所不同的是，恰达耶夫将西欧天主教看作是俄罗斯的救赎之道，而列昂季耶夫则看得更远，将救赎的根源拓展到了罗斯受洗之时的拜占庭东正教思想。这是两者之间最大的分歧。恰达耶夫所寄予希望的，正是列昂季耶夫想要批判的。俄罗斯受西方的影响，抛弃了本民族的传统，因而失去了理论更新的来源。正如列昂季耶夫在谈到陀思妥耶夫斯基时所说的："我们的民族受托守卫着一处伟大的宝藏——严格和坚定的教会东正教；但是，我们那些优秀的思想家却不愿意对它，对它的'独特性'，对它那种如所有业已稳定的，正确和牢固的事物那样使接受过浪漫主义教育的人产生表面上的枯燥乏味的印象简单地'表示温顺'。他们宁可'温顺地接受'反民族的幸福论学说，而在这种学说里就是对欧洲而言也毫无创新之处。所有这些对尘世之爱和对全球和平的希望既可以在贝朗瑞的歌谣中，也可以在乔治·桑和许多其他人的作品中找到。"[1] 只有民族的，才是世界的。在列昂季耶夫看来，俄国思想界这种盲目崇洋既是本民族的悲哀，从更广的范围来看，也是世界的悲哀。更悲哀的是，类似情况直到今天仍在不断上演。

在列昂季耶夫的眼中，俄罗斯是一个独特的国家，但它的国家形象尚未最后完成："俄罗斯不仅仅是一个国家；俄罗斯曾和它所有的亚洲部分领土一起被占领过，这是一个有着独特生活的完整世界，一个特殊的国家，只不过还没有找到自己独特的国家文化风格。"[2] 这里可以看出，列昂季耶夫对俄国的认知已超出了此前恰达耶夫等人所认为"俄国—西方"这

---

① ［俄］列昂季耶夫：《论普世之爱》，载［俄］弗·谢·索洛维约夫等：《精神领袖：俄国思想家论陀思妥耶夫斯基》，徐振亚等译，上海：上海译文出版社，2009年，第62页。

② *Леонтьев К. Н.* Письма о восточных делах.//*Леонтьев К. Н.* Полное собрание сочинений и писем в двенадцати томах. Том 8 Кн. 1. Владимир даль, СПб.: 2007. С. 44.

个框架，而是加入了"亚洲部分领土"，从而成为"西方—俄国—东方"三角框架。俄罗斯的风格是东西方的链接点。从这个定位来看，列昂季耶夫的论述很容易令人想起赫尔岑的观点。后者在《论俄国革命思想的发展》（1850）如此定位俄罗斯："在欧洲看来，俄国是一个亚洲国家；在亚洲看来，俄国是一个欧洲国家。这种两面性与它的性格和命运完全相符。除去所有其他的一切，俄罗斯的命运就在于，它应该成为一种介于欧洲和亚洲之间的伟大文明。"① 当然，赫尔岑只是指出了俄罗斯文明的两面性，至于如何来运用这种两面性发挥俄罗斯的作用，这是列昂季耶夫考虑的问题。

在列昂季耶夫的理论体系中，俄罗斯唯一的出路就是做催化剂，在坚持拜占庭主义的基础上，去联合其他斯拉夫民族，与象征东方文明的伊斯兰教甚至中国合作，共同延续人类文明以至千年。在这样的背景下，俄罗斯有机会成为一种新世界文明的"助产士"。列昂季耶夫写道："我认为在古老的、有着近千年历史的俄罗斯土地上……这个本来是现实的、完全可能（根据过往的历史案例来看）的梦想现在决不可能实现。为了这一伟大目标，俄罗斯人的思想运动（通常被称为'反应'）需要博斯普鲁斯海峡两岸的俄罗斯人生活轨迹相一致。在一个新的、比波罗的海贫瘠的土质更好，因而更适合我们的土地上，俄罗斯人打开了新的视野，思想变得更加广阔……"② 不把俄罗斯视为文明的救星，强调东西方文明的融合交流，这一点是列昂季耶夫有别于斯拉夫派的一个地方，也是他终其一生始终被各

---

① *Герцен А. И.* О развитии революционных идей в России（перевод）//*Герцен А. И.* Собрание сочинений в 30 томах. Том 7. М.: 1956. С. 156.

② *Леонтьев К. Н.* Записки отшельника.//*Леонтьев К. Н.* Полное собрание сочинений и писем в двенадцати томах. Том 8 Кн. 1. Владимир даль, СПб.: 2007. С. 238–239.

思想流派排斥，成为"失望的斯拉夫派"的原因之一。

上述论断的形成一方面源自列昂季耶夫在巴尔干地区十年（1863—1873）的外交经历，使得他对 19 世纪的"东方问题"①有着较为清楚的把握；另一方面也是自小受东正教思想的影响："列昂季耶夫从母亲那里继承了生动而又深刻的宗教感情，并且一生心里都燃着这种炽热的感情，——与此同时（同样也是在母亲的影响下）他的审美感受力也发展了起来。"②在很长一段时间里，列昂季耶夫的身上就是东正教与审美主义这两种主要的倾向，一直到 1871 年的一场重病，死里逃生的他才最终在 1873 年辞去外交职务，彻底转向东正教。

津科夫斯基曾很详细地介绍列昂季耶夫转向东正教的经过："对死亡的恐惧在他身上招来了沉睡已久的信仰……这种'对主的恐惧'不是什么别的，正是对道德的回归，对原始道德的回归，对全面和彻底地决定着宗教生活观的原始道德的回归。"③这意味着列昂季耶夫身上东正教的因素战胜了审美主义。然而，这个过程对列昂季耶夫来说极为神秘："我在激烈地转向个人东正教以后，我个人的信仰不知为何忽然把我的政治和艺术教育给结束了。这件事情至今仍令我惊奇不已，这对我是一件神秘和不可理

---

① "东方问题"用马克思和恩格斯的观点来说，就是"对土耳其怎么办？"的问题。实际上就是 19 世纪中后期，奥斯曼土耳其帝国日趋衰落，俄国及英法等国家试图重新争夺对土耳其的控制权，尤其是涉及到巴尔干半岛、黑海沿岸等地区。参见［德］马克思恩格斯：《不列颠政局—流亡者—土耳其》，载中共中央马克思恩格斯列宁斯大林著作编译局：《马克思恩格斯全集》第 12 卷，北京：人民出版社，1998 年，第 6 页。

② ［俄］瓦·瓦·津科夫斯基：《俄国哲学史》（上卷），张冰译，北京：人民出版社，2013 年，第 487 页。

③ ［俄］瓦·瓦·津科夫斯基：《俄国哲学史》（上卷），张冰译，北京：人民出版社，2013 年，第 496—497 页。

解的事。"①

列昂季耶夫对拜占庭主义的重视时常让人想起官方民族性。事实上，已有学者注意到了两者之间的内在联系："早在列昂季耶夫之前，作为民族思想的拜占庭主义问题领域就已经开始形成。它基于'官方民族性'理论——由国民教育大臣乌瓦罗夫于 1833 年提出的三位一体理论，包括东正教、专制制度和民族性。西方派和斯拉夫派是它在 1830—1850 年的继续。"② 不过如果我们仔细辨别，还是会发现两者之间存在着本质的不同。官方民族性是沙皇政府对自我形象的第一次塑造，主要希望借"正教、专制和民族性"三位一体来对抗遍及欧洲的启蒙思潮和由此产生的革命浪潮。它的落脚点在俄国本身，以强调本国的特殊国情来护卫俄国的安宁。拜占庭主义的落脚点则更远，它同样强调俄国的国情，但提出的方案却是面对整个衰败的欧洲文明。并且，拜占庭主义没有夸大俄国的特殊使命，因为列昂季耶夫认为在人类社会的衰落过程中俄国自身难保，最多只能作为催化剂与土耳其甚至中国等东方文明相结合，以诞生出更为久远的新的世界文明。要做到这一点，就必须要加强东正教、君主专制等拜占庭主义的因素。白银时代的哲学家特鲁别茨科伊（Трубецкой С. Н., 1862—1905）用一句话概括了拜占庭主义的实质："俄罗斯必须抛弃自己去找到一个中心，超越自我，超越斯拉夫主义，在博斯普鲁斯海岸，在沙皇格勒（即君士坦丁堡——引者注）。"③ 从这个角度来看，列昂季耶夫的观点显然

---

① 转引自［俄］瓦·瓦·津科夫斯基：《俄国哲学史》（上卷），张冰译，北京：人民出版社，2013 年，第 497 页。

② *Беляев Д. А.* Византизм К. Н. Леонтьева как концепция русской культурно-цивилизационной идентичности.//Манускрипт. 2017. № . 3–1. С. 29.

③ *Трубецкой С. Н.* Разочарованный славянофил.//К. Н. Леонтьев: Pro et contra: антология: в 2-х кн. Кн. 1. СПб.: РХГИ, 1995. С. 152.

更为宏大，是更高意义上的"弥赛亚"意识。

　　同时也应该看到，列昂季耶夫的观点对 20 世纪的欧亚主义影响甚大，他甚至被视为欧亚主义的先驱人物。俄罗斯学者沃尔科戈诺娃对此有比较准确的评价："把列昂季耶夫和欧亚主义者紧密联系在一起的思想是：欧亚主义文明可以建立在斯拉夫和东方（首先是突厥）成分统一的基础上。列昂季耶夫和欧亚主义者对斯拉夫主义者关于俄罗斯在欧洲和亚洲之间占特殊地位的思想做出了新的解释：俄罗斯不能只被归结为斯拉夫民族内容，它的使命在于创造东方与斯拉夫文化和国家制度的惊人混合体。由此可见，欧亚主义思潮在它形成一种运动之前，它形成的土壤早就由俄罗斯社会思想准备好了。"①

　　不妨将列昂季耶夫的这种观点与索洛维约夫的《三种力量》(1877)略作比较。索洛维约夫在文章里指出：斯拉夫民族，尤其是俄罗斯的使命就在于"宣告鲜活的灵魂，通过将人类与永恒的神的因素联合起来而赋予分裂和僵化的人类以生命和完整性"②。东方的伊斯兰文明强调一个至高无上的原则，剥夺了人的自由。西方基督教文明则努力要给个性因素以最大限度的自由，从而导致个人至上，甚至走向自私自利，完全以自我为中心的地步。在这样的背景下，俄罗斯作为一股第三方力量就起到一种调节的作用。在这一点上，列昂季耶夫与索洛维约夫有共鸣。无论是东西方文明的调节剂，还是新文明诞生的催化剂，俄罗斯文明在其中都会起到重要的甚至是关键性的作用。

---

① ［俄］О. Д. 沃尔科戈诺娃：《欧亚主义：思想的演进》，林山译，载《世界哲学》1996 年第 1 期，第 31 页。译文略有改动。

② *Соловьев В. С.* Три силы.//*Соловьев В. С.* Сочинения в двух томах. М.: Правда. Т. 1. 1989. С. 29.

　　列昂季耶夫的这种观点或许可以从东正教的聚和性（Соборность）因素中找到起源。按照霍米亚科夫（Хомяков А. С.，1804—1860）的说法，聚和性就是在东正教信仰基础上的"统一的自由"，是个体、社会群体、阶级、国家、种族存在的最高原则："Собор 不仅在许多人于某个地点公开聚集这一意义上，而且在这种聚集的永久可能性这一更为普遍的意义上体现了聚合的思想。换言之，它体现了多样统一（Единство во множестве）的思想……普世教会就是包容一切的教会，或者是所有人的统一体的教会，是自由的统一意志、完整的统一意志的教会。在这种教会中，民族性消失了，不分希腊人还是野蛮人，没有财富的差别，不分奴隶主还是奴隶，这就是旧约预言过而在新约中实现的教会，总之，就是使徒保罗所断定的教会。"① 既要统一，又要自由，和而不同，这就是聚和性的实质。那么对列昂季耶夫来说，教会可以和而不同，国家自然也不例外。

　　因此，在列昂季耶夫的眼里，俄罗斯帝国的国家形象应该是以君士坦丁堡为中心，横跨欧亚的大帝国，是以俄罗斯民族为首的整个斯拉夫民族共同体，从而连接东西方。正如丘特切夫所认为的：帝国只能是这样，因为"东正教教会——是它的心灵，斯拉夫民族——是它的身体"②。

　　别尔嘉耶夫如此评价列昂季耶夫："这是一个脱离主要历史道路、具有超常的先见之明的极具个性的思想家，他同反动政治的不幸的联系，从最高的意义上说，完全是偶然的、充满厄运的。他的渴望是永恒的也是新颖的，他的意识中燃烧着某种美好的、归根结底是正义的东西，在自

---

① *Хомяков А. С.* О значении слов: «Кафолический» и «соборный»（с франц）.//*Хомяков А. С.* Сочинения богословские. СПб.: Наука. 1995. С. 279.

② *Тютчев Ф. И.* Россия и запад.//*Тютчев Ф. И* Полное собрание сочинений и письма. т. 3. М.: 2003. С. 196.

己祖国巨大的历史道路上，他实际上是在冻结腐化，是在一个散发着恶臭的污水坑中奋力挣扎。"① 看得出，身处白银时代的别尔嘉耶夫对列昂季耶夫还颇具同情，并不怀疑后者的良好用心，也承认他的先见之明以及独特个性。

然而这样相对公正的评价毕竟太少了。或许是历史的误会，或许是米尔斯基所谓的"党派观点"使然："列昂季耶夫在世时，人们对他的评价均源自党派观点，由于其乖张，他在敌人处得到的多为嘲笑，在友人处亦仅获有限的称赞。"② 列昂季耶夫的观点并未流传开来，去世后很多年都无人提及。事实上，在全球化遭遇重大挫折的今天，到底应该如何看待并评价列昂季耶夫及其拜占庭主义，仍是我们需要努力的一个目标。

第二节　列昂季耶夫论 19 世纪俄国文学进程 ③

正如上文所述，列昂季耶夫的基本观点之一是：世界的发展是三位一体的进程，俄罗斯文学的发展自然也不例外。不过，学术界对如何界定俄国文学的"黄金时代"历来存在争论。事实上，这个概念在普希金去世后没多久就有人提出来了。以激进而著称的文学批评家安东诺维奇（Антонович М. А.，1835—1918）在《现代人》（Современик）杂志上发表了题为《文学危机》（1863）的文章，其中提到："不久前，似乎所有

---

① ［俄］别尔嘉耶夫：《К. 列昂季耶夫：反动浪漫主义哲学家》，载《别尔嘉耶夫文集：第一卷，文化的哲学》，于培才译，上海：上海人民出版社，2007 年，第 180 页。

② ［俄］德·斯·米尔斯基：《俄国文学史》，刘文飞译，北京：商务印书馆，2020 年，第 445 页。

③ 美国学者库尔兰德（Jordan E. Kurland）已有专文论及这一问题，对本文写作颇有启发，在此注明。详见 Jordan E. Kurland, *Leont'ev's Views on the Course of Russian Literature.*//American Slavic and East European Review, Vol. 16, No. 3（Oct., 1957）。

的文学机构都散发着同一种精神，都被同一种追求所鼓舞；显然，它们都在奔向一个共同的目标，追随着同一种利益……那真正是俄国文学的黄金时代，是俄国文学圣洁而幸福的阶段！"①在安东诺维奇看来，19世纪60年代之前的俄国文学是黄金时代。此外，著名的文学史家米尔斯基则认为："亚历山大二世在位期间（1855—1881）是一个充满伟大文学成就的时代，是俄国小说的黄金时期。"②米尔斯基将19世纪中期视为小说的"黄金时期"，这跟安东诺维奇的看法并不一致。此外，还有另一种说法流传更为广泛，即俄国文学的"黄金时代"从普希金、莱蒙托夫和果戈理开始，一直持续至19世纪末的契诃夫结束。相比前两种说法，此种说法拓展了"黄金时代"的范围，因此现在也较多地为人所接受。譬如，苏联时期的文学批评家卡塔耶夫（Катаев В. Б., 1938—）便指出："在普希金诞生到契诃夫去世的这一个世纪，是俄国古典文学的黄金时代。"③相形之下，列昂季耶夫对俄国文学"黄金时代"的认识正好反其道而行之，即普希金是巅峰，果戈理则是转折，陀思妥耶夫斯基等成了衰落的象征。随着后世对果戈理、陀思妥耶夫斯基、托尔斯泰等大家研究的深入，列昂季耶夫此论往往被看作谬论，加之其历来的保守主义倾向，因而多年来被学术界束之高阁，极少提及。

列昂季耶夫认为，艺术家是其所处时代的产物，根据世界及俄国发展的三阶段模式，伟大的艺术只有在一个达到成熟期但是尚未开始衰退的文明中才能形成，即第二阶段的文明。原因在于：首先，时代的繁荣为艺术

---

① *Антонович М. А.* Литературный кризис.//Ф. Ф. Кузнецов, Шестидесятники, М.: Советская Россия, 1984. С. 55–57.

② ［俄］德·斯·米尔斯基：《俄国文学史》，刘文飞译，北京：商务印书馆，2020年，第395页。

③ *Катаев В. Б.* Чехов плюс..., М.: ЯСК, 2004. С. 17.

发展提供了历史的积淀，同时也孕育着变革的希望；其次，艺术家创作虽然会受到所在社会环境的影响，但是不会被它限制和左右，也不会成为社会宣传的工具："一位真正的艺术家（即便自身是真诚的）不能爱上被欧洲风范所教化的无耻之徒。"① 因此，伟大的艺术家一方面继承了此前时代的诸多传统，能在永恒的艺术与现实需求之间达到一个完美的平衡，进而超越环境所提供给他们的主题，创作出具有前瞻性、世界性意义的永恒作品。譬如，普希金便是这一时期最优秀的代表。

然而，随着国家与社会的发展步入了第三阶段后，受政治环境影响，艺术的美学标准逐渐降低，作品失去了超越社会环境的永恒性，而是越来越多地充斥着日常生活中的庸俗习气尤其是19世纪下半叶大行其道的资本主义风气，作品也随之堕落向平庸，沦落为政治工具。"革命的当代生活逐渐取代了我们的诗人如此热爱的那个古老而又充满诗意的丰富多彩的欧洲，当然不是以道德关怀的感情，而首先是以艺术的、某种泛神论的感情……"② 因此，列昂季耶夫认为，俄罗斯文学的黄金时代即第二阶段应从彼得大帝开始，普希金及其同时代人是其发展的巅峰与终结，此后以果戈理的《外套》为标志，俄罗斯文学进入第三阶段，开始走向衰败。为了阐释自己的观点，列昂季耶夫对不同阶段的作家都逐一做了分析。

首先是普希金之前的古典主义文学。因为这是俄国文学的上升阶段，因此列昂季耶夫对米哈伊尔·罗蒙诺索夫及杰尔查文评价甚高。虽然在罗蒙诺索夫的一些创作中，体现了西欧的启蒙思想，表达了对农奴苦难的关

---

① *Леонтьев К. Н.* Еще о «Дикарке» гг. Соловьева и Островского. *Леонтьев К. Н.* Полное собрание сочинений и писем в двенадцати томах, Том 9, Владимир даль, СПб.: 2014, с. 128.

② ［俄］列昂季耶夫：《论普世之爱：费·米·陀思妥耶夫斯基在普希金纪念日的演讲》，载［俄］弗·谢·索洛维约夫等：《精神领袖：俄罗斯思想家论陀思妥耶夫斯基》，徐振亚等译，上海：上海译文出版社，2009年，第73页。

注及对地主、官吏的抨击，但是他并不主张革命，认为通过教育可以使地主弃恶从善，通过温和的改革产生开明的君主、廉洁的官吏和博爱的执政者。这些相对保守的思想使得列昂季耶夫将罗蒙诺索夫视为自己思想同道，因而将其视为第二阶段的最典型代表，俄国的文艺复兴大家，是俄国当时各学科天才的综合体："不仅他的诗歌和文章是极其出色的，他还通晓哲学，还是一个出色的科学家。"①他甚至认为："罗蒙诺索夫的诗歌，在内容和表达能力上要比涅克拉索夫的各种公民主题要好。"②列昂季耶夫对杰尔查文也做出了极高的评价。杰尔查文参军时曾参与镇压普加乔夫起义，1782年以歌颂叶卡捷琳娜二世的《费丽察颂》受到女皇提拔，1791年担任女皇的私人秘书。除去政治倾向与列昂季耶夫相似外，杰尔查文也因为在诗歌语言和形式上的突破获得了列昂季耶夫的好感。他认为，严肃的俄国诗歌艺术所达到的高度都不及罗蒙诺索夫和杰尔查文。在诗歌语言上，杰尔查文突破了古典主义的固定模式，开始用生动的口语描写日常生活，丰富了诗歌的语言；在诗歌形式上，打破了颂诗规定的十行诗节的传统，其诗《梅谢尔斯基公爵之死》由八行诗节构成，《在北方为皇室少年贺寿》则不分诗节。在此基础上，列昂季耶夫认为，罗蒙诺索夫和杰尔查文是俄国诗歌艺术所能达到的最高高度。

列昂季耶夫将普希金视作黄金时代文学繁荣发展的最顶峰，因为普希金"超越了环境所提供的主题，带着永恒的庄严去写作，使社会内容

① *Леонтьев К. Н.* Средний европеец как идеал и орудие всемирного разрушения.//*Леонтьев К. Н.* Полное собрание сочинений и писем в двенадцати томах. Том 8. Кн. 1. Владимир даль, СПб.: 2007. С. 208.

② *Леонтьев К. Н.* Русские, греки и юго-славяне.//*Леонтьев К. Н.* Полное собрание сочинений и писем в двенадцати томах, Том 7. Кн. 1 Владимир даль, СПб.: 2005. С. 469.

服从于更加永恒的艺术形式和风格的美"①。普希金时期"对于生活的诗歌（Поэзия жизни）② 来说，是幸福的时期"③。虽然普希金的创作不时抨击专制制度、歌颂自由，憧憬社会正义和公平的理想，但是列昂季耶夫似乎有意忽视了这一点，仍然对普希金进行了高度赞美。批评家对普希金的评价主要从两点着手：第一，作品的外部形式，即语言风格；第二，作品主题中蕴含的"和谐问题"。

第一，语言—思想的外部形式，始终是列昂季耶夫文学批评的要素之一，这是由他的贵族美学思想决定的。他对诗歌语言的要求是简洁、真实、优雅、诗意，"对于艺术作品来说，词汇的选择和它们之间的关系是非常重要的。词汇的数量，它们的位置应当不是偶然的，否则就会变成'音节''外部装饰'……语言越短，越忠于诗歌独特的准则"④。普希金的作品便符合这一要求："普希金的诗歌不是那么清晰 ⑤，甚至其散文是很平

---

① Jordan E. Kurland, *Leontev's Views on the Course of Russian Literature.*//American Slavic and East European Review, Vol. 16, No. 3（Oct., 1957）. p. 261.

② 生活的诗歌（Поэзия жизни）是列昂季耶夫文学批评中的术语之一。批评家将诗歌分为两类：一是生活的诗歌，反映的是现实生活的原本的美；二是艺术的诗歌，经过艺术加工后形成的诗歌。列氏喜欢前者，因为它真实地再现了真正的日常生活；厌恶后者，因为加工痕迹过于明显，过于虚假。列昂季耶夫在此处将普希金的诗歌称为"生活的诗歌"是因为他认为普希金的诗歌真实地再现了俄国的日常生活，天然质朴，不虚假。

③ *Леонтьев К. Н.* Анализ, стиль и веяние.//*Леонтьев К. Н.* Полное собрание сочинений и писем в двенадцати томах, Том 9. Владимир даль, СПб.: 2014. С. 344.

④ *Леонтьев К. Н.* По поводу рассказов Марка Вовчка.//*Леонтьев К. Н.* Полное собрание сочинений и писем в двенадцати томах, Том 9. Владимир даль, СПб.: 2014. С. 16.

⑤ "清晰（яркость）"是列昂季耶夫自创的文学批评术语，含义为文学作品中存在"大量惊人的形容词，对外貌和自然的清晰描述……大量的独创词汇、方言和非正常的短语，精细的心理和生活—哲学记录，尤其是刻薄的幽默……甚至是平庸的人在说话和动作时的详细的加工"。（*Леонтьев К. Н.* Полное собрание сочинений и писем в двенадцати томах К. Н. Леонтьева, Том 9. Владимир даль, СПб.: 2014. С. 42.）这一写作方式令列昂季耶夫非常厌恶。

淡的；尽管如此，平淡的《上尉的女儿》……是一部天才作品。"[①] "普希金的天才，是多种多样的、能够激起人的感官享受的，是富有战斗性的，是有魔力的，是奢侈的。"[②]

在这方面，普希金不仅是他那个时代的出类拔萃者，其文学遗产对后世的辐射力量同样是巨大的。以至列昂季耶夫以此为标准来衡量别的作家。譬如在评价托尔斯泰时，列昂季耶夫指出了其写作的现实主义缺点，即吹毛求疵的过度心理描写和冗长的废话连篇："为什么会有精神上如此病态、平均主义的、不自然的吹毛求疵呢？"[③] 和《战争与和平》相比，"普希金的长篇小说大概不会像《战争与和平》一样……在语言中，根本没有落在脸上的、不必要的苍蝇……心理分析没有'被虫蛀'和吹毛求疵"[④]。当俄国文学创作中充斥着越来越多此种"吹毛求疵"时，列昂季耶夫指出了俄国文学发展另一种可能的道路——回归古典主义，倡导普希金的那种语言描写手法。可见，列昂季耶夫已经把普希金的语言风格作为了俄国文学创作的标杆。虽然在随后的 20 世纪，俄国和欧洲文学并没有如列昂季耶夫所愿走上更加简洁、简单、清醒的道路，但他的这一提醒仍然有益。

第二，诗人的创作主题。批评家认为普希金有两种创作主题：其一，俄国未来的出路问题。正如陀思妥耶夫斯基所说，只有普希金"为我们，为俄国人找到了伟大的、渴望已久的出路，并且指明了这条出路。这条出

---

① *Леонтьев К. Н.* По поводу рассказов Марка Вовчка.//*Леонтьев К. Н.* Полное собрание сочинений и писем в двенадцати томах, Том 9. Владимир даль, СПб.: 2014. С. 42

② *Леонтьев К. Н. Наши новые христиане.*//*Леонтьев К. Н.* Полное собрание сочинений и писем в двенадцати томах, Том 9. Владимир даль, СПб.: 2014. С. 188.

③ *Леонтьев К. Н.* Анализ, стиль и веяние.//*Леонтьев К. Н.* Полное собрание сочинений и писем в двенадцати томах, Том 9. Владимир даль, СПб.: 2014. С. 317.

④ *Леонтьев К. Н.* Анализ, стиль и веяние.//*Леонтьев К. Н.* Полное собрание сочинений и писем в двенадцати томах, Том 9. Владимир даль, СПб.: 2014. С. 343.

路就是民族性，在俄罗斯人民的真理面前顶礼膜拜"①。其二，普希金创作的主要核心就是"和谐问题"，即美好与丑陋、幸与不幸之间的平衡问题。批评家认为：普希金的和谐不是陀思妥耶夫斯基所认为的幸福简单地战胜了不幸，而是幸与不幸同时并存，这才是真正的世界和谐。就像后来《大师与玛格丽特》里魔王沃兰德说的："假如世上不存在恶，你的善还能有什么作为？"②真实的世界从来就不是彻底光明和美好的。列昂季耶夫不再相信乌托邦式的终极目标，他对和谐的辩证认识在19世纪思想界达到了一定的高度。正如有论者指出的："列昂季耶夫把回避灾难及失望本质的企图称之为'玫瑰色的斯拉夫主义'，这是普希金所没有的，却是陀思妥耶夫斯基所固有的。列昂季耶夫在普希金的和谐中看到了恨和爱的矛盾统一，这种统一源于多样化的、'肉欲的、好战的、魔鬼般华丽的天才'。"③

　　列昂季耶夫对莱蒙托夫评价甚高："相比辉煌但又令人平静的普希金，我更喜欢更尖锐一些，更热情、更忧郁的莱蒙托夫。"④批评家赞赏诗人对生命的热爱，认为莱蒙托夫享年虽短，却成果丰硕，作品中有"许多源自俄罗斯生活的优雅图像"⑤。值得一提的还有阿克萨科夫（Аксаков С. Т., 1791—1859）。批评家认为阿克萨科夫的语言具有古典意味，简洁明丽：

---

① 陈桑主编：《费·陀思妥耶夫斯基全集》第20卷，张羽、张有福译，石家庄：河北教育出版社，2010年，第941页。

② ［苏］布尔加科夫：《大师与玛格丽特》，钱诚译，北京：外国文学出版社，1999年，第440—441页。

③ *Раковская Н. М.* Русская классика в парадоксальной критической рефлексии К. Леонтьева. Уральский филологический вестник, 2016. No. 3, С. 60.

④ *Леонтьев К. Н.* Тургенев в Москве. 1851—1861 гг.//*Леонтьев К. Н.* Полное собрание сочинений и писем в двенадцати томах, Том 6. Кн. 1. Владимир даль, СПб.: 2003. С. 733.

⑤ *Леонтьев К. Н.* Анализ, стиль и веяние.//*Леонтьев К. Н.* Полное собрание сочинений и писем в двенадцати томах, Том 9. Владимир даль, СПб.: 2014. С. 316.

"我们都称赞阿克萨科夫语言那古老、新鲜的简洁性。"[①] "阿克萨科夫本人并不是天才，但是《家庭纪事》确实是极具才华的作品，确实是'经典'作品。它不会用任何方式、用某种虚伪的特点来破坏品味、语言、观察受到其影响的人的习惯。它只会纠正他们，将他们引向更加干净、直接、清醒的道路上。除此之外，无论在任何思潮中，它都不会用任何方式来侮辱清晰的、严肃的、奇特的品味。"[②] 此外，批评家还称赞阿克萨科夫《家庭纪事》的真实性：因为这部作品是由作者亲身经历而来，因此它是"非常美好的例子，符合所谈到的时代氛围的精神"，即《家庭纪事》真实地描绘了当时的时代情景。虽然作者的文学地位与托尔斯泰等大家相比稍显逊色，但在真实性这一点上却优于他人。

根据列昂季耶夫的"三位一体"理论，俄罗斯文学在普希金及其同时代人到达巅峰后，衰败几乎也同时出现了，果戈理是第一个成为衰败阶段的牺牲品的作家。列昂季耶夫肯定果戈理伟大的创作天赋，他的前期创作是普希金繁荣时代的优秀成果，但后期因受时代氛围的危害而走向了衰败[③]。他从和政治观点和语言方式两个角度出发，对此进行了剖析。

果戈理的早期创作属于普希金时代的优秀成果，因为其中充满着"果戈理伟大灵感的积极方面：强大的热情，对自然极富表现力，抒情，火热

---

① *Леонтьев К. Н.* Моя литературная судьба.//*Леонтьев К. Н.* Полное собрание сочинений и писем в двенадцати томах, Том 9. Владимир даль, СПб.: 2014. С. 37.

② *Леонтьев К. Н.* Анализ, стиль и веяние.//*Леонтьев К. Н.* Полное собрание сочинений и писем в двенадцати томах, Том 9. Владимир даль, СПб.: 2014. С. 340.

③ 列昂季耶夫将果戈理衰败的原因统统归咎于时代的过错："时代的氛围对他来说很重要"，若不是时代影响，那么"果戈理本身（也就是小俄罗斯中产阶级贵族）不会写《外套》和《死魂灵》，大概，可能会写一些长诗，并且在遇到贝特里谢夫时，不会详细描述他如何'洗脸洗手'，而是会在诗歌中歌唱他的勇敢……"（*Леонтьев К. Н.* Анализ, стиль и веяние.//*Леонтьев К. Н.* Полное собрание сочинений и писем в двенадцати томах, Том 9. Владимир даль, СПб.: 2014. С. 328）

的态度"①。在列昂季耶夫的认知中，果戈理是俄国文学中"强大的原创想象力"②的首位承载者，他的《塔拉斯·布尔巴》就是一部形式上充满活力的浪漫主义小说，完全是繁荣时代的典型代表。《两个伊凡吵架的故事》是一个巧妙的小故事，它是现实主义的，但是它的现实主义是伟大的，因为它是以理想化的生活为前提的。还有"思想的细致性，独特的、成熟的想象力（费特的早期诗歌，果戈理优秀的、充满幻想的、热情奔放的作品：《可怕的复仇》《罗马》《俄罗斯三套车》等等）"③。但在他早期的成功后，果戈理进入了衰败阶段。

果戈理创作的转折点是《外套》的发表。正是从《外套》开始，"正是在果戈理的道路中他注意到了文学衰败的原因，从高雅的形象的高度堕落到了自然主义和对丑陋的形象的培养……到庸俗习气和资产阶级，到贬低文化的价值，到从伟大逐渐变得渺小，从世界性的悲剧到戏剧上的悲剧、喜剧等，逻辑上说，是庸俗的闹剧"④。文学作品在果戈理手中沦为了资本主义价值观念宣传的工具，这是列昂季耶夫所不能容忍的，他将果戈理看作是俄国现实主义流派总体创作方法——"泛俄罗斯风格"（Общий русский стиль）的创始人。作为"最早论述果戈理现实主义叙述原则、自然主义流派是一种艺术方法的问题的人"⑤，列昂季耶夫在 19 世纪 80

① *Леонтьев К. Н.* Анализ, стиль и веяние.//*Леонтьев К. Н.* Полное собрание сочинений и писем в двенадцати томах, Том 9. Владимир даль, СПб.: 2014. С. 338.

② *Леонтьев К. Н.* Анализ, стиль и веяние.//*Леонтьев К. Н.* Полное собрание сочинений и писем в двенадцати томах, Том 9. Владимир даль, СПб.: 2014. С. 358.

③ *Леонтьев К. Н.* Анализ, стиль и веяние.//*Леонтьев К. Н.* Полное собрание сочинений и писем в двенадцати томах, Том 9. Владимир даль, СПб.: 2014. С. 355.

④ *Корольков А.* Русская духовная философия. СПб.: Изд–во Русского гуманитарного института, 1998. С. 303.

⑤ *Славин И. К.* Литературно–критическая деятельность К. Н. Леонтьева. Дис. канд. Филол. Наук., М.: 2003. С. 101.

到 90 年代对果戈理的这一风格进行了严厉批评："自从果戈理出现——他便禁止写关于英雄的作品，只允许写关于农民的文字。而且写的并不是农民，而是'小农'。果戈理还写悲惨的官员、可笑的地主和有害的官员。"①资本主义影响下俄国文学日趋倾向底层、逐渐大众化的趋向令列昂季耶夫得出了俄国文学正在走向堕落和消极的结论。在批评家看来，果戈理正是这一潮流的始作俑者。"毕竟，《塔拉斯·布尔巴》《罗马》或《可怕的复仇》中的崇高热情、《维》中强大的幻想故事、《狄康卡近乡夜话》中的可爱的乐趣消失了……要么是《死魂灵》《钦差大臣》等中的讽刺，要么是对生活中苦涩、悲惨和痛苦现象的描绘，在《外套》《涅瓦大街》和《狂人日记》中描绘了我们日常生活（尤其是城市里）的丑恶悲剧。"②

俄罗斯文学从此开始具有了审丑现代性，即对平庸之辈、普通人的关注。这种关注在传统的进步批评界看来是一种极大的进步，它使得文学与普通人同呼吸共命运。然而在秉持审美主义原则的列昂季耶夫看来，这是文学的堕落、美学的退化："我们的艺术实践很快就承担了一种或多或少负面的、嘲笑的、有害的、阴暗的特点。这种实践受到了果戈理的绝大多数影响。或者，更准确点说，受到了他最终的、最成熟的，但也是有害的、阴暗的、片面地讽刺作品的影响，这些作品仅仅描述了我们生活的一种低级趣味……我们甚至可以说，几乎所有陀思妥耶夫斯基的病态和片面的天赋都来自于果戈理最后三部彼得堡小说的精神，就像几乎所有谢德林

---

① *Котельников. В. А.* Эстетика и критика К. Н. Леонтьева.//*Леонтьев К. Н.* Полное собрание сочинений и писем в двенадцати томах, Том 9. Владимир даль, СПб.: 2014. С. 542.

② *Леонтьев К. Н.* Анализ, стиль и веяние./*Леонтьев К. Н.* Полное собрание сочинений и писем в двенадцати томах, Том 9. Владимир даль, СПб.: 2014. С. 315.

的东西都来自《钦差大臣》和《死魂灵》一样。"① 列昂季耶夫的这种看法，当然有他的偏颇之处，这实际上反映了他对文学的根本看法，即文学就是一种审美至上的思想活动，不需要背负过于沉重的社会使命，也不要描写过于丑恶的东西以便给读者带来审美不适。

除果戈理在文学作品中的沉重使命感不为列昂季耶夫所喜外，果戈理为首的自然派将曾经高雅的表现风格和语言形式完全庸俗化的做法也让列昂季耶夫无法接受：果戈理对生活刻薄的讽刺，风俗描述中存在大量冗长的独白和方言，"不会描写内心优雅的女人和充满魅力的男人"②，等等，都让列昂季耶夫感到反感。

列昂季耶夫发现，很多作家同果戈理一样，将普希金时代的古典主义传统和当代流行的现实主义创作手法相结合，既生成了崭新的创作方式，但同时也更加凸显出新旧创作手法间的矛盾。在批评家看来，冈察洛夫的新旧结合体现在表达方式上，新旧矛盾体现在人物塑造上。

从表达方式上看，冈察洛夫虽然受到了果戈理的影响，但是相比其他作家来说要少得多，因此在写作方式上是崭新的："他的嘲笑具有幽默、善良、平静的特点……没有愤怒，没有怨恨，没有吹毛求疵，仅仅是丰富多彩的生活本身，还含有善与恶的平衡……他这种运用到上流和富裕阶层头上的特点……在我们的文学中完全是崭新的。这种新颖透露出一种非常

---

① *Леонтьев К. Н.* Анализ, стиль и веяние.//*Леонтьев К. Н.* Полное собрание сочинений и писем в двенадцати томах, Том 9. Владимир даль, СПб.: 2014. С. 315–316.

② *Леонтьев К. Н.* По поводу рассказов Марка Вовчка.//*Леонтьев К. Н.* Полное собрание сочинений и писем в двенадцати томах, Том 9. Владимир даль, СПб.: 2014. С. 59.

真实、令人敬重的感觉。"①"他的幽默比果戈理的更独特、更自然。"②冈察洛夫的语言风格继承了普希金时代的优点，又结合了果戈理时代的讽刺手法，这是其新旧结合的表现。

作家的新旧矛盾同样体现在人物塑造上。奥勃洛莫夫是继奥涅金和毕巧林等人之后的又一名"多余人"，但他"已经笨拙、懒惰到具有讽刺意味了"③。在列昂季耶夫看来，奥涅金和毕巧林这种贵族不该堕落到这种地步。一个受过良好教育的贵族，居然会成天赖在床上无所事事，这本身就不合情理。奥勃洛莫夫的贵族形象是传统的，而他的无能又是新的颓废代表。这种矛盾让列昂季耶夫感到不可思议，以至感慨道："现在谁还会去关注纯粹的奥勃洛莫夫呢？"④换而言之，他无法理解"多余人"这一形象的动态发展过程，也对自然派作家笔下的"真实"持怀疑态度。

在列昂季耶夫的观点中，赫尔岑也是一个矛盾之人。他少年时受到十二月党人的影响，立志走反对沙皇专制制度的道路，宣传空想社会主义、自由主义和共和政体思想，然而赫尔岑在看待西欧社会的问题上却与列昂季耶夫有较多共同点，他们都认为古典时代英雄主义、理想主义和资本主义时期的功利主义之间存在着不可避免的冲突，随着历史的发展，终究会使世界变得更加大众化，也就是个性化下降，"个性被抹杀，

① *Леонтьев К. Н.* Анализ, стиль и веяние.//*Леонтьев К. Н.* Полное собрание сочинений и писем в двенадцати томах, Том 9. Владимир даль, СПб.: 2014. С. 320.

② *Леонтьев К. Н.* Поединок.//*Леонтьев К. Н.* Полное собрание сочинений и писем в двенадцати томах, Том 9. Владимир даль, СПб.: 2014. С. 534.

③ *Леонтьев К. Н.* Два графа: Алексей Вронский и Лев Толстой.//*Леонтьев К. Н.* Полное собрание сочинений и писем в двенадцати томах, Том 8 Кн. 1. Владимир даль, СПб.: 2007. С. 310.

④ *Леонтьев К. Н.* Письмо провинциала к г. Тургеневу.//*Леонтьев К. Н.* Полное собрание сочинений и писем в двенадцати томах, Том 9. Владимир даль, СПб.: 2014. С. 17.

传统的典型冲淡了所有鲜明、个性化、不安分、特别的东西"①是其所处时代终结的标志，这得到了批评家的赞同。两人在这里所共同持有的看法，在 19 世纪或许显得较为另类，但到了 20 世纪之后，随着《乌合之众》（1895）、《大众的反叛》（1929）等一系列经典著作的出现，便不得不令人佩服起两位俄国思想家的远见了。

赫尔岑早年的政治主张尤其是他对法国工人的推崇令列昂季耶夫非常厌恶："他长期以来一直在赞美法国工人，而一个优秀的俄国人模仿法国工人做作的训话和粗鲁的举止是非常讨厌和乏味的。"②但在赫尔岑写下"在俄罗斯永远都不会有宪法，平均和温和的自由主义永远都不会在这里扎根。这些对于俄国来说都太无力了"这句话之后，批评家便"原谅了他所有那些失败的、罪孽深重的尝试"，并且称赞"我们政治生活的最近几年证明了这个人在这方面是多么地有远见，虽然在很多其他方面犯了很多错"③。总之，对于列昂季耶夫来说，"赫尔岑是一个两面神。一方面他是一个现代的革命者，另一方面又是一个坚定地相信传统的一半的贵族，一半的俄罗斯农民"④。

在俄罗斯经典作家中，屠格涅夫与列昂季耶夫关系最好。1851 年，列昂季耶夫深受当时人道主义文学的影响，成为屠格涅夫热烈的崇拜者。

---

① *Герцен. А. И.* Концы и начала.//*Герцен. А. И.* Собрание. сочинений.: В 30 т. М.: 1959. Т. 16. С. 184.

② *Леонтьев К. Н.* Грамотность и народность.//*Леонтьев К. Н.* Полное собрание сочинений и писем в двенадцати томах, Том 7. Кн. 1. Владимир даль, СПб.: 2005. С. 100..

③ *Леонтьев К. Н.* Польская эмиграция на Нижнем Дунае.//*Леонтьев К. Н.* Полное собрание сочинений и писем в двенадцати томах, Том 6. Кн. 1.. Владимир даль, СПб.: 2003. С. 461.

④ *Леонтьев К. Н.* Г. Катков и его враги на празднике Пушкина.//*Леонтьев К. Н.* Полное собрание сочинений и писем в двенадцати томах, Том 7. Кн. 2. Владимир даль, СПб.: 2006. С. 206.

在这一影响之下，列昂季耶夫完成了自己的第一部文学作品——《因爱结婚》，并受到了屠格涅夫的高度称赞，随后两人成为好友并通信多年。列昂季耶夫对屠格涅夫的看法同样具有双重性。

列昂季耶夫认为屠格涅夫是首屈一指的散文作家，他本身性格温和，心态平和，善于潜移默化地表露自己的情感。这些特性尤其在他早期的作品中表现得最为明显："《猎人笔记》唤起了我个人的、自然的感情……但是我在果戈理及其《死魂灵》中就体会不到这种感觉。"[①] 又如："《初恋》写的真诚、优美、有力，因为屠格涅夫天生就优雅的本性。"[②] 即使在《罗亭》《贵族之家》中也依然存在着这种美感："为什么《罗亭》能如此振奋精神，被每个多多少少都为了理想而活的俄国人所喜爱？为什么《贵族之家》能打动心灵、使心灵变得平和？因为这些作品的语言是清晰、简洁的，比我们所有人写得都要好。"[③]

但从19世纪60年代开始，随着《前夜》《父与子》等作品的创作，屠格涅夫的创作与现实结合愈发紧密，小说成为后世所谓的"编年体小说"。在列昂季耶夫看来，这个时期的屠格涅夫创作，无论是思想还是形式都走向了堕落："随着时间的推移，托尔斯泰和屠格涅夫，在不同程度和不同条件下，都习惯了在任何地方只看得到精神和日常生活的贫穷与渺小。很不幸，屠格涅夫不止一次地重新屈服于其他人的革命倾向，这些东西夺去了他独特的才华……他的天赋已经衰落了，能看到的只有心灵的贫

---

① *Леонтьев К. Н.* Тургенев в Москве. 1851—1861 гг.//*Леонтьев К. Н.* Полное собрание сочинений и писем в двенадцати томах, Том 6. Кн. 1 Владимир даль, СПб.: 2003. С. 723.

② *Леонтьев К. Н.* Анализ, стиль и веяние.//*Леонтьев К. Н.* Полное собрание сочинений и писем в двенадцати томах, Том 9. Владимир даль, СПб.: 2014. С. 245.

③ *Леонтьев К. Н.* Письмо провинциала к г. Тургеневу.//*Леонтьев К. Н.* Полное собрание сочинений и писем в двенадцати томах, Том 9. Владимир даль, СПб.: 2014. С. 9.

穷和生活的渺小。"①思想上的停滞导致其写作内容和形式上的退化，屠格涅夫已经无法描绘出令人印象深刻的、具有影响力的主人公，他们已经成为颓废的社会氛围的典型代表。这种看法，实质上与前文所谈论的斯特拉霍夫有相当多的共鸣。在《父与子》中，父辈的贵族生活被批判，对平民知识分子巴扎罗夫的革命精神、平民意识以及对虚无主义的同情态度让列昂季耶夫感到愤怒。在《木木》《旅店》《前夜》中，列昂季耶夫认为它们是"按照民主进步派的蛮横要求在乱写乱画……他们当时政治思想中如此谬误，如此有害的情绪，却不能毁灭任何高雅的品味、真诚的批判。"②。《烟》证明了作者的思想不是别的，就是灰尘。"③到了80年代前后，列昂季耶夫完全对屠格涅夫失去信心。在《处女地》发表后，他给昔日外交界的朋友古巴斯托夫（Губастов К. А., 1845—1919）的信中写道："……这部作品太可怕了。它就是纯粹的垃圾。显然这个人已经疯了。"④

欧洲文学对俄罗斯文学的不良影响不仅存在于主人公的塑造和主旨思想上，还存在于艺术形式上。自彼得大帝改革以来，俄罗斯作家们很快就接受了新欧洲的，特别是法国的体裁与结构。但是法国的文化本质上来说与俄国不同，却通过广泛的传播对俄国的自身文化建设产生了影响。才华稍有欠缺的作家只会刻意地模仿欧洲的形式，这样一来通常会导致作品读起来就像是外文原著的俄文翻译版。作家们的创作很多时候情节是西欧

① *Леонтьев К. Н.* Анализ, стиль и веяние.//*Леонтьев К. Н.* Полное собрание сочинений и писем в двенадцати томах, Том 9. Владимир даль, СПб.: 2014. С. 316.

② *Леонтьев К. Н.* Анализ, стиль и веяние.//*Леонтьев К. Н.* Полное собрание сочинений и писем в двенадцати томах, Том 9. Владимир даль, СПб.: 2014. С. 245.

③ *Леонтьев К. Н.* Несколько воспоминаний и мыслей о покойном Ап. Григорьеве.//*Леонтьев К. Н.* Полное собрание сочинений и писем в двенадцати томах, Том 9. Владимир даль, СПб.: 2003. С. 15.

④ *Леонтьев К. Н.* Письма к Губастову К. А.//Русское обозрение, Том 11, 1894. С. 391.

的，只是给主人公加上了伊万或娜塔莉亚的名字，就像一部来自土耳其或法国的歌剧，但"它的音乐既不是土耳其风格也不是法国风格，所有的一切都建立在俄罗斯旋律的基础上。这让我很尴尬"[①]。这种不考虑文化差异而生搬硬套的创作手法是列昂季耶夫所厌恶的。

列昂季耶夫认为屠格涅夫和托尔斯泰实际上是极具天赋的作家，但是在后期走向了衰落阶段，而陀思妥耶夫斯基却是一个不折不扣的衰败阶段的代表。他甚至认为陀思妥耶夫斯基的小说无论是内容还是形式，都谈不上是优秀作品。

首先，列昂季耶夫和陀思妥耶夫斯基最大的分歧在于宗教和政治观点的对立。在列昂季耶夫看来，陀思妥耶夫斯基一生思想之高峰莫过于他在普希金纪念庆典上的著名演讲，在演讲中陀思妥耶夫斯基提出了"最终的世界和谐"这一概念。列昂季耶夫写道："陀思妥耶夫斯基声称最终的目的是'全世界的和谐'，但是最终的目标究竟是什么？可能实现的唯一最终目标是世界上一切事物的终结，历史和生命的终止。"[②]批评家强烈反对陀思妥耶夫斯基的"玫瑰色基督教"（Розовое христианство）——普遍幸福和和谐的乌托邦理想。在《卡拉马佐夫兄弟》中，陀思妥耶夫斯基认为，俄罗斯必须履行其特殊职责，即向人类展示通往救赎的宗教道路，并带领他们走上这条道路。但在列昂季耶夫看来，陀思妥耶夫斯基的这种想法不会得到实现，因为他根本没能正确地理解东正教及其道路，又何谈将全人类引入正途。作家未能真正理解东正教教义和道路的表现在于三点：

① *Леонтьев К. Н.* Анализ, стиль и веяние.//*Леонтьев К. Н.* Полное собрание сочинений и писем в двенадцати томах, Том 9. Владимир даль, СПб.: 2014. С. 365.

② *Леонтьев К. Н.* Епископ Никанор о вреде железных дорог, пара и вообще об опасностях слишком быстрого движения жизни.//*Леонтьев К. Н.* Полное собрание сочинений и писем в двенадцати томах, Том 8. Кн. 1,. Владимир даль, СПб.: 2007. С. 157.

第一，批评家认为真正的宗教接受生活中所有的矛盾和悲剧，"恶"是教会用来强化人类对上帝的信仰和爱的工具。"恶将会存在！"[1] 只有"恶"存在，善和爱才会相应存在。"俗世生活的诗歌和来世得救的条件——同样需要的不是某种普遍的爱，这种爱是不可能的；也不是持续不断的愤怒，客观地说，鉴于更高的目标，而是某种仇恨和爱的和谐结合。"[2] 因此，陀思妥耶夫斯基向往的道德上的纯粹之爱并不是俄罗斯东正教的真正道路，这是两者的不同之处。第二，在陀思妥耶夫斯基的多重身份中，相比作家，列昂季耶夫认为陀氏更像是道德家和社会活动家，他称后者为"一位杰出的道德主义者……他更寄希望于人心，而非社会的重构。但基督教却两者都不信任，既不相信个人的优良自我道德，也不相信全人类早晚将在地球上建造一个天堂的智慧"[3]，这也是陀思妥耶夫斯基和基督教的不同之处。第三，自由派学者格拉多夫斯基认为"基督预言的不是普世的和谐（普世和平），而是普世的毁灭"[4]。列昂季耶夫对此表示深以为然。因此，陀思妥耶夫斯基推崇的世界和谐和以个人的方式[5]拯救全人类的理想并非

[1] *Леонтьев К. Н.* Наши новые христиане.//*Леонтьев К. Н.* Полное собрание сочинений и писем в двенадцати томах, Том 9. Владимир даль, СПб.: 2014. С. 197.

[2] *Леонтьев К. Н.* Наши новые христиане.//*Леонтьев К. Н.* Полное собрание сочинений и писем в двенадцати томах, Том 9. Владимир даль, СПб.: 2014. С. 196–197.

[3] *Леонтьев К. Н.* Наши новые христиане.//*Леонтьев К. Н.* Полное собрание сочинений и писем в двенадцати томах, Том 9. Владимир даль, СПб.: 2014. С. 199.

[4] 转引自［俄］列昂季耶夫：《论普世之爱：费·米·陀思妥耶夫斯基在普希金纪念日的演讲》，载［俄］弗·谢·索洛维约夫等：《精神领袖：俄罗斯思想家论陀思妥耶夫斯基》，徐振亚等译，上海：上海译文出版社，2009 年，第 48 页。

[5] "众所周知，陀思妥耶夫斯基通过和谐个人的存在来论证未来和谐的必然性，这个个人对于陀思妥耶夫斯基来说就是普希金。陀思妥耶夫斯基自己承认，普希金的艺术将他带入了现代问题，意识到多亏普希金这样的俄国艺术家具有极高的智慧和全人类的本能，世界文明的修复将会得以实现。"（См.: *Раковская Н. М.* Русская классика в парадоксальной критической рефлексии К. Леонтьева.//Уральский филологический вестник, 2016. No. 3, С. 60. ）

东正教的真正教义，仅仅是其个人的宗教遐想。

批评家曾认为，陀思妥耶夫斯基对俄罗斯思想的唯一建设性贡献也许就是他在作品中宣传了基督教思想和保守主义，"他的真诚，激情，善良，贞洁，诚实，和频繁地提起基督教——这些对读者，特别是俄国的年轻读者，都产生了非常有益的影响"①。不过，后来他否定了作家所走的基督教道路的正确性，并且对作家是否是真正的俄国保守派产生了质疑。他发现尽管陀思妥耶夫斯基自称他不喜欢西方，但是他赞同资产阶级关于世俗幸福的理想。其"通过苦难得救"的主题是不切实际的，常常是荒谬的，与进步的、务实的保守主义相去甚远。如果他不是一个自由主义者，那只能是因为他古怪的想法阻止他接受自由主义，并非因为他是一个保守主义者。

其次，列昂季耶夫对陀思妥耶夫斯基的批判还涉及到文学作品中人物的真实性问题。在这个问题上，批评家认为"写作是需要建立在，甚至是完全建立在'现实生活的基础上'的。最好是将更强烈的神秘感与更真实的描写相结合：这将是更真实和有益的"②。角色要来源于现实生活，但又要通过神秘主义高于现实生活。但批评家发现，陀思妥耶夫斯基作品中人物的真实性有待商榷，文学的神秘感和对现实生活的真实叙述结合得并不准确。"在陀思妥耶夫斯基的所有主人公里，我回想不起任何现实生活中我所熟悉的人。"③在《卡拉马佐夫兄弟》中这一点体现得尤为明显，列昂季

---

① *Леонтьев К. Н.* Наши новые христиане.//*Леонтьев К. Н.* Полное собрание сочинений и писем в двенадцати томах, Том 9. Владимир даль, СПб.: 2014. C. 197.

② *Леонтьев К. Н.* Наши новые христиане.//*Леонтьев К. Н.* Полное собрание сочинений и писем в двенадцати томах, Том 9. Владимир даль, СПб.: 2014. C. 208.

③ *Леонтьев К. Н.* Достоевский о русском дворянстве.//*Леонтьев К. Н.* Полное собрание сочинений и писем в двенадцати томах, Том 8. Кн. 1. Владимир даль, СПб.: 2007. C. 475–476.

耶夫认为："在这部小说中，神秘感被表达得很弱，甚至在僧侣的讲话中，人道主义理想化的感觉也被非常热烈、详尽地表达出来。""《卡拉马佐夫兄弟》中的僧侣们说话和我们现实生活中那些圣山上、俄国、希腊、保加利亚非常优秀的僧侣们说话是完全不一样的。"① 作为一位曾在希腊圣山上生活过的人，列昂季耶夫的评论恐怕也不无道理。

再次，从文学作品的艺术本身出发，列昂季耶夫也厌恶陀思妥耶夫斯基，原因有三：其一，陀思妥耶夫斯基不仅遵循果戈理和他的《外套》所制定的庸俗道路，还添加了一种怪诞的心理元素，这种元素剥夺了他清醒的、现实主义的创作。在分析《地下室手记》时，列昂季耶夫认为："陀思妥耶夫斯基的分析非常单调，处于病态的、热情的、发狂的失真中。"② 其二，陀思妥耶夫斯基的作品中缺少对优雅形象的描写，"陀思妥耶夫斯基和谢德林的作品中没有任何优雅的影子，他们不会描写它"③。其三，作家的语言体现了"琐碎的、日常生活的现实主义的庸俗习气，比如陀思妥耶夫斯基的主人公常常互喷口水。可以预料到，现代小说的作者允许这些存在地更多，相比关于 1812 年的史诗著作（即《战争与和平》）来说：吹毛求疵的心理分析，永远准备暗中窥伺的东西，还有'洗净的伤疤'，毫不极端的'没有牙的嘴'，还有'高高抬起的手肘'，还有'把唏音发成咝音 / 模仿小孩儿说话'（陀思妥耶夫斯基的作品中几乎到处都是这种），所

---

① *Леонтьев К. Н.* Наши новые христиане.//*Леонтьев К. Н.* Полное собрание сочинений и писем в двенадцати томах, Том 9. Владимир даль, СПб.: 2014. С. 208.

② *Леонтьев К. Н.* Наши новые христиане.//*Леонтьев К. Н.* Полное собрание сочинений и писем в двенадцати томах, Том 9. Владимир даль, СПб.: 2014. С. 350.

③ *Леонтьев К. Н.* Анализ, стиль и веяние.//*Леонтьев К. Н.* Полное собрание сочинений и писем в двенадцати томах, Том 9. Владимир даль, СПб.: 2014. С. 316.

有类似的东西——是新时代的俄罗斯文学特色"[①]。

列昂季耶夫在政治倾向上与革命民主主义作家水火不容。因此，批评家反感别林斯基、车尔尼雪夫斯基、杜勃罗留波夫、涅克拉索夫、萨尔蒂科夫－谢德林等人的作品，将他们的作品视为优秀文学的对立面。从别林斯基到车尔尼雪夫斯基等，批评家逐一点评："别林斯基是一个真诚的美学家，但他是一个胆小鬼，可怜人，丑陋的人，坏人。"[②]"（车尔尼雪夫斯基的《怎么办？》）这部小说，艺术上令人作呕，粗糙，写作拙劣。"[③]"我们的革命者（皮谢姆斯基，杜勃罗留波夫等等）到处试图（类似于他们的人也在尝试）寻找我们生活中黑暗或荒谬的一面。"[④]"涅克拉索夫的各种公民主题……让我都羞于引用他的话。"[⑤]"谢德林的作品中没有任何优雅的影像，他也不知道该怎么描绘它。"[⑥]"萨尔蒂科夫－谢德林是……'有害公民'，这种公民不仅应该被革除教门、受到诅咒，还要遭受严厉的惩罚。"[⑦]然而，批评家对他们的反感态度虽然激烈，却从来没有试图去认真地分析这些作家的作品，而是采取了刻意忽视的态度。这只能说是他预设

① *Леонтьев К. Н.* Наши новые христиане.//*Леонтьев К. Н.* Полное собрание сочинений и писем в двенадцати томах, Том 9. Владимир даль, СПб.: 2014. С. 328.

② *Леонтьев К. Н.* Наши новые христиане.//*Леонтьев К. Н.* Полное собрание сочинений и писем в двенадцати томах, Том 9. Владимир даль, СПб.: 2014. С. 126.

③ *Леонтьев К. Н.* Наши новые христиане.//*Леонтьев К. Н.* Полное собрание сочинений и писем в двенадцати томах, Том 9. Владимир даль, СПб.: 2014. С. 316.

④ *Леонтьев К. Н.* Наши новые христиане.//*Леонтьев К. Н.* Полное собрание сочинений и писем в двенадцати томах, Том 9. Владимир даль, СПб.: 2014. С. 127.

⑤ *Леонтьев К. Н.* Русские, греки и юго–славяне.//*Леонтьев К. Н.* Полное собрание сочинений и писем в двенадцати томах, Том 7. Кн. 1.. Владимир даль, СПб.: 2005. С. 469.

⑥ *Леонтьев К. Н.* Анализ, стиль и веяние.//*Леонтьев К. Н.* Полное собрание сочинений и писем в двенадцати томах, Том 9. Владимир даль, СПб.: 2014. С. 316.

⑦ *Леонтьев К. Н.* Анализ, стиль и веяние.//*Леонтьев К. Н.* Полное собрание сочинений и писем в двенадцати томах, Том 9. Владимир даль, СПб.: 2014. С. 244.

立场，主观性印象主导一切，谈不上是严肃的学术批评。

在 19 世纪晚期的所有作家中，只有两个人得到了列昂季耶夫的完全认可。一个是如今几乎被遗忘的保守派小说家博列斯拉夫·马尔凯维奇（Маркевич Б. М.，1822—1884），另一个是乌克兰女作家马尔科·沃夫乔克（Марк Вовчок.，1833—1907）。列昂季耶夫专门为两人各自撰写了一篇文学批评（《〈Перелом〉. Правдивая история Б. М. Маркевича》，《По поводу рассказов Марка Вовчка》），这两篇肯定性的文字在列昂季耶夫为数不多的文学批评中具有重要意义。

马尔凯维奇和列昂季耶夫的政治观点相同，他厌恶在 19 世纪五六十年代进入文学界的车尔尼雪夫斯基、杜勃罗留波夫等革命派，尤其厌恶那些热衷于宪法和革命的贵族知识分子。在文学上，他的波兰贵族故事，尤其是最优秀的《四分之一世纪》和《转折点》，作为形式和内容上的杰作震撼了列昂季耶夫："马尔凯维奇在《四分之一世纪》和《转折点》中绝妙、精细、芬芳般地描绘了上流社会的场景。"[①]

另一位被列昂季耶夫称赞的作家马尔科·沃夫乔克是乌克兰乡土文学作家。列昂季耶夫对这位女作家的分析完全着眼于其语言形式和艺术技巧，刻意忽视了其反抗农奴制、推崇革命和自由主义等实际内容。在批评家看来，沃夫乔克这样的作家在文学圈中几乎已经绝迹了，因为她是一位真正的美学家。她的语言是"既没有被浓缩，也没有被科学所破坏的乌克兰语……为我们提供了新的力量，给俄语带来了非同寻常的深度和音乐

---

① *Леонтьев К. Н.* Анализ, стиль и веяние.//*Леонтьев К. Н.* Полное собрание сочинений и писем в двенадцати томах, Том 9. Владимир даль, СПб.: 2014. С. 260.

性"①。列昂季耶夫甚至将女作家与屠格涅夫等人相提并论："在沃夫乔克的诗歌里，存在十分独特、鲜活的诗歌和真诚的感觉……如果我们抽取屠格涅夫、皮谢姆斯基、谢德林最好的民族作品中的一些片段，并且将它们和沃夫乔克的片段做比较的话，那么我们就会发现，后者的作品中包含更多的天真。前几个人的作品太过真实了。"作者甚至回忆说："我记得在60年代时，当我听到沃夫乔克那迷人、音乐般动人、芬芳的语言时（尽管带有自由主义倾向），我可以更加自由地呼吸。"②显然，上述评价很大程度上体现了批评家较为明显的个人喜好。

通过以上分析，我们不难发现，列昂季耶夫对于19世纪俄国文学的发展有着完全不同于传统文学史观的见解。这一见解来自两方面原因，其一是自小在君主专制、东正教等因素影响下形成的独特审美观；其二是19世纪科学知识的发展使之对社会历史的进程形成了自己独特的"三位一体进程"观念。

1831年1月13日，列昂季耶夫出生于卡卢加省梅晓夫斯克县的库季诺沃村。父母都出身贵族世家，母亲更与亚历山大三世皇后相交甚好。贵族之家的文化氛围培养了列昂季耶夫的贵族美学思想。按当代传记作者哈杜采夫（Хатунцев С. В.，1967—）的话说，列昂季耶夫的世界观包含以下几个方面："对高雅事物的爱好，对美的渴望、热爱与细致的理解，君主专制（最重要的是对罗曼诺夫王朝炽热的爱和忠诚），强烈的俄罗斯爱

---

① *Леонтьев К. Н.* По поводу рассказов Марка Вовчка.//*Леонтьев К. Н.* Полное собрание сочинений и писем в двенадцати томах, Том 9. Владимир даль, СПб.: 2014. C. 20.

② *Леонтьев К. Н.* По поводу рассказов Марка Вовчка.//*Леонтьев К. Н.* Полное собрание сочинений и писем в двенадцати томах, Том 9. Владимир даль, СПб.: 2014. C. 42–43.

国主义，对东正教的虔诚信仰。"①1849 年 11 月，列昂季耶夫转学到莫斯科大学医学系就读。受大学环境的影响，他的思想一度倾向无神论和自由主义，但最终在 1862—1863 年间，强大的贵族美学思想战胜了年轻人的热情和激进，将他引向了虔诚信仰东正教和沙皇制度的道路上。除此之外，1871 年列昂季耶夫曾大病一场，濒临死亡，后因他不断向圣母祈求得以痊愈。由此，他彻底皈依了基督教，并在晚年剃度为修士，在修道院中度过了人生最后的时光。由此可见，贵族家庭的环境及个人成长过程中某些奇迹式的经历对列昂季耶夫产生了不可磨灭的影响，确立了他的保守主义思想倾向，坚定地维护君主专制、东正教会及其价值观念，反对在俄国盛行的资本主义思潮。

　　贵族传统促使列昂季耶夫成为一个坚定的保守主义者，推崇沙皇君主专制和贵族制度，坚定地维护教会的统治，因为"他看到美存在于教会、君主制、军队、贵族、不平等等方面，而不是现代的平等和中层资产阶级方面。一个社会，只有基于多样性、分化、不平等，才能是美的"②。这便是列昂季耶夫的社会哲学法则。资产阶级破坏了这样"美"的传统，一切的多样性都消失殆尽，取而代之的是整齐划一的理性乌托邦生活。这种对于现代资本主义的批判实际上在 19 世纪中后期的欧洲并不少见。波德莱尔就认为："诗和工业是两个本能地相互仇恨的野心家，假如他们狭路相逢，只能一个为另一个服务。"③只不过波德莱尔是站在较为先锋的现代主

---

① *Хатунцев С. В.* Константин Леонтьев–Интеллектуальная биография 1850–1874 г. г. СПб.: Алетейя, 2007. С. 53.

② *Бердяев Н. А.* Константин Леонтьев: Очерк из истории русской религиозной мысли. Алексей Степанович Хомяков. М.: АСТ: АСТ МОСКВА: ХРАНИТЕЛЬ, 2007. С. 32.

③ ［法］波德莱尔：《波德莱尔美学论文选》，郭宏安译，北京：人民文学出版社，1987 年，第 402 页。

义角度，而列昂季耶夫是以贵族精英的保守主义角度来予以批判。

1861 年，列昂季耶夫被圣彼得堡——当时俄罗斯精神生活的中心所吸引，因此搬至首都专心从事文学创作。在某天，在和《现代人》的一位职员以及车尔尼雪夫斯基、杜勃罗留波夫的学生交谈时，他了解到他们的愿望是"让全世界的所有人住在一模一样的、干净舒适的房屋中"，当时他便反驳道："从今以后我就不是你的同伴了！如果民主运动要导致这种可怕的平庸，那么我就对民主丧失了最后的好感。从现在开始我就是它的敌人！到目前为止，我还不清楚，进步主义者和革命者到底想要什么……"①

因此，列昂季耶夫对彼得改革后在俄国大行其道的资产阶级功利主义、唯理主义颇为不满。在他看来，在资产阶级思想盛行之前，俄罗斯充满淳朴自然的凝聚力，正是这种凝聚力的迸发使整个民族团结起来，打败了拿破仑帝国，也促使俄国社会各方面的发展处于上升阶段直至鼎盛时期。然而资本主义及其所强调的功利主义、个人主义等改变了这一切，人更加关注自身的俗世幸福，社会掀起了拜金主义、享乐主义的浪潮，最终导致慵懒、堕落、精神涣散，国家逐渐丧失凝聚力和战斗力。文学作为时代的产物，不可避免地被时代所牵制："资产阶级的豪华，资产阶级的堕落，资产阶级的节制，资产阶级的道德，跳动的波尔卡舞曲，常礼服，大礼帽和裤子，对于艺术家来说这些东西很少能激起灵感，当沙皇、神甫、统帅、伟大的国民都不存在了的时候，也无法期待艺术了……那个时候，当然，也不会有艺术家了。"②在这样的思想基础上，列昂季耶夫逐步形成

---

① *Бердяев Н. А.* Константин Леонтьев: Очерк из истории русской религиозной мысли. Алексей Степанович Хомяков. М.: АСТ: АСТ МОСКВА: ХРАНИТЕЛЬ, 2007. С. 31.

② *Леонтьев К. Н.* Полное собрание сочинений и писем в двенадцати томах К. Н. Леонтьева, Том 8（Ⅰ）. СПб.: Владимир даль, 2007. С. 163.

了其独特的审美口味。事实上，这种对资本主义社会的批判在当时来说并非列昂季耶夫一家独有。众所周知，赫尔岑对于西欧及俄国社会的庸俗化也是忧心忡忡。在他看来，资本主义所谓的平等究其实是欧洲精神衰落的表现，平均化的原则将使欧洲变成新的中国。

除此之外，列昂季耶夫的美学还使他身上具有了许多非俄罗斯特色，与俄罗斯的生活意识、俄罗斯特色、俄罗斯的世界观格格不入，这一点体现在以下几个方面：首先，他强烈反对冗杂的、粗俗的自然主义细节，认为文学的任务在于反映现实的"美丽"图景，并非丑陋、有缺陷的一面。"他不是在考虑受苦的人，而是在考虑诗意的人。"[1] 这种对"受苦的人"的忽视和对"诗意的人"的追求，与关注"苦难、救赎"的俄国传统人文主义精神核心背道而驰，也是其否定陀思妥耶夫斯基思想的理论来源之一。其次，批评家推崇悲观主义哲学，将其视作"未来科学的基础"[2]。正如弗兰克指出的："列昂季耶夫的唯美主义，和'阴暗的悲观主义'结合在一起，涉及到'对残暴行为和暴力的爱'。"[3] 他热衷于暴力美学，将战争视为美的事物："我喜欢民间暴动中战斗的部分……我那强大的想象力喜欢民主运动的战争方式。"[4] 这与西方浪漫主义的乐观主义传统同样格格不入。再次，列昂季耶夫热衷于审美价值胜过道德的"美学非道德主

① *Бердяев Н. А.* Константин Леонтьев: Очерк из истории русской религиозной мысли. Алексей Степанович Хомяков. М.: ACT: ACT МОСКВА: ХРАНИТЕЛЬ, 2007. С. 6.

② *Леонтьев К. Н. Наши новые христиане..//Леонтьев К. Н.* Полное собрание сочинений и писем в двенадцати томах, Том 9. Владимир даль, СПб.: 2014. С. 200.

③ *С. Л. Франк,* Миросозерцание К. Леонтьева, Леонтьев.//Леонтьев К. Н. Pro et contra: личность и творчество. Т. 1. СПб.: РХГИ, 1995. С. 237.

④ *Леонтьев К. Н.* Два графа: Алексей Вронский и Лев Толстой//*Леонтьев К. Н.* Полное собрание сочинений и писем в двенадцати томах, Том 8. Кн. 1. Владимир даль, СПб.: 2007. С. 297–298.

义"（Эстетический аморализм），即一切事物的准则都不应该是道德上的，而应该是审美上的，这在他的文学作品《丈夫的忏悔》中得到了充分体现。虽然在布尔加科夫和其他一些 20 世纪初的批评家看来，他魔鬼般的唯美主义和他的信仰本身就存在着矛盾。

此外，医学教育的背景、军医经历和丹尼列夫斯基有机文化理论的影响使列昂季耶夫养成了运用自然主义视角看待社会发展的习惯，主张社会学的性质和方法论同自然科学相结合。自然界生命有机体有三个发展阶段：诞生、成长、衰亡。列昂季耶夫将该原则移植到社会学理论之中，对国家、社会、宗教与文化等的发展进行了阶段性划分，形成了"三位一体"理论体系，即国家社会的发展也经历"原始的单纯"、繁荣的复杂"和"再次混合的简化"。"三位一体"发展过程三个阶段的划分原则在于有机体内部的多样化程度，多样化程度越高，证明有机体发展越繁荣；反之，同一性程度越高，则证明有机体正在退化。而实现多样化的唯一途径就是社会分化和不平等。列昂季耶夫的美学思想也与物质自然中发展思想的定义相吻合，他欣赏文学中和谐—矛盾、美好—丑陋，道德说教—创作美学之间的对立和斗争。但需要注意的是，在文学中，列昂季耶夫更倾向于文学要多反映现实生活美好的一面，而非黑暗的一面。

从国家政治层面来说，发展的第一阶段，即原始的单纯时期是指彼得大帝统治之前的时期，俄国社会各方面，如君主专制、教会和农民阶级，它们的发展都处在一种落后的、粗俗的、缺乏传统根基的层面上："在社会、我们的日常生活中，一切事物都是千篇一律的，各个组成部分是十分相似的。"[1]尽管如此，国家、社会却充满了蓬勃向上的生命力，社会的逐

---

① *Леонтьев К. Н.* Византизм и славянство.//*Леонтьев К. Н.* Полное собрание сочинений и писем в двенадцати томах, Том 7. Кн. 1. Владимир даль, СПб.: 2005. С. 320.

步发展、政治结构的分化促使整个国家民族获得越来越大的凝聚力。发展的第二阶段，即繁荣的复杂时期从彼得大帝开始，至尼古拉一世去世（1855）结束，在这将近二百年的时间当中，俄罗斯帝国及其所有的制度和文化达到了力量和荣耀的最高峰，俄国社会的每个方面都符合列昂季耶夫的美学标准："多样性中的统一性，繁荣的复杂——这是有机发展的顶峰。"① 尤其是彼得大帝和叶卡捷琳娜二世时代，他们为俄国的强大繁荣作做了最大贡献："从彼得大帝开始，社会阶级分化更加清晰、明确，出现了多样性，如果没有这种多样性，就不会有民族创作"；"叶卡捷琳娜二世引领俄国走向了繁荣、创作和发展。她加强了不平等。这是她最大的功绩。"② "只有当叶卡捷琳娜让贵族的地位合法地超越其他人、加强不平等时，艺术和思想在我国才能成为可能。"③ 在一切都达到了发展的顶峰时，衰落也同时发生了。发展的第三阶段，即再次的、混合的简单化时期也就是衰败时期，从尼古拉一世去世开始，经历了克里米亚战争的失败、亚历山大二世改革，拜占庭主义在俄国日渐式微，传统从此失去了生命力，被列昂季耶夫所痛恨的资产阶级自由主义、平均主义、民主主义、现实主义等彻底代替。"通过这种混合的方式，它（拜占庭主义——引者注）努力追求单调简单的理想，离目标却还远，它应当下台了，该为别人让路

---

① *Бердяев Н. А.* Константин Леонтьев: Очерк из истории русской религиозной мысли. Алексей Степанович Хомяков. М.: АСТ: АСТ МОСКВА: ХРАНИТЕЛЬ, 2007. С. 80.

② *Леонтьев К. Н.* Византизм и славянство.//*Леонтьев К. Н.* Полное собрание сочинений и писем в двенадцати томах, Том 7. Кн. 1. Владимир даль, СПб.: 2005. С. 320.

③ *Леонтьев К. Н.* Передовые статьи «Варшавского Дневника».//*Леонтьев К. Н.* Полное собрание сочинений и писем в двенадцати томах, Том 7. Кн. 2. Владимир даль, СПб.: 2006. С. 25.

了！"①俄罗斯文学受时代氛围的影响，其发展也与此基本同步。

列昂季耶夫的文学史观就其自身思想的产生与发展逻辑来看，具有本体论层面上的合理性；就整个动态的、发展的俄国文学史来看，也有耳目一新之感。事实上，正如中国现当代文学研究者王晓明指出的："实在没有必要把每一部文学史都写成进化和发展的历史。如果我们的阅读感受恰好相反，那就尽可以来写写文学的停滞史甚至倒退史和毁灭史。历史本身是那样的丰富，我们来理解它的思路绝不可以如此单一。"②因此，列昂季耶夫的文学史观虽然有不足，但也有不少值得思考的地方，至少它立场鲜明地表达了自己的感受，打破了我们的传统视野。

批评家站在古典文学的立场，对果戈理及其他经典作家的批评并非无的放矢。从文学自身角度讲，果戈理和陀思妥耶夫斯基的作品确实存在一定缺陷。例如，受自然派创作手法的影响，果戈理作品中存在一些与作品主题无关的多余描写，《死魂灵》中作品开始描写了两个庄稼汉探讨马车的轮子能否有能力支撑马车抵达莫斯科和喀山的片段，从全文的视角来看，这一描写过于突兀，和上下文情节及作品主题缺乏内在联系。至于陀思妥耶夫斯基，他的描写手法过于粗糙，文字累赘，这已成为国内外陀学界的共识③。最为典型的就是《罪与罚》中拉斯科尔尼科夫的思想转变缺乏心理发展的合理性解释，人物个性过于单薄，缺乏发展层次，等等。在这

---

① *Леонтьев К. Н.* Варианты и разночтения.//*Леонтьев К. Н.* Полное собрание сочинений и писем в двенадцати томах, Том 7. Кн. 2. Владимир даль, СПб.: 2006. С. 406–407.

② 王晓明：《从万寿寺到镜泊湖》，载王晓明：《刺丛里的求索》，上海：远东出版社，1995 年，第 252 页。

③ 譬如美国著名陀学家特拉斯就指出："如果说理想的小说结构是合理的布置和节制的线性情节发展，那么陀思妥耶夫斯基的小说就充满了太多的次要刻画、次要情节、强加的轶事、哲学对话、叙述者的随笔和其他离题，这些都很难说是合理建构的。"（Victor Terras. *Reading Dostoevsky*. The University of Wisconsin Press, 1998. P. 4–5.）

个问题上，纳博科夫（Набоков В. В., 1899—1977）可谓是列昂季耶夫的知音。他在《俄罗斯文学讲稿》中指出：果戈理的作品缺乏真实性，尤其是《死魂灵》中塑造的俄国背景和主人公乞乞科夫的虚构性过强，且细节描写冗杂，与作品整体主题缺乏深刻联系。陀思妥耶夫斯基作品缺乏艺术的永恒性，其本人也缺乏文学天赋，作品更多的是一大片一大片陈词滥调的荒原①。纳博科夫的观点在今天看来当然存在着片面性，但这和列昂季耶夫观点一样，何尝不是一种"深刻的片面"呢？

但从另一个角度讲，距离批评家提出上述观点已然过去了一百多年，果戈理、陀思妥耶夫斯基作为经典作家的长盛不衰已充分证明了他所谓的"衰败说"并不成立，其观点被证明存在许多局限性和不公允之处。

毋庸讳言，从文学角度来看，列昂季耶夫的文学史观仍然未能摆脱主观性，甚至带有一定的偏激色彩，因为其审美主义同样没能跳出自身政治立场——偏向保守主义和古典主义的局限性，从本质上说，这同宣扬资本主义理论的进步主义者一般无二。无论是从文学形式上还是主题上，他均坚持贵族唯美主义和古典主义文学品位，肯定一切与之相符的，否定一切不符的，这阻断了他从其他角度透视果戈理和陀思妥耶夫斯基作品的另外可能性，故意忽视作品的整体框架与基本主题，忽视俄国文学传统中对于人的心灵和命运的哲学思考以及对国家、社会、历史、民族等问题的深刻探索。别尔嘉耶夫也尖锐地指出了这一点："他对果戈理和陀思妥耶夫斯基的厌恶体现了其眼光的局限性和弱点……是他的根本错误……他不了解

---

① ［美］弗·纳博科夫:《俄罗斯文学讲稿》，丁骏、王建开译，上海：上海译文出版社，2018年，第117页。

果戈理创作的本质。"① "在这些令人不愉快的话语中，显现出一种不道德的、贵族的挑剔和流于表面的唯美主义，断绝了其深入作家精神世界的可能性……他从未觉得陀思妥耶夫斯基发觉了一种全新的、前所未有的美……这是列昂季耶夫无法跨越的精神体系的局限……列昂季耶夫的美学和宗教思想为他关上了陀思妥耶夫斯基那无穷无尽的世界及其所有伟大的精神启示。"②

　　罗赞诺夫曾这样评价列昂季耶夫："西方人厌恶地排斥他，斯拉夫主义者害怕将他纳入自己的行列——唯一的、独特的位置，已经通过自己的独特性揭示了宏大的、独特的思想；揭示了伟大的力量，它的地位在我们的文学和历史中尚不明确……"③一些学者常倾向于把列昂季耶夫划分为斯拉夫主义者，实际上，他从来都不是一个斯拉夫主义者，而且在很多观点方面与斯拉夫派正相反。诚然，列昂季耶夫未能被当时的时代所接纳，但是其对俄罗斯文学黄金时代的看法与传统观点相比具有自身的独创性，并且具有一定的合理性，值得我们今天去研究和探寻。

第三节　列昂季耶夫论托尔斯泰

　　罗赞诺夫是列昂季耶夫去世前一年认识的笔友，但因彼此观念相近而

---

① *Бердяев Н. А.* Константин Леонтьев: Очерк из истории Русской религиозной мысли. М.: Хранитель, 2007. С. 141.

② *Бердяев Н. А.* Константин Леонтьев: Очерк из истории Русской религиозной мысли. М.: Хранитель, 2007. С. 142–143.

③ *Розанов В. В.* Поздние фазы славянофильства.//*Розанвов В. В.* Полное собрание сочнений. в 35 томах. том 7. М.: 1996. С. 253.

成为可以交心的朋友①。罗赞诺夫在出版他与列昂季耶夫的通信集时回顾了他们的交往，也提及了他与列昂季耶夫的一次争论，起因便在于两人对托尔斯泰《安娜·卡列宁娜》人物的不同认识，主要是关于安娜的情人，即近卫军军官渥伦斯基伯爵。令人诧异的是，列昂季耶夫居然提出了下列观点："没有这些托尔斯泰们（也就是没有这些伟大的作家们），一个伟大的民族可以长时间生存，但是没有了渥伦斯基们，我们连半个世纪都活不过。没有了渥伦斯基们就不会有民族作家，因为我们将不会形成独特的民族。"②

将作家创造的人物看得比作家还要重要，这显然不是以文学的方式在讨论问题，不过众所周知的是 19 世纪俄国文学又偏偏不仅仅是文学，因此列昂季耶夫的这种悖论看起来似乎也在情理之中。不过，批评家论述中的悖论还不仅于此。

列昂季耶夫的文艺美学基本观实质上就是他之前一再强调的审美主义。何为审美主义？批评家尝言："我认为，美学批评就类似于真诚的、宗教的争论，必然应当来自鲜活的个人感觉，应当努力证实并且确立其逻辑性。在那里，先是个人的信仰，随后得到普遍的确认；在这里，先是主观的品味，随后是解释说明。"③批评家这里将现实主义批评作为信仰先行的批评与自己强调主观品味的审美批评做对比，究其实质是想摆脱 19 世

---

① 用罗赞诺夫的话说是"热情的、完全可信任的朋友"（горячие, вполне доверчивые друзья），参见 *Розанвов В. В.* Собрание сочинений. Том 13. Литературные изгнанники Н. Н. Страхов. К. Н. Леонтьев. М.: 2001. С. 319。

② *Леонтьев К. Н.* Два графа: Алексей Вронский и и Лев Толстой.//*Леонтьев К. Н.* Полное собрание сочинений и писем в двенадцати томах, том 8. Кни. 1. Владимир даль, СПб.: 2007. С. 306–307.

③ *Леонтьев К. Н.* Анализ, стиль и веяние.//*Леонтьев К. Н.* Полное собрание сочинений и писем в двенадцати томах, Том 9. Владимир даль, СПб.: 2014. С. 244.

纪以来强大的现实主义乃至功利主义批评传统。

众所周知，自别林斯基以降，俄国的文学批评向来是以鲜明的现实性和战斗性闻名于世的，发展到 19 世纪与 20 世纪之交时，已经走向另一个极端。譬如民粹派文学批评家米哈伊洛夫斯基（Михайловский Н. К.，1842—1904）曾因契诃夫创作的客观性而颇有不满之言，在《论父与子兼论契诃夫先生》（1892）中，批评家指责契诃夫在题材选择上的"偶然性"，指出："对契诃夫来说一切都是一样的，无论是人、他的影子、铃铛，还是自杀者。"[1] 这是由于作家对所反映现实的冷漠所造成的。然而，在这种貌似革命、正义的批评之中，我们不难发现一种危险的倾向，即原本对现实意义的强调只是俄国特殊国情赋予文学额外的一种功能，但到了世纪末，这似乎成了文学的本质特征。文学若不反映现实、批判现实便不是所谓的"进步文学"。反抗暴力的文学本身有变成文学暴力的倾向，原本控诉非正义的文学成为被象征主义者所控诉的对象。这无疑是 19 世纪末俄罗斯文学批评一种历史性的吊诡。列昂季耶夫所要面对的，就是以鲜明的个性来反对文学暴力。

批评家自然也意识到审美主义具有强烈的主观性："我很清楚自己评价的一切极端主观性，我也不会为了大众观点去寻求掩饰我的'自我'。"[2] 过分强调个人主观性，必然导致主流批评界对他的疏远。不过在今天看来，对于个性的强调就是审美现代性的表征之一。

所谓"现代性"，最早由波德莱尔在 1863 年《现代生活的画家》一

---

[1] *Михайловский Н. К.* Об отцах и детях и о г-не Чехове//*Михайловский Н. К.* Литературно-критические статьи. М. 1957. С. 600.

[2] *Леонтьев К. Н.* Анализ, стиль и веяние.//*Леонтьев К. Н.* Полное собрание сочинений и писем в двенадцати томах, Том 9. Владимир даль, СПб.: 2014. С. 247.

文中提出："现代性就是过渡、短暂、偶然，就是艺术的一半，另一半是永恒和不变。"[1] 艺术是矛盾统一的，蕴含着绝对与特殊、永恒和过渡："构成美的一种成分是永恒的、不变的，其多少极难以确定，另一种成分是相对的、暂时的，可以说它是时代、风尚、道德、情欲，或是其中一种，或是兼容并蓄……我不相信人们能发现什么美的标本是不包含这两种成分的。"[2] 波德莱尔在此所说的"永恒与不变"便是启蒙的基础——理性。在几个世纪以来以启蒙为口号的理性主义笼罩下，作家一方面强调艺术中变化的因素，另一方面也强调对两者共存、互为依靠的关系。因此，现代性就是对非理性因素的突出，对"兼容并蓄"的审美姿态的呼唤。列昂季耶夫的审美主义从本质上来说也是这种审美现代性的原型，从这个意义上说，列昂季耶夫是先驱者。正如有研究者指出的："列昂季耶夫比象征主义者、法国颓废派、斯宾格勒以及先锋派与现实主义理论家争论更早地看到了美被毁灭的症状。他看到了那些人们称之为进步的东西带来了美的死亡。"[3] 这就解释了为何白银时代思想家们对列昂季耶夫的思想遗产趋之若鹜，著名学者罗赞诺夫、别尔嘉耶夫、格里夫佐夫（Грифцов Б. А., 1885—1950）、富德尔（Фудель И. И., 1864—1918）等纷纷抓住思想家某一方面思想进行深入挖掘，写出了不少研究著作。

　　另外，"审美主义"顾名思义，必然要描写美的东西以振人心，像波德莱尔那样从"恶之花"中去寻找美的毕竟少之又少[4]。在批评家看来，19

---

① ［法］《波德莱尔美学论文选》，郭宏安译，北京：人民文学出版社，1987年，第485页。

② ［法］《波德莱尔美学论文选》，郭宏安译，北京：人民文学出版社，1987年，第475页。

③ *Корольков А. А.* Пророчества Константина Леонтьева. СПб.: 1991. С. 55.

④ 当然，这里也可以看作列昂季耶夫的悖论之一：一方面是现代派文学的先驱，提倡审美；另一方面在美学品味上又保持了传统。此外，一方面强调远离社会现实、个人色彩分明的审美；另一方面也关注时事，为"当代英雄"渥伦斯基辩护，徘徊于审美与功利之间。这同样是列昂季耶夫的悖论之一。

世纪俄国文学之所以堕落，关键在于两点，即选择人物和细节描写的失败："在个别情况下，作品中的人物是真实的，他们被刻画得非常好。但是如果我在现实生活中不时遇到了比所有这些半负面化的主人公都更加坚强、勇敢、美丽、出色、对国家和社会更有益的俄罗斯人的话我该怎么办呢？从局部来说，所有这些小说的作者是正确的，从对俄罗斯生活的整体反映来说——他们是错误的。"[1]

这就涉及到文学创作的基本命题之一：文学反映现实的问题。现实是丑恶的，但文学是否一定要去描写丑恶？列昂季耶夫一方面承认现实主义文学的力量，"包含着某种对成长于最新的、流行的俄罗斯流派中的人有教益的力量"；但同时也指出，类似作品中描写了大量形象丑陋、习气庸俗的人物，对这些人物的描写有"喘息声""啜泣声""神经兮兮地喝着伏特加""唾沫飞溅"等，"比如陀思妥耶夫斯基的主人公就常常互喷口水"。[2]审美变成了审丑，现实主义描写似乎用力过度，走向了自然主义的一面。这一切都是来自于果戈理，来自于自然派对现实直接的描写。因此，在批评家看来，托尔斯泰的贡献就在于他敢于与当时影响俄国文坛主流半个多世纪以来的"果戈理习气"（Гоголевщина）做斗争。

无独有偶，列昂季耶夫的同时代人斯特拉霍夫对此也有相似看法："果戈理之后整个文学的任务在于：探寻俄罗斯的英雄主义，消除果戈理那种对待生活的负面态度，更加正确、通过更加广泛的形式了解俄罗斯的

① *Леонтьев К. Н.* Два графа: Алексей Вронский и и Лев Толстой.//*Леонтьев К. Н.* Полное собрание сочинений и писем в двенадцати томах, том 8. Кни. 1. Владимир даль, СПб.: 2007. С. 310.

② *Леонтьев К. Н.* Анализ, стиль и веяние.//*Леонтьев К. Н.* Полное собрание сочинений и писем в двенадцати томах, том 9. Владимир даль, СПб.: 2014. С. 251.

现实。"① 于是在文坛的一片否定声中，"托尔斯泰第一个完成了任务。他第一个克服了所有困难，清除并且战胜了自己心灵中的否定的过程，从中解脱出来，开始创造体现俄罗斯生活积极面的形象"②。如此，托尔斯泰小说的意义就体现出来了。当大家都在描绘社会阴暗面、抨击社会的时候，他开始寻找并"开始创造体现俄罗斯生活积极面的形象"，并且他还成功地在俄罗斯生活中找到了这一理想："这一理想，按作者本人所提供的公式来说，便是纯朴、善良和真实。"③

不过，斯特拉霍夫这里所指的"体现俄罗斯生活积极面的形象"更主要的是指《战争与和平》中的人物，如探求人生意义的安德烈公爵、皮埃尔、娜塔莎等人，同时也包括乐天知命、深谙俄国文化精神的库图佐夫、卡拉塔耶夫等人。由此也引出了列昂季耶夫对托尔斯泰的一个质疑，即1812年的人物，怎么能具有19世纪50年代人的心理呢？他认为，这是《战争与和平》不如《安娜·卡列宁娜》的地方之一。

在列昂季耶夫看来，托尔斯泰是唯一在艺术才能上令他钦佩的作家。自视甚高的他在《我的文学生涯》等回忆中对屠格涅夫、陀思妥耶夫斯基、冈察洛夫等人多有批评之词，却与友人坦言："我不敢与托尔斯泰争锋，也不可与之相提并论。各得其所！"④ 批评家认为列夫·托尔斯泰是他那个时代杰出的文学人物。一些作家，比如屠格涅夫或者是列斯科夫，更

---

① *Страхов Н. Н.* Критические статьи об И. С. Тургеневе и Л. Н. Толстом（1862–1885）Издание четвертое. Киев.: 1901. С. 283.

② *Страхов Н. Н.* Критические статьи об И. С. Тургеневе и Л. Н. Толстом（1862–1885）Издание четвертое. Киев.: 1901. С. 283.

③ *Страхов Н. Н.* Критические статьи об И. С. Тургеневе и Л. Н. Толстом（1862–1885）Издание четвертое. Киев.: 1901. С. 281.

④ *Фетисенко О. Л.* Пророки Византизма Переписка К. Н. Леонтьева и Т. И. Филиппова. СПб.: 2012. С. 314.

擅长某种体裁或者描述某一种相对有限的情况，但是就深度和宇宙的宏伟而言，没有人可以与托尔斯泰伯爵相提并论。列昂季耶夫一再指出，托尔斯泰的优点几乎完全集中在他的两部伟大的小说《战争与和平》与《安娜·卡列宁娜》中。

列昂季耶夫论述托尔斯泰的主要篇章是《两位伯爵：阿列克谢·渥伦斯基和列夫·托尔斯泰》（1887）、《〈安娜·卡列宁娜〉与〈战争与和平〉》（1888）以及最有名的《分析、风格及潮流：论列夫·托尔斯泰的小说》（1890）等。本研究即以《分析、风格及潮流：论列夫·托尔斯泰的小说》为例，结合其余文章对他的托尔斯泰观做一论述。该书1—5节是总体的概述，第6—12节具体论述了"分析"（心理），第13节具体论述了"风格"（美学），第14节具体论述了"潮流"（历史的）。

在该书一开头，列昂季耶夫便表达了了对19世纪经典文学的看法，否定了那些以社会批判为使命的现实主义作品，同时也提出了自己的审美主义批评方法："因《战争与和平》中人物而引起我的思想变化出乎意料地将我引向了一条新的道路。我决定暂停我对19世纪不同俄罗斯人物社会价值和心理意义的研究，转而担负起宏观的、纯美学的任务——关于风格、分析、著名时代精神、环境中的潮流以及非潮流。托尔斯泰伯爵的人物无意中给了我一个机会去详细比较两部伟大作品的优缺点，对《安娜·卡列宁娜》和《战争与和平》的评论使我不由自主地表达一些我的文艺美学基本观，以及对自果戈理时期至今的全部俄罗斯现实主义流派薄弱面的看法。"[①] 这里可以看出，两部作品只是批评家用以剖析的对象，他真正要表达的是自己审美主义的观点。当然他的审美主义中又包含着大量他

---

① *Леонтьев К. Н.* Анализ, стиль и веяние.//*Леонтьев К. Н.* Полное собрание сочинений и писем в двенадцати томах, Том 9. Владимир даль, СПб.: 2014. С. 242–243.

对宗教的认识。

　　从主观的角度出发，列昂季耶夫认为：《安娜·卡列宁娜》的艺术水平要高于《战争与和平》。原因在于《战争与和平》虽然是历史的宏大叙事，具有爱国主义宣传的意义在里面。然而，"艺术创作的条件不同。大部分作家，尤其是现在长篇小说作家，都是直接观察周围的生活。但对于托尔斯泰来说，他为了再现1812年人们的生活，不得不将三分之二的努力都放在了想象力上。这是很大的区别。作家在此条件下获得的敬意也许便增加了许多。但当我们不谈创作力，而是评价作为真实人物的小说人物时，就不得不像我一样有所怀疑"①。小说描写的毕竟是历史，作者没有亲身体验过，描写真实与否存在争议，正如托尔斯泰同时代人对波罗金诺战役细节描写的质疑一样。更主要的是，从心理分析的层面来看，小说塑造的人物很可能不符合19世纪初的精神，而符合19世纪50年代的时代潮流。小说中诸多的细节描写体现了俄国文学中自然派及其"过分的自然观察"的影响。这种细节描写，尤其是心理描写一方面固然令人印象深刻；另一方面过分之处反而露出了破绽，显得不真实。譬如在谈到托尔斯泰小说里的三处死亡时，列昂季耶夫便认为："描绘受伤的人的感受和思想的变化是艺术的勇气；描绘灵魂的死后状态不再是勇气，而是无能的抱怨——仅此而已。"因此在批评家看来，托尔斯泰对安德烈公爵临死的描写要比对普拉斯库欣和伊万·伊里奇的死亡描写更具有诗意和真实感。谁能知道死后的感受呢？

　　相比之下，列昂季耶夫认为《安娜·卡列宁娜》的最大意义在于真实。不妨用批评家自己的话来强调一下他的基本看法："我们假设——是从

①　*Леонтьев К. Н.* Анализ, стиль и веяние.//*Леонтьев К. Н.* Полное собрание сочинений и писем в двенадцати томах, том 9. Владимир даль, СПб.: 2014. С. 242.

某个时期开始的——伟大的民族战争时期，在俄罗斯的记忆中不可磨灭的时期……当然，《战争与和平》的使命比《安娜·卡列宁娜》更崇高，作品中思想的内涵比其更宏伟。但是《安娜·卡列宁娜》离我们更近，因此我们这些现代人可以领略到它的美，尤其是对我们产生了直接的影响。同时，它具有很多好的特点，极其真实，博得了我们的全部信任，崇高的感情激励我们成为最优秀的人，使全体人民的英雄气概在后代的记忆中永垂不朽。最值得称赞的地方在于总算是人道地、公平地去塑造现在的俄罗斯上层社会了，甚至在某些地方带着明显的热爱……"①

如果按照上述拜占庭主义的"三位一体进程"理论来说，列昂季耶夫认为在《战争与和平》和《安娜·卡列宁娜》完成之后，托尔斯泰的创作道路走向了第一阶段，即原始的单纯阶段。严格来说，这是一个反三位一体进程。对照来看，《安娜·卡列宁娜》是托尔斯泰最好的作品，所谓繁荣的复杂时期；《战争与和平》当然属于杰作，但由于它过多的心理分析描写，以及真实性存疑，因此在列昂季耶夫看来只能屈居第三，即衰落阶段的创作。

回过头看，托尔斯泰根据一种天才的嗅觉和敏感度放弃了原来的风格和写作道路，转而走向了另一条道路——"走向自己民间故事的道路上去，走向道德宣传上去"②。因为他认为自己已经无法按照原来的风格写出比这两部作品更好的创作了。这标志着托尔斯泰最终厌倦了当时流行的俄罗斯现实主义创作方法了，而且这种变化不仅仅发生在托尔斯泰身上，还发生

① *Леонтьев К. Н.* Два графа: Алексей Вронский и и Лев Толстой.//*Леонтьев К. Н.* Полное собрание сочинений и писем в двенадцати томах, том 8. Кни. 1. Владимир даль, СПб.: 2007. С. 309–310.

② *Леонтьев К. Н.* Анализ, стиль и веяние.//*Леонтьев К. Н.* Полное собрание сочинений и писем в двенадцати томах, том 9. Владимир даль, СПб.: 2014. С. 252.

在了很多年轻作家身上——格涅季奇、奥尔洛夫斯基等。列昂季耶夫接下来分析了托尔斯泰的几篇民间故事，列昂季耶夫认为托尔斯泰的小说在彻底摆脱果戈理习气影响之后，艺术上越发朴实，简直到了大道无形、大音希声的地步，堪与普希金等人的作品相媲美。显然，这种观点是值得讨论的。正如当代俄罗斯研究者法捷耶夫（Фатеев В. А.）指出："一、短篇故事即使再完美，也很难与史诗作品相比，它只是个艺术小品、寓言，就是个微型作品。二、其中有太多晚年托尔斯泰所有的说教倾向。"[①] 不过从中似乎也能看出批评家不随大流、独具一格的评点风格。正是因为有这样的真实描写，《安娜·卡列宁娜》才更胜一筹。不过在做了如此详细、如此漫长的分析工作后，批评家自己也承认："很难决定，这些小说哪一部在艺术上更高，在政治上有益。这个和那个都如此完美……"[②]

可见，批评家似乎并非仅仅为了比较两部小说孰优孰劣写下上述文字。他口口声声强调审美主义的背后，实质上还是隐含了俄国文学关注现实的传统。这个悖论鲜明地体现在他对渥伦斯基这一人物的阐释上。

在《两位伯爵》一文中，列昂季耶夫逐一评点了 19 世纪俄国文学的经典人物，这实质上也是他文学史观的一次梳理："卓越的军人应该是，就像托尔斯泰曾经那样，多半是小说的主人公。在我们所有的文学中——从莱蒙托夫时代开始到托尔斯泰的大作之前，上流社会的军人不再是小说真正的主人公。

---

① *Фатеев В. А.* Какой роман Толстого лучше? (Беглые заметки о критическом этюде К. Н. Леонтьева «Анализ, стиль и веяние») //Научный результат. Социальные и гуманитарные исследования. Т. 5, № 1, 2019. С. 26.

② *Леонтьев К. Н.* Два графа: Алексей Вронский и и Лев Толстой.//*Леонтьев К. Н.* Полное собрание сочинений и писем в двенадцати томах, том 8. Кни. 1. Владимир даль, СПб.: 2007. С. 309.

《当代英雄》与《战争与和平》相差了 30 多年。在邪恶但诗意的怀疑论者毕巧林和安静、坚定同时又很狂热的渥伦斯基之间，耸立着果戈理那忧郁的幻影（不是创作《塔拉斯·布利巴》《罗马》和瓦库拉的果戈理，而是创作《死魂灵》和《钦差大臣》）的果戈理；他的幻影具有自身一切谴责的力量，它是丑陋的，讽刺的，荒谬的，有些'空洞'可怕。

"人们刚刚从这种阴郁中摆脱出来（并不是突然一下子，而是慢慢地）——那里有屠格涅夫和诚实的拉弗列茨基还有献身者罗亭；有皮谢姆斯基和他那高尚的泥瓦匠还有招人喜欢的 19 世纪 40 年代的人们；当然没有冈察洛夫和他的奥勃洛莫夫（因为奥勃洛莫夫和《死魂灵》中的坚捷尼科夫是一样的——只是更加地成功和讨人喜欢），但有冈察洛夫和他怯懦却敏感聪明的莱斯基。陀思妥耶夫斯基和一些满是血迹斑斑的脓堆的污水沟上面的十字架散发着的苍白幽远的光辉在那里；托尔斯泰自己也有最初的小说，他就像那个片面的，那时不算很独特崇拜后来特别著名的'简单和谦虚的'俄罗斯人的人。"①引用略长，但这里清晰地表明了列昂季耶夫对 19 世纪经典文学的总看法：除了托尔斯泰之外，自普希金以后的俄罗斯文学在走向衰落。他所列举的一系列人物——无论是性格薄弱的多余人，还是敢于举起斧头的新人——在他的笔下都不是那么可爱，都不可能成为"当代英雄"。

毫无疑问，列昂季耶夫对军人向来颇有好感。他在给朋友的信中谈道："我认为年轻英俊、勇敢博学，出身富家的军人（是的，正是军人）是俗世生活中永恒的最佳人类理想，能与之相提并论的只有诗人与僧

---

① *Леонтьев К. Н.* Два графа: Алексей Вронский и и Лев Толстой.//*Леонтьев К. Н.* Полное собрание сочинений и писем в двенадцати томах, том 8. Кни. 1. Владимир даль, СПб.: 2007. С. 306.

侣。"① 然而他之所以把渥伦斯基看得高于托尔斯泰，主要是考虑到 19 世纪俄国文学中的"当代英雄"问题。从最早的多余人（普希金、莱蒙托夫）到新人（屠格涅夫、车尔尼雪夫斯基），再到地下室人（陀思妥耶夫斯基），甚至俄国的商人（奥斯特洛夫斯基）、民间的义人（列斯科夫）等，整整一百年来，俄国文学围绕着这一问题塑造了无数文学形象，现在轮到列昂季耶夫回答了。

与许多人的看法不同，列昂季耶夫认为渥伦斯基公爵是自 19 世纪中叶以来俄国文学中出现的最积极、正面的主人公，一个与托尔斯泰本人很相似的主人公。批评家将渥伦斯基公爵称为："那些有坚定信念的、勇敢的、坚毅的甚至是身体强健的人……"② 渥伦斯基和安娜在繁荣复杂时代（即 1855 年之前）是浪漫的爱好者，他们使人想起了那个文化发展的顶峰时期。他们追求爱情，愿意用彼此的一切来对抗眼前这个功利的世界。这一切，是那些成天为蝇头小利奔波的资产者所不能理解的。因此，贵族军人便是列昂季耶夫心目中的理想人物，他们对外保家卫国，对内温文尔雅，体现着自拜占庭时代以来的高雅之风、绅士精神。

在小说中，安娜充满戏剧性的死亡也吸引了列昂季耶夫。他认为这比她只是在某个地方慢慢变老，或者像屠格涅夫悲剧中的女主人公一样进入修道院更合适。他甚至自行为小说人物设计命运："奥勃伦斯基的命运，说实话，我不知道怎么去安排，但是如果在我的结局中需要有一个人死去的话，那么我会让那个无关紧要的、讲求实际的基蒂死得快一点儿；而深深地依恋着这个极其普通的、不总是令人喜爱的妻子的列文，我或许会使

---

① *Леонтьев К. Н.* Избранные письма. СПб.: 1993. С. 238.

② *Леонтьев К. Н.* Анализ, стиль и веяние.//*Леонтьев К. Н.* Полное собрание сочинений и писем в двенадцати томах, Том 9. Владимир даль, СПб.: 2014. С. 241.

他在这个打击之后在教会面前平静下来，让他去修道院，吃斋，高举伊比利亚圣母像，尽可能多地做实际的、显著的善事，哪怕他有时会非常不情愿。"[1] 在批评家眼里，基蒂虽然温柔贤淑，但她讲究实际，实则俗不可耐。这令人想起《红楼梦》里通晓人情世故的薛宝钗，真实却不可爱。相形之下，强调审美主义的列昂季耶夫可能更欣赏浪漫而疯狂的安娜，这是由他那贵族出身的审美口味决定的。

列昂季耶夫对于贵族的看法，可能正像托克维尔在《美国的民主》（1835—1840）里所提及的：真正的贵族未必会把安逸的生活和物质享受当作人生目标，因为这些东西对他们来说是与生俱来，无甚新意。然而，时代变了。尽管贵族有这样那样的优点，在1789年法国大革命之后，这个阶层终究摆脱不了走下历史舞台的命运。巴尔扎克的《人间喜剧》以宏大的篇幅描述了资产阶级取代贵族这一幕：鲍赛昂子爵夫人高贵的出身抵挡不住百万法郎嫁妆的诱惑，最终还是被情人所抛弃。19世纪俄国社会的时代英雄，终将是那些敢于或为崇高理想或为现实金钱所拼搏的年轻人，他们未必可爱，但现实、功利，充满斗志。因此，列昂季耶夫把慵懒浪漫的贵族作为他心目中的理想人物指出来，实质也不过如堂吉诃德试图与风车作战，借此匡扶正义罢了，失败是必然的。从这点上说，列昂季耶夫的思想本身带有一种知其不可而为之的悲壮色彩。

另外，我们需要看到，列昂季耶夫对贵族的推崇在19世纪背景下自然有些逆潮流而动，但如果到了20世纪随着资本主义社会的发展，便反而能衬托出他的某些先见之明了。西班牙哲学家奥尔特加·加塞特（José

---

[1] *Леонтьев К. Н.* Два графа: Алексей Вронский и и Лев Толстой.//*Леонтьев К. Н.* Полное собрание сочинений и писем в двенадцати томах, том 8. Кни. 1. Владимир даль, СПб.: 2007. С. 307–308.

Ortega y Gasset，1883—1955）在他最著名的《大众的反叛》（1930）里与列昂季耶夫的观点有诸多共鸣。就以贵族而言，加塞特认为："在我的心目中，贵族就等同于一种不懈努力的生活，这种生活的目标就是不断地超越自我，并把它视为一种责任和义务。以此观之，贵族的生活或者说高贵的生活，就与平庸的生活或懈怠的生活形成了鲜明的对比：后者以一种消极被动的方式依赖自己，安于现状，害怕变动，除非有一种外在的压力迫使他走出封闭的自我。"[①]加塞特并不是从阶级的角度来区分大众与贵族的，他以文化（即他所谓的"特殊资质"）为标准。资本主义的大发展带来了经济的繁荣，也带来了文化的衰落。机械化、标准化的创作要求使得欧洲面临着一场"野蛮人的垂直入侵"。仔细想想，列昂季耶夫再三强调的不也是文化衰落的问题吗？只是早了几十年。

列昂季耶夫所看重托尔斯泰之处，除了他在《战争与和平》和《安娜·卡列宁娜》里都描写了批评家所喜欢的贵族形象之外，还在于在普希金之后的俄国文学家里，只有托尔斯泰才能以正面的态度去描绘俄国现实。正如批评家指出的："只有在托尔斯泰的作品中俄罗斯的现实才能完全重新获得属于自己的、从灰暗的《死魂灵》和《钦差大臣》时期开始就断送了的权利。只有托尔斯泰的现实主义（我想重复一次，是在这两部大的作品中，而不是在过去的那些有点糟糕的小说中）——只有托尔斯泰的现实主义是广阔而真实的现实主义。只有他的创作和俄罗斯的生活无异，而不是像其他作家一样创作许多在内容和价值上低于俄罗斯生活的作

[①]　［西］加塞特：《大众的反叛》，刘训练等译，长春：吉林人民出版社，2004年，第59—60页。

品。"[1] 这一点倒是与斯特拉霍夫观点一致。

事实上，描写社会正面现象的问题对作家本人来说也不陌生。托尔斯泰早在 1856 年 3 月 29 日就在自己的笔记本上写道："对所有那些应该愤慨的事情最好是回避，艺术的目的和社会的目的是不好相比的（正如数学上所说的那样）。"近十年之后，更为成熟的作家仍然坚持这一看法。1865年，托尔斯泰在给鲍鲍雷金（Боборыкин П. Д., 1836—1921）的一封没有寄出的信中写道："艺术家的目的不是无可争辩地解决问题，而是让人们热爱有着永不停止的无穷表现的生活。"[2] 可能正是这两方面的契合，使向来悲观的列昂季耶夫多少在托尔斯泰身上看到了文学的希望、社会的希望。

1892 年，罗赞诺夫在《俄国导报》上发表的《对历史的美学理解》中关注了列昂季耶夫对托尔斯泰创作的分析，称"列昂季耶夫通过对比两部著作，运用高超的技艺找到了《战争与和平》中存在、但在《安娜·卡列宁娜》中消失了的艺术缺点"，并结合"列昂季耶夫的美学历史基础"对此进行了详细的分析[3]。除此之外，罗赞诺夫《无价的智者》的文章首次刊登于 1911 年 6 月 21 日的《新时代》报上，该文中罗赞诺夫称列昂季耶夫为"文学的新天才"，高度称赞《分析、风格和潮流》的水平，称"圣彼得堡和莫斯科成千上万的人从钱包中掏出卢布去买列昂季耶夫的《分析、风格和潮流》——他们在一天中创立了'文学节'"；具体分析了列昂

---

[1] *Леонтьев К. Н.* Два графа: Алексей Вронский и и Лев Толстой.//*Леонтьев К. Н.* Полное собрание сочинений и писем в двенадцати томах, том 8. Кни. 1. Владимир даль, СПб.: 2007. С. 311.

[2] 《列夫·托尔斯泰文集》第 16 卷，周圣等译，北京：人民文学出版社，2000 年，第 98 页。

[3] *Розанов В. В.* Эстетические понимание истории.//К. Н. Леонтьев: Pro et Contra.: антология: в 2-х кн. Кн. 1. СПб.: РХГИ, 1995. С 29, 38.

季耶夫文学批评的基础为"美""复杂性"和"贵族等级制度"，着重分析了列昂季耶夫指出的托尔斯泰作品中体现的自然主义思想的缺点及以此对《战争与和平》和《安娜·卡列宁娜》进行的区分，视其为"第一个，也是迄今为止唯一一个指出托尔斯泰现实主义界限的人，至少是在《战争与和平》中"①。罗赞诺夫的这一评价，在今天看来应该说是符合实际的。

列昂季耶夫对托尔斯泰的评价因为观点过于新奇，因而往往不太为主流托学界所认可。除白银时代如罗赞诺夫等一些思想家对此有过关注之外，整个苏联时期应者寥寥。但应该看到，列昂季耶夫在评价托尔斯泰时有他的独特之处。譬如对于托尔斯泰文学才华的发展历程，批评家提出的反三位一体进程的观点就比较值得细读，虽然在托学中较为非主流。

当然，列昂季耶夫的意义并不仅在于托学研究。正如津科夫斯基指出的："列昂季耶夫的确善于'勇敢无畏'地对待最困难最基本的当代文化问题，如果说他也以激烈的方式提出了有关所有当代文化与基督教无法结合的问题的话，那这也并不意味着他不曾为俄国哲学探索这一主题而患上心病……但在尖锐地提出这一俄国哲学最根本的问题时，列昂季耶夫在俄国思想界发展过程中的全部重要意义也就包含在其中了。鲜明的作家的才华，头脑的冷静清明，对当代文化所处的根本困境的'勇敢'揭露，赋予列昂季耶夫在这一发展过程中处于一个非常重要的地位之一。"②俄国文化乃至世界文化往何处去，东正教能否拯救世界文化，俄罗斯在其中将要发挥什么作用等，对于这些问题，列昂季耶夫通过自己的拜占庭主义和审美

---

① *Розанов В. В.* Неоценимый ум（К. Леонтьев. « О романах гр. Л. Н. Толстого»）.//В. В. Розанов и К. Н. Леонтьев, СПБ.: Росток, 2014. С. 1048–1061.

② ［俄］瓦·瓦·津科夫斯基:《俄国哲学史》(上卷)，张冰译，北京：人民出版社，2013年，第508、509页。

主义都予以了一一答复。

当然，联系整个时代背景来看，列昂季耶夫的文学史观仅仅是一种表象，其中包含的文明史观才是批评家真正想表达的核心与本质。它体现出批评家对资本主义影响下俄国文化日益功利化、庸俗化的恐惧，对"乌合之众"（借用法国社会学家古斯塔夫－勒庞（Gustave Le Bon，1841—1931）的概念）而非贵族与精英文化作为主导者引领社会生活和国家发展所包含的危险性的忧虑。站在今天的角度回顾，这一担心不无道理。19世纪，工业革命和资本主义迅速发展，凭借其经济和政治优势向全球迅速扩张，随着彼得大帝及亚历山大二世的改革，俄国也走上了西化的快车道。一方面看，工业革命提高了生产力，促进了科学技术和人类文明一定程度上的进步；但从另一方面看，也滋生了许多新的社会问题：比如拜金主义、享乐主义、个人主义致使人性沦丧；片面追求个人幸福，使之凌驾于宗教道德和国家利益之上；俄国社会稳定的基石被打破，进而发生动荡、丧失民族凝聚力；话语权从贵族阶层逐渐转移至平民阶层，而平民阶层因缺乏教育和文化，在审美品位和思想眼界等各方面导致文化庸俗化、野蛮化。这些问题都是不争的事实，在当时也得到了国内外诸多思想家的关注和共鸣。

就俄国国内来看，象征主义的领袖人物梅列日科夫斯基（Мережковский Д. С.，1865—1941）在《论现代俄国文学衰落的原因及新流派》（1893）中提出的观点与列昂季耶夫不谋而合，他对19世纪60年代以后的文学与批评走向提出大胆质疑，对唯物主义思想和功利主义的长期一统天下予以尖锐批评，指出当时俄国文化的现状是"否定中庸俗的一面，最高的理想

的文化的缺乏，伟大的技术文明中表现出来的文明的野蛮"①，俄国文学成
为纯粹服务于社会政治的工具，正是这个时期文学批评的激进化和功利化
导致了文学的衰落。无独有偶，在工业革命的起源地英国也出现了对工业
革命和资本主义的反思。英国著名诗人、文学和社会评论家马修·阿诺德
（Mathew Arnold，1822—1888）在《文化与无政府状态》（1869）中猛烈
指责19世纪后半叶英国文化的野蛮化，他将维多利亚时代的英国人分为
野蛮人（贵族）、非利士人（中产阶级）和群氓（平民），抨击了他们唯利
是图的市侩习气，倡导以"文化寻求消除阶级，使世界上最优秀的思想和
知识传遍四海，使普天下的人都生活在美好和光明的气氛之中，使他们像
文化一样，能够自由地运用思想，得到思想的滋润，却又不受之束缚"②。
这种文化在当时来说就是以"美好"和"光明"著称的两希文化，阿诺德
对传统的希腊与希伯来文化（尽管不一定是贵族文化）的强调，在某种程
度上与列昂季耶夫有异途同归之意。

　　到了20世纪，随着资本主义社会的深度发展，列昂季耶夫观点的意
义便更为彰显。奥尔特加·加塞特在《大众的反叛》里的观点在某种程度
上也是对列昂季耶夫的回应。随着资本主义的发展，公众逐渐取代传统的
社会精英而成为欧洲社会文化各个领域的支配力量，其话语也逐渐具有威
势话语的特征。在另一方面，当时的公众缺乏必要的政治训练和理性涵
养，表现出力有不逮的情况——诸如易受短视的功利心驱动、轻信政治投
机家的承诺、对公共利益的冷漠等。资本主义的大发展带来了经济的繁

---

① ［俄］梅列日科夫斯基：《论现代俄国文学衰落的原因及新流派》，李廉恕译，载翟厚隆编
　选：《十月革命前后苏联文学流派》（上编），上海：上海译文出版社，1998年，第2页。
② ［英］马修·阿诺德：《文化与无政府状态》，韩敏中译，北京：生活·读书·新知三联书
　店，2002年，第83页。

荣，也带来了文化的衰落，文化面临着"野蛮人垂直入侵"的危险。

因此，列昂季耶夫因惧怕发展有可能带来的负面后果而拒绝进步，主观上期待俄国能永久停留在辉煌鼎盛的第二阶段，试图以人为努力阻挡社会和历史发展的客观进程。这一举动颇有因噎废食和故步自封之嫌，且与自己的观点自相矛盾，不符合列昂季耶夫本人提出的文明发展必然会历经衰落阶段的客观规律，因此是不可能成功的。资本主义文化的传入和大众文化的崛起是无法阻挡的客观历史进程，但它们究竟会毁灭还是推动社会进程，根本在于能否在借鉴外来文明优势的情况下坚守并传承自身的文化特色，把握好其中的平衡点，同时提升大众的素质和审美水准，尽量避免文化衰落现象的发生。

作为一位复杂又深刻的思想家，列昂季耶夫的论述有时是矛盾的，有时则颇具创意，对我们不无启示。身处 21 世纪的我们，如果能揭开他身上那么多"反动"标签，仔细研读他的文字，看他如何看待俄罗斯的历史定位，如何解决"东方问题"，如此种种，或许会对新世纪的俄罗斯形象有不一样的看法，也会对我们目前所推广的"一带一路"倡议实施有所启发。

东正教与白银时代的文学 （代结语）

19世纪、20世纪之交的俄罗斯文坛似乎非常矛盾，著名文学评论家、宗教哲学家梅列日科夫斯基（Мережковский Д. С.，1865—1941）说："应当用两种对立的特点来形容我们的时代——这是最极端的唯物主义的时代，又是精神上对理想迸发出最强烈要求的时代。"[①]"唯物主义"即批判现实主义文学在经历了一百多年的发展之后已经发展到左拉自然主义的阶段。左拉把小说创作当作科学实验来做，文学要一切按照科学的公式来，颇有僵化的趋势。与此同时，东正教思想又成了一些知识分子如梅列日科夫斯基等人关注的新焦点，他们和宗教界人士交流频繁，共同参与对于宗教精神的探索，重新审视19世纪的诸多文学经典，从而诞生了"新宗教意识"（Новое религиозное сознание）运动。别尔嘉耶夫后来总结道："宗教哲学要求把理论理性和实践理性结合在一起，达到认知的完整性。这是以精神力量的总和而不是仅以理性进行认知。"[②] 无论是文学还是哲学，它们的目标是一致的：都致力于渴望救赎，探索对彼岸生活及生命的终极意义。

---

① ［俄］梅列日科夫斯基：《论现代俄国文学衰落的原因及新流派》，李廉恕译，载翟厚隆编选：《十月革命前后苏联文学流派》（上编），上海：上海译文出版社，1998年，第2页。

② *Бердяев Н. А.* Русская идея. Париж.: YMCA–Press. 1971. C. 160.

　　白银时代对宗教思想的重视，一方面是文学家、批评家们出于反对批判现实主义的需要。就像文学史家文盖罗夫（Венгеров С. А., 1855—1920）在三卷本的《20世纪俄国文学史》（1914）中所说的：把高尔基、巴尔蒙特、布宁、别雷、索洛古勃等诸多流派的作家联系起来的是对平庸的传统的挑战，是"对高、远、深的追求，这追求只是要远离令人厌恶的平淡无味、单调平凡的无所作为"①。另一方面也是对19世纪保守主义思想中宗教因素的呼应。还是以新宗教意识为例，它"不是一种宗教，而是对于一种宗教的探索，是由梅列日科夫斯基寻求对于世界的一种特殊的、以基督教为基础的理解愿望所推动的"②。这种探索的基础一方面来自西欧的现代主义思想，另一方面便来自于19世纪的东正教思想传统。

　　但是，考虑到俄罗斯文学中历来就有的"大综合"传统，文学与宗教的区分很多时候区分并不那么明确。正如弗兰克所说的："最深刻最重要的思想在俄国不是在系统的学术著作中表达出来的，而是在完全另外的形式——文学中表达出来的。"③因此，所谓"东正教与白银时代的文学"这一命题实质上很多时候都是由文学家、批评家来完成的，主要载体也未必都是修道院神父们的高头讲章，而是诸多文学家以文学创作体现出的微言大义。但无论如何，东正教对白银时代文学乃至文化创造来说，是一个极为重要的思想来源。正如有学者指出的："可以说，以白银时代东正教神学思想为核心的俄罗斯文论，更能集中体现俄罗斯民族的精神探索和价值追求。它独特的探索路径不仅为俄罗斯民族认知世界开启了一扇窗口，更

① 转引自［俄］弗·阿格诺索夫主编：《白银时代俄国文学》，石国雄等译，南京：译林出版社，2001年，第2页。
② ［美］罗森塔尔：《梅列日科夫斯基与白银时代》，杨德友译，上海：华东师范大学出版社，2014年，第124页。
③ ［俄］弗兰克：《俄国知识人与精神偶像》，徐凤林译，上海：学林出版社，1999年，第4页。

是让西方知识界为之敬佩和叹服。"①

这种影响首先表现在思想家们对世界的认识上。发生在 19 世纪末 20 世纪初的第二次工业革命不但从根本上冲击了旧的现实，也冲击着旧的现实观念。列宁在谈及这一时期的俄国时说："农业资本主义首先打破了我国农业数百年来的停滞状态，大大地推动了我国农业技术的改造和社会劳动生产力的发展……木犁与梿枷、水磨与手织机的俄国，开始迅速地变为铁犁与脱谷机、蒸汽磨与蒸汽织布机的俄国……上述一切由资本主义所造成的旧经济制度的改变，必然也会引起人们精神面貌的改变。"②诸多新思想、新理论、新发明的出现大大地改变了人们的生活。过去一个时代的终结也许需要几百年、上千年乃至万年，现在却压缩到了一百年甚至几十年。人生的意义不仅要看长度，也要看深度。现实不再是一个充满必然性的、有始有终的故事，而是布满了偶然性的现实断片。在这种背景下，什么是世界、什么是对世界的认识（即知识）成为了一个问题。

索洛维约夫无疑是对白银时代产生最大影响的哲学家。他在《完整知识的哲学本原》所提出的对世界的认知，被象征主义者等大批现代主义文学家所接受。索洛维约夫认为：完整知识"是经验主义、理性主义和神秘主义的综合，这三者在其中的作用和意义各不相同。神秘主义按其绝对性来说具有第一性的意义，它决定着哲学知识的最高原理和最高目的；经验主义由于自己的物质性而成为最高原理的外在基础和应用与实现；理性主义因素由于其形式性而成为一切体系的中介或一般联系"③。也就是说，因

---

① 张杰：《"万物统一"的美学探索：白银时代东正教神学思想与俄罗斯文论》，载《外国文学研究》2018 年第 2 期，第 22 页。
② 《列宁全集》第 3 卷，北京：人民出版社，1984 年，第 277、547、552 页。
③ 转引自徐凤林：《索洛维约夫哲学》，北京：商务印书馆，2007 年，第 142 页。

为世界有三个层面，所以知识也是三方面的综合。之前的科学知识都是属于经验主义和理性主义层面，是不完整的知识。这样的观点自然让我们想起了波德莱尔著名的诗歌《感应》："自然是一座神殿，那里有活的柱子，不时发出一些含糊不清的语音……"①波德莱尔自然不反对现实世界的真实性，但他指出世界是一个"象征的森林"，除了现实世界之外，还有一个内在的精神的世界。诗人的使命便在于破译这些象征的符号，沟通这两个世界。不难想见，波德莱尔及索洛维约夫的类似观点，对当时的象征主义者不无启示②。

1893 年，梅列日科夫斯基发表了《论现代俄国文学衰落的原因及新流派》，较早地对传统现实主义文学及其哲学依据提出疑问，同时也提出要回到宗教的神秘主义。批评家在文中回顾了 19 世纪文学的现实主义传统，认为始于康德的理性主义曾为人类思想提供了认识现实的坚实基础，但今天这种基础已经不可靠了："现在，教条主义的最后一层幕布被永远揭开了，最后的神秘精神正在熄灭。"③因此，作为"理念之感性显现"（黑格尔语）的俄罗斯文学，也因其过度的公民性和倾向性逐渐走向没落。今后文学应该为之努力的是"这种对未曾体验过的东西的渴望，对难以捉摸的色调、对我们感受上的某种含糊不清的东西的追求，这就是未来理想的诗学的特征"④。在梅列日科夫斯基看来，文学的重点换了，不再是理性观

① ［法］波德莱尔：《恶之花·巴黎的忧郁》，钱春绮译，北京：人民文学出版社，1991 年，第 21 页。
② 有关波德莱尔对俄国象征主义的影响，可参见初金一：《俄国文学视野中的波德莱尔》，上海外国语大学硕士学位论文，2012 年。
③ ［俄］梅列日科夫斯基：《论现代俄国文学衰落的原因及新流派》，李廉恕译，载翟厚隆编选：《十月革命前后苏联文学流派》（上编），上海：上海译文出版社，1998 年，第 1—2 页。
④ ［俄］梅列日科夫斯基：《论现代俄国文学衰落的原因及新流派》，李廉恕译，载翟厚隆编选：《十月革命前后苏联文学流派》（上编），上海：上海译文出版社，1998 年，第 7 页。

照下的世界，而是难以捉摸的、神秘的感觉。而神秘主义，正如布尔加科夫神父所说："神秘主义是东正教的空气，是密度不同的，但恒久在它周围运动着的空气。"①

另一位象征主义大家巴尔蒙特（Бальмонт К. Д.，1867—1942）进一步阐明了对现实的看法。他在《象征主义诗歌浅谈》（1900）中比较了现实主义与象征主义的异同："具体的生活像激浪一样，把现实主义者卷走，他们在这种生活之外什么也看不见；而与实际生活隔绝的象征主义者，则仅仅把生活看作自己的幻想，他们从窗口向外观察生活。"②巴尔蒙特认为，传统的现实主义者看到的只是生活的碎片，是不完整的真实，因而并未把握住真正的现实，而象征主义者已跳出了纷繁琐事的束缚，能从更高更广的角度来审视生活。应该说这种说法在 20 世纪初社会极为动荡的背景下是有一定道理的，后来 60 年代兴起的法国新小说派在某种程度上就是对这种说法的回应。1901 年，象征主义的又一主将瓦·勃留索夫（Брюсов В. Я.，1873—1924）干脆直接宣称：什么是真实？"我所承认的东西，我现在、今天、这一瞬间承认的东西就是真的东西。"③这就将个人内心的体验作为了判断现实与否的标准，陷于某种相对主义的误区。这也是象征主义者强调个性的一种极端表现。

如果说勃留索夫对现实还有主客观之分的话，那么另一位象征主义小说家别雷（Белый Андрей.，1880—1934）则干脆取消了这种区分，把文

① ［俄］С. Н. 布尔加科夫：《东正教：教会学说概要》，徐凤林译，北京：商务印书馆，2001 年，第 179 页。

② ［俄］巴尔蒙特：《象征主义诗歌浅谈》，张捷译，载翟厚隆编选：《十月革命前后苏联文学流派》（上编），上海：上海译文出版社，1998 年，第 16 页。

③ ［俄］勃留索夫：《论真实——起因与迹象》，李廉恕译，载翟厚隆编选：《十月革命前后苏联文学流派》（上编），上海：上海译文出版社，1998 年，第 15 页。

学创作过程看作是象征过程，象征即现实。"……形式的各种元素的总和是作为我们的意识的内容出现。因此，内容与形式的形而上的矛盾是一种一时的矛盾。对我们来说，艺术的自身便是内容的结果。内容并非存在于形式之外。"[①]别雷所谓的"现实"不仅包括了现象世界的真实情况，而且涵盖了作家本人的体验和感受。因此，从对神秘主义的强调到认为象征主义高于现实主义，再到我即现实、象征即现实，传统的客观真实逐步让位于个人的主观意识，甚至取消了人的存在，象征即一切。换言之，别雷取消了传统现实观的二元对立而以象征统而代之，象征既是现实，亦是世界观，还是文学创作手法。这种综合的认知背后似乎有着东正教三位一体理念的影子。

这种在理论上对现实认知的变化，必然会影响到了思想界、文学界对国家形象的认识。曾几何时，19世纪的俄国思想界、文学界都在为双头鹰到底朝向何方而争论不已。俄罗斯是否应该走上彻底学习西方的道路，或者坚持传统，回到专制君主和农奴制的老路上。相应地，在思想、文学中也出现了各种对立：斯拉夫派与西欧派、进步与反动、父与子等不同类型。到了白银时代，这一切对立似乎被逐渐淡忘了，文化的融合成为主流。在这样的背景下，俄罗斯的国家形象成了亦东亦西的欧亚帝国，父辈和子辈在共同面对革命的浪潮时或者携手奔向革命（如高尔基《母亲》），或者携手一起告别革命（如别雷《彼得堡》）。

诚然，别雷在给伊万诺夫－拉祖姆尼克（Иванов-Разумник Р. В., 1878—1946）的一封信中这样说："我的这部长篇小说，是借助象征性的地点和时间，描写残缺不全的想象形式的下意识生活，我的《彼得堡》实

---

① *Белый А.* Символизм.. Muchen.: Wilhelm Fink Verlag, 1969. C. 222.

质上是对被意识割断了同它自然本性联系的瞬间下意识生活的记录，它的真正的登场人物，则是一些想象的形式，即所谓不曾游到意识这道门槛的想象形式，不妨把这部长篇小说称作是'大脑的游戏'。"① 但是要记住，这只是小说家的一家之言。事实上，别雷同样说过："艺术的最终目的是改造生活，文化的最终目的是改造人类。"② 可见对他来说，文学并不是纯粹"大脑的游戏"，更可能是他面对现实的另一种态度。美国学者罗森塔尔在谈到俄国象征主义特点时就指出了这一点："俄国艺术家并没有真正地摆脱艺术必须为之服务的民粹派理想……艺术并不就是目的本身，而是走向更高的真理手段。"③ 所以在这个问题上，还是托洛茨基（Троцкий Л. Д.，1879—1940）看得更透彻一些："就这一具体的社会意义而非抽象的形式意义而言，象征主义不单纯是一种艺术技巧的手法，而是知识分子对现实的逃避，是他们对另一世界的营造，是艺术上对独立自在的幻想和消极无为的培养。"④ 换句话说，别雷以象征来超越生活与艺术两个空间，在艺术的生活中创造生活的艺术，从而建造一个属于自己的审美乌托邦，可是它终究离不开生活，终究是以生活为根基的。

别雷笔下的彼得堡便是这种乌托邦的尝试，这是对 19 世纪彼得堡象征意义的继承和超越。在别雷之前，彼得大帝及其所缔造的彼得堡在斯拉夫派和西欧派中间有着截然对立的指向：前者认为彼得是反基督者，彼得堡是一座非俄罗斯的罪恶之城（陀思妥耶夫斯基的《罪与罚》《少年》等作品中对此多有描述）；而西方派则多认为彼得是俄国首位改革者，"第一

① *Андрей Белый и Иванов-Разумник.* Переписка. СПб.: Изд-во Феникс; Atheneum, 1998. C. 35.

② *Андрей Белый.* Символизм. Muchen.: Wilhelm Fink Verlag. 1969. C. 10.

③ ［美］罗森塔尔：《梅列日科夫斯基与白银时代》，杨德友译，上海：华东师范大学出版社，2014 年，第 74 页。

④ ［俄］托洛茨基：《文学与革命》，刘文飞等译，北京：外国文学出版社，1992 年，第 219 页。

位知识分子"（梅列日科夫斯基语），彼得堡是文明和文化的象征。可以说，有关彼得堡的争论正如斯拉夫派与西欧派的争论一样伴随了整个 19 世纪俄国文学史、思想史①。而到了别雷这里，这两种象征却被模糊了，综合了。彼得大帝成为革命与反动的综合体，一方面他象征杜德金精神上的父亲（后者称之为"老师"），另一方面他当年制订的种种规章制度成为参政员用以压迫整个俄国的工具；相应地，彼得堡甚至俄罗斯都成为了一个对立统一的大舞台，按利哈乔夫说的："不是处于东方和西方之间，它同时既是东方又是西方，也就是说，整个世界。"②这是对一个多世纪以来俄罗斯国家形象的一个重新阐释。它有别于保守派的斯拉夫主义梦想，也不同于西欧派的西式现代化强国梦。如果要找根源，或许可以从列昂季耶夫的拜占庭主义中能找到一点相似之处，即囊括东西方。有当代俄国学者指出了彼得堡的这种抽象意义："小说故事发生地和作品的'主角'——彼得堡，它是俄罗斯帝国的首都，并因为这一身份而成为俄罗斯历史的枢纽，东方和西方的交汇点。但是东方和西方的问题比俄罗斯历史更宽泛，它是世界历史进程的矛盾性的直观表现。这个世界历史进程即宇宙力量在地球历史表面的投影。这么说来，彼得堡就是宇宙力量碰触的'数学的点'。"③

小说伊始便提出这样一个问题："我们的俄罗斯帝国是什么意思？"

---

① 也许不是偶然，2000 年彼得堡的俄罗斯基督教人文学院出版社出版了论文集，题为《莫斯科——彼得堡：赞成与反对：民族自我认知历史中的文化对话》，其中收录了从米·谢尔巴托夫到尼·塔季谢夫等人有关双城的近 50 篇文章，把近 200 年来双城之争做了一个汇总。详情参见 *Исупов К. Г. и др.* Москва – Петербург: pro et contra. Диалог культур в истории национального самосознания. СПб.: РХГИ. 2000。

② ［俄］安·别雷：《彼得堡》，靳戈等译，北京：作家出版社，1998 年，第 4 页。

③ 俄罗斯科学院高尔基世界文学研究所编：《俄罗斯白银时代文学史》第 3 卷，兰州：敦煌文艺出版社，2006 年，第 174—175 页。

作家给出的回答是：“它是地理上的统一体，俄罗斯帝国包括：首先——大俄罗斯、小俄罗斯、白俄罗斯和赤色俄罗斯；其次——格鲁吉亚、波兰、喀山和阿斯特拉罕公国；第三，它包括……但是还有——其他的等等，等等，等等。”① 在这段回答中作者已经指出了横跨东西方的俄罗斯在地理位置上和民族成分上的多面性。具体到圣彼得堡的由来：“有位毕生漂泊的荷兰船长，他驾驶着一艘不祥的帆船穿越迷雾茫茫的波罗的海和德国来到彼得堡，用欺骗手段在这里建立一块雾蒙蒙的陆地，并把聚集起来的云涛称作岛屿；这位荷兰人从这里燃起小酒馆的鬼火，二百年来把信仰东正教的人吸引到这些地狱般的小酒馆中，伤风败俗，散播传染病。”② 可见，城市的发展历史同样充满着东西方的交融。在别雷的笔下，西方的文化和东正教信仰都聚集到彼得堡这样一个包容的城市、融合的城市。

《彼得堡》创作于 1913—1914 年间，正是在 1905 年革命之后，也是在第一次世界大战暴风雨的前夜。小说情节并不复杂，讲述了这个城市几天内发生的事，但又几乎囊括了俄国批判现实小说一切重要主题（除去农民问题）：爱情、政治、家庭、小人物、知识分子心态等，而其中最主要的是主人公尼古拉及其父阿波罗、革命党人杜德金的命运。他们三者的不同象征以及彼此间错综复杂的关系构成了小说的主要内容，他们最后的选择也暗示了作家对俄国未来命运的思考。

著名别雷研究专家列·多尔戈波洛夫（Долгополов Л. К., 1928—1995）指出：“尽管别雷努力在作品中营造和谐，但是他的作品中并没有‘和谐’。然而对于全世界生活格局的理想观念无论是在别雷创作小说时，

---

① ［俄］安·别雷:《彼得堡》，靳戈等译，北京:作家出版社，1998 年，第 7 页。
② ［俄］安·别雷:《彼得堡》，靳戈等译，北京:作家出版社，1998 年，第 25 页。

还是在他生命的最后时刻都支配着他的意识。"① 这种 "全世界生活格局的理想观念" 在笔者的理解中就是别雷对俄罗斯国家形象，对俄罗斯人的定位。从艺术的角度看，作家曾说《彼得堡》的目标是预示一个从语言衰败时期向复兴时期过渡的世纪之来临："这样的世纪的标志就是音乐精神闯入诗歌：声音的音乐力量被词语复活。"② 音乐之于别雷是象征主义文学艺术之源泉和终极归宿，音乐精神的复活代表了文化时代的来临，因为 "所有的艺术都起源于音乐"③。

在 1933 年的自述中，作家谈到了小说的另一个主题即覆灭，准确地说是旧国家形象的覆灭与新国家形象的新生："反映 1905 年革命的长篇小说《彼得堡》贯穿着沙皇统治下彼得堡覆灭的主题"④，在该作品里 "我写的是有关已成为历史事实的事情：关于彼得堡的消失、关于革命、关于俄国社会生活的危机"⑤。彼得堡作为俄罗斯的大脑（莫斯科是它的心脏）和两百年来的政治文化中心，历来是各种思想针锋相对之地，旧彼得堡的 "覆灭" 和 "消失" 意味着种种意识形态争端的终结。在小说的最后，象征着东西方交织点的彼得堡被作者抛弃了。在别雷建构的审美乌托邦里，作家选择了埃及——这个人类文明的发源地之一——作为主人公心灵的归宿。俄罗斯不再纠结于东方还是西方，它跳出了原先的争论模式，回归了人类文明的起点。俄罗斯就是俄罗斯自己。正如同别雷用象征来取代现实一样，他通过这种对传统对立模式的颠覆来实现了对俄罗斯国家形象的再

---

① *Долгополов Л. К.* Андрей Белый и его роман《Петербург》. Л.: Советский Писатель Ленинградское отделение. 1988. C. 197.

② *Андрей Белый*. Символизм. Muchen.: Wilhelm Fink Verlag. 1969. C. 434.

③ *Андрей Белый*. Арабески. Muchen.: Wilhelm Fink Verlag. 1969. C. 14.

④ ［俄］安·别雷:《作家自述》，张小军译，载《世界文学》1992 年第 4 期，第 203 页。

⑤ *Андрей Белый* Почему Я стал сиволистом. Michigan Ardis.: Ann Arbor. 1982. C. 79.

创造。具体到人物，尼古拉告别了革命，出走的安娜回归了家庭，年老的参议员回到了庄园，俄罗斯人似乎终于找到了属于自己的定位。

然而，从历史的发展结果来看，别雷的这一审美乌托邦最终没有也不可能实现，随即而至的世界大战与革命打破了别雷这一较为超然的构想。布尔什维克政权的建立又使得俄罗斯国家形象的建构思想从东正教转移到马克思列宁主义了。尽管按照别尔嘉耶夫的说法："俄罗斯民族就其类型及精神结构而言是一个宗教民族……俄罗斯的无神论、虚无主义、唯物主义都带有宗教色彩。出身于平民和劳动阶层的俄罗斯人甚至在他们脱离了东正教的时候也在继续寻找上帝和上帝的真理，探索生命的意义。"[1]与此同时，苏联的国家形象建构过程中也受到了包括"第三罗马""弥赛亚主义"等东正教因素的潜在影响，但这毕竟是另一个需要研究的话题了。

没有一种研究是完美的，说这话并非是为自己研究的不足开脱。必须承认，"东正教与白银时代文学"问题事实上是一个较为庞杂的话题，此处仅以别雷为代表匆匆数语带过，自然有失偏颇。然而，自 20 世纪 90 年代以来，俄罗斯白银时代文学研究在国内已蔚然成风，出现了不少有价值的著述，其中虽无特别针对国家形象展开研究者，但若择其要者细细读来，实则与本研究存在着不少相通之处可作参考。

借用谢尔盖·布尔加科夫的话来结束全文："俄国的东正教神学在 19世纪，也像在今天一样，有一批思想独特的杰出神学家，他们少有相似，但都属于东正教：大主教费拉列特和布哈列夫，霍米亚科夫和弗拉基米尔·索洛维约夫，陀思妥耶夫斯基和康斯坦丁·列昂季耶夫，弗洛连斯基和别尔嘉耶夫，等等，尽管他们有很大差异，但每个人都以自己的神学方

---

[1] *Бердяев Н. А.* Русская идея. Париж.: YMCA-Press. 1971. C. 253.

式表达了东正教的自我意识。"[①] 应该说，本研究的努力方向便是探究这种宗教的"自我意识"在俄罗斯文学、思想中之体现及发展，进而勾勒一下在这种自我意识影响下俄国国家形象的生成。不过，考虑到东正教的神秘色彩，本研究在多大程度上能说清这一问题，笔者也不敢保证。正如弗洛连斯基神父所言："东正教只可展示，但不可证明……对于希望理解东正教的人来说只有一个办法——直接的东正教的体验。"[②] 然而这又是笔者目前难以做到的。唯愿此处研究之不足，在今后的研究中有继续补充完善的机会。

[①] ［俄］C. H. 布尔加科夫：《东正教：教会学说概要》，徐凤林译，北京：商务印书馆，2001 年，第 109 页。

[②] *Свящ. П. Флоренский*. Столп и утверждение Истины. М.: Путь, 1914. С. 7-8.

参考文献

一、中文

[1] ［俄］安年科夫:《文学回忆录》，甘雨泽译，哈尔滨：黑龙江人民出版社，1999年。

[2] ［俄］巴纳耶夫:《群星灿烂的年代》，刘敦健译，上海：上海译文出版社，1995年。

[3] ［俄］巴纳耶娃:《巴纳耶娃回忆录》，蒋路等译，上海：上海译文出版社，1981年。

[4] ［苏］鲍戈斯洛夫斯基:《屠格涅夫》，冀刚等译，上海：上海译文出版社，1983年。

[5] ［俄］尼古拉·别尔嘉耶夫:《陀思妥耶夫斯基的世界观》，耿海英译，桂林：广西师范大学出版社，2008年。

[6] ［俄］别林斯基:《文学论文选》，满涛、辛未艾译，上海：上海译文出版社，2000年。

[7] ［苏］比亚雷、克列曼:《屠格涅夫论》，冒效鲁译，上海：上海文艺出版社，1962年。

[8] ［俄］C.H.布尔加科夫:《东正教：教会学说概要》，徐凤林译，

北京：商务印书馆，2001 年。

[9]［俄］布宁：《托尔斯泰的解脱》，陈馥译，沈阳：辽宁教育出版社，2000 年。

[10]［俄］车尔尼雪夫斯基：《文学论文选》，辛未艾译，上海：上海译文出版社，1998 年。

[11] 陈燊编选：《欧美作家论列夫·托尔斯泰》，谭立德等译，北京：中国社会科学出版社，1983 年。

[12] 陈燊主编：《费·陀思妥耶夫斯基全集》第 22 卷，张羽等译，石家庄：河北教育出版社，2010 年。

[13] 戴桂菊：《俄国东正教会改革（1861—1917）》，北京：社会科学文献出版社，2002 年。

[14]［俄］杜波罗留波夫：《文学论文选》，辛未艾译，上海：上海译文出版社，1984 年。

[15]［苏］弗里德连杰尔：《陀思妥耶夫斯基的现实主义》，陆人豪译，合肥：安徽文艺出版社，1994 年。

[16]［苏］弗里德连杰尔：《陀思妥耶夫斯基与世界文学》，施元译，上海：上海译文出版社，1997 年。

[17]［苏］格奥尔基·弗洛罗夫斯基：《俄罗斯宗教哲学之路》，吴安迪等译，上海：上海人民出版社，2006 年。

[18]［俄］冈察洛夫、屠格涅夫、陀思妥耶夫斯基、柯罗连科：《文学论文选》，冯春编选，上海：上海译文出版社，1997 年。

[19] 高文风编译：《屠格涅夫论》，高文风译，沈阳：辽宁人民出版社，1986 年。

[20]［俄］格奥尔吉耶娃：《文化与信仰：俄罗斯文化与东正教》，焦

东建等译，北京：华夏出版社，2012年。

[21]〔苏〕格罗斯曼：《陀思妥耶夫斯基传》，王健夫译，北京：外国文学出版社，1987年。

[22]〔苏〕阿·弗·古雷加：《俄罗斯思想及其缔造者们》，郑振东译，南京：南京大学出版社，2018年。

[23]〔苏〕古谢夫：《〈战争与和平〉创作过程概要》，雷成德译，西安：西北大学出版社，1987年。

[24]〔苏〕古谢夫：《〈安娜·卡列宁娜〉创作过程概要》，雷成德译，呼和浩特：内蒙古教育出版社，1993年。

[25]〔苏〕古谢夫：《悲凉出走：托尔斯泰的最后岁月》，章海陵译，合肥：安徽文艺出版社，1999年。

[26]〔苏〕古谢夫：《托尔斯泰艺术才华的顶峰》，秦得儒译，武汉：湖北人民出版社，2000年。

[27]〔俄〕赫尔岑：《赫尔岑论文学》，辛未艾译，上海：上海文艺出版社，1962年。

[28]〔俄〕赫尔岑：《往事与随想》（3卷），项星耀译，北京：人民文学出版社，1993年。

[29]〔俄〕赫尔岑：《彼岸之声》，凡保轩译，哈尔滨：黑龙江人民出版社，2015年。

[30]〔苏〕赫拉普钦科：《艺术家托尔斯泰》，刘逢祺等译，上海：上海译文出版社，1987年。

[31]〔德〕黑塞等：《陀思妥耶夫斯基的上帝》，斯人等译，北京：社会科学文献出版社，1999年。

[32]〔俄〕赫克：《俄国革命前后的宗教》，高骅等译，上海：学林出

版社，1999 年。

[33] 胡日佳：《俄国文学与西方：审美叙事模式比较研究》，上海：学林出版社，1999 年。

[34]［英］加德纳·海伦：《宗教与文学》，沈弘等译，成都：四川人民出版社，1998 年。

[35] 季明举：《艺术生命与根基：格里高里耶夫"有机批评"理论研究》，北京：中国文联出版社，2005 年。

[36] 季明举：《斯拉夫主义的文艺理论和文化批评》，北京：中国社会科学出版社，2015 年。

[37]［俄］瓦·瓦·津科夫斯基：《俄国哲学史》（上、下），张冰译，北京：人民出版社，2013 年。

[38] 金亚娜：《充盈的虚无：俄罗斯文学中的宗教意识》，北京：人民文学出版社，2003 年。

[39]［德］莱茵哈德·劳特：《陀思妥耶夫斯基哲学：系统论述》，沈真等译，北京：东方出版社，1996 年。

[40] 乐峰主编：《俄国宗教史》（上、下），北京：社会科学文献出版社，2008 年。

[41]［俄］列宁：《论文学与艺术》，北京：人民文学出版社，1983 年。

[42] 刘建军：《基督教文化与西方文学传统》，北京：北京大学出版社，2005 年。

[43] 刘锟：《东正教精神与俄罗斯文学》，北京：人民文学出版社，2009 年。

[44]［苏］留利科夫编：《残酷的天才：回忆陀思妥耶夫斯基》（上、下册），翁文达等译，上海：上海译文出版社，1989 年。

[45] 刘宁主编:《俄国文学批评史》,上海:上海译文出版社,1999年。

[46] 李正荣:《托尔斯泰的体悟与托尔斯泰的小说》,北京:北京师范大学出版社,2001年。

[47] 〔苏〕卢那察尔斯基:《论俄罗斯古典作家》,蒋路译,北京:人民文学出版社,1962年。

[48] 〔苏〕卢那察尔斯基:《论文学》,蒋路译,北京:人民文学出版社,1983年。

[49] 〔俄〕H.O.洛斯基:《俄国哲学史》,贾泽林等译,杭州:浙江人民出版社,1999年。

[50] 〔俄〕罗赞诺夫:《陀思妥耶夫斯基的"大法官"》,张百春译,北京:华夏出版社,2002年。

[51] 〔俄〕罗扎诺夫·瓦·瓦:《陀思妥耶夫斯基启示录——罗扎诺夫文选》,田全金译,上海:华东师范大学出版社,2013年。

[52] 〔俄〕米尔斯基·德:《俄国文学史》(上下),刘文飞译,北京:人民出版社,2013年。

[53] 〔苏〕尼科利斯基:《俄国教会史》,丁士超译,北京:商务印书馆,2000年。

[54] 倪蕊琴编选:《俄国作家批评家论列夫·托尔斯泰》,北京:中国社会科学出版社,1982年。

[55] 〔俄〕普列汉诺夫:《普列汉诺夫美学论文集》(2卷本),曹葆华译,北京:人民出版社,1983年。

[56] 〔俄〕普罗托波波夫·M.A等:《别林斯基、杜勃罗留波夫、皮萨列夫、冈察洛夫》,翁本泽译,郑州:海燕出版社,2005年。

[57] 任光宣:《俄国文学与宗教:基辅罗斯——19世纪俄国文学》,北

京：世界图书出版公司，1995 年。

[58]［苏］日丹诺夫：《〈安娜·卡列宁娜〉的创作过程》，雷成德译，呼和浩特：内蒙古人民出版社，1982 年。

[59]［俄］什克洛夫斯基：《列夫·托尔斯泰传》，安国梁等译，郑州：海燕出版社，2005 年。

[60]［美］斯坦纳·乔治：《托尔斯泰或陀思妥耶夫斯基》，严忠志译，杭州：浙江大学出版社，2011 年。

[61]［俄］Вл.索洛维约夫等编：《俄罗斯思想》，贾泽林等译，杭州：浙江人民出版社，2000 年。

[62]［俄］Вл.索洛维约夫：《俄罗斯与欧洲》，徐凤林译，石家庄：河北教育出版社，2002 年。

[63]［俄］弗·谢·索洛维约夫等：《精神领袖：俄罗斯思想家论陀思妥耶夫斯基》，徐振亚等译，上海：上海译文出版社，2009 年。

[64]［俄］托尔斯泰娅·索·安：《托尔斯泰夫人日记》（上、下），谷启珍等译，北京：中国社会科学出版社，1983 年。

[65]［俄］屠格涅夫：《屠格涅夫选集》（11 种），北京：人民文学出版社，1993 年。

[66]［俄］屠格涅夫：《文论·回忆录》，张捷译，石家庄：河北教育出版社，1994 年。

[67]［俄］屠格涅夫：《屠格涅夫全集》第 12 卷《书信》，张金长等译，石家庄：河北教育出版社，2000 年。

[68]《同时代人回忆托尔斯泰》（上、下），周敏显等译，上海：上海译文出版社，1984 年。

[69]［俄］陀思妥耶夫斯基：《陀思妥耶夫斯基论艺术》，冯增义等译，

桂林：漓江出版社，1988 年。

[70] 王志耕:《宗教文化语境下的陀思妥耶夫斯基诗学》，北京：北京师范大学出版社，2003 年。

[71] 王志耕:《圣愚之维：俄罗斯文学经典的一种文化阐释》，北京：北京大学出版社，2013 年。

[72]［美］韦勒克・雷纳:《近代文学批评史》第 4 卷，杨自伍译，上海：上海译文出版社，2009 年。

[73]［苏］沃罗夫斯基:《论文学》，程代熙等译，北京：人民文学出版社，1981 年。

[74] 吴琼:《永不磨灭的灵魂——寻觅与超越：罗赞诺夫的文学批评研究》，黑龙江大学博士学位论文，2014 年。

[75]［苏］谢列兹涅夫:《陀思妥耶夫斯基传》，刘涛等译，郑州：海燕出版社，2005 年。

[76] 徐凤林:《俄罗斯宗教哲学》，北京：北京大学出版社，2006 年。

[77] 徐凤林:《索洛维约夫哲学》，北京：商务印书馆，2007 年。

[78] 徐凤林编:《俄国哲学》，北京：商务印书馆，2013 年。

[79]［苏］叶尔米洛夫:《陀思妥耶夫斯基论》，满涛译，上海：上海译文出版社，1985 年。

[80]［俄］叶夫多基莫夫:《俄罗斯思想中的基督》，杨德友译，上海：学林出版社，1999 年。

[81]［英］Isaiah Berlin:《俄国思想家》，彭淮栋译，中国台北：联经出版事业公司，1987 年。

[82] 张百春:《当代东正教神学思想——俄罗斯东正教神学》，上海：上海三联书店，2000 年。

[83] 张志远：《丹尼列夫斯基史学思想研究》，东北师范大学博士学位论文，2011 年。

[84] 赵桂莲：《漂泊的灵魂：陀思妥耶夫斯基与俄罗斯传统文化》，北京：北京大学出版社，2002 年。

二、英文

[85] Aileen M. Kelly, *Toward Another Shore: Russian Thinkers Between Necessity and Chance*, Yale University Press, 1998.

[86] Aileen M. Kelly, *Views from the Other Shore: Essays on Herzen, Chekhov, and Bakhtin*, Yale University Press, 1999.

[87] Byrnes R, *Pobedobostsev. His Life and Thought*, Bloomington–London, 1968.

[88] Charles A Moser, *Esthetics as nightmare: Russian literary theory 1855–1870*, Princeton University Press, 1989.

[89] Charles A Moser, *The Cambridge history of Russian Literature*, Revised edition, Cambridge University Press, 1992.

[90] Deborah A. Martinsen, *Literary Journals in Imperial Russia*, Cambridge University Press, 2010.

[91] Durman K, *The time of the thundered. M. Katkov, Russian nationalist extremism and the future of the Bismarckian system, 1871–1887*, NY: Boulder, 1988.

[92] Fusso Susanne, *Editing Turgenev, Dostoevsky, and Tolstoy. Mikhail Katkov and the Great Russian Novel*, Dekalb: Northern Illinois University Press, 2017.

[93] Gerstein, L., *Nikolai Strakhov*. Cambridge, MA: Harvard University Press, 1971.

[94] Henri Troyat, Nancy Amphoux, *Tolstoy* Grove Press, 2001.

[95] Katz M., *Katkov A political biography, 1818–1887*, Hague: Mouton & Co, 1966.

[96] MacMaster, R. E., *Danilevsky: a Russian totalitarian philosopher*, Cambridge, MA: Harvard University Press, 1967.

[97] Nepomnyashchy C. T., *Katkov and the emergence of the 'Russian Messenger'*//Ulbandus Review. Vol. 1. № . 1（Fall 1977）, pp. 59–89.

[98] Orwin Donna Tussing eds., *Anniversary essays on Tolstoy*, Cambridge University Press, 2011.

[99] Paperno, I., *Leo Tolstoy's correspondence with Nikolai Strakhov: the dialogue on faith*//Anniversary essays on Tolstoy/ed. by D. T. Orwin. – Cambridge, 2010, PP. 96–119.

[100] Paperno, I., *Who, What am I? Tolstoy Struggles to Narrate the Self*, Cornell University Press, 2014.

[101] Pattison George, Oenning Diane Thompson eds., *Dostoevsky and the Christian Tradition*, Cambridge University Press, 2001.

[102] Pipes, Richard, *Russian Conservatism and its Critics: a Study in Political Culture*, Yale University Press, 2005.

[103] Raeff M., *A reactionary liberal: M. N. Katkov*//Russian Review, Vol. 11. № . 3（July 1952）, pp. 157–167.

[104] Sorokin Boris, *Moral Regeneration—N. N. Straxov's 'Organic' Critiques of War and Peace*//The Slavic and East European Journal. Vol.

20, №. 2（Summer, 1976）, pp. 130–147.

[105] Thaden, E. C., *Conservative nationalism in nineteenth century Russia*, Seattle（Wash.）: University of Washington Press, 1964.

[106] Walicki, *Andrzej. A History of Russian Thought: from Enlightenment to Marxism,* Stanford University Press, 1979.

[107] Walicki, Andrzej., *The Slavophile Controversy: history of a conservative utopia in nineteenth-century Russian thought*, University of Notre Dame Press, 1989.

[108] Wayne Dowler, *Dostoevsky, Grigorev, and Native Soil conservatism*, University of Toronto Press, 1982.

三、俄文

[109] *Авдеева Л. Р.* Русские мыслители: Ап. А. Григорьев, Н. Я. Данилевский, Н. Н. Страхов: филос. культурология второй половины XIX в. М.: МГУ, 1992.

[110] *Аксаков И. С. – Н. Н.* Страхов: переписка = I. S. Akcakov – N. N. Strakhov: correspondence/сост., предисл. и коммент. М. И. Щербаковой; Группа славян. исслед. при Отав. ун-те, Ин-т мировой лит. РАН. М.: ИМЛИ; Оттава.: Отав. ун-т, 2007.

[111] *Анненков П. В.* Замечательное десятилетие. 1838–1848// Литературные воспоминания. М.: ГИХЛ, 1989.

[112] *Антонов Е. А.* Антропоцентрическая философия, Страхова. Н. Н как мыслителя переходной эпохи. М.: Российская академия наук, 2007.

[113] *Антонович М. А.* Литературно-критические статьи. Л.: Гослитиздат, 1961.

[114] *Бабаев Э. Г.* Лев Толстой и русская журналистика его эпохи. М.: МГУ, 1978.

[115] *Балуев Б. П.* Споры о судьбах России. Н. Я. Данилевский и его книга "Россия и Европа". Тверь.: БУЛАТ, 2001.

[116] *Белов С. В.* Ф. М. Достоевский и его окружение: энцикл. словарь: в 2 т. РНБ. СПб.: Алетейя, 2001.

[117] *Белов А. В.* Достоевский и русские почвенники//Духовное наследие Ф. М. Достоевского. Ростов н/Д.: ЦВВР, 2006. Вып. 4.

[118] *Бердяев Н. А.* Истоки и смысл русского коммунизма. М.: Наука 1990.

[119] *Бердяев Н. А.* О религиозном значении Льва Толстого// Вопросы литературы. 1989. № 4.

[120] *Богданов, А. В.* Политическая теория почвенников: А. А. Григорьев, Ф. М. Достоевский, Н. Н. Страхов: дис. ... канд. полит. наук. М.: МГУ, 2002.

[121] *Бочаров С. Г.* Роман Л. Толстого «Война и мир». М.: Художественная. литература., 1987.

[122] *Бочаров С. Г.* Сюжеты русской̆ литературы (Язык. Семиотика. Культура.) М.: 1999.

[123] *Бялик Б. А.* (ред.).-Литературный̆ процесс и русская журналистика конца XIX -начала XX века. 1890-1904. М.: Наука, 1981.

[124] *Васильев, А. А.* Мировоззрение почвенников (Ф. М. и М. М.

Достоевских, А. А. Григорьева и Н. Н. Страхова) : забытые страницы русской консервативной мысли. М.: Институт русской цивилизации, 2010.

[125] *Брутян А. Л.* М. Н. Катков: социально-политические взгляды/под ред. Е. Н. Могцелкова. М.: Диалог МГУ, МАКС Пресс, 2001.

[126] *Введенский, А. И.* Общий смысл философии Н. Н. Страхова. М.: Унив. тип., 1897.

[127] Воспоминания о Михаиле Каткове. М.: Институт русской цивилизации, 2014.

[128] *Гершензон М. О.* Грибоедовская Москва. П. Я. Чаадаев. Очерки прошлого. М.: Моск. Рабочий, 1989.

[129] *Гоголь Н. В.* Полное собрание сочинений и писем: В 23 томах. М.: Наука, 2003–2012.

[130] *Гончаров С. А.* Творчество Гоголя в религиозно-мистическом контексте. СПб.: Изд-во РГПУ им. А. И. Герцена, 1997.

[131] *Гольцев В. А.* Н. Н. Страхов как художественный критик.// Вопросы философии и психологии. 1896. Кн. 3. С. 431–440.

[132] *Горбанев Н. А.* Литературная критика Н. Н. Страхова: текст лекции. Махачкала.: ДГУ, 1988.

[133] *Гродецкая А. Г.* Ответы предания: жития святых в духовном поиске Льва Толстого. СПб.: Наука, 2000.

[134] *Гройс Б.* Поиск русской национальной идентичности// Вопросы философии. 1992. № 1. С. 52–60.

[135] *Грот Н. Я.* Памяти Н. Н. Страхова: к характеристике его

философ. миросозерцания. М.: Типо-лит. т-ва И. Н. Кушнарев и Ко, 1896.

[136] *Гуральник У. А.* Н. Н. Страхов – литературный критик// Вопросы литературы. 1972. № 7. С. 137–164.

[137] *Долинин А. С.* Ф. М. Достоевский и Н. Н. Страхов. Достоевский и другие. Л.: Художественная литература., 1989.

[138] *Достоевская А. Г.* Воспоминания. М.: Художественная литература., 1981.

[139] *Ломунов. К. Н.* (отв. ред.) Достоевский-художник и мыслитель: сб. ст./АН СССР, Ин-т мировой лит.; М.: Художественная литература., 1972.

[140] *Достоевский Ф. М.* Полное собрание сочинений: В 30 томах. Л.: Наука, 1972–1990.

[141] *Дунаев М. М.* Православие и Русская литература В 6-ти частях. М.: Христианская литература, 1999.

[142] *Ермашов Д. В., Ширинянц А. А.* У истоков российского консерватизма: Н. М. Карамзин. М.: МГУ, 1999.

[143] *Есаулов И. А.* Категория соборности в русской литературе. Петрозаводск.: Изд-во Петрозавод ун-та, 1995.

[144] *Зеньковский В. В.* Русские мыслители и Европа: критика европейской культуры у русских мыслителей. М.: Республика, 1997.

[145] *Зеньковский В. В.* История русской философии: [в 2 т.] М.: Академический Проект, Раритет, 2001.

[146] *Зорин А. Л.* Кормя двуглавого орла... Русская литература и государственная идеология в последней трети XVIII -первой трети XIX

века. М.: Новое литературное обозрение, 2001.

[147] *Ильин Н. П.* Трагедия русской философии. М.: Айрис-Пресс, 2008.

[148] *Каменский З. А.* О современных прочтениях П. Я. Чаадаева// Вопросы философии. 1992. № 12.

[149] *Кантор В. К.* М. Н. Катков и крушение эстетики либерализма//Вопросы литературы. 1973. № 5. С. 174–210.

[150] *Кантор В. К.* Феномен русского европейца. Культурфилософские очерки. М.: Московский общественный научный фонд; ООО «Издательский центр научных и учебных программ», 1999.

[151] *Кантор В. К.* Судить Божью тварь. Пророческий пафос Достоевского. М.: РОССПЭН, 2010.

[152] *Карамзин Н. М.* Письма русского путешественника. Л.: Наука, 1984.

[153] *Карамзин Н. М.* О древней и новой России. М.: Наука, 2002.

[154] *Катков М. Н.* Имперское слово. М.: Журн. «Москва», 2002.

[155] *Катков М. Н.* Империя и крамола. М.: ФондИВ, 2007.

[156] *Катков М. Н.* Идеология охранительства. М.: Институт русской цивилизации, 2009.

[157] *Катков М. Н.* Собрание сочинений: В 6 т. СПб.: Росток, 2010–2012.

[158] *Киреевский И. В.* Критика и эстетика. М.: 1998.

[159] *Кирпотин В.* Достоевский в шестидесятые годы. М.: Художественная литература., 1966.

[160] *Кислягина Л. Г.* Формирование общественно-политических

взглядов Н. М. Карамзина（1785–1803）. М.: МГУ, 1976.

[161] *Китаев В. А.* От фронды к охранительству. Из истории русской либеральной мысли 50–60-х годов XIX века. М.: Мысль, 1972.

[162] *Котов А. Э.* «Царский путь» Михаила Каткова: Идеология бюрократического национализма в политической публицистике 1860–1890-х годов СПб.: Владимир Даль, 2016.

[163] *Кулешов В. И.* История русской критики XVIII – начала XX веков: учебник. – 4-е изд., дораб. М.: Просвещение, 1991.

[164] *Лазари А.* В кругу Федора Достоевского: почвенничество. М.: Наука, 2004.

[165] *Левин Ш. М.* Очерки по истории русской общественной мысли: вторая половина XIX –начало XX века. Л.: Прибой, 1974.

[166] *Лемке М. К.* Очерк по истории русской цензуры и журналистики в XIX веке. М.: Труд, 1904.

[167] *Леонтьев К. Н.* Полное собрание сочинений и писем в двенадцати томах. СПб.: Владимир даль, 2000–2017.

[168] *Леонтьев. К. Н:* Pro et Contra. Кн. 1–2. СПб.: Изд-во Рус. Христианского гуманитарного ин-та, 1995.

[169] Литературное наследство. Том 83. Неизданный Достоевский — Записные книжки и тетради 1860–1881 гг. М.: Наука, 1971.

[170] Литературное наследство. Том 86. Ф. М. Достоевский— Новые материалы и исследования. М.: Наука, 1973.

[171] *Лифшиц М. А.* Проблема Достоевского（разговор с чёртом）. М.: Академи. ческий Проект, 2013.

[172] *Лобов Л. П.* К характеристике М. Н. Каткова. Катков как

литературный критик. СПб.: тип. В. Д. Смирнова, ценз, 1904.

[173] *Лосский Н. О.* История русской философии. М.: 1991.

[174] *Любимов Н. А.* Катков и его историческая заслуга. Документы и личные воспоминания. СПб.: тип. т-ва «Обществ. польза», 1889.

[175] *Лотман Ю. М.* Беседы о русской культуре: Быт и традиции русского дворянства (ⅩⅦ -начало ⅪⅩ века) . СПб.: Искусство, 1994.

[176] *Мочульский К. В.* Гоголь. Соловьёв. Достоевский. М.: Республика, 1995.

[177] *Мотовникова Е. Н.* Герменевтические стратегии в философской публицистике Н. Н. Страхова: историко-философский анализ: дис.... доктора философских наук: 09. 00. 03. М.: МПГУ, 2016.

[178] *Неведенский С.* (*Щегловитов С. Г.*) Катков и его время. СПб.: Тип. А. С. Суворина, 1888.

[179] *Нечаев В. С.* Журнал М. М. и Ф. М. Достоевских «Время» М.: Наука, 1972.

[180] *Нечаев В. С.* Журнал М. М. и Ф. М. Достоевских «Эпоха» М.: Наука, 1975.

[181] *Николаев П. А., А. И. Баландин, А. Л. Грушинин* и др. Академические школы в русском литературоведении. АН СССР, Ин-т мировой лит. М.: Наука, 1975.

[182] *Никольский Б. В.* Николай Николаевич Страхов: критико-биогр. очерк/Б. В. Никольский. СПб.: Тип. А. С. Суворина, 1896.

[183] *Ольхов П. А., Мотовникова Е. Н.* Полемика и понимание: философские очерки мышления и личности Н. Н. Страхова. СПб.:

Центр гуманитарных инициатив, 2012.

[184] *Переволова Е. В.* Журнал М. Н. Каткова «Русский вестник» в первые годы издания（1856–1862）: диссертация кандидата филологических наук. М.: МГУ, 2010.

[185] *Попов Э. А., Велигонова И. В.* Когда Слово повелевает Империей. Периодические издания М. Н. Каткова и новые технологии общественно-государственной политики реформирующейся России（середина 1850-х — 1880-е гг.）. М.: РИСИ, 2014.

[186] *Прозоров В. В.* История русской литературной критики: учебник для студентов вузов. М.: Высшая школа., 2002.

[187] *Радлов Э. Л.* Несколько замечаний о философии Н. Н. Страхова//Журнал Министерства народного просвещения. 1896. № 6. С. 339–361.

[188] *Рождествин, А. С.* Художественная критика//Филологические заметки. Воронеж, 1897. № 5–6. С. 1–19.

[189] *Розанов В. В.* О писательстве и писателях. М.: Республика, 1995.

[190] *Розанов В. В.* Литературные изгнанники: Н. Н. Страхов, К. Н. Леонтьев: переписка В. В. Розанова с Н. Н. Страховым. Переписка В. В. Розанова с К. Н. Леонтьевым/В. В. Розанов; под общ. ред. А. Н. Николюкина. М.: Республика, 2001.

[191] Российский консерватизм в литературе и общественной мысли XIX века/Рос. акад. наук, Ин-т мировой лит.: отв. ред. *К. А. Кокшенев*, М.: ИМЛИ РАН, 2003.

[192] «Русский Вестник». М.: Тип. Каткова и К, 1856–1906.

[193] *Санькова С. М.* Государственный деятель без государственной должности: М. Н. Катков как идеолог государственного национализма. Историографический аспект. СПб.: Нестор, 2007.

[194] *Сементковский Р. И.* М. Н. Катков, его жизнь и публицистическая деядельность. СПб.: тип. Ю. Н. Эрлих, 1891.

[195] *Скабичевский А. М.* Очерк по истории русской цензуры （1700–1863）. СПб.: Тип. Ф. Павленкова, 1892.

[196] *Скатов Н. Н.* Критика Николая Страхова и некоторые вопросы русской литературы XIX века//Русская литература. 1982. № 2. С. 30–51.

[197] *Снетова Н. В.* Философия Н. Н. Страхова （опыт интеллектуальной биографии）/Пермь.: ПГУ., 2010.

[198] *Снетова Н. В.* Николай Страхов: западная и русская философия в интерпретации органициста./Пермь.: ПГУ., 2013.

[199] Собрание передовых статей «Московских Ведомостей»: В 25 т. М.: 1895–1898.

[200] *Сорокина Д. Д.* Творческое наследие Н. Н. Страхова 1840–1850-х гг.: формирование литературного критика и философа. дисс. канд. ф. наук./М.: ИМЛИ РАН. 2018.

[201] *Старыгина Н. Н.* Русский роман в ситуации философско-религиозной полемики 1860–1870-х годов, М.: Языки славян. культуры, 2003.

[202] *Страхов Н. Н.* Борьба с Западом в нашей литературе: ист. и крит. очерки. кн. 1–3. СПб.: Тип. С. Добродеева, 1882–1896.

[203] *Страхов Н. Н.* Критические статьи об И. С. Тургеневе и Л. Н.

Толстом（1862–1885）СПб.: Тип. бр. Пантелеевых, 1885.

[204] *Страхов Н. Н.* Заметки о Пушкине и других поэтах. СПб.: Тип. бр. Пантелеевых, 1888.

[205] *Страхов Н. Н.* Из истории литературного нигилизма. 1861–1865. СПб.: Тип. бр. Пантелеевых, 1890.

[206] *Страхов Н. Н.* Воспоминания и отрывки. СПб.: Тип. бр. Пантелеевых, 1892.

[207] *Страхов Н. Н.* Литературная критика. М.: Современник, 1984.

[208] *Страхов Н. Н.* Литературная критика. СПб.: Русский христианско-гуманитарный институт, 2000.

[209] *Страхов Н. Н.* Мир как целое. Черты из науки о природе. М.: Айрис-пресс: Айрис-Дидактика, 2007.

[210] *Страхов Н. Н.* Борьба с Западом. М.: Институт русской цивилизации, 2010.

[211] *Страхов Н. Н.* в диалогах с современниками. Философия как культура понимания. СПб.: Алетейя, 2010.

[212] *Страхов Н. Н.* Избранные труды. Ин-т обществ. мысли. М.: РОССПЭН, 2010.

[213] *Тарасов Б. Н.* Чаадаев.–М.: Молодая гвардия, 1986.

[214] *Твардовская В. А.* Идеология пореформенного самодержавия. М. Н. Катков и его издания. М.: Наука, 1978.

[215] *Твардовская В. А.* Достоевский в общественной жизни России: 1861–1881. М.: Наука, 1990.

[216] *Тимошина Е. В.* Политико-правовая идеология русского

пореформенного консерватизма: К. П. Победоносцев. СПб.: СПбГУ., 2000.

[217] *Тихомиров В. В.* Русская литературная критика середины XIX века: теория, история, методология. Кострома.: КГУ им. Н. А. Некрасова, 2010.

[218] *Толстой Л. Н.* Собрание сочинений: В 22 томах. М.: Художественная литература, 1978–1985.

[219] *Толстой Л. Н. и Толстая С. А.*: переписка с Н. Н. Страховым= The Tolstoys Correspondence with N. N. Strakhov/ред. А. А. Донсков; сост.: Л. Д. Громова, Т. Г. Никифорова. –/Ottawa: Slavic Research Group at the University of Ottawa; М.: Гос. музей Л. Н. Толстого, 2000.

[220] *Толстой Л. Н. и Страхов Н. Н.*: полное собрание переписки = L. N. Tolstoy & N. N. Strakhov: Complete correspondence: в 2 т./сост.: Л. Д. Громова, Т. Г. Никифорова; ред. Донсков А. А. М.: Гос. музей Л. Н. Толстого; Ottawa, 2003.

[221] *Трофимова Т. А.* «Положительное начало» в Русской литературе XIX века («Русский вестник» М. Н. Каткова) : диссертация кандидата филологических наук. М.: РГГУ, 2007.

[222] *Туниманов В. А.* «Вольное слово» Герцена А. И. и русская литературная мысль XIX века//Русская литература. 1987. № 1. С. 100–112.

[223] *Туниманов В. А.* Достоевский, Страхов, Толстой (лабиринт сцеплений) //Русская литература. 2006. № 3. С. 38–96.

[224] *Ульянов Н. И.* «Басманный философ» (мысли о Чаадаеве) // Вопросы философии, 1990. № 8. С. 74–89.

[225] *Фатеев В. А.* Какой роман Толстого лучше? (Беглые заметки о критическом этюде К. Н. Леонтьева«Анализ, стиль и веяние») // Научный результат. Социальные и гуманитарные исследования. Т. 5, № 1, 2019.

[226] *Феоктистов Е. М.* За кулисами политики и литературы. 1846–1896. Воспоминания. М.: Новости, 1991.

[227] *Фетисенко О. Л.* Пророки Византизма Переписка К. Н. Леонтьева и Т. И. Филиппова. СПб.: Пушкинский дом. 2012.

[228] *Флоровский Г.* Пути русского богословия. Киев: Христиан.-благотвор. ассоц. «Путь к истине», 1991.

[229] *Хатунцев С. В.* Константин Леонтьев. Интеллектуальная биография. 1850–1874 гг. СПБ.: Алетейя. 2007.

[230] *Чаадаев П. Я.* Поли. собр. соч. и избр. письма. Т. 1–2. М.: Правда, 1991.

[231] *Чаадаев П. Я.*: pro et contra. СПб.: Изд–во Рус. Христиан. гуманит. ин–та, 1998.

[232] *Чижевский Д. И.* Гегель в России. Париж: Домъ книги: Соврем. записки, 1939.

[233] *Чернуха В. Г.* Правительственная политика в отношении печати (60–70-е годы XIX в.). Л.: Наука., 1989.

[234] *Шаулов С. С.* Н. Н. Страхов как творец и персонаж литературных контекстов: между Ф. М. Достоевским и Л. Н. Толстым. Уфа: БГПУ, 2011.

[235] *Шевченко М. М.* Конец одного Величия: Власть, образование и печатное слово в Императорской России на пороге Освободительных

реформ. М.: Три квадрата, 2003.

[236] *Шелгунов Н. В.* Литературная критика. Л.: Художественная литература., 1974.

[237] *Шперк Ф. Э.* Страхов Н. Н. Критический этюд//Новое время. 1895.

[238] *Щербакова М. И.* Наследие Н. Н. Страхова и проблемы изучения Л. Н. Толстого//Известия РАН. Сер. литературы и языка. 2004. Т. 63, № 1. С. 44–50.

[239] *Эйхенбаум Б. М.* Лев Толстой: Исследования. Статьи. СПб.: Изд-во СПбГУ, 2009.

[240] *Энгельгардт Н. А.* Очерк истории русской цензуры в связи с развитием печати（1703–1903）. СПб.: Изд. А. С. Суворина, 1904.

[241] *Яковенко Б. В.* История русской философии. М.: Республика, 2003.

后　记

　　本书是由我的导师——南京师范大学张杰教授主持的国家社科重大招标项目"东正教与俄罗斯文学研究"（15ZDB092）的子课题"东正教与俄罗斯国家形象建构"的最终成果。我还记得 2015 年 8 月，张杰老师与我们课题组一起讨论如何写标书的情形。考虑到我看书杂、兴趣广的特点，张老师给我分配了"国家形象建构"问题，我也兴冲冲地答应了下来，并很快拟订了初步的写作计划。

　　就该子课题而言，初步的构想是选取五位到六位俄罗斯思想家或文学批评家，择其著述内涉及国家形象建构的部分，加以梳理，从中挖掘东正教在其思想中所起到的基础作用。内容分为两大部分：思想家对国家形象的论述和这些论述在具体文学作品中的呈现。先思想，再文本，如此结合起来。笔者以为这样的做法也比较契合俄罗斯文学的大文学传统，即文学在俄罗斯承担了远远大于文学的功能，完全可以从多角度去理解和阐释。譬如，赫尔岑的《彼岸书》既是他作为一位侨民作家的抒情之作，又是他对 1848 年革命的历史反思，同时也体现了他对人类历史和俄罗斯命运的思考，兼具文史哲意义。因此，本书的撰写是在融合文史哲多方面背景下重新审视俄国文学的一个初步尝试。

　　本书的另一个重点是俄罗斯东正教及保守主义。长期以来，我们历来对俄罗斯文学中革命乃至激进的一面比较熟悉，从拉吉舍夫的痛苦呼吁到赫尔岑的"谁之罪"，还有"别车杜"的"怎么办"等各种追问，无不彰显了鲁迅先生所谓的"为人生的文学"①这一特点。然而，俄罗斯文学又不仅仅是革命民主主义、人道主义的，它也同样有保守主义和神秘主义的一面。时至今日，东正教在俄罗斯文化和文学中的意义已得到广泛的认可。我以前阅读别林斯基、车尔尼雪夫斯基和杜勃罗留波夫的文字，经常能看到他们的文字颇具论战性，针对性极强，但论战的另一方总是处于失语状态，偶尔提及也是只言片语。他们是谁？他们如何回应？为什么看不到他们的回应？这些问题的答案直到 20 世纪 80 年代之后才慢慢呈现。随着戈尔巴乔夫的新思维改革，俄罗斯文学和思想中的"保守主义"终于逐渐被俄罗斯学术界所接受，成为 21 世纪以来一个重要的学术研究对象。鉴于俄罗斯学界对 19 世纪保守主义大规模的研究也仅有二三十年的历史，同时也考虑到国内保守主义研究中俄国因素的缺乏②，笔者试图通过"国家形象建构"这个切入点梳理、勾勒出一条从卡拉姆津到官方民族性，再到恰达耶夫和卡特科夫、列昂季耶夫、波别多诺斯采夫的俄国保守主义思想的发展线索，并努力揭示这一思想在文学中的具体体现。俄罗斯文学思想

---

① 鲁迅先生原话是："俄国的文学，自尼古拉斯二世时候以来，就是'为人生'的，无论它的主意是在探究，或在解决，或是堕入神秘，沦于颓唐，而其主流还是一个：为人生。"鲁迅：《〈竖琴〉前记》，载《鲁迅全集》第 7 卷，北京：人民文学出版社，1980 年，第 587 页。

② 国内学术界谈保守主义必谈英国的埃德蒙·柏克，视之为"英美保守主义之父"，近年来才有张智和施展两位学者研究法国保守主义代表人物梅斯特（Joseph de Maistre）（张智：《约瑟夫·德·梅斯特反启蒙思想中的野蛮》，上海：复旦大学出版社，2012 年；施展：《迈斯特政治哲学研究：鲜血、大地和主权》，北京：法律出版社，2012 年），但对俄罗斯保守主义的研究目前似乎仍不多见。

史自然绝不止这六位人物，但我以为这六人是保守主义思想的代表人物①，他们的思想无不与东正教有着千丝万缕的关系。无论就选题还是就内容来说，都有创新性，也有挖掘的价值。

然而，因为涉猎过多，而且上述几位思想家或批评家多为国内学界甚少关注者，因此国内学术界可借鉴资料也不多，加上本人同时还承担了另一项国家社科基金项目，因时间和精力有限，最后的成稿中原计划里的波别多诺斯采夫为斯特拉霍夫所代替，这是非常遗憾的，希望以后有机会补足。文章千古事，得失寸心知。本书因为是第一次处理这么多的思想大家，原文资料多，时间又紧，加之本人能力有限，错误也肯定不少，还请学界同仁及读者不吝指正。此外，本书第六章第二节《列昂季耶夫论19世纪俄国文学进程》是我的博士生侯子琦同学与我共同撰写，当然文责在我。我的邮箱为58426960@qq.com，敬请读者来函赐教。

最后，在本书撰写期间，首席专家张杰老师提供了很大的支持，从最早写标书，到中期会议以及最后的结项工作，张老师言传身教，教导我们要把工作做仔细，把学问做扎实，令我受到了一次很好的学术锻炼，在此深表感谢。

此外还要感谢首都师范大学刘文飞教授、浙江大学吴笛教授、上海交通大学刘建军教授、上海外国语大学郑体武教授、东南大学凌继尧教授、南京师范大学汪介之教授，几位老师分别参与项目的开题或结项会议，提出了不少宝贵意见，对本书的写作意义重大。

同样还要感谢的是大连外国语大学的刘宏教授和彭文钊教授、王钢副

---

① 这里较为特别的是恰达耶夫，他在俄国文学史思想史上历来作为西欧派甚至激进派的面貌出现。但这个解读存在着片面性，加之本书所关注的是他晚年思想的保守主义化，因此也将其放到保守主义这一行列中。

教授，他们不但竭诚办好项目的中期会议，也为我提供了不少学术上的帮助。谢谢南京师范大学外国语学院的管月娥教授，像大姐一样关心着我的成长。谢谢我的老同学——中国社会科学院外国文学研究所的万海松研究员，同窗七载，加上在社科院的三年求学，我们的友谊可谓地久天长。谢谢广东外语外贸大学的萧净宇教授，您的学术研究视角和各种信息给我诸多启发。还要感谢重大项目团队里的栾昕、谢明琪、余红兵、张新卫、叶林等老师，感谢南京师范大学外国语学院的王永祥院长，你们都是我的"娘家人"，每次回随园都因你们的热情令我倍感温暖。

　　重大项目的合作是有期限的，但朋友之间的友情没有止境，唯愿团队及学界的诸位同仁安康，幸福，是为后记。

朱建刚

辛丑年夏末于姑苏吴中